国家社会科学基金重大项目
“中国近代日记文献叙录、整理与研究”
(18ZDA259) 阶段性成果

茹静 马忠文 整理

華學瀾日記

中国近代人物日记丛书

中华书局

图书在版编目(CIP)数据

华学澜日记/茹静,马忠文整理. —北京:中华书局,2021.10
(中国近代人物日记丛书)
ISBN 978-7-101-15338-5

Ⅰ.华…　Ⅱ.①茹…②马…　Ⅲ.华学澜-日记　Ⅳ.K825.4

中国版本图书馆 CIP 数据核字(2021)第 182589 号

书　　名	华学澜日记
整 理 者	茹　静　马忠文
丛 书 名	中国近代人物日记丛书
责任编辑	吴冰清
封面设计	刘　丽
出版发行	中华书局 (北京市丰台区太平桥西里 38 号　100073) http://www.zhbc.com.cn E-mail:zhbc@zhbc.com.cn
印　　刷	北京瑞古冠中印刷厂
版　　次	2021 年 10 月北京第 1 版 2021 年 10 月北京第 1 次印刷
规　　格	开本/850×1168 毫米　1/32 印张 16¾　插页 4　字数 367 千字
印　　数	1-1500 册
国际书号	ISBN 978-7-101-15338-5
定　　价	78.00 元

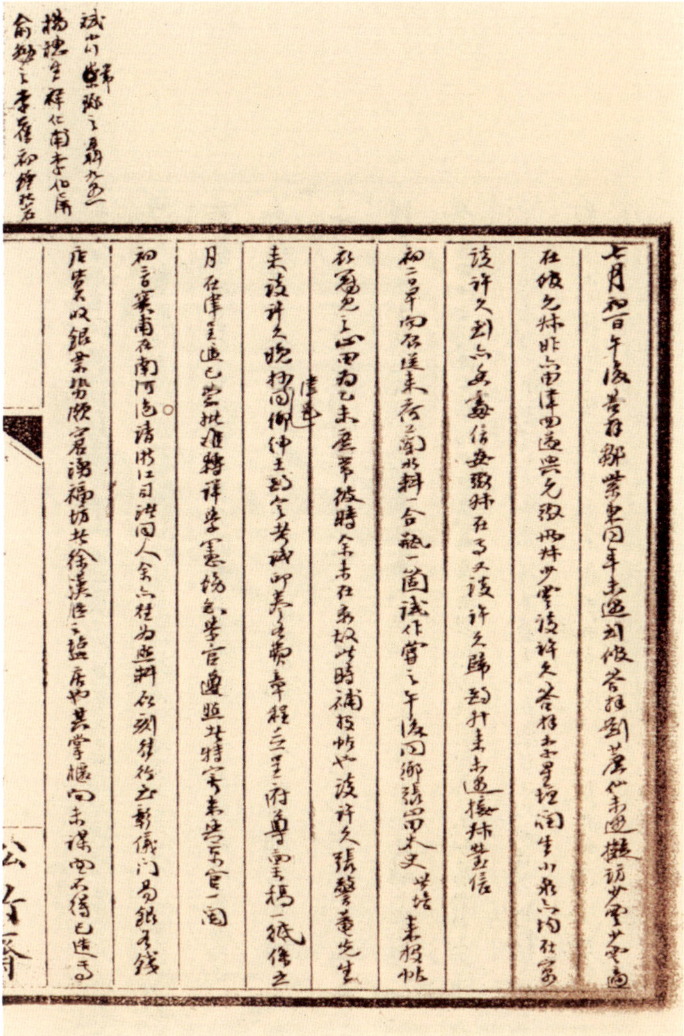

己亥（1899）七月初一日日记

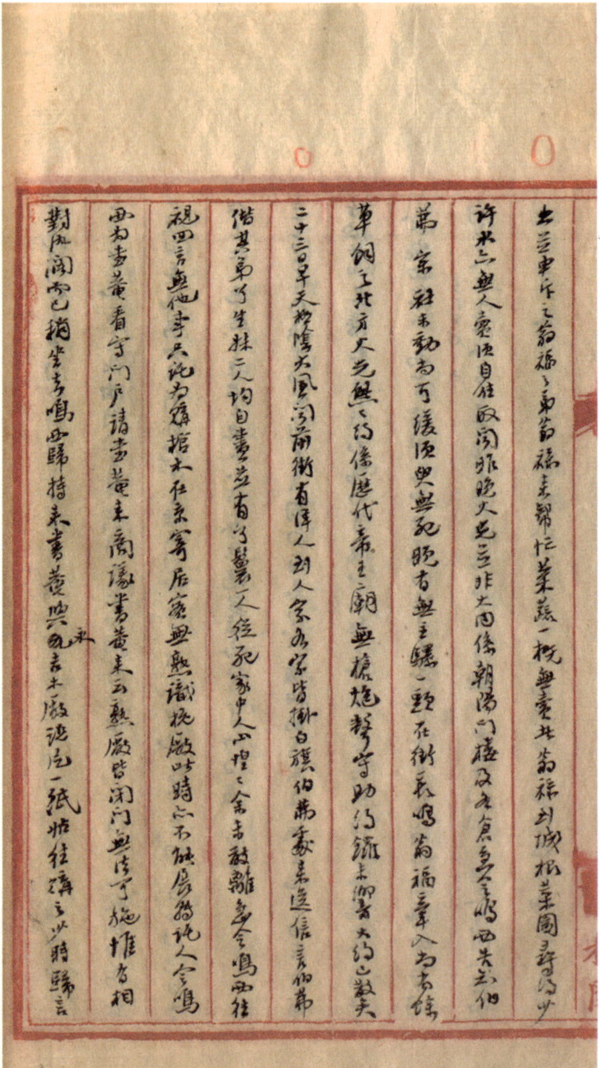

庚子（1900）七月二十三日日记

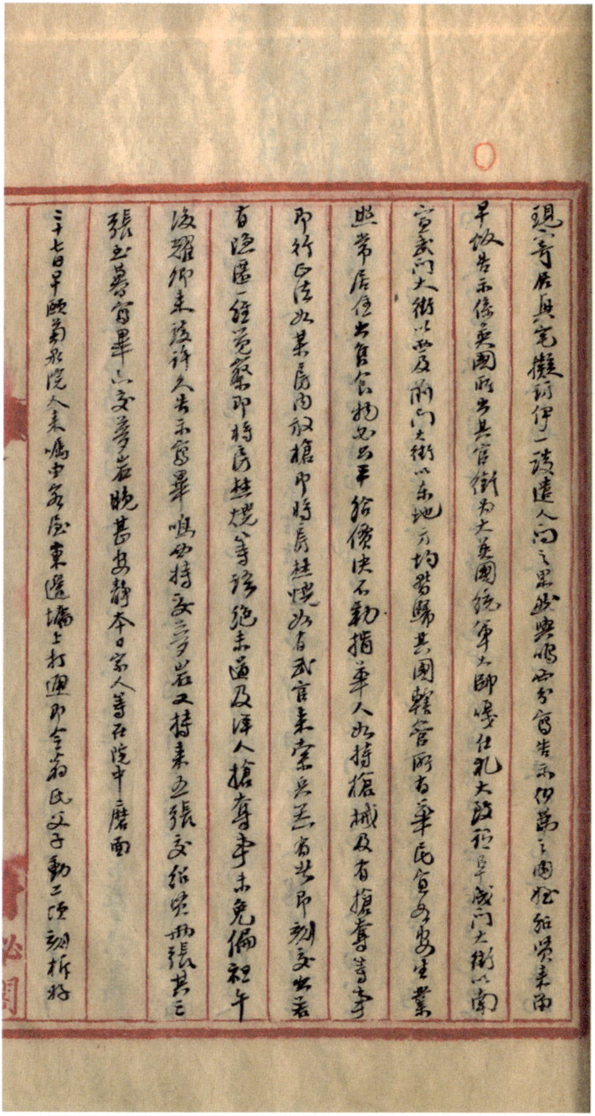

退之青居吴宅擬請伊一談遣人問之果欲與鴻面商告示仍為萬國推給賞來函
早飯告示係英國所出具官銜為大英國統軍大帥係任扎大路徑自崇文門大街以南
宣武門大街以西及前門大街以東地方均歸英國轄管所有華民宜各安生業
照常居住出售食物飲水等給價決不勒措華人如持槍械及有搶奪等事
即行正法如某房內放槍即將房焚燬如有武官來索兵差即刻交出若
有隱匿一經查察即將房焚燬等語絕未道及洋人搶奪事未免偏袒午
後耀卿來談許久告示寫畢鴻雲特交三多岩又持來為張交給賞兩張其三
張立暑寫畢亦交彥岩晚甚安靜本日家人等在院中磨面
二十七日早頤菊派院人來囑由宅後東邊牆上打通即令翁氏父子動工隨刻拆將

庚子（1900）七月二十六日日记

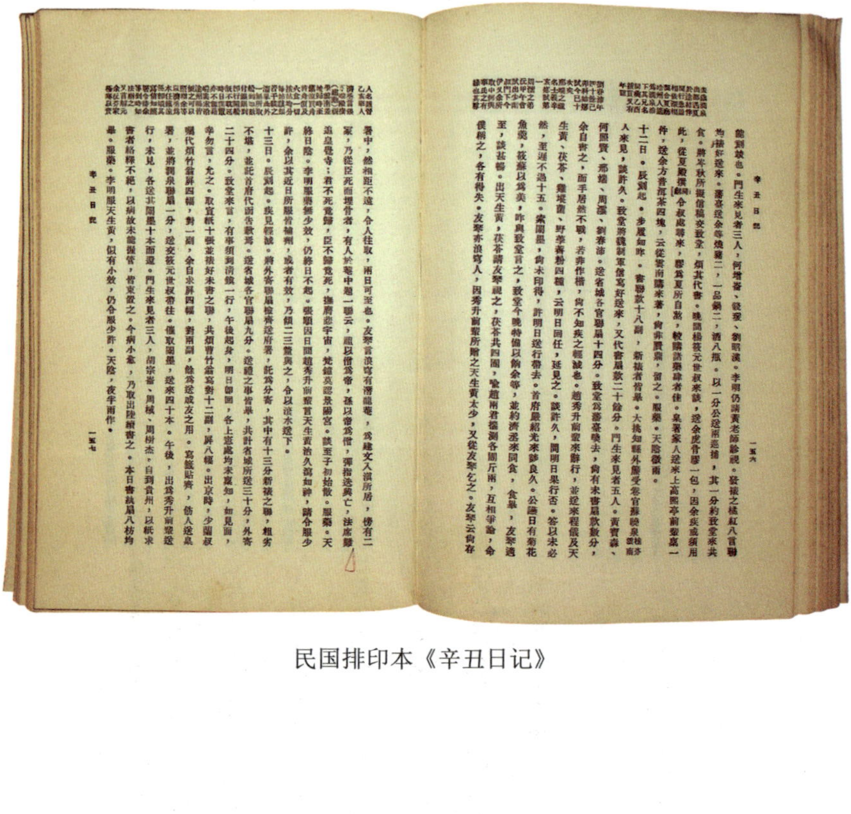

民国排印本《辛丑日记》

《中国近代人物日记丛书》出版说明

编辑出版《中国近代人物日记丛书》，旨在为学术界提供完备、可靠的基本资料。

日记体裁的特殊性，使其具有其他种类文献所不具备的史料价值。日记中的资料，有的为通行文献所不载，有的可与通行文献相互印证、补充，有的可以订正通行文献中的讹误。中国近代许多著名的历史人物都留有非常丰富的日记，较为著名的有晚清四大日记翁同龢《翁文恭公日记》、李慈铭《越缦堂日记》、王闿运《湘绮楼日记》、叶昌炽《缘督庐日记》等，都是具有较高史料价值、经常被学者征引的重要文献。

然而许多日记文献藏于图书馆、博物馆、研究机构或个人手中，学者访求不便。为此，系统发掘整理这类文献，是一项很有意义的工作。中华书局于二十世纪七十年代开始策划《中国近代人物日记丛书》，出版了多个品种，受到学术界的重视与好评，《翁同龢日记》、《郑孝胥日记》等至今仍是引用率较高的近代日记整理本。

新世纪以来，我们继承这一传统，加大近代人物日记的出版力度，试图通过进一步完善整理体例、新编更便利使用的索引、搜集更完备的附录资料等方式，使这套丛书发挥更大的作用，继续为学术研究贡献力量。

编好这套丛书，一定会遇到不少困难，但我们相信，在学术界、文博界和公私收藏机构与个人的大力支持下,这套有着悠久历史的基本文献丛书将会有更多更完备、精良的品种问世并传世。

中华书局编辑部

目　录

前 言

华学澜（1860—1906），字瑞安，号莱山，直隶天津人[①]。华氏为近代天津大族，分“南华”“北华”两支，均自江南无锡迁徙而来。明末嘉靖年间先迁到天津者称为“北华”，清初康熙年间迁至天津的一支，称为“南华”。华学澜属于“北华”这支；与他同时代的华世奎（字璧臣）则属于“南华”。

学澜父名鉁，字季仙，号芷庭，也做芝庭，贡生，一度任房山县儒学训导；母亲查氏。因家境贫寒，他很早便秉承庭训，专心攻举业，期待早得功名，改换门庭。光绪十一年（1885），华学澜应顺天府乡试中式，次年，参加丙戌会试，联捷成进士，得二甲九名，改庶吉士，散馆后授编修，成为世人争羡的太史公。他与吴庆坻、杨士骧、宋伯鲁、王廷相、沈曾桐、徐世昌、鹿瀛理、阔普通武、瑞洵、陈田、张元奇、荣庆、宋育仁、余肇康、缪祐孙、邹嘉来、陈夔龙、王树楠等人皆同年，这些人后来或成为朝中显宦，或超擢地方大员，或以言抗论名于世，华学澜却自甘沉默，安贫乐道。二十年间，鲜与当道往来，试差、考差皆与己无缘，仕途蹇滞，生

① 关于华学澜的生年，他的举人朱卷写同治壬戌（1862）十月十四日，这个生年应该是当时俗称的“官年”，比他实际年龄小了两岁。据华学澜《己亥日记》，十月十四日“初度”，应是40岁（虚岁），推算下来，应生于咸丰十年庚申十月十四日（1860年11月26日）。这与他的友人王斗瞻说他1906年去世时47岁也是相符的。见王斗瞻：《天津华瑞安先生传记》，天津《大公报》1946年11月11日。

活困顿。据称,他每年只能靠“印结”银和一些外官的馈赠维持生计,最多不过二百金(陶孟和《〈辛丑日记〉序》)。时人评论:“二十年苦翰林,风尘坎坷,以终其身,实外和内介,使之然也。”(王斗瞻:《天津华瑞安先生传记》)据此可知其为人。居京时他长期寄住堂叔华金寿(号竹轩)家,为其子华学涑(字实甫)授读,又为崇文、辅仁等书院课卷,以馆谷贴补家用。光绪二十年(1894)十月,丁父忧,解官家居,靠借贷和戚朋馈赠度日。其时袁世凯在天津小站编练新军,有友人介其入袁幕府,屡劝不肯。“盖翰林,天子侍从官,非外吏所可役,先生素持此体,其不欲往,为朝廷存体面则耳。”(王斗瞻:《天津华瑞安先生传记》)光绪二十三年(1897)服阕,仍回翰林院供职。

自甲午战败,国人竞言西学,倡言变法。华学澜钻研西学,尤擅算学,著有《算书》三卷,这在翰苑人士中并不多见。他的戚友也多有热衷西学、倾向变法者。戊戌时期的活跃人士王照乃其中表兄弟(王照舅父华钧与华鉁为堂兄弟),倡导开经济特科的贵州学政严修(字范孙)乃其同乡好友;开办新式学堂的举人陶喆甡(字仲明,也做仲铭,陶孟和之父)为其亲家。宗室寿富(字伯茀)与学澜同官翰林院,二人往还甚密,关系最为亲切者。庚子年(1900)五月,华金寿以工部右侍郎奉旨典试福建秋闱,临行以家事托付学澜。不料,因局势混乱,本年乡试奉旨停考,金寿返京途中病逝常州,其子学涑闻讯间关奔丧,京寓交予学澜主持。不久联军破京城,两宫出走,洋兵欺凌备至,至入室抢劫,内眷惊恐,华学澜于万难之中百般设法,苦心维持。学涑扶柩回京,才将家事交付。时两宫抵达西安,庆王奕劻与李鸿章在京与列强议和。学澜居京仍不能独立门户,又寄居族叔华世奎家。

光绪二十七年辛丑（1901）五月，苦苦煎熬了二十年的穷翰林，终于获得一次“钦差”，奉旨任贵州乡试副考官，至年底方差竣回京。至是廪饩稍丰，遂在京赁宅迎母，享家庭之乐。光绪二十九年（1903），朝廷借闱开封，举行会试，奉旨为同考官。时改科举、兴学堂、奖游学，新政联翩而起，新进士授京职者须入京师大学堂进士馆肄业，接受新式教育。光绪三十年（1904）四月，进士馆正式开馆。华学澜任教务提调，并为京官讲授算学，对于仕途他仍然十分淡漠。不幸的是，光绪三十二年五月初三日（1906年6月24日），他却因病去世，年仅47岁。

像不少官员一样，华学澜也有记日记的习惯。据称，他“自幼而壮而老，日记必蝇头细书，逐日登记，数十年如一日。”（陶孟和《〈辛丑日记〉序》）可惜，大部分日记在他死后已散佚。目前所见，只有己亥、庚子、辛丑这三年的内容，且底本保存、刊布情况有所不同。

最先披露的是华学澜的《辛丑日记》。这部分日记共有稿本四册，原藏华学澜的朋友、天津胡濬（字支孙）处，后由胡之公子交给严修次子严智怡（字慈约）保存。20世纪30年代，陶孟和从严家看到后，借归阅览，自觉颇有价值，经严慈约许可，亲自抄录、校阅、标点，并交由商务印书馆，于1937年出版。前有陶孟和为之写的《序》。《辛丑日记》主要内容包括：正月初一日（1901年2月19日）至二月初十日（3月29日）在天津的家居生活及在津见闻；二月十一日（3月30日）至五月十四日（6月29日）在京的翰林生活；五月十五日（6月30日）至十二月初十日（1902年1月19日）前往贵阳、主持乡试及返京的过程。《辛丑日记》的核心内容是被任命为贵州乡试副主考官后半年的考差生活，是研究科举考试制度以及西南驿站情况的宝贵资料。

其次出版的是《庚子日记》。该日记稿本二册，红格本，原由华学澜姻亲周支山（字鸣西）之子、清华大学化学系教师周昕保存，后由陶孟和于20世纪50年代捐赠近代史研究所。稿本第一册起庚子四月十七日（1900年5月15日），讫于八月三十日（9月23日）；第二册起闰八月初一日（9月24日），讫十二月三十日（1901年2月18日）。《庚子日记》时间下限与上述《辛丑日记》正好相接，记录了庚子年义和团兴起和八国联军侵华期间京城的混乱情况，多为亲见亲闻。其中详细记录宗室寿富在京城陷落后，将父亲宝廷（字竹坡）遗稿、奏议等交付华学澜，举家自尽殉难，并留诗明志之事；又记李鸿章北上议和抵京前恽毓鼎、黄思永等京官与洋人接洽的过程，以及张之洞、刘坤一等督抚为京官筹措津贴救济诸事。该日记曾先后收入《庚子记事》（科学出版社，1959年版）一书中，因为该书属于专题资料，收入时曾对日记内容做过大量删节，所删多为生活琐事和见诸已刊文献中的上谕、奏折（为避免重复）等内容。就个人日记的完整性和原始性而言，如此删节不免有些缺憾。

己亥年的日记稿本现藏天津图书馆，题名《华瑞安日记》，起于己亥三月初一日（1899年4月10日），止于庚子四月十六日（1900年5月14日），恰与近代所藏稿本《庚子日记》相续接，其中缺失己亥九月初四（1899年10月8日）至九月二十日（10月24日）的内容，原稿有个别处有破损。该日记收入《中国古籍珍本丛刊·天津图书馆卷》第18册，已于2013由国家图书馆出版社影印出版。这部分日记主要反映了华氏的日常京官生活、人际交往情形，也有反映他与友人在戊戌政变后仍然研读西学的零星记载。

这样，现存华学澜己亥、庚子、辛亥三年的日记大体完整。而这个时期正好是戊戌变政变后清廷政局急速变化的时期，作为翰林院官员的华学澜，虽然地位不高，却见证了许多重大事件，记录了普通京官动荡的生活，保留大量人物活动的信息和痕迹，以及京津两地生活风俗习惯等，是研究庚子前后晚清社会和历史的珍贵文献。这三年的日记，《辛丑日记》为刊本，《己亥日记》尚未整理过，《庚子日记》虽做过整理，却有过删节。因此，将这三年日记前后贯通，统一标准，补足缺失，重新整理，显然对推进历史研究具有重要价值。

整理过程中，正文一律改用通行简化字。原稿本或刊本中之双行夹注皆排作一行，用较正文小一号字体，以示区别。稿本中行间旁加之文字，酌情叙入正文，或作为夹注处理。日记日期仍按旧历为序，整理时以公元纪年括注其后。原稿中文字确为讹误者，用〔　〕改正；增补脱字，用〈　〉；衍字，用[　]；原稿漫漶不清或空缺之处，用□代替；原稿正文中缺损部分用……表示。

中共中央党校图书和文化馆古籍特藏室任青老师协助完成《己亥日记》的文字录入和初校工作，在此特别致意感谢！

限于学识，整理过程中或有讹误之处，敬请读者批评。

整理者

2021 年 8 月

光绪二十五年己亥（1899）

三　月

初一日（4月10日）

早，同一叔、实甫到先哲祠致祭，晤诸同人，祭毕，早饭。饭后，与枚岑稍谈……甫归，小憩。晡时出门，答拜仇涞之同年，未遇。答拜杨少泉同年，谈许久……詹事府为伊办俸事。为子蔚同年贺嫁女之喜，到子峤处谈，许久归。是日，杨味莼同年亦嫁女，以味莼、莲府均未在京，其他昆仲皆不熟识，未往，遣人送喜敬去。幼樵来，谈许久。紫东同年来，未遇。

初二日（4月11日）

午后，周乐山来，谈许久。暮时，邓峻山来，留宿焉。

初三日（4月12日）

早，内阁来报，一叔升阁学。马葑溪来，托其代购挽幛，送刘荫轩者，并嘱送朝珠来，阆舅令购者也。晡时，内阁供事来，商递折事。晚，代一叔写请客单。

初四日（4 月 13 日）

一叔进内谢恩。沈金门、王酌升、弼叔均来贺喜。一叔归，衣冠为一叔叩喜。留金门、酌升、弼叔早饭，饭后谈许久。弼叔往杨少泉处，约余同去，不果。

初五日（4 月 14 日）

早，亦香来，谈许久。代荣华卿同年写便面二。午后，徐汉臣姻叔来。允叔、邓峻山、蔡少波、朱喆丞来，均谈许久，少波谈大学堂考算学题甚详。茅世兄泰基来。晚，仍代华卿写便面，共三个，写齐。接家信。益斋来，以一叔未在家，未下车。

初六日（4 月 15 日）

早，遣人为华卿送便面。一叔在龙源宴客，命往陪。到支继师处拜寿，不见。答拜许云泉明府叶珍，已赴镇江。到龙源楼，喆丞已到。少待，一叔到，亦香、少波、少波交学堂算题一纸。益孙、刘幹廷，允、弼两叔先后到。饮毕，同喆丞、弼叔、亦香到亦香处谈。晤孟玉双。亦香本日夜班，早散。与弼叔同车，送弼叔到钱幹臣处交丁卯应摊各项，雨数点。便道访益斋，不遇。以昨日晚间伊约余到彼谈，未赴，故今日访及也。

初七日（4 月 16 日）

早，万顺送来朝珠。一叔到署上任。子丹来，留早饭。饭后，写家信，襄臣表兄来。并致胡芰孙同年信及其俸银。去岁秋季之俸未价，并余寄家银一锭、布皮袍一件，均托亦香带津。取来回片,为弼叔所书,知弼叔又在彼矣。晚,为黄珊写信,为阆舅写信,至夜深始眠。

初八日(4月17日)

早,亦香回津。谭梦九来,谈许久。封河南信,并朝珠,托大德通寄去。午后,答拜周玉山师,并谒李合肥师相,均未遇。归途访益斋,仍不遇。抵家,弼叔在焉。谈许久。知济宁师递遗折。晚,为刘景韩师写谢信。上灯时李慕皋年伯来辞行,言本日拟宿荣华卿处,谈许久。夜,雨作,惜不大,亦不久。演算数题。

初九日(4月18日)

早,黄赞清来,金小泉来。午后,答拜赞清、小泉,均未遇。遇邓峻山于宣武门外。到馆答拜周乐山,亦不遇。允叔在馆。弼叔往拜客,稍待,归,请其代慕皋年伯写名片,昨日所烦者。同弼叔到慕皋年伯处送行,未遇。将名片交司阍者。同到济宁师处吊,晤酌升、交酌升幼琴哥信一件。梁巨川、吴佩葱、吴子蔚、子和、陈子久、彭向青各同年,稍坐。益斋亦到,屡访未晤者,今日始得询其初五到门不下车之故,乃云因天色将暮,尚欲拜客之故,稍谈。余答拜徐汉翁,弼叔、益斋约在喆丞处候。到涌福坊,汉翁未在,遂到喆丞处,谈时许归。知汉翁来寓,彼此相左。万顺送来做好挽幛。

初十日(4月19日)

早,徐汉翁来,谈许久,交其谢刘景韩师信一件,托带浙江。

午后，信安处送来亦香所赠鱼白、对虾、海蟹等物。遣人为刘荫轩尊慈送挽幛，并奠敬。茅□山世兄来，谈许久。知芋田到京。雨时作，晚尤大，大有终夜之势。演算数题。

十一日（4月20日）

早，雨止。得家信，并捎来海蟹、鱼白。知杨筱坪到京，并筱坪送一叔甘蔗、橙子、海蟹等物。午后，筱坪来，谈许久。代一叔拟信稿。晚，与一叔结算丁卯团拜账目，以便移交下届直年。弼叔回津。

十二日（4月21日）

早，任世兄元斌来，一叔见后，余与谈片刻。午后，李蓉舫来，谈许久。信稿拟就。晚与一叔算丁卯团拜账毕。寿伯符昆仲偕其戚友二人来，谈时许。演算数题。

十三日（4月22日）

早，代一叔写信二封，均有附篇。午后，杨少泉同年来，谈许久。暮时邓峻山来，留宿焉。晚，演算。

十四日（4月23日）

早，到益斋处。同益斋到孙莱师处陪吊，晤吴佩葱、彭向青、刘茀青、梁巨川各同年，畅谈，留早饭。饭后，查阅各科同年单，去其重书者，以便送讣闻。杨少泉同年亦来吊，言哲臣本日往全浙馆，赴原籍同乡团拜局作客，拟约幼樵、信安到伊寓一谈，遂先去。少迟,余同益斋造其庐,即为贺升洗马喜。晤面知信安、幼樵皆未在寓,三人谈至暮。食点心毕,入城谒支继师,谈许久归。筱坪来,叔莹来,皆未晤。胡芰孙由津来谈,亦未晤。

十五日(4月24日)

早,到试馆,晤筱坪,谈许久。晤周乐山同年,稍谈。见允叔。天阴欲雨。到万顺购金顶一,遣人招万兴帽局来,购羽缨帽一。到长福,与张吉臣稍谈归。饭后,益斋来,约同往正乙祠,赴仁昌金店之约,即与实甫同到益斋处,约同益斋到正乙祠,晤金小泉、杜子丹。代一叔辞帖,本日赴宗学查功课,不能到也。演福寿部,无外串。允叔、卞樾庭先后到。观剧,至暮散归。十一伯、十五叔来,未晤。晚,写家信,并致鞠人信。

十六日(4月25日)

早,发家信。答拜周紫蒂廉访莲,前直臬,现闽臬,晤谈许久,并晤其同乡杜公。出顺治门,遇益斋于途,言先到吴子蔚处。到孙莱师处,晤其同乡任观亭,少待,益斋亦到,梁巨川同年亦到,查点各单,留早饭。饭后,益斋先去,余写庚寅帖签,共八十四分。向青、佩葱、翼辰、希夷各同年均来,阅讣闻底。到哲臣处,才由聚宝堂归,言益斋、少泉以伊未在家,均去,稍谈。到抚州馆答拜陆春江年伯元鼎。到辅翁处,视其疾,大见痊愈。访仲鲁,交其莱师履历一分,烦交撰祭文、碑文者,以备采择,谈许久归。实甫代余购旧罗帽一。卞樾庭来,未遇。

十七日（4 月 26 日）

早，沈祝堂来，金小泉来，谈许久。留祝堂早饭，小泉已饭毕，故不入座。午后，赵子登同年来，谈许久。代一叔查辅仁书院题陈文。晚，为益斋去信借车，明日往孙莱师处用，家车无暇也。

十八日（4 月 27 日）

早，弼叔来问在何处见面，即答以孙莱师处见，缘弼叔昨自津归，须晤谈也。借益斋车来。益斋现有二车，高曦亭前辈外放，车无所用，存益斋处。益斋，高之弟子也。乘车到益斋处，与益斋同到绳匠胡同陪吊，写帖签数十，弼叔亦到，梁巨川同年亦到，共留早饭。饭后，仍写讣闻签。未刻，同弼叔、益斋到哲臣处。哲臣已赴友人之约于临清宫，留片一纸，言负约之故，语似谦逊不安，并言少泉同年本日请客，亦不能聚。弼叔往赴广联陞之约，益斋往拜客，余在哲臣处小憩，以待之。益斋先回，弼叔至暮大醉而来，哲臣仍未归，遂散。途遇少泉，立谈数语，归。

十九日（4 月 28 日）

沈金门令姊过礼，阖家均往。实甫之第四女种牛痘还浆，须余随往，仍与益斋借车，车夫来，言弼叔在益斋处候余。午后，送四侄到吕祖阁还浆，晤其住持道士，并双寿峰即种花者，谈许久，言痘出甚佳，虽只出四颗，无须补种，与药二丸，持归。便道到益斋处，已同弼叔到哲臣处。归寓，将药交四伯母，即到哲臣处，杨少泉亦在焉。畅谈至暮。朱小汀、刘永叔自津来，弼叔诸人拟与永叔一聚，余以隔城不便，遂归。

二十日（4月29日）

癸未、丙戌两次同门在福州馆请支继师。丙戌同门只剩子峤、鸿甫及余三人，不能自请，故与癸未合办。午刻，到福州馆，遣车回。实甫赴署，约在哲臣处见。子峤来，又往湖广馆辞帖。张幼庆侍御荀鹤来，伊承办，故早到。少迟，子峤由湖广馆回，杨康侯履晋、陈小山本仁、李莘甫经野、王鸿甫以次到。康侯居城内，已经顺便催请。未刻，继师到。入座后，郑辅廷前辈炳麟到，李荔村梦莹以有疾不到。饮甚畅，送师驾后又谈许久，算清账目。更衣到哲臣处，实甫已到。又往访俞希甫，少待，即回。又食点心，暮，归。

二十一日（4月30日）

早，云帆十一伯来。张仁府来，已改捐道员，分发山西，来京引见也，谈许久。同仁府、实甫到广和居，约胡又青同年来小饮，遇邹紫东、梁巨川两同年，亦来小饮，稍谈。同实甫到义成，代七弟妇购送沈宅各物。赴金小泉戏局之约于广和楼，并晤雅泉年伯。观剧毕，仍到义成，取所购各物归。

二十二日（5月1日）

早，到试馆，遣车回，实甫本日公请房师也。与允、弼两叔，筱坪、子登畅谈，留早饭。饭后，为张协卿昆仲写信，并烦筱坪为张芝翁写信，皆为阶平令郎入总塾事，封入一叔致阶平信中。弼叔往拜客，允叔往请客。余同筱坪到三里河与十五叔谈。少迟，弼叔亦来，谈至暮。步行到万顺，托其将信送聚兴。入城车甚少，要价甚昂，步归。

二十三日(5月2日)

早，校阅弼叔所修晴云派支谱。午后，胡芰孙来，刘幼樵来，谈许久。岷东哥自津来。刘益斋来，谈许久。晚，与岷东哥谈。

二十四日(5月3日)

早，与岷东哥同车到益斋处，告伊先到绳匠胡同，未下车即出城，到市口岷东哥自去，余到济宁师处，代写讣闻，昨日孟延来约也。少迟，益斋到，遣车往接弼叔。海帆、翼辰、子峤、佩葱、珍五、宝轩、少泉、巨川各同年以次到，弼叔亦到。庚寅黄叔容、吴颖之、赵次珊、管养山同年，于益斋亦到，留早饭。雨青饭后到，以有事即去，其应写一分，俟在家补写。写罗纹讣闻一分，益斋、弼叔亦各写一分。毕，同弼叔、益斋到哲臣处，少泉以有事不往。与哲臣、弼叔、益斋谈，至暮归。

二十五日(5月4日)

早，仍校阅家谱。午后，同鸣西表弟浴于头条胡同之官盆，浴毕饮酸梅汤。归寓，得仁府信。岷东哥是日回津。晚，为仁府写信。

二十六日(5月5日)

早,王酌升表弟来,稍谈。到益斋处,想起致仁府信未交门房,恐其来取,命高升归,将信交李升。高升回,言仁府适遣人来取回信已去,恰好长福荷包铺人在寓,烦其带去,就近送交。同益斋到绳匠胡同公祭,晤枚岑、佩葱、耕生、向青、穗生、宝轩各同年。同益斋到湖广馆,丙子乡榜团拜,性安承办,约为管账也。丙子在楼上东边,辛未在楼上西边,甲午会榜、癸丑在楼下。演宝胜和部,尚未开戏,哲臣已到。少顷,戏开,同人陆续到,弼叔亦到。遣车接实甫、鸣西,未刻始到。剧颇佳,至丑刻归。

二十七日(5月6日)

沈金门令姊过妆奁,阖家均往,余在家候车。午后,筱坪来,谈许久。通仓送来一叔俸米,照收。晡时,车来,到金门处贺喜,稍坐,偕实甫同归。晚,京仓又送来余之俸米,照收。

二十八日(5月7日)

早,沈祝堂来,谈许久。午后,十五叔来,谈许久。晚,阅卷。

二十九日(5月8日)

沈金门令姊过门,早来请,同实甫往晤叔莹、圣馀、希甫、冯翰叔诸人。少迟,鼓乐送新郎殷亲迎到门,为之陪媒,并张罗一切。奠雁御轮礼毕,新郎升舆,实甫为送亲客,余在金门处待之。与叔莹、翰叔、希甫共饭。饭后,畅谈至晡时,实甫送亲回,同归。

晚,阅卷。

三十日(5月9日)

早,阅卷。午后,到益斋处,同到绳匠胡同为孙莱师上祭,与海帆、子峤、仲弼、益斋作一小公祭也。至,海帆、仲弼适到门,同入,子峤先在焉。祭毕,稍谈,即将公分交海帆,又同海帆、仲弼、益斋吊于秦袖衡,晤陈润甫前辈,朱艾卿、吴子蔚两同年,吴炯斋世兄,谈许久。杨少泉同年亦到。同益斋、少泉到哲臣处谈,至暮归。晚,阅卷。

四 月

初一日(5月10日)

信安招饮于龙源楼,实甫亦在彼宴客,叔莹来,同叔莹、实甫乘车往。实甫便道往约向辰,余与叔莹先到,即在信安处食点心。少待,实甫偕向辰来,均在信安处入座。须臾,实甫所请之客伯茀、圣馀均到,即同实甫来陪,并约向辰来,每局皆六人,甚均。信安处,课读师七世兄襄、少泉、哲臣、樾亭、同乡杨君,并主人而六;实甫处,叔莹、向辰、圣馀、伯茀、余及实甫而六。饮毕,圣馀、向辰有事自去。余同伯茀、叔莹、实甫到银碗铺,令烧化学器。由僻道到琉璃厂,在秀文斋小坐。到照像馆,遇邵季英、恽薇孙,观作荷兰水机器,饮荷兰水两瓶,四人共照一像毕。归,接家信,并刀鱼一包,李明亲自送来者。呼李明问来京之故,据云其家失骡一头,其父甚着急,令其到京烦人情。伊亦知此事非烦人情之事，无奈迫于父命，只得来走一遭。晚，写家信，并为卫哥写数语，烦其于到武清时向门房说声，饬捕役到彼家验道，作一面子，以免日后人来欺负，交李明。又为弼叔写说片，向其寻火腿一只，前有人送弼叔者。即由李明往取带回津。并借与李明川费，小制钱一千七百馀文，饬其明日回津。阅卷数本。

初二日（5月11日）

早，阅卷。午后，丁酉同年叶省斋来访实甫，沈金门令姊回门，实甫往陪，濒行言省斋若来，请其坐候。余遂见之，与谈极久，食以点心。遣人到沈宅，告知实甫，言已席罢出城。待至暮，实甫归，与省斋见，余始得出。晚，阅卷，一课毕。牌楼北路东巷火。

初三日（5月12日）

早，发崇文课卷。到益斋处，约同益斋赴少泉之招于聚宝堂，至则允、弼两叔，幼樵昆仲、哲臣、路春浓均到，已入座，只少一娄君。饮间，娄君亦到，饮颇畅。饮毕，同哲臣、益斋、少泉到哲臣处，弼叔先到孙莱师处致祭，少迟，亦到哲臣处，谈至暮。车因无卸处，已遣归，遂步归。遇实甫、鸣西于巷内，二人欲往观火场，因余归，仍回寓。是日，极热，晚阴，夜雨时作。

初四日（5月13日）

早，雨仍作，不大亦不久。随一叔往赴武柱卿之约于万兴居，行至杨梅竹斜街，遇其从人，知已改泰丰楼，即在泰丰楼下车。少迟，柱卿始来，并无他客，三人同饮。饮毕，观于广德楼之柜房。雨时作，道已难行，剧演同庆部，尚可。暮时，天晴，剧未毕，遂归寓。凉爽宜人，较昨日天气相差不止一月，可能气候不齐也。晚，与鸣西谈算。

初五日（5月14日）

早，访仲鲁不遇，询其何时在家，阍人云往游山，须十五前后始归。出城，途遇向辰，言本日回津，三两日仍回京。到长福，代四伯母退活计，前送沈宅未收者。向辰亦到长福，约余同饮于龙源，以有事辞，即归。易公服赴支继师之招，至则张幼庆、杨康侯、子峤均已到。少迟，鸿甫亦到。通艺学堂已去，其房无人居，偕幼庆、鸿甫、康侯往观，气象轩敞。游毕，李莘甫、陈小山均到，遂入座。甫坐定，郑辅廷亦到。晡时，饮毕，归寓。更衣往访陆申甫同年，为献夫事。献夫本年往吴桥就馆，未尝请假，初一日署中传接见，并人给上谕一张，词句甚严，恐不到受谴，已于前日取得信安印结一纸，为之请假。因明日堂期，故早间即访仲鲁，仲鲁游山未归，又访申甫，适伊在家，晤谈许久，将印结交付，尚有小费十二千，客日送到。归已暮矣。晚，谈算。

初六日（5月15日）

早，龙光斋老穆来，写就《化学通义》一本送来，与实甫同校一过。午后，王新斋来，谈许久。同乡刘锡畴来拜，未见。晚，谈算。

初七日（5月16日）

早，代实甫演化学算。午后，写对联、条幅数十事。弼叔来，酌升来，谈至暮。晚，谈算。

初八日（5月17日）

早，阅卷。孙孟延世兄遣人来，索丙戌外官单，因去岁曾为外省各同年写信，故来索也。因前单已无存，许为重察送去，遂取《缙绅》察之。午后，信安来，谈许久，云往访叔莹，即将写胡海帆世兄条幅一交信捎去，并催问代徐汉翁烦叔莹所书件。乃信安甫去而叔莹来，已将汉翁之件写就持来，谈许久始去。晚，谈算。

初九日（5月18日）

早，查阅《缙绅》。午后，刘幹廷世兄来，谈许久。益斋送来烦陆凤石年伯对联二副，嘱为代烦其世兄扇一，烦余书，并云一半日即赴便门，孙师处不克往吊，嘱如见孟延世兄说明。晚，谈算。

初十日（5月19日）

早，抄丙戌同年外官清单。午后，吊于济宁师，晤子峤、向青、佩葱、枚岑各同年，将清单交佩葱，与枚岑谈许久。因出门时遇少波到寓，急欲一谈，恐其速去，遂归。及抵寓，少波已去。少顷，叔莹来。大风，微雨，留叔莹晚饭。饭后，约伯茀来，畅谈至亥刻。谈算。

十一日(5月20日)

早,同实甫到松树胡同,为叔莹送行,杨升取来照像交叔莹,共三张。叔莹随其居停胡海帆世兄往河南也。晤海帆父子,并晤冯翰叔、金向辰,诸人皆来送行者。辰刻,起程。送毕,同向辰到化石桥谈,晤张子安。谈间,胡云楣师来,亲见,谈时许出。圣馀又来,谈时许。同实甫到松筠庵,雨微作,晤学真,谈时许,冒雨归。饭后,雨止,到济宁师处,晤巨川同年,任观亭、管养山同年,聂献廷同乡,裕寿田世叔。日夕,到刘幹庭世兄处,未遇。晤少波,将《算草》一本与观,即留在其斋。暮归。为刘聪彝写说片,索回借去之书籍。

十二日(5月21日)

早,高升回刘宅,取回《明史纪事本末》四函、《学算笔谈》一本。访界臣同年,谈许久。到益斋处,见年伯。知益斋昨赴便门又回,今日复去,潘家河沿房已辞。稍坐,到便宜坊,赴子蔚同年之约,星渚、竹溪、子峤、海帆、益斋、耕笙、向青、佩葱诸同年正在入座,遂同坐。饮间,紫东同年到,据主人之位,饮甚畅。唱初、珍五两同年又到,留待他客。饮毕,坐谈。唱初、珍五与主人又坐一席,少顷,张玉叔同乡到,共四人。未及其终席辞出,到哲臣处谈。二人寂坐,颇觉无聊,因实甫午后有事,车已遣回,火伞高撑,令人可畏,遂在哲臣处小憩。醒来见朱小汀在坐,稍谈。到信安处,晤七赞清世兄及聪彝昆仲,知信安本日送其令爱回津,告聪彝以送徐梧生公账事,哲臣所托也。到万顺,为一叔购外褂、马褂各料,代七弟妇购翠帽花、秋叶等,并托马葑溪代一叔购皮袖头。暮,携所购各物买车归。晚,遣人持片向刘年伯借车,为明日送济宁师殡之用,明日家车无暇也。

十三日(5月22日)

黎明起,命申三驱益斋车来。到济宁师处,海帆、桂亭两同年已先在,尚未发引。少迟,佩葱、益斋两同年到。益斋以须到大学堂,不能久待,先去。酌升表弟、巨川同年先后到。送柩出大门,登车到河东馆待路祭,同年到者十馀人。枚岑世兄玉如来,代其父行礼。到洪洞馆癸巳路祭处,问弼叔来否,尚未到。路祭毕,步行送至长春寺,弼叔始来,与酌升诸人谈许久。安灵毕,同弼叔到永丰堂,赴长福之约,晤润生、韩芑洲、陈秉璋、李棠仙。遣黄顺回馆取来耀卿为余捎来衣服并信,拆看内有阶平信。谈间知金小泉现在京,拟饭后访之。待一叔到,同饮。饮毕,同弼叔到义成访小泉,下耕岩在焉。小泉明日回津,留之不住。先是,子峤同年欲回请门生,以小泉未在京,托余及实弟打听,若伊来京,为子峤送信,今始知其来,即欲回津,故留之,留之不得焉,可待其再来矣。谈许久。天阴欲雨,与弼叔同到万顺,交还购剩翠花,欲退换宁绸,该铺以已剪不换,遂同弼叔到哲臣处。天阴而风,至则永叔刚由津来,并有同来者一人。谈间,雨时作,至暮始归。卫哥由津来。遣申三送还益斋车,并赏其车夫钱四千。与卫哥畅谈至夜分。

十四日(5月23日)

早,卫哥出门。署内送来知会,余充功臣馆纂修。午后,邓峻山来,由津回初次来也。遣人为少波送去附余信,寄伊信、物一包,并问其有信、物寄津否？屠少田来，谈许久。卫哥归，与谈。吉书庵同年来，烦代伊书喜联一副。晚，仍与卫哥谈。

十五日（5月24日）

早，与卫哥谈。午后，张仁府来，谈许久。晡时，蔡少波来，交银六两、信一件。寄津，借去《学算笔谈》一夹板。马葑溪来，送来袖头三副，烦其代一叔买者，留一副。交伊辫绳样一，嘱其照样预备一根，附卫哥便为竹坪寄去。晚，同卫哥、实弟、鸣西随一叔饮于万福楼，既醉且饱，乘月归。写家信数语，交卫哥。与卫哥、鸣西谈终夜，天明始眠。

十六日（5月25日）

早，卫哥回津。车夫归，言万顺辫绳无现成者，未得捎去。龙文穆来，催实弟《化学》稿本，以未校好，嘱其明日来取。同实弟校其《化学通义》各表，并令鸣西算数，至午后小憩起，仍校《化学》。晚，仍校之，谈算。

十七日（5月26日）

早，龙文穆遣写字人来取实甫所著《化学》，令其稍待，改好付之。午后，信安处送来家信一封，知其已到京。写对联、条幅十馀事。晚，谈算。

十八日（5月27日）

早，欲出门，以无车不果。午后，代一叔写屏幅数事。十五叔来，即去。晚，谈算。

十九日（5月28日）

写纨扇、便面数事。午后，屠少田来，谈许久。晚，谈算。

二十日（5月29日）

早，内阁来报，一叔得稽查中书科事务，即代写谢恩折，供事来，交之。午后，到清秘阁代一叔买珊瑚笺对料一副，定画水红冷金六行条八条。到镜孙处，答拜王新斋，镜孙赴署，芑洲尚未回津，亦未在寓，稍谈出。为俞希甫补贺喜，并送喜敬，未见。为吴子蔚同年送行，未见。到福州馆，代一叔订座请客，云直年有话，北厅从四月初一日起不外借，只有南厅，告以听信，遂出。天阴欲雨，到试馆，途间雨作，即在馆避雨，少泉同年在焉。与少泉、弼叔谈许久。雨稍止，答拜张仁府，不遇。为屠少田送行，谈许久。雷大作，到义成，代实甫购亮纱袍料，无合式者。雨大作，待雨止，然后归。

二十一日（5月30日）

卯刻起。命安顺为信安送喜幛，并辞福州馆席，即令在安徽馆待余。与实甫同车到户部，实甫入署，余亦到署接见。徐荫师已到，接见者曹舟韩前辈、王肖庭世兄、刘伯崇、孙名百斛、吴濂溪、穆特贺均已到，坐谈片刻，杨少泉同年、田少白先后到。送荫师行后，询申甫同年到否，尚未到。交李勤钱十二千，代献夫请假应用小费。仍到户部，在浙江司与杨穗生同年、聂九愚谈。将午刻，堂官仍未到，遂同实甫出，到义成购袍料，同到安徽馆为信安贺喜，信安二令郎在津完娶来京，于本日贺喜也。晤哲臣、益斋、少泉、粥叔，留早饭，在帐房为之帮忙。仲鲁、申甫、枚岑、子登各同年均到，姚品侯亦到。申刻，同实甫赴祁敬沂之约于其家，为陪张仁府，伊谆谆相约，不可却也。途间雷声相送，到敬沂处雨即作，少迟，雨止天晴。同饮者仁府、珍五同年，敬沂处教读老夫子田桂舫，唐樾亭、茂亭昆仲。日夕，归寓，检点衣物，知罗帽忘在安徽馆，令安顺往取。屠少田来辞行，谈许久。暮时，安顺始取帽归。晚，雨又作，旋晴。

二十二日（5月31日）

日夕，邓峻山来，留晚饭，饭后去。是日，粥叔回津。

二十三日（6月1日）

阅卷数本，写便面、册页数事。

二十四日（6月2日）

早，孔宅来送信，言辅翁疾复作，甚剧，拟饭后往视。饭后哲臣来，谈许久，始知于二十一日复作，本日已无法可想，故来送信也。与实甫同车，同哲臣到孔宅，即遣人请信安来，告以棺木要紧，信安言已托人。谈间，子光亦到。入内看视，已昏不知人，气尚呼吸而已。至暮辞出，到琉璃厂小步，实甫代杨穗生同年购白芙堂《算书》一部，询峻山，知已进城。遂归，峻山果在寓，并携来《东华录》一部，李耀卿托购者。峻山留宿于寓，晚，畅谈。为黄吉樵表叔写信。

二十五日(6月3日)

清早,孔宅来送信,言辅翁于子刻长逝,即随实甫赴署之车到顺治门,步行到孔宅。晤信安、哲臣,知棺木等事已齐备,并有写殃榜人在座,择定申时入殓。为时尚早,同哲臣到其寓,晤永叔。谈间,孟玉双到,谈许久。同哲臣、玉双重到孔宅,则弼叔、弼叔昨日回京。实甫、仁安、信安、子光均到,筑岩亦从天津来矣。少迟,苏雨亭、赵星楼并其同年徐壬甫先后到,壬甫并送对联一副。到时成殓,大家为之帮忙毕,哭之恸。安顺来,言一叔一叔派抖晾《实录》《玉牒》,自本日始,日日进内,二十九日复命。回家,有事待归,遂同实甫归,知为武吟舟夫人明日回京,有银信托伊捎也。即代四伯母写一信,明早遣人送去。晚,代一叔写请客帖数个。阅卷。

二十六日(6月4日)

早,龙光斋送来改正审好实甫所著《化学》书。听桥叔来,谈许久。午后,庞鹤翁来,谈许久。答拜黄花农观察于兴胜寺,已回天津。又拜同乡刘农部锡畴,亦未遇,归。一叔归后哲臣来,谈许久。晚,阅卷。

二十七日(6月5日)

早,邓峻山遣刻字者来,将寿伯茀笔记《东洋学校各章程》一本持去抄写待刻。晡时,一叔归。天大雷电以风,同实甫到孔宅接三。至则客因风雷已有去者,留者哲臣、信安、子光、弼叔、亦香。亦香本日到京,即来吊也。姜宝翁、润生、子登亦未去接三，到街上遇聂献廷，才来，立谈数语即散。归天已晴。

二十八日（6月6日）

早，刘幹亭来，言少波心疾又作，奈何！糊纱窗，床上虫甚多，晒之，即打扫各处尘土。一叔归后，乘一叔车代一叔拜客三处，出城遇哲臣，各下车，谈数语。拜客毕，归。晚，阅卷。

二十九日（6月7日）

早，王槐生来，名世钊，久在河南，现改广东知州，同邑王香榭先生侄曾孙。谈许久。午后，王星垣来，谈许久。访亦香，云已回津，到蔡少波处谈。微雨数点，日夕，归。晚，阅卷。

五　月

初一日（6月8日）

早，子丹来，昨由津到京也。言王新斋引见，用教职，已回津。谈间，信安来，谈许久，知亦香并未回津，阍者讹言，本日均在哲臣处谈也。午后，同实甫游城隍庙，游人甚夥，卖耍货者尤多。庙已残破，惟正殿系新修理者，气象轩敞庄严。游遍，复同实甫到哲臣处，晤弼叔、亦香、玉双。谈间，一叔来答拜哲臣，稍谈去。余同实甫至晡时到万顺，购东绉二方，七弟妇送沈金门令爱弥月礼者。到长福，代四伯母还欠项。在西荷包巷北口购糖一包，携归。晚，阅卷。

初二日（6月9日）

早，哲臣、亦香同来，留早饭。饭后，弼叔由署亦来，昨日约定者也，畅谈至申刻。余到松筠庵，一叔请客，以人少命往陪也，因哲臣诸人在寓，先遣车夫往看一次，回云客才到一两位，故迟往也。至则何受轩年伯仍未到，待时许始到。同饮者尚有李荫墀前辈，孙幼农、凌东甫两年伯，贾翰臣世兄，王槐生。受轩年伯未终席即去，缘本日共六局，尚有三局未到也。客散已日夕，开销各项毕，归，哲臣诸人已去。晚，阅卷。

初三日（6月10日）

早，弼叔来，留早饭。饭后，小憩，睡起又谈时许，弼叔去。少波来，谈未数语，匆匆辞去。晚，阅课卷。

初四日（6月11日）

早，发崇文课卷。饭后，金小泉来，昨始到京也，谈许久。到支继师、胡云师两处贺节，归寓，沈金门在焉。稍谈。酌升来，弼叔来，谈许久。俞医来，为七弟妇诊视。患感冒。实甫往拜节，未在家，余陪之。日夕，在院中为鸣西订《学算》纸本，晚，并为之画格。

初五日（6月12日）

早，衣冠从一叔后祀先，开男女家人节赏。早饭小饮，微醺。少波来，未晤。晚饭仍小饮。

初六日（6月13日）

为孔少文去信，讣闻有应更正者。晡时，弼叔来，谈许久。胡云师送来一叔照像一张，共十馀人，皆甲戌同年，内有一年世兄。一叔向不照像，此次迫于同年情面，始照之。晚，谈算。

初七日（6月14日）

早，宝瑞臣来，恐余不在家，持信一封，约明日陪陈雪楞，稍谈去。蔡少波来，云已饭毕，即对伊早饭。饭后，与少波谈许久，知伊已将刘幹亭馆辞却，移居试馆，欲往山西依乃兄，言语之间似有痰气。伊去后与一叔商议为刘三伯去信。到哲臣处，不遇。访子峤同年，谈许久。赴孟玉双之约于福兴居，哲臣、弼叔、信安已到。遣车到户部接实甫，实甫本日当月，约定乘暇到福兴一聚，故接之。车夫回，言有事，不克到。少迟，鹿遂侪到，始入座。饮间，林诒书世叔到。日夕，饮毕。到户部，满当月者未到，只实甫一人，询其用车否，云无事不用车，遂归。一叔赴李蠡莼年伯戏局之约于安徽馆，并听夜戏。与鸣西谈算。一叔丑刻归。天明始眠。右肘微痛，视之略肿，围约钱许。本日巳刻天暗无云，忽闻砰訇一声，如巨电，屋宇震动，出户视之，绝无形迹，疑是地震。少顷，安顺自外来，云是护国寺火药局失慎，在街头见北方有黑烟直冲霄汉，院中地狭，故不见。出门晤诸同人，所谈不一，有云伤数十人者，有云伤数百人者，大约伤人不少，屋宇震坏者亦不少。非常奇灾，惨不忍闻，当事者不能不入告也。

初八日(6月15日)

早,一叔到稽察中书科任,余赴宝鼎臣世兄昆仲之约于其家。既到,遣车往户部接实甫,送实甫到寓后再来接。同饮者陈雪楞、项薇垣、恽孟乐、戈景韩、曾鲁如、林梅贞、甘少南各同年。饮甚畅,申刻始毕。天气极热,又坐谈许久。将散,安顺随车来接,着衣冠答拜前天津道任之骅、庞鹤舫姻伯,均未见,归。肘又见肿,旁有微涡。

初九日(6月16日)

早,弼叔来,哲臣来,留弼叔早饭。肘大肿至腕,一叔令敷紫金锭,并服连翘、银花。龙文斋送来改写《化学通义》。日夕,答拜王槐生、李仲宣经羲,均未见。答拜王寅阶,云已回天津。访子峤,遇其同乡何君在座,待其去后与子峤谈许久归。邓峻山来,留宿焉。

初十日(6月17日)

早,子峤来,谈许久。肘肿如故,脚着地微有不适。峻山仍留早饭。饭间,报喜人来报,一叔署工部左侍郎。饭后,代一叔写说片,问陆凤翁谢恩折用一分、用二分?缘凤翁于是日同拜署工部左侍郎之命也。刘湄舟表兄同年自津来,暂住于寓。代一叔写谢恩折。余医午山来,为七弟妇诊视,余趁便请其一看,云系湿热生毒,令敷梅花点舌丹,并立一方服汤药。晚间如法敷服。与湄舟谈,热甚。

十一日（6月18日）

早，孟玉双来，谈许久，并见湄舟。午后，亦香、亦香捎来布包一个，家中寄来者，内有信并鸣西棉被、袜子等物。王瑞卿来，孔幼云来，弼叔来，哲臣来，少波来，金小泉来，韩镜孙来。一叔以谢恩、奏事、带引见，甚觉疲倦，衣冠贺喜者均未见，便衣入内者始见之。由少波处取回《学算笔谈》一本。肘肿大见减。弼叔携来圣灵油一瓶令敷。晚，微雨，不久即止。

十二日（6月19日）

早，马葑溪来。酌升来，见湄舟，言怀来县欲请山长，即托其荐湄舟，伊应允，即刻往访其友缪君，许久回，言缪君当即函致前途。与酌升同车到广和居，一叔本日在此宴客，命往陪也。至则益斋已早从便门来，少谈，一叔偕湄舟、鸣西、实甫来，润生、筱泉、哲臣、亦香、弼叔陆续到。待镜孙久不至，先坐一席，余与筱泉、弼叔、实甫、鸣西待镜孙至，始入座。饮毕，同湄舟、实甫、鸣西到酌升处，谈许久。同鸣西到哲臣处，与哲臣、亦香、少泉、玉双谈，弼叔又到。车来接乃归。晚，阅卷，写家信。

十三日（6月20日）

早，发家信。一叔到署任，实甫监印。余借益斋车赴亦香之约于其寓，至则一叔已到。少待，哲臣、弼叔、润生、筱泉、少泉、玉双陆续到。饮间，德清始到。天极热，饮毕，小坐。又同少泉赴刘幹亭世兄之约于同丰堂，实甫已由署到。同饮者步啸梧、吴鞠农、王世兄，皆幹亭乡人也。饮毕，遣益斋车回，与实甫同车，访杨穗生同年,谈许久。又访俞勉之,谈许久,归。晚,阅卷。

十四日(6月21日)

早,雨作不久。同湄舟访仲鲁同年,许久归。弼叔来。同实甫答拜胡月舫廉访前辈于松筠庵,未遇。到哲臣处,为之祝生日,弼叔亦适到,润生、筱泉、玉双、亦香已先在,遂同往便宜坊,待王瑞卿来同饮。饮毕,润生、筱泉去,大家仍到哲臣处谈。晡时,德清、少泉来。晚,饮于豫和堂。饮毕,仍在哲臣处谈,子刻归。竹翁由津来,宿于寓,已眠,未得见。

十五日(6月22日)

黎明,竹翁起,余亦起,交余家信一封,谈许久,一叔乃起。以车送竹翁到试馆。午后,王槐生来,谈许久。阴雨,忽又晴,晴后雷又殷殷。祝恽孟乐同年之尊并恽年伯母寿于贵州馆,登车雨大作,出城稍止,至贵州馆,雨已住,稍坐,归。晚饭时竹翁自城外来,仍留宿。晚,微凉,与竹翁谈至夜深。

十六日(6月23日)

早,与竹翁谈。竹翁拟本日回津,以才去家信不久,未写信,交竹翁益母膏一罐带津。送竹翁后同实甫到松筠庵,一叔本日请胡月舫,命往陪也。以时尚早,到孔宅,拟为辅翁书主,乃木主尚未有,云须筑岩由津带来。访亦香,不遇。仍回松筠庵,一叔已到。鹿遂侪来说片,五点钟在福隆堂为玉双饯行,约为往陪。食点心。王步亭世兄到,苏器之世伯、王肖庭世兄陆续到,胡月舫前辈到,饮间,林辉如世叔到。饮毕,到福隆堂,亦香,玉双、弼叔已先到，少待，哲臣携鼎丞到，畅饮未毕，天已暮，遂归。于顺治门中遇益斋车，车夫言往接其世兄于戏园，其世兄留宿城外，驱空车回。晚，阅卷。月食既，观之。

十七日（6月24日）

早，益斋来，谈许久。詹少菊表兄自津来，谈许久，并见四伯母。午后，小憩，天热，未出门。晚，阅卷。

十八日（6月25日）

早，实甫往访胡圣馀，遣车夫回，言出城小饮，并观剧。余以有事，令车夫送实甫出城后先驱车回，晚再往接。午后，到亦香处，未遇，晤王瑞卿，存亦香寓《东华录》二十四函，托其觅便陆续寄津，是李耀卿弟托购者。到信安处，见聪彝，言弼叔方去，并令黄顺为余送信到孔宅。为辅翁书主，未毕，黄顺将信由寓持回，拆视知为刘升代同乡官在都察院递公呈，因未取结押，在南城坊项薇垣同年处，嘱为项同年去信，令其暂释。仍到亦香处，为薇垣写信，交黄顺，即令黄顺到湖广馆，告知弼叔在亦香处见。遣车接实甫。少顷，弼叔来，言冯果卿同年在中西大药房请饮荷兰水。即同七叔往见果卿，饮水数瓶。实甫观剧毕亦来，又饮水一瓶。代刘湄舟购耳铃一副归。

十九日（6月26日）

早，孔幼云来，谈许久，约在致美斋小酌，并欲约弼叔。弼叔适来，言昨信送去，取有回信，言上司所交，人不敢擅释，并送《下学盦算书》三种。同弼叔到益斋处，烦其访京畿道胡侍御。拟不回寓,在益斋处为实甫写说片,嘱其到致美,如不往,可遣车往接。遂同益斋、弼叔出城。同弼叔在亦香处待益斋,亦香未在,见王瑞卿。少待,益斋来,言胡公亦不敢擅释,且言语与刘升所传者不一,令人可疑。同到致美斋,幼云已到,在楼上,其伯岳劳公已食,地甚狭隘,余与弼叔、益斋在楼下,甚宽阔。益斋自食毕即往东便门,劳公食毕亦去。余与弼叔、幼云待实甫,久之不至,即同饮,饮毕仍未至。随弼叔到试馆,方到家,车亦到,见少波。小憩时许。同弼叔到信安处,信安才由津归,谈许久归。

二十日(6月27日)

早起,微雨,已而大作。冒雨吊于孔辅翁,聪彝办理账目,已先到。少迟,信安亦到,一叔亦到,一叔为辅翁点主。雨大,不能行礼,吊客无多,一叔遂先归。朱永叔到,知哲臣患感冒。余与信安畅谈。晡时,亦香、弼叔始到,实甫亦到,谈至暮。客来者共十馀人,雨终未止,晚饭后归。雨稍小,仍不止,大有终夜之势。

二十一日(6月28日)

雨止天晴。午后,弼叔来,谈许久。到江苏馆赴丙戌夏团局,至则先到者已散,只佩葱、海帆、姜宝翁尚在,四人共饮。饮毕,到酌升处,谈许久。到哲臣处,视其疾,已愈,晤柳子芳,稍谈归。益斋来,未晤。晚,阅卷。

二十二日(6月29日)

实甫赴丁酉团拜局,家骑均乘往。午后,余向益斋借骡到松筠庵,赴仲鲁同年之约。同饮者胡月舫前辈,蒋莼圃前辈,张会生、石思之、刘小山、赵星楼、张玉叔、阎鹤泉同年。饮毕，畅谈。将暮，到亦香处，晤弼叔、唐茂庭，稍谈归。晚，访熙小舫前辈，谈许久归，阅卷。

二十三日（6月30日）

实甫赴署监印。午，余步行至大街，雇一敞车到哲臣处，谈许久，弼叔到，为之祝生日。少迟，亦香、实甫、信安、瑞卿先后到。晡时，武德清到，天阴大风，同饮于豫和堂，公请弼叔也。雨一阵，席未终，同实甫赶城归。邓峻山来，未晤。

二十四日（7月1日）

日夕，邓峻山来，留晚饭，饭后去。晚，谈算，阅卷。

二十五日（7月2日）

早，哲臣来，酌升来，王槐生来。午后，熙小舫前辈来，谈许久，实甫亦见之。允叔来，昨始由京〔津〕来也，谈许久。晚，阅卷，谈算。

二十六日（7月3日）

午后，弼叔来，为林辉如世叔写纨扇半面，弼叔代实甫写半面。晚，阅卷，谈算。

二十七日（7月4日）

早，龙文斋送来刻出《化学》样，并有应校之书，即为校好带去。寿伯茀来,谈许久,留其早饭,云已饭毕。饭后,仍与伯茀谈。晚,阅卷。微雨终夜。

二十八日(7月5日)

早起仍雨,少顷,雨止天晴。同实甫随一叔到辅翁处送殡,是日,辅翁移柩三圣庵也。至则引已发,即到三圣庵。少迟,子光亦到,谈许久。同实甫到哲臣处,本日为润生生日,同人拟为公祝,恐其回津,故先未定局,须到哲臣处一问也。至,知已假座豫和堂,哲臣已往润生处拜寿。即到润生处,不遇。到试馆,允、弼两叔已赴豫和堂。仍到豫和堂,则润生、哲臣,允、弼两叔,信安均在焉。弼叔云已烦亦香为余送信,竟未见。少迟,亦香到,同饮。饮毕,允叔、润生、实甫往观剧,余同哲臣、亦香、信安、弼叔到哲臣处谈,信安以有事亦去。暮时,一叔亦来哲臣处,稍谈。实甫观剧毕来接余,遂同归。晚,阅卷。

二十九日(7月6日)

早,一叔为娄允学姻伯写寿屏,落一字须另购一纸。午后,与湄舟同车到清秘阁购寿屏,看好,令其画乌丝,约归时来取。湄舟自去访友,余到南西门外唐家花园,赴项薇垣同年之约。同饮者金筱珊、恽孟乐、曾鲁如、戈景韩、林梅珍、甘少南、王铁珊、徐传泉,皆乙酉同年也。酒未阑,又到兴胜寺赴王槐生之约。同饮者孙春圃、胡霖枫、武德清、杨少泉各同年,并路老先生。饮毕,已暮,到信安处,晤七赞清世兄。信安未在家,向聪彝索其印结一纸,为代姜少云同年销假事。到清秘阁,知寿屏已为湄舟取去,遂归。晚,阅卷。雨一阵,不大。

三十日（7月7日）

早，熙小舫前辈来，烦写折箑一柄，谈许久，实甫亦见之。午后，为仲鲁同年作字，并印结、钱票十二千送去，为少云销假事。为胡芰孙同年写信，送信局。雷雨一阵，不久即止。晡时，邓峻山来，留晚饭，饭后去。晚，阅卷。

六　月

初一日（7月8日）

早，同实甫校《化学》书。午后，润生来，谈许久。晚，阅卷。雨微作。

初二日（7月9日）

雨未止。午后，同实甫随一叔赴卞樾亭之约于陶然亭，并代益斋辞谢，缘益斋有事不克到，早间来信托代为辞也。同乡到者止十二人，允叔、哲臣、亦香、仁安、信安、润生、鄂田、寅皆、金门，余叔侄兄弟三人而已，弼叔以感冒不到。交侯起卷票二纸、说片一，嘱其到馆交少波，缘少波前有赴山西之说，烦代考六月初四颐学堂小课，为领膏火计，大课少波取第一，应得膏火六两，须考三小课后方给，一小课不到扣二两。今少波未赴山西，仍将卷票送回，自考可也。饮毕，同实甫到宏兴店访补牙者，商量为一叔补牙事。时雨已止，天色尚早，遂同实甫到试馆视弼叔，至则哲臣、亦香、寅皆均在焉。并晤耀卿、李星垣，谈许久。余到少波屋，告以卷票已交侯起。雨又作,遂归,归途雨大作,到家稍止。晚,阅卷,雨又大作,终夜有声,屋漏数处,恐湿书籍,天明始眠。接芰孙信。

初三日(7月10日)

早,仍有馀雨,龙侄女生日,午后晴。暮时,设祭,三伯祖讳日也。晚,阅卷。

初四日(7月11日)

发崇文课卷。午后,胡芰孙来,谈许久,本日始由津来也。邓峻山来,在门房询知实甫未在家,即去。写便面三个。晚,谈算。雨微作,夜半又大。

初五日(7月12日)

早,芰孙来,言往访仲鲁,仲鲁已移居西华门,谈许久,留早饭,饭后又谈许久乃去。邓峻山来。雨一阵。装订格本。晡时,芰孙由仲鲁处回,又来,谈许久。峻山留晚饭,并留宿。晚,与峻山谈至夜深。微雨。

初六日(7月13日)

早,与峻山谈。午后,接家信。同湄舟到秀文斋,问大哥去岁烦戴青来前辈画扇,云须察帐。同到宏兴店答拜芰孙,晤谈许久,又同到万顺、长福两处,稍坐,由万顺取回代竹坪所购辫绳。走城根,进顺治门归。晚,写家信、大哥信。峻山仍留宿,谈至夜深。微雨。

初七日(7月14日)

早,与峻山谈。杨穗生同年来,谈许久。杨升告假回家,言定本日由火车到津捎信件,待之久不至,不知何往。午后,李蓉舫来,并见实甫,言有持实甫信到伊铺借银三十五两者,因笔迹不符未与,特来一核其实,心疑是杨升所为。晡时,雨,时落数点。刘心莲来,谈许久。实甫拜客归,由仁昌持来借银信,果是杨升笔迹。及问杨升来否,则日来数次,一转即去。并赎来衣服数件,自云当实甫衣服不少,尚须设法。待至晚间,竟不复来,恐其遁去,令安顺连夜到马家铺捉伊。实甫查点衣服,共少二十八件。令申三明早到各交接家送信,恐其到各处借名赊欠也。夜,雨微作,眠甚晚。

初八日(7月15日)

早,重写家信一封,即发,恐杨升到津撞骗也。申三由城外归,言杨升昨由义成赊去袍料绸,并经万顺马葑溪作保,他处尚未有赊欠。实甫又查出代收姜少云俸银一分亦被窃去,钱票八十千亦窃去。一叔、实甫均赴署。马葑溪来,持来义成账单一纸。饭后,余同湄舟由单牌楼雇车到安徽馆,赴赵紫登同年之约。至则一叔已由署到,允、弼两叔、亦香、赵子青姻叔、梯云、仁安、吟皆均已到,随后实甫、润生、哲臣、信安、镜孙、鄂田、益斋、樾亭、筱泉、金门,共两席。饮间,子光始到。饮毕,归,雨数点。将初六所写家信加封,并将子香对联、辫绳各物,令于三送亦香处,托其带津,亦香明早回津也。将暮,安顺捉得杨升归,并搜得银两包,十七两有奇,当票十五纸,即开失票。一叔令安顺、何清、申祥三人将杨升送北城坊治罪。天晚,令三人进夜城,丑刻三人始归,言已将杨升收禁。雨一阵,天明始眠。

初九日(7月16日)

早,算当票本利,经何贵手赎出衣服二十四件,江绸袍料一件,雪青湖绉一匹,蓝仿绸一匹。此三件新赊义成者。代一叔为北城坊官王雅堂写信,请其痛惩杨升。午后,酌升来,弼叔来,熙小舫前辈来,谈至暮。送信人回,言杨升被杖三十。晚,月甚明,谈算。

初十日(7月17日)

天气甚热。日夕,邓峻山来,留宿焉。热不能寐,作终夜谈。

十一日(7月18日)

早,弼叔来信,招余及实甫、鸣西在福兴居陪阮叔麐、周荐汾诸人。实甫须先赴署,余同鸣西雇车往,至则筱坪在焉。昨晚宿于馆,故今早同弼叔到福兴居,已饭毕辞行,稍谈即去。实甫适来,又久之,叔麐等均到。饮毕,同弼叔、实甫、鸣西观剧于同庆部。天气甚热,同实甫、鸣西步游琉璃厂,三人同车归,已暮矣。

十二日(7月19日)

早,到支继师处,谈许久。取回去年代大哥求书扇一柄。到安徽馆,允、弼两叔,哲臣、信安、润生、筱泉、益斋公请一叔,并约余也。作终日谈,至暮始归。

十三日(7月20日)

早,益斋、范孙、鞠人同来。询知范孙昨由津来,鞠人昨由定兴来,鞠人早到万顺,始知范孙来,即约同访益斋,并访余也。久别相见,其乐可知。即同三人出城,到范孙处小坐,到龙源楼小饮,并约弼叔、润生,均未在家。饮将毕,润生来。饮毕,益斋有公事自去,余四人,鞠人往涌福坊,余与润生、范孙仍到范孙处谈。实甫来。雨一阵,弼叔来,仁安、梯云同来,吉〔喆〕臣来即去,一叔来。晚,一叔约诸饮于龙源楼,遣人请鞠人,未在寓。饮毕,归。晚,甚凉爽。

十四日(7月21日)

早,写家信,午后,因家骡伤臂,借益斋白骡来驾车,并驱益斋车随一叔到范孙处,交范孙《空山堂集》十套、铜铫一个、信一封,托其带津。弼叔、鞠人、润生均已到,昨日约在此聚齐也。遂同到便门外,践益斋之约。益斋用其所坐船渡诸人过河,到其公寓小坐。随即乘其船游庆丰闸,游人如蚁,女乐数处,诸童子赤身坐闸上,与之钱则跃入水中作各戏,旁有大树一株,多与之钱则登树至顶然后一跃而下入于水,颇可观。日夕,放船回,在益斋公寓饭。范孙体微不适,先归。众人饭毕,并益斋同入城,便道仍到范孙处一视,云到寓一眠,汗出而愈,稍谈归。晚,月色甚佳,天气凉爽。杨升本日释放。

十五日(7月22日)

早,鞠人、范孙、弼叔回津。接阶平信,知公厂事已成,不日即任事矣。午后,李星垣来。晚,同实甫、鸣西随一叔到二龙坑玩月,遇寿伯茀昆仲,立谈时许,余随一叔先归。

十六日(7月23日)

接绍敏信,为山东友人捐纳序班事,嘱为荣华卿学使去信。刘蔗先来,谈许久。访熙小舫前辈,遇戚懋斋壬午同年,谈至暮归。晚,阅卷。

十七日(7月24日)

未出门,有卖书人送来书一包,同实甫阅之,择数种,以价未讲妥还之。晚,阅卷。自十四入伏,数日天气甚凉爽,月色甚佳。晚,阅卷。

十八日(7月25日)

未出门。午后,写对联、条幅数十事。日夕,在院中观寿伯茀自日本购来抽气筒。晚,阅卷。

十九日(7月26日)

早,发崇文课卷。同湄舟、鸣西随一叔游南湖俗名南河沿,在彰仪门外西南,壁间诗颇有佳者。午刻,归。饭后,同实甫随一叔赴镜孙昆仲之约于其家,同乡到者赵子青姻叔、梯云、金门、益孙、哲臣、子光、芋田、信安、樾亭、仁安,此外有回津者,有不到者,共两席。饮毕,已将暮矣,归。晚,阅卷。

二十日（7月27日）

微雨终日。仁安约本日来访湄舟，以雨阻未来。晚间极凉，仍微雨。阅卷。

二十一日（7月28日）

早，接弼叔信，并家信一封，内有献夫信，弼叔昨日到京带来者也。午后，酌升表弟来，谈至暮。晚，阅卷。

二十二日（7月29日）

早，发崇文课卷，写绢六行、条一。午后，王仁安来，湄舟出门，弼叔来，襄臣表兄来，酌升遣人来取扇、对，并带来对一幅。襄臣先去，仁安、弼叔谈至暮始去，去后湄舟方归。邓峻山来，留宿焉，夜谈甚畅。

二十三日（7月30日）

早，与峻山谈，写纨扇四柄。代一叔写请客帖，代七弟写请客单。晡时，到三胜馆赴张玉叔之约，实甫已由署到，共两席。刘耀庵、刘小山、陈华甫、宗端甫、刘信安、弼叔、王宝田、徐子光、阎鹤泉，姜宝翁早到先去，李幼铁辞，鹿遂侪回定兴。同乡居多，不同乡者只识阎仲原世兄，初识缪石逸。饮毕已暮，以车送子光到寓，然后归。峻山仍留宿，作终夜谈。

二十四日（7月31日）

早，与峻山谈。午后，金小泉来，稍谈去。阎厨来，代一叔定请客席。与实甫同车到打磨厂，实甫有事自去，余到馆，与筱坪、弼叔谈，筱坪前约定本日在馆见面也。日夕，筱坪去，与弼叔同车到前门，弼叔往访李蓉舫，余步行到万顺，立谈数语，进城，雇车归。接献夫信、大哥信。晚，阅卷。

二十五日（8月1日）

早，金向辰来，谈许久。午后，写对联、条幅数事。日夕雨微作。晚，阅卷。

二十六日（8月2日）

早，同湄舟、鸣西浴于头条胡同。魏梯〈云〉来，谈许久。午后，随一叔到松筠，津邑公请同乡也。客到者李幼铁、庞鹤舫、刘蔗仙、金向辰、李星垣，辞者于彩庭、王槐生、王寅皆，主人到者赵子青、徐子光、弼叔、朱哲臣、刘益斋、刘信安、李润生、金小泉、魏梯云、王仁安、王益孙，共三席，饮甚畅。拟饮毕到豫和堂代实甫定请客席，顺便拜客数家，因雨作不果，烦哲臣为豫和堂带信令其到宅，遂归。归途已出日，仍有馀雨。邓峻山来，留宿焉。

二十七日（8月3日）

早，借孔宅车，并家车，同湄舟、实甫、鸣西携两侄女，随一叔游南湖，并约弼叔。至则弼叔已到。聚谈终日，游历几遍，并泛小舟。阎厨肴颇佳，饮微醉。日夕，天阴欲雨，遂归。抵寓，雨大作，不久即晴，晴复又阴，雨时作时止，直至夜分。阅卷。

二十八日(8月4日)

早,豫和堂来,邓峻山来,姜宝翁来,一叔在松筠庵宴客,因陪宝翁谈,命余先往,至则向辰已到,少迟,一叔来,庞鹤翁到,食点心。过午,李幼铁、刘蔗仙、李星垣先后到,苏子熙军门元春到,因其尚有两局,即入席。饮间,滕玉堂年伯到,席半,苏子熙去,景东甫世叔始到。饮毕,开销各项毕,与一叔同出。余到吴佩葱同年处,未遇,归。姜少云同年在寓,谈许久,昨始到京也。峻山尚未去,缘伊风闻总署将印佛经,颁发法、美两国,思欲包印,冀获馀利,浼余访佩葱详询一切,故待余也。及知访佩葱不遇,又烦余为王仲午同年写说片,伊自持往一询,恐稍一因循,为捷足者得去。峻山近来勇于作事,类如此,可谓能改过矣。晚,阅卷。自入伏以来,天气凉爽如秋,本日微热。

二十九日(8月5日)

早,发崇文课卷。吴佩葱同年来,言印经之事,总署只行文到内务府,其发印一切,皆内务管,总理不与闻。乔亦香来,二十七日到京,代四伯母捎来定烟一包,谈许久。邓峻山来,持来王仲午同年回信,言因病总未赴署,俟到署代询一切。午后,检点对联,有应代求陆凤翁年伯者,贴签送去。晚,阅卷。

七　月

初一日(8月6日)

午后,答拜邹紫东同年,未遇。到馆答拜刘蔗仙,未遇。拟访少云,少云适在馆,允叔昨亦由津回,遂与允、粥两叔,少云谈许久。答拜李星垣,润生、小泉亦均在寓,谈许久。到亦香处,信安、粥叔在焉。又谈许久,归。酌升来,未遇。接叔莹信。

初二日(8月7日)

早,向辰送来荷兰水料一合,瓶一个,试作,尝之。午后,同乡张心田太史兴培来投帖,衣冠见之。心田为乙未庶常,彼时余未在京,故此时补投帖也。谈许久。张警庵先生来,谈许久。晚,抄津邑同乡绅士酌定考试印卷各费章程,并呈府尊禀稿一纸,系五月在津呈递,已蒙批准,转详学宪饬知学官遵照者,特寄来与京官一阅。

初三日(8月8日)

实甫在南河泡,请浙江司诸同人,斌小川、常琢之、聂九愚、杨穗生、祥仁甫、李伯屏、俞勉之、李葆初、钟秋岩、张秋潭、林廉孙、岳、崇、夏、赵、陶。余亦往为照料。辰刻往,行至彰仪门易银,各钱店皆不收银票,势颇窘。涌福坊者,徐汉臣之盐店也。其掌柜向未谋面,不得已造焉。乃蒙接纳殷勤,慨然交易。询其姓,曰孙,年六十以来,亦贸易中之难得者矣。到南河泡,客已有到者。午正,先坐一席,申刻,到齐,又坐一席。共客十六人。雨数点,饮颇畅,日夕,散。又同钟秋岩到下斜街各花厂一游,归已暮矣。晚,雨。杨筱坪来,未遇。

初四日(8月9日)

早,借益斋车。到滕玉堂年伯处,补投帖,年伯久未在京也。

谈许久。为韩伯英先生祝生日于其家,晤石星诸同年。到福兴居赴向辰之约,润生、小泉亦在此宴客,皆同乡。晤范孙,知其昨日到京,赵体仁由三河来,本日仍回津。少云、益斋、梯云、仁安、益孙、亦香、弼叔皆在座,已饮毕,亦香赴署。适腹馁,就其残席,啖饭一碗。向辰处待实甫来始入座。同饮者王瑞卿、哲臣、弼叔、梯云、张子安。饮毕,瑞卿、哲臣、向辰往亦香寓,余同弼叔、实甫赴仁昌金店之约,共两席,人多不识,熟人有蔗仙、筱坪、允叔,并同乡孙仙石,初识同署何习之庶常联恩。饮未及半,同弼叔、实甫辞出,到亦香处谈,向辰拟宿于城外。黄玉归,言亦香由署出往观剧,同阎耀卿,急令黄玉请亦香回,适胡芸师亦遣人来请,向辰送亦香归,立谈数〈语〉。余遂同向辰、实甫进城,一车送向辰去,余与实甫行至绒线胡同,遣申三将刘车送回,二人步行,归寓已暮矣。向辰欲请客,烦余代办一切。

初五日(8月10日)

早,雨一阵。午后,蔡少波来,言明日回津,借车到马家铺,雨大作,谈至日夕,雨稍止,雇车送少波归。晚,写家信、献夫信,总一封。

初六日(8月11日)

早,车送少波往马家铺,即将家信交车夫持交少波,烦其带津。遣安顺到先哲祠,代向辰订座。龙文穆来。王槐生来辞行,谈许久。午后,代向辰写请客单。襄臣表兄来信,要一叔官衔,为十九日祝宅点主销牌接送用。本日为叔母生日,日夕,设供。晚,谈算。

初七日(8月12日)

早,到哲臣处,唤豫和堂来,同哲臣为向辰订菜,谈许久。到亦香处,留早饭[之]。弼叔亦来亦香处,同亦香往安徽馆,为范孙陪媒。余与王瑞卿谈,少时刘升持袍、靴来,言范孙以陪客有辞者,约余亦为一陪,袍、靴系从信安处借来者。即更衣,冠亦香之冠,到安徽馆,陪客尚有润生、星垣,共五人。谈许久,大媒始到,一朱荫□,一王续雅。饮间,雷风大作,冰雹如撒粟,继之以雨,时晴时雨,虹见,复仍雨。二媒先去,余同诸人饮毕,均到信安处,信安已由署归。谈时许,共约信安到亦香处谈,范孙、润生、星垣先去,日夕,余亦归。到宝经堂问峻山,云已出门。抵寓,则峻山在焉。留宿,夜谈。自琉璃厂西微雨数点,无雹,城内则并雨无之,只闻雷声殷然,大风怒吼而已。然则禾稼或不致有害。

初八日(8月13日)

早起,借益斋敞车来,到天宁寺赴亦香、瑞卿之约,至则主人尚未到。少迟,瑞卿到,亦香同信安到,实甫云安徽馆另有局,不能到,代为辞谢。范孙、润生、筱泉到,益斋到。游览一遍,观塔,观铜佛。塔共十三层,其高插天,上有浮云,则势欲移动,不知为云移,为塔移也。旁有古槐一株,较贡院中者尤巨。铜佛植立,高约两丈,左手持念珠一串,跣两足。院中花木繁盛,菊花、茉莉最多,牡丹尤茂。僧寮皆洁净,隔窗远眺,平原无垠,西山爽气在我襟袖。忽闻车声,俯瞰则一叔适到,哲臣、蔗仙随亦到,王氏昆仲到,赵孝陆到。向辰遣人来辞,言昨一夜未眠,本日实不得暇。

德清、少泉到，共饮。饮间，粥叔始到，范孙、润生、小泉先去。雨时作时止。饮毕，同德清、少泉、哲臣、益斋、亦香、粥叔冒雨又游览一遍。然后以益斋敞车送亦香赴内阁值宿，余随一叔车归。来去皆由西便门，到京十馀年，此门初次行到。于路时有微雨，沾衣不湿。行至单牌楼遇峻山，才欲出城。抵寓，雷雨又作。实甫冒雨归。晚，雨又作，不久即止。抵寓，梯云信催一叔所写对联、纨扇。初十回津须带往也。

初九日（8月14日）

早，到益斋处，祝其生日，并见欣莲，谈许久。到向辰处，告其席座俱定，客有不到者须续请，谈许久。到哲臣处，命车回接实甫。少待，亦香、少泉、粥叔到，益斋、欣莲、范孙、小泉到。润生先到豫和，久候无人，亦到哲臣处。稍谈，同到豫和堂，信安、实甫先后到，公祝益斋。饮间，瑞卿到，已饭毕，未入座。饮毕，范孙、小泉、润生、少泉先去，实甫另有局，余同诸人到哲臣处，作终日谈。晡时，实甫又回，谈至暮归。何清代向辰请客毕，梯云将对取去。

初十日（8月15日）

午后，酌升来，持扇烦书，即为书之，并书亦香所烦纨扇二。到支继师处，谈许久，告知考优贡各场应作各藉，前所询问者也。暮归。

十一日（8月16日）

早，滕玉堂年伯来，并见实甫，谈许久。遣何清先往先哲祠，便道沽酒。到先哲祠,遣车回,实甫先赴署。向辰尚未到。久之,哲臣、亦香、信安、瑞卿、弼叔、益斋、蔗仙先后到。哲臣并偕子丹来,昨始到京也。遣益斋车回接欣莲,少迟亦到。刘霞士到,允叔、子光到,然后向辰始到,张子安、赵子青姻叔、一叔、实甫、仁安先后到。先设一席,尚有朱瑞圃、李润生、卞樾亭未到,待之久不至,遂入第二席。饮毕,代向辰开销各项,一叔不能待,先行,实甫同瑞卿往游法源寺。开销毕,向辰赏安顺、何清钱二十千,谆辞不获,令其叩谢。与欣莲同车行至宣武门,追及一叔车,遂辞欣莲,登家车。雷风大作,尘沙扑面,急驱之,至瞻云坊,雨已作,下身尽湿。抵寓,大雨倾盆,在大门下避雨时许,然后入。虹见两次。实甫冒雨归。沈琴砚昆仲来,未晤。湄舟旧东湖北陈雨人到京。

十二日(8月17日)

早,将银票十四两、钱票五千附安顺便送还豫和堂,昨日向辰所交席价也。午后,湄舟往访子丹,及暮方回,并未见子丹,因询问陈雨人住址耽搁。昨晚一叔已告伊令安顺将雨人住址询明,伊不能待,乃安顺归而伊尚未归,岂不徒劳往返乎?

十三日(8月18日)

早,湄舟往拜陈雨人,待其归,然后同湄舟、鸣西、实甫随一叔到龙源楼宴客。便道到吉祥店,答拜沈琴砚昆仲,未遇。行至排子胡同口,车拥挤甚,下车到龙源楼,金门已先到,少迟,张警庵先生亦到,待琴砚昆仲久不至,遂入座,饮间始到,亦香、瑞清昨日已辞。饮毕,同警翁、湄舟、鸣西、琴砚昆仲观剧四喜部,天气甚热,人甚多,不胜其苦。实甫、金门之不观剧,良有以也。旁有东单牌楼茶馆姜姓一人，山东人，极力周旋。暮时剧未毕，遂归。峻山在焉，留宿，作终夜谈，赠我《西域三种》一部。

十四日（8月19日）

早，峻山去。益斋来信，言仆人辞去，向余索人，无以应之，先命申三往承其事。实甫赴署。午后，实甫以车来接，到馀庆堂，赴杨穗生农部同年之约。余与实甫外尚有五客，皆江西人，只识赵次珊太史惟熙，壬午同年。饮毕，同实甫到清秘阁，代一叔购八言描金对一副，自购折箑一柄，拟送李信夫妹丈。遇邓峻山，谈许久归。晚，熙小舫前辈来，谈至子夜，雨一阵。为益斋写信，请其仍用旧仆人。①

十五日（8月20日）

早，益斋来，何贵等求其仍用旧仆人，不允。稍谈，同益斋到亦香处，约亦香同访哲臣，值其便衣出门，遂同亦香、益斋到便宜坊，请少泉来同饮，少泉已饭，罢。谈间，哲臣归，知众人在便宜坊，亦来。饮毕，同到哲臣寓，余往访枚岑，不遇，仍回哲臣处。少泉有事去，余与哲臣、亦香、益斋谈至日夕，天阴欲雨，家车来接，遂归。途中遇雨，抵寓，祀先毕，雨止虹见。晚月色甚佳。

十六日（8月21日）

早，到瞿家口祝宅题主，至则阒其无人，久之祝仲鲁见，又

① 原稿本页天头处记有："陆年伯，对联共六付。蒋老前辈，对联四付，屏四扇，横幅一，裱好联一付。吴世兄，对联五付，横幅一，留。支继师，扇一，联一，小屏四，大屏四。"

久之祝翰臣见,问酌升,则云早来,因无人已赴便门,遂题主。题主毕,留早饭。饭间襄臣、酌升同来。饭毕,谈许久。襄臣约余出便门访益斋,说昨与约定者。余以昨与益斋相聚一日,未尝言及,诘之,伊坚持其说,不敢辞。先往谒姚斛泉世叔,未遇。拜项薇垣同年,谈许久。到试馆,遣高升回,便道到颐学堂代少波取奖银,为祝宅作幛字。余在弼叔屋小憩,弼叔未在家,允叔正眠,颇觉寂静。梦中似闻有客来,起视之,益斋也,诘以襄臣所云,茫然不知。不胜诧异,襄臣非诳余之人,岂其以梦为真耶?抑地近荒郊,多精魅幻形以惑人耶?遂决意不往,与益斋同归。归途遇酌升,下车告以故,伊亦不解。抵寓,高升交取来少波奖银四两。峻山来。

十七日(8月22日)

早,到益斋处,稍谈,同益斋昆仲赴刘蔗仙姻叔之约于安徽馆。至则尚无人到,遣人往请亦香。少迟润生到,润生、益斋同赴琉璃厂购书,亦香、弼叔、哲臣先后到,润生、益斋购书回,石鲁一、子丹到,主人亦到,一叔、赵子青姻叔、允叔、益孙陆续到,先坐一席,张藜轩、李蓉舫、信安、实甫、瑞卿到,又坐一席,子光、味庚到,镜孙到,待会理州绅士廖君到,又坐一席,共三席。弼叔言试馆有人送薰鸡薰鸽,转赠,即遣车夫取来。至暮始归。

十八日(8月23日)

早,步行到益斋处,与益斋同车到哲臣处,为年伯母预祝。行至米市胡同,遇亦香,言已到朱宅,因无人,将往市口观刑人者。要回哲臣处,谈少时,弼叔到。饭后信安、实甫、瑞卿、少泉、德清先后到。畅聚一日,日夕衣冠登堂叩祝。晚饭未毕,同实甫乘家车归,并带回实甫携去二人衣冠。是日,天极热,夜阴风大作。

十九日(8月24日)

早,到长椿寺公祭孙文恪师。至,止佩葱、绍岩到,少待,海帆、翼辰到,佛青、莳之以有事,到即自祭,祭毕即去。余与诸人待竹溪来,六人同祭。祭毕,到哲臣处,为年伯母祝寿,同乡到者甚多。益斋到后,车往便门,待余车接实甫来,又回接欣莲,聚谈终日。与哲臣、粥叔商量公请蔗仙、向辰事,定于明日在豫和堂。哲臣、粥叔并约张藜轩,余与粥叔、实甫、信安、益斋、瑞卿、亦香、少泉、德清公送影戏一台,在后院演唱,亦颇热闹。暮,与实甫同车归。接芰孙信,并《善书》一本。

二十日(8月25日)

早,于彩庭来,谈许久。周辑五自津来。午后,到豫和堂,尚无一人来。到哲臣处,晤哲臣、永叔。永叔十八日来京,为年伯母祝寿,尚未归也。少待,益孙到,粥叔到,同到豫和堂。子丹到。食点心。将暮,藜轩、蔗仙始到,向辰以赴保定不能到,亦香以夜班不能到,催请信安,无回信。引王荣之弟王顺见蔗仙。安顺来,言四弟由津来,为竹翁事,促余归。甫入座即归,已暮矣。非四弟来,必至进夜城。抵寓,与四弟谈,乃知为竹翁卖房事。竹翁有住房一所,在南门内,欲出售,知会左右邻,皆不要,遂卖与心泉大哥。成契之日,右邻某甲突然入室,将契攫去,云照契价购留,均之卖也,何必择?惟向来买卖房地必减价写契,为税契省钱之地,某甲习知之,故执契为据,希图省钱,即使经官,减价写契,私话亦说不出也。某甲亦狡矣哉!与一叔左右思维,实无法可施。惟竹翁之房丁酉冬曾不戒于火,焚去三间,春间虽购砖木,尚未起盖,今一并卖与大哥,未书于契,某甲欲买此房,可与言砖木不在内,移出另卖,尚不至吃大亏,然已无如某甲何矣。谈至子夜,与四弟抵足眠。

二十一日(8月26日)

早,周辑武回津。午,峻山来,湄舟、鸣西、四弟、七弟往观剧。余在家与峻山谈,至暮峻山始去。弼叔为韩伯英写寿屏,伯翁送现席一桌,弼叔以无人食,为余送来,留于晚饭大嚼。晚,写致卫哥信、黄杏樵表叔信至丙夜,仍与四弟抵足眠。

二十二日(8月27日)

早,借益斋车,送四弟到马家铺登火车。余乘家车到河东馆,路祭孙文恪师,同年到者二十人,为庚寅、癸巳两科所不及。弼叔遣黄顺知令余祭毕在哲臣处晤面。祭毕,同弼叔到哲臣处,谈时许归。午后,小憩,接家信并对子两卷。晚,谈算。

二十三日(8月28日)

早,哲臣来,谈许久。筱坪来,谈许久。午后,到哲臣处,与弼叔、益斋、哲臣谈,早间哲臣约定者也。暮归。

二十四日(8月29日)

信安来信,问枚岑同年尊人官衔、台甫,欲为送喜幛,余亦不知,即覆。

二十五日(8月30日)

早,接卫哥信。同实甫到龙源楼赴酌升之约。同饮者豫幼竹、周介卿、常向辰各同年,廉吉卿大令,李幼铁世兄,郭琴石。饮毕,同实甫到福州馆赴林廉孙、世斌、小川、钟秋岩之约,共两席。饮毕,与实甫同归。接芰孙信。

二十六日(8月31日)

一叔在松筠庵宴客,命往陪,熙小舫前辈先到,共食点心,谈许久,于采庭、李润生、鹿遂侪、许子纯年伯先后到,入座后,蒋藕圃前辈到。饮间,鹿遂侪先去。饮毕,客散,已将暮矣,归。益斋来,未晤。接家信。

二十七日(9月1日)

早,豫幼竹同年来,谈许久。哲臣来,谈许久。为卫哥写信,趁实甫赴署之便,送杜记信局。午后,峻山来,为余送来骈体文一部,携来《批点庄子》一部,又《庄子》一部,烦余照录。

二十八日(9月2日)

早,访仲鲁同年,不遇。答拜王薇卿,不遇。为枚岑贺其长君续室之喜,遇姜宝翁,本拟在彼早饭,因枚岑长女患病,势甚危急,喜轿到门,鼓乐皆止不作,院内隐隐有哭声,不腼久留,遂出。时已过午,遂自己到龙源楼饮,以便饭后酬应。饭毕,吊于杨东翁,与戢武谈数语。答拜于彩庭,已回津。答拜豫幼竹同年、张心田,均未遇。行至十间房,遇哲臣,下车谈数语,归。子丹来,留晚饭,谈甚畅。王荣之弟王顺来寓当差。写致大哥信。

二十九日(9月3日)

早,与实甫共校《日本学校联络图说》,伯茀所记,刻字铺写出,将付梓也。午后,周介卿名士廉,河南大挑知县同年来,谈许久。子丹送来烦书对联一卷。高升辞去。

三十日(9月4日)

饭后,王薇卿来,谈许久。弼叔来,稍谈。同弼叔到益斋处,约同益斋到哲臣处,哲臣步行出门,约略不远,遣人踪迹之数处,皆未见。请少泉,云赴便宜坊饮,饮毕始能来。询知哲臣在徐菊生处,促归。谈至暮,少泉偕德清来。余乘弼叔车进城,至绒线胡同口下车,令车回,自己步行归。晚,写信数封。

八 月

初一日(9月5日)

早,陈润生来。午后,发信一总包,内致仁府、鞠人、芰孙信各一件,家信一件,为蔗仙致吴子修同年信一件,湄舟烦蔗仙带往四川交王渭霖信一件,致卫哥信一件,附弼叔之便寄津。代峻山抄《庄子批》。晚,阅卷。

初二日(9月6日)

早,襄臣来信,索烦写折、纨各扇。午后,刘仲鲁来,谈许久。魏梯云来,携来益孙令祖母寿屏烦书。抄《庄子批》。晚,阅卷。接芰孙信。

初三日(9月7日)

早,写纨、折扇,共四柄。午后,发崇文课卷。王益孙来,携来寿屏稿,稍谈去。同实甫访熙小舫前辈,谈许久,暮归。晚,阅卷。

初四日(9月8日)

早,抄《庄子批》毕,圈点句读之。午后,同实甫到宝经访峻山,不遇,稍坐,出。实甫在书摊购不全《唐代丛书》一部。到清秘阁,购珊瑚笺八言对二付。到大药房,实甫代湄舟还耳鸣电银,并购铁酒。到秀文斋,问大哥纨扇,仍未寻得。到王瑞卿处,交朱年伯母寿日公礼分,谈许久。归途仍到宝经堂问峻山,仍未回,遂归。接大哥信。晚,阅卷。

初五日(9月9日)

早,发崇文课卷。午后,同实甫到宝经堂,访峻山,稍谈,交我书套六个,前赠一叔及余《方舆简览》《西域三种》各一部,均无套,今始作成也。同实甫到瑞卿处,哲臣在焉。畅谈许久,王季远亦到。微雨,有雷,少时晴。大家同赴福兴居,瑞卿招饮也。

将暮,客尚未齐,遂与实甫先食。食间,允叔、幼樵、竹林、陈润生均到,芋田以有局辞。将入座,余同实甫先归。晚,阅卷。

初六日(9月10日)

早,高一山来,谈许久,昨始由津来也。午后,阅卷。晚,仍阅卷。

初七日(9月11日)

早,答拜冯梦华同年令侄圻,为鹿遂侪贺喜,均未遇。答拜周介卿同年,已回宁河。谢朱仲鸿。步到万顺,代一叔购补服鸟。发崇文课卷,烦万顺人送杜记。到福兴居赴王益孙之约。更便衣毕,令车回接实甫。少时,润生到,益孙到,哲臣、耀卿、子安、梯云先后到。哲臣另有了丹· ·局,先往。实甫到后,请哲臣来同饮。饮间,樾亭始到。饮毕,哲臣言已约定益斋在寓聚谈,约同往。实甫先到琉璃厂,余与哲臣同车到哲臣寓。少待,益斋昆仲、子丹到。谈间,实甫到。有不速之客一人来,则信安也。遣人请少泉,居然在家,即至。谈至暮,益斋车夫未在,欣莲随余与实甫车归。接珍抚表兄信。峻山来,留宿。

初八日(9月12日)

早,答拜珍抚,以明信片送邮政局。幼樵、竹林来,哲臣来,欣莲来,留早饭,饭后畅谈。熙小舫前辈来,谈许久。高一山来,孔少文来,暮始散。一叔赴东城,为丛兆丹令堂祝生日,未归。晚饭后,同实甫、鸣西到伯茀处谈,一叔归,遣人来唤,遂归。阅卷。接芰孙信,是尚未接余信语,不胜诧异。

初九日（9月13日）

早，发崇文课卷。湄舟往访酌升，携来酌升致珍抚一信，烦附便寄津。午后，为大哥写信，并折扇两柄，送交龚子纯亲家国棠，星垣之姑岳。子纯解饷来京，明日回山东，故托捎也。陈石麟来，谈许久。写对联数副。晚，阅卷。

初十日（9月14日）

早，弼叔遣人送来家信一件，鞠人、范孙信各一件，皆弼叔昨日由津归带来者。拆阅之，知范孙允借与实甫之显微镜已捎来，芰孙信因传闻其已南下未送。即写家信，催七弟为芰孙送信，并将酌升寄珍抚信寄去。欲取显微镜，知弼叔已赴署，黄顺亦由此赴署接弼叔，馆中无人交付，故未遣人。弼叔约午后在哲臣处见，饭毕即往，王瑞卿在焉。昨晚米市胡同内阁区宅不戒于火，焚烧甚多，去哲臣寓不远，故瑞卿来，余在城内竟不知也。谈许久，弼叔始到，因遣车夫趟车同黄顺到馆取显微镜。幼樵到，谈许久。显微镜取来，又谈许久归。梯云来信，问寿屏写未，未及答。同实甫、鸣西在后院安置显微镜，并看蚁虫等物。晚，为弼叔写说片借笔。为润生写说片托其捎书，并鸣西家信、香稻米。为幼樵写说片，借《曾文正奏议》，熙小舫前辈所借，日间晤幼樵，知其有此也。统交车夫，令其明早前往。阅卷。

十一日（9月15日）

早，王益孙来，谈时许。书、笔均借来，写屏两扇。午后，遣人为小舫前辈送书。吉书庵来，谈许久。写屏四扇。书庵送烧鸭一，月饼数十。第七扇屏未写毕，弼叔在益斋处，命车来迓，以本日欲将屏写完，天已不早，未赴。一叔拜客归，言闻枚岑将随李鉴堂赴奉天查办事件，不知果否，令余往访枚岑。即往，枚岑出门，晤玉如世兄，知果有其事，明日即行，所有书院卷、学生文均有人代庖，无须余毛遂。谈许久，枚岑未回，汪信甫到，稍谈归。行至西安门，已上灯矣。抵寓，见芰孙信，知伊于梅宅酬应遇七弟，已得余前信矣。晚，阅卷。

十二日（9月16日）

早，哲臣来，伯茀来。同实甫在院中试看显微镜。午后，写屏毕，又写对联数副。晚，伯茀来，谈许久。阅卷。

十三日（9月17日）

发崇文课卷。遣人为益孙送屏。晚，代实甫写节敬封签数个，帖十馀纸。阅卷。

十四日（9月18日）

早，金小泉来，谈许久，留早饭。饭后，送小泉出，遇刘幹亭世兄来拜节，请入，谈片刻去。弼叔来，酌升来，谈许久。峻山来。检点对联。晚，阅卷，为芰孙写信。

十五日（9月19日）

早，子丹来，沈金门来，谈许久。为支继师贺节。宋芸子同年来，谈许久。午后，署中送俸银来，并代少云、芰孙两同年收存，易银开赏。允叔前与实甫约来寓聚谈，故未敢出门，乃待之，久而不至，遂已暮矣。晚，月甚佳。

十六日（9月20日）

早，遣申三将一叔所书“子明”款条幅送至廷少伯处，十五叔所嘱也，顺便将应烦陆凤石年伯所书各件送去。午后，遣安顺将芰孙信送邮政局，并将应烦吴絅斋世兄各件送去。晚，阅卷。

十七日（9月21日）

早，呼人驾车，遇赵舅于院。赵舅者，前二伯母之胞弟也，向未谋面，昨来见一叔，有所乞求，未满其欲，故复来，知余在京，欲见。适遇于院，遂立谈，意在浼余说项，余漫应之，拟自己助伊数千，令伊早去，又恐伊视为容易，不留，即行，遂先出门，许以归来再说。到东城拜天津府荣伯衡公祖铨，晤谈许久。谒周玉山师馥，不遇。归途由东交民巷行，道路坦平，纤尘不起，自新修官道，余初次行走也。道作弧形，两旁有沟以泄水，与天津、上海同，惟徐荫师门前独无沟，荫师深恶洋法，不令作沟也。用夷变夏，诚为可恶，然今日中外一家，则彼法亦有未可尽废者。京师衣冠云集，车徒络绎，旱干则土起如烟，对面几不相见，扑面黑尘何止五斗；多雨则如行沟渠之中，异常颠簸。谚云：“无风三尺土，有雨一街泥。”信然。洋法行则永无二者之患，可见彼法非绝无可采，过信之者固非，痛诋之者亦未必即是也。抵寓，询赵舅，则已去，深悔初次见面未得稍一尽情。哲臣、益斋适在寓，询知弼叔又回津，遂留二人早饭，饭后，畅谈至暮。向辰来，又谈许久。湄舟出门回，言周介卿同年由其家回京，住四合店，拟明早往访之。晚,阅卷。

十八日(9月22日)

早,答拜宋芸子同年,尚未起。访邓峻山,已出门。答拜任栋臣寅,未遇。栋臣与湄舟友,昨来拜湄舟,为余留片也。往拜周介卿同年,中途遇仁安、梯云,要至其寓,谈许久。然后到介卿处,不遇,交其纪纲对联一副,去岁所烦,彼此均忘之,无意中检得,故持来,上款为其令侄,尚须寄回宁河也。归寓,早饭。午后,同实甫随一叔介乜掌柜到兴隆街看房一处,不甚适用。归,子光来,失迓,云明日遣长班来,商办津郡请客事。晚,阅卷。车夫于三斥退。何贵请假,廿日回津。

十九日(9月23日)

早,代一叔写请客帖九付。午后,遣王顺出城购靴,令罗顺购月饼、火肉等。同实甫访峻山,不遇,同到李玉田笔店订《□□报》,云此处只货笔,购报须到米市胡同,遂出行。至秀文斋,遇刘欣莲,下车稍谈。同实甫由大栅栏行,寻觅售明目散者,不得,往万顺。行至前门桥头,同实甫下车,于道旁穷汉摊购零星各物,得炭精一、铁链一。到万顺,托其代购明目散,并购旧铜锅一。实甫又到桥头购得炭精一片、熟铁小锅一。同到银碗店,定烧长大银碗十个。同到成兴斋,小坐片刻。同到龙光斋,与老穆谈,寻其印残书数本。同实甫游琉璃厂,又到宝经堂,峻山未回,遂归。接家信。晚,令何清购缎、布鞋各一双。写家信。交何贵鞋二双、靴一双、明目散半斤,皆信夫妹丈托捎者,火肉、月饼、铜锅,皆奉母者,俸银一包、米折银一包,皆交芰孙同年者,一并令其明日带津。

二十日(9月24日)

早,何贵回津。午后,一叔由署归,欲同游琉璃厂,因车夫往饮牲口未归,不果。余访小舫前辈,谈许久归。晚,小舫送来《曾文正奏议》。接芰孙信,内有献夫信,献夫信内又有刘志洙祖桓一信,烦送至其寓者。

二十一日(9月25日)

早,遣申三往白米斜街为刘志洙送信。龙文穆来。万顺黄来,携来阎耀卿送仙波夫子赙仪二十金,代收,交黄掌柜首饰十三事,烦代送天增楼收拾。午后,周介卿同年来辞明日之局,云明日赴保定,谈许久,湄舟亦见之。晡时,峻山来,留晚饭,即宿于寓,谈至夜分。

二十二日(9月26日)

早,交峻山对联、条幅一卷,烦其转求蒋萩圃前辈书,前已面求蒙允也。午,随一叔到松筠庵请客,畿南同乡亦在此团拜,因晤萩圃前辈,稍谈。荣伯衡公祖先到,云适到寓,未遇。即遣人催请各位,杨喜仲世叔、子光、张迪卿年伯先后到,即入座。少时,杨子嘉到。饮将毕,吟皆始到,云由署来,知弼叔来京。饮毕,随一叔到清秘阁购印章,不成,又到同好轩,始购成,并自己旧存三方,统令伊刻。归,沈芸砚同年来,未遇。晚,阅卷。鸣西交万顺退回不能收拾首饰三件。

二十三日(9月27日)

为卫哥写信,即发。阅卷。用显微镜窥见蜈蚣身上小虫,目所不能见者。

二十四日(9月28日)

早,发崇文课卷。接廷劭民大公祖贺节信。午后,弼叔在益斋处,以车来接,即往。知十五叔昨日到京,乔亦香殇女。观益斋所收拾之东屋。同弼叔、益斋访哲臣,谈许久。遣人请少泉,未在寓。暮时,朱小汀到。家车来接,遂归,峻山在焉。晚,接荣华卿同年信。峻山留宿。

二十五日(9月29日)

黎明起,到午门坐班,吴子和同年先到。久之无人到,察班御史亦未到,朝房茶夫云可以请回矣,遂将职名交茶夫,同子和出。回寓小憩。午后,同实甫赴熙小舫前辈之约于同丰堂,余便道答拜沈芸砚同年,行至杨梅竹斜街,遇恽剑青,下车,要伊回嘉兴店,稍谈,知伊于中秋节到京。到宏兴居拜芸砚,无其人,一路问至鸿陞店,得之已出门。住址写宏兴而人住鸿陞,不知何故。到同丰堂,同饮者汪明府赞纶、牛香山桂荣、徐子贞同年贞,更有一人为小舫学生。饮毕,同实甫归。大风,极凉。是日,弼叔回津。

二十六日(9月30日)

早,益斋来信,云家车无暇,须随余车到松筠庵公请,因实甫不克往,诺之。饭毕,随一叔出,余到益斋寓,遇张蔼林世伯,稍谈，与益斋同车到松筠庵，荣伯衡公祖已到，先入席，稍待，主客陆续到，客尚有刘公受、高泽畬，辞者鹿遂侪、周玉山师、朱仲洪。主到者十九人，姜宝轩年伯、赵子青姻叔、潘问楼年伯桥梓、刘芋田、竹林、苏雨亭、允叔、哲臣、润生、小泉、仲鲁、子丹、李同年维熙、子光、玉叔、益斋及余叔侄也。饮毕，益斋车已来接，归。峻山在寓，留晚饭，宿于寓。

二十七日（10月1日）

早，写覆廷劭民大公祖信，即发。午后，向辰来，谈时许。代弼叔为江南本家作书，寄《晴云派天津支谱稿》。晚，写家信，阅卷。

二十八日（10月2日）

早，附王顺出城之便，送家信并书三部于小泉寓，托其带津。一叔遣人约子丹饮于龙源楼，子丹适来，同实甫为熙小舫前辈贺嫁侄女之喜，即归。同子丹、湄舟、鸣西、实甫随一叔到龙源楼。饮毕，子丹、湄舟、鸣西往观剧，余同实甫随一叔到宝经堂，约同峻山到文澜堂，观其门面家具毕，到清秘阁稍坐，观其《兰亭》手卷，共五本，皆非常见者，名人题跋甚多。进城，到刑部街西头看房一所，又到白庙看房一所，皆不惬意。归，遣车回接观剧者。晚，阅卷。

二十九日（10月3日）

早，发崇文课卷。午后，圈点《庄子》。益斋来，谈许久。晚饭后，峻山来。仍圈点《庄子》。峻山留宿。

三十日(10月4日)

早,到益斋处,与约定在沙土园小聚,缘亦香近丧一女,日内即欲赴京,恐其已到,思往慰之也。余先到鸿陞店访沈芸砚同年,为湄舟事,一叔欲荐湄舟于沈少乾处,湄舟以长途无伴为虑,知芸砚在京,浼余往访,欲与结伴,不料昨日已出京矣。到沙土园,亦香未到京,益斋车亦未来,请瑞卿起。少迟,益斋到,与瑞卿谈。遣人请信安,已赴署。遣车约哲臣来,与瑞卿、益斋同早饭。饭后,芋田来,聪彝来,稍谈即去。将暮,亦香果到,并云献夫、子嘉同来,二人已赴龙源楼,因告亦香今晚已有吟皆招饮。高泽畬衣冠来,弼叔来。亦香捎来家信一件、包袱一个,拆阅,内有芰孙信一、仁府信一,知包袱为鸣西绵衣,并有何贵代实甫购药料一瓶。大家留益斋在城外,亦香赠余野鸭、蟹黄,并有赠益斋者,余为带归,送至其寓,然后归。晚,阅卷,周玉山师留别十二金。

九　月

初一日(10月5日)

早,到益斋处,遇唐掌柜,稍谈。同益斋昆仲到哲臣处,弼叔已到,稍待,亦香到,遣车往接献夫来,少时泽畬到,同到便宜坊,益斋作东道主也。遣车夫到吴絅斋世兄处,取烦写对联来。遣车归,实甫出门也,催请瑞卿、子嘉,人未行而二人已到,遂同饮。饮毕,泽畬仍往拜客,献夫自去,馀人仍到哲臣处谈。出大恭有血,痔破之故。信安来,小汀来。暮时,车来接,遂归。接家信。

初二日（10 月 6 日）

早，同鸣西到龙源楼，遣车回接实甫，余与弼叔在此宴客也。少坐，荫浓□叔来，言昨始到京，住试馆。弼叔到后，客陆续到，一叔来，实甫亦来，客则剑青、瑞卿、哲臣、芋田、竹林、亦香昆仲、益斋昆仲、润生、星垣、泽畬、献夫、寅皆。知兰坡到京，请之，已出门。有不速之客一人来，则襄臣表兄也。允叔本日回津，未来陪。聚饮甚畅。饮毕，一叔赴署，实甫往东城为敬子斋贺喜，余同亦香昆仲、泽畬、润生、欣莲、鸣西、弼叔、荫叔观剧于庆和园四喜部。晡时，实甫亦来观。散场后令实甫、鸣西乘家车归，余同亦香昆仲、欣莲、弼叔拟到沙土园，以益斋、哲臣、信安约在亦香寓谈也。行至杨梅竹斜街，亦香同弼叔往购帽。余同欣莲、子嘉到沙土园，大家已散，遂同欣莲步行至顺治门，雇车归。晚，阅卷。知余早起出门后亦香来。

初三日（10 月 7 日）

早，阅卷。午后，写对联、条幅数十事。遣人到陆年伯处取来求书对联。酌升来，谈许久。晚，阅卷毕，圈点《庄子》。鸣西腹泻，夜起二次。

初四日（10 月 8 日）

早，写六行琴条一。午后，发崇文课卷，并为项薇垣送对联、琴条。①

① 原稿此处开始，到同月十九日（10 月 23 日）的日记内容缺失。

二十日(10月24日)

早,为一叔写信,即发。并为石蓬仙送对联,前在京烦书送伊昆仲者。午后,到吉庭处,与少泉谈,留晚饭,亥刻归。

二十一日(10月25日)

午后,到乔宅,与少泉谈,幼樵在焉。晡时,亦香行李抵家,言其同向辰到紫竹林,少时至,谈甚畅,留晚饭,亥刻归。

二十二日(10月26日)

午后,到乔宅,王丽泉在焉,稍谈去。与亦香、少泉谈。芰孙来,稍谈即去。晡时,遣人询弼叔到津否,回言已到,饭后即来。与少泉、亦香同晚饭。饭后,弼叔来,谈至亥刻归。

二十三日(10月27日)

早,卫哥来,谈许久。李杏生来。弼叔来信,言鹿遂侪赴闽,道出天津,昨日已到,须小有周旋,约同往访伊,因与卫哥谈稍延,又遣黄顺来招,适幼樵遣人来请卫哥,遂同出。到弼叔处,晤各位叔祖,弼叔未在,询知在性初处,即往。同弼叔到福照楼。①

二十五日(10月29日)

早,竹初来信,言其令叔梦侯病革,约……臣亦到桂生处,即同往晤桂生。稍谈出,遇竹初……性初赙梦侯五千。同性初到

① 原稿此处开始,到同月二十四日(10月28日)的日记内容缺失。

香吟师处贺喜，康侯……小坐。到亦香处，弼叔在焉。留早饭。饭后，弼叔去，言晚间再来……弼叔来信言，疲倦不复来矣，乃散归。

二十六日（10月30日）

四弟生女三朝洗儿之期二十四生，邵师竹昆仲来，鸾孙、训平亦来。到弼叔处，为四……未见，留早饭。饭后，同范孙到性初处，谈许久。又同范孙回弼叔处，观戏术。亦香来，又同……到性初处谈，卫哥亦到，谈至暮，仍回弼叔晚饭。饭后，同亦香、泽畲到亦香处，与少泉谈至子刻归，明日亦香与少泉同赴京也。

二十七日（10月31日）

早，同四弟、鸾孙、训平侄、七弟往锡三伯处吊，十五叔在京未归，人甚寥寥。午后，在家，与鸾孙、训平谈，闻有刑人之说，皆往观。余到弼叔处，四木局尚未散，性初颇赢。李仲翔、韩伯鹏自外来，言与弼叔饮于聚兴园，均辞。少待，范孙、体仁、弼叔皆醺醺而归，仍商量晚局，仲翔先去。刘渐逵来，谈至暮。同范孙、体仁、渐逵、诸叔弟赴清升馆饮，仲翔亦来，共十六人。金芝岩亦在此宴客，请有弼叔，到彼屋一谈，晤向辰及陈子固世兄。饮毕，向辰过此屋谈，遂同向辰归。是日，卫哥起复入都。接一叔信。芰孙送席一桌，濒行预嘱家人，并为余留信，情意甚殷，未可却也。

二十八日（11月1日）

早，李杏生来。午后，向辰来。同向辰到弼叔处，未在，遣人各处寻之,均未见。向辰去,雨微作,余到性初处,雨渐大。弼叔来言,适到高墨林处,未寻及也。雨大作,余在菊坨屋与芰香、荫孙共食。食毕,与性初、弼叔谈至子刻归,天已晴。

二十九日(11月2日)

午后,性初来招,即往。谈间,叔良亦来。至暮,余赴姜少云同年之约,允叔本在京,弼叔本日亦赴都,范孙辞,同饮者张星桥兄,崧生、渭丘昆仲而已。饮毕,天尚早,挑灯步行,遇竹坪于途。仍到性初处,叔良未去,秋叔祖又来,谈至子刻散归。性初近日因其令妹金抱病,须在家候医,从未出门,闷不可言,故乐有人来谈也。连日在其寓,晤鲁青。

十 月

初一日(11月3日)

早,访竹坪谈,适为其令嫂寿辰,训平、尉青均来,留早饭。竹坪仍欲招诸弟来,因柱舅在家小饮,未来。饭后归,舅已去。写对联数事。到性初处,便道访桂生同年,谈片刻,为竹初事。在性初处晚饭。叔良来三次。晚,谈至子刻散归。

初二日(11月4日)

早,孟骥如来,谈许久。李杏生来。与子万立谈数语。珍抚表兄来,稍谈。午后,到周鉴泉姑丈处谈,观一叔信,晤张宜闲,匆匆数语,暮归。晚,到性初处,谈至子刻归。竹翁来,未晤。

初三日（11月5日）

早，阶平表弟来，谈许久。饭间，徐汉翁来，谈许久。日夕，杨康侯来。晚，竹翁来，畅谈。东街有火警，传言为刘家胡同，四、五两弟往视，人多道遏，不能前进而返。阶平表弟又来，谈至子刻散。

初四日（11月6日）

早，闻鸾孙言，昨日乃吴濬卿院被人放火，焚去房室数间。午后，阶平二令郎来。遣人到王奎章处，问何时得暇前往一谈，为鉴泉姑丈事，回言须初七日。晡时，到宝元楼赴芰洲之约。同饮者吉庭、幼樵、骏卿、蔚孙、伯鹏。持徐汉翁书诗卷与幼樵一看。饮毕，将诗卷送诸其家。访叔良，云在李荷生处，到性初处，遣人请叔良，云即至，乃待之久而不至。性初令妹又请周荫亭诊视，稍见起色。与性初谈至子刻归。

初五日（11月7日）

早，亦泉大哥来。酉刻，五弟生一女。晚，竹翁来，谈许久。

初六日（11月8日）

早，刘宇清来，珍抚表兄来，谈许久。暮时，性初来招，晚饭后往，娄秩五在焉。谈至子刻归。竹翁来，未晤。

初七日（11月9日）

早，仰周弟来，言赵兰谷表兄于昨夜病故，病只两日耳，骇极,而感伤者久之。午后,到王奎章处一谈。到兰谷处,哭之恸,见姑母、表姊、曹大哥、四哥诸人。归家,适性初来招,其人尚未去,告以须晚饭后往。先君忌日,设供。晚,到性初处,叔良在焉。并见卫哥,本日方由京归也。娄秩五又来,畅谈。周荫亭姻叔来,为性初令妹诊视。秋叔祖亦来谈。叔良、秩五、荫亭先后去,余与卫哥、秋叔祖谈至子刻,散归。

初八日(11月10日)

早,为鉴泉姑丈去信,约于初十一同往见奎章,昨与奎章约定者也。芷舲弟来,烦题梅庄公墓表签。仰周弟来,阶来来。写对联、条幅数十事。晚,竹翁来,竹坪来,谈至子刻散。本日芰香招饮,未赴。

初九日(11月11日)

早,卫哥、竹坪来,稍谈去。卫哥复来谈。阅卷数本。午后,到性初处,晤娄秩五,立谈数语。到中兴恒,与子铭表叔谈,刘悦樵世叔来,同留晚饭。饭后,仍到性初处,周荫亭姻叔、亦香均在焉。询知亦香于初五日回津,今始得见。少时,卫哥来,荫翁去。与亦香、卫哥、性初谈至子刻,芰香由后院出,稍谈去。归接京信,内有大哥信二封,王景沂令堂讣闻。

初十日(11月12日)

早,卫哥来。同卫哥访孔筑岩,稍谈。同到崧生处,贺其令嫒于归之喜。亦香亦来贺。遣人招范孙,云已出门。留早饭。

饭后，到鉴泉姑丈处谈。晡时，同姑丈到奎章处，遇益孙于门。见奎章，谈许久，辞出，遇李幼香于院。与姑丈分手后到幼樵处，催徐汉翁诗幅，幼樵适在家，谈至月出，幼樵欲同往素馆饮，辞以须到家一看，遂归。四弟诸人均出门。晚饭后，待四弟、七弟归，然后到性初处，卫哥、亦香先后亦到，周荫亭又来，为性初令妹诊视，姚菊孙由后院出，谈许久，陆续散，余最后归，已子正矣。竹坪来，未晤。

十一日（11 月 13 日）

训平侄、鸾孙均早来，与七弟会课，首题为"长者持枝"至"缘木求鱼"，次题："伯夷之所筑与"，诗题："骑驴栈路早梅时"，得"梅"字。早饭，卫哥送来四碟食面。卫哥来，稍谈去。杨子若来。午后，阶平令郎来，知阶平本日起身。晚，竹翁在此请子万饮，交青蚨数竿，嘱代为部署。四弟与李明经营一日，暮时，竹翁来，与子万、鸾孙、训平、四弟、五弟、七弟饮。余以乔吉庭昆仲之约到义聚成，共饮者陈宽仲、剑青、芰洲、幼樵、翰臣。饮毕归，竹翁未去，竹坪、卫哥在焉。会课者皆未完卷。谈至子刻散。本日发京及大哥信，大哥信亦由京转寄。闻弼叔本日回津，竟未到。

十二日（11 月 14 日）

早，黄梦侯发引，七弟往送，午前偕鸾孙、训平归，稍谈即早饭。午后，性初来，稍谈去。余到卫哥处，未遇，交謦兄银四两，一叔与其添冬衣者，嘱待天寒再付，故迟至今。到香吟师处，谈许久。讱斋前访余两次，均未得见，恐其有事也。晚，赴翰臣之约于义聚成，同饮者陈宽仲、芰洲、芋田、吉庭昆仲。遣人请弼叔，仍未来。饮毕，同亦香到性初处，娄秩五在焉。又请卫哥来。谈至子夜散归。

十三日（11月15日）

早，鸾孙诸人买卷、写结。姚表侄初出考，诸多未谙，来结伴，代为买卷，看伊写结。午后，同四弟谒墓，便道访王晋臣，未遇，与其令弟谈许久，日夕归。表姊陈及五妹处均送来酒席。杨少白过门不入，交对联两副烦书。七弟往用印，起更始投卷毕。晚，为竹翁写送人喜对，今早亲自送来者也。

十四日（11月16日）

四十初度，早起。亦香来，约定在伊处早饭。并书官衔牌，拜祖先。泊母亲、诸母、蔚青来，训平来，鸾孙来，鸾孙并送酒席。杨讱斋来，姜顺来，送礼，令其携回《读书杂志》二十四本，因其字大，借与香吟师看者也。表姊陈又遣老妪送来食物。丹林来招，以为有事，即往，乃欲共杯酌，辞以有约在先。性初未在家，到亦香处，留早饭。饭后，陈宽仲来，杜翰臣来，高朗先来。书牌十对。到后院看妆奁，并看新房，十六日亦香嫁女，并娶妇也。晡时，王瑞卿自外来，喜极，知弼叔亦到京，同瑞卿、亦香到性初处，弼叔、范孙在焉。少刻，卫哥来，剑青、幼樵先后来，大家因性初不能出，预定本日在此醵饮，酒肴皆精良。饮将毕，叔良始至。饮毕，畅谈，瑞卿、亦香先去，子刻大家散归，途遇竹坪。抵家，竹翁、信夫、训平诸人亦才散，知竹翁馈桃百枚，五妹又送食物，蔚青送肴四簋、桃三十枚，各亲友颇有送礼者，间收一二色，璧还者多。与诸弟闲话至夜深。

十五日（11月17日）

早，衣冠，到亦香处贺喜，与瑞卿谈，弼叔、翰臣、幼樵、范孙先后亦到。范孙早饭后去，性初早饭后去，晚饭前又来，诸同人晚饭前来者多，不能悉数。晚饭后，翰臣先去，余与弼叔、幼樵、性初、剑青谈至发轿，以鼓楼已鸣夜钟，瑞卿已有倦容，性初先去，余与弼叔、剑青同步归，幼樵仍未去也。抵家，应试者已起，嫌其太早，然亦不能再睡，与之同食点心毕，四、五两弟往送场，余在家俟之。天将明，始回，言名尚未点毕。少选，闻封门炮声，馀炮皆未闻，独封门炮闻之甚真，不知何故。鼓楼晨钟又动，急眠。

十六日（11月18日）

辰正后起，到卫哥处，昨日五弟又断弦，以在亦香处，不知未得来也。竹坪在焉，谈时许。薛顺持衣帽来，同竹坪吊于刘陈，珍抚表兄之岳母丧也。两子均逝，只有童孙，以后酬应不易，故此次不出帖，约人送殡。余与竹坪、卫哥皆珍抚所约，卫哥不能来矣，熟人甚多。饭毕，仍同竹坪到卫哥处，稍谈。余到性初处，未在前院，与子元谈数语，殡已到，送至新浮桥，在茶馆更衣，稍歇。竹坪赴院署，余到中兴恒，子铭表叔未在，询知本日瑞舫续室，前竟不知，殊为疏忽。到性初处，请弼叔来谈，晤刘樾乔世叔。暮时，周荫亭姻叔来。同弼叔赴吉庭、芰洲之约于庆兴馆，同饮者瑞卿、翰臣、亦香，尚有幼樵、骏卿、辑五，以手谈局未终，不能到，始知幼樵昨日并未归家。饮毕，进城，遇骏卿，言始散归。到卫哥处一看，晤宋氏小弟兄，稍谈。仍到性初处谈，弼叔乘车先至。子刻将散，卫哥来对表，又谈许久。同卫哥到其家，又谈许久。大敛在寅时，为时尚早，归。应试者均未出，约须天明才出矣，遂眠。

十七日（11月19日）

早起，询知应试者黎明始出，各回其家，惟姚表侄在此，方睡，又被其兄唤起，同去翻阅卷夹，知题为"畏圣人之言而小人不知天命，以其数则过矣，以其时考之则可矣"；"是岁十月之望"，得"游"字。草稿皆看不真。到李耀卿处，晤杨敬林、李石樵令弟，知石樵已故。见铭阁，知其入场作未冠题，题为"耦而耕"至"问津焉"，次题、诗题与已冠同。聚谈终日，晚至亥刻始归。曙东趁购物便，送余过河。抵家，观七弟稿，知应试者皆在自己家中眠，鸾孙终日未见。四弟陪缪子云老伯往新地点穴，据云本年及明年山向均不宜，不胜焦灼，拟再请人一看。是日，弼叔回京。

十八日（11月20日）

黎明，姚表侄来，同七弟往寻鸾孙，往试性理场。余未起，知五弟昨晚醉归，陷于泥，丧其履。陈朴斋表弟来，交伊阎耀卿赙仪二十金。午后，代亦香写回门各帖。七弟出场，言鸾孙等各回其家。遣人请鸾孙，将暮始来，促其抄稿。晚，到卫哥处，欲观训平稿，未抄，稍谈。到性初处，谈至子刻归。

十九日（11月21日）

早，接刘湄洲信。午后，访筱坪，谈许久。又到香吟师卧室谈，忽闻鸣锣报警，云是镇署箭道，急归。讱斋同来。遇姚品侯于鼓楼西，询知为舍北杂货铺，始放心。抵家，火已熄，救火水会仍络绎不绝，亲友望火来者甚多，并有以名片来者，至暮始散毕。交顾焕章姊丈白凤丸二，与大姊服者。晚，姚大表侄来。

二十日（11月22日）

早，到亦香处，杜翰臣在焉。在瑞卿卧室聚谈，知已发榜，前十名冯明、桑春田、郭岩、李镕、陈钟年、张慧、李荫棠、赵士銮、周学彬、陈骎。欲回家，亦香不放，遣人为家中送信，令七弟等看榜买卷。子刻散归，知七弟诸人皆取在二百名外，鸾孙决意不覆试，生侄、姚表侄亦各在家眠。明早顺路约齐。本日庞芠孙表兄来，未晤。接实甫弟信，内言接见事不甚了了。

二十一日（11月23日）

早，高星彩来，谈许久，并为鸾孙等荐先生。访竹坪，谈从先生事，先生为刘云生宝和，在王晋仙处设帐，只能看课，不能附馆。见鸾孙，询以何不覆试，伊无词以对，因劝伊用功，反覆言之，不顾其厌闻否也。归，为一叔写信。饭后，到亦香处，翰臣来已去，遣人请性初来，谈至暮。亦香新婿回门，已到，隔窗视之，人甚颖秀。性初去，翁荫波来，待其新婿兴辞，然后同陪客。黄子明、郑伯华、李颂臣及翁荫波、王瑞卿、刘戢五、吉庭昆仲三人同饮。饮毕，谈至子刻。李明送来烦亦香带京信件。归，覆试者已出，训平、姚表侄各回其家。题为“必使学者，惟学逊志，务时敏，厥修乃来，学为忠孝”。

二十二日(11月24日)

早,阅卷。午后,姚表侄来,霨青来。训平来,仍未抄稿。看七弟稿,尚平安。晚,竹坪来,谈许久。是日,亦香、瑞卿回复。

二十三日(11月25日)

早,写对联。训平适携来对联二副,即为写之。午后,仍写对联,共数十事。到五妹处,为其姑祝生日,谈许久归,遇训平、鸾孙、蔚青于巷口。性初来招,因四弟赴邵宅为其岳母拜寿,七弟赴五妹处,家中无人,饭后始往,允叔在焉,询知十七日即回津,谈许久,并晤兰洲、芰香、菊垞。存西瓜二枚,已剖食矣,未尽,因与共食,颇甘美。将散,秋叔祖又来,谈至子刻归。从性初借回《口口杂记》,阅之。

二十四日(11月26日)

早,蓬仙弟来,谈许久。到性初处,同性初到允叔处,陈润生在焉。知初覆榜发,七弟取十八名。初覆前十名柏森、冯明、孙祖望、郭岩、陈骎、周学彬、魏恩林、陈钟年、李荫棠、沈恩培。同到幼樵处,约同幼樵饮于庆春馆。饮毕,闲游,忽失允叔所在,求之不得,至暮始散归。知训平侄、姚表侄均取。晚,姚大表侄来,言其弟不欲覆试,敦促之。训平亦来信不覆试矣,命来人传语令其前往,少顷,又送信来,仍不去。竹翁来,谈许久。

二十五日(11月27日)

黎明,训平遣人来,言仍往覆试,约七弟便道唤伊,姚表侄则居然不来矣。文宰来,稍谈。卫哥遣锁侄来招,言本日赴京,有数语须面谈,谈毕即登车矣。即往,至则卫哥已行。欲为五弟妇书主,笔墨均不现成,因到性初处借笔墨来。书主毕,仍到性初处还笔墨,留早饭。饭后,与骥如、性初谈许久。到赵兰谷表兄处,为之书主。见姑母,闲话许久,晤二哥、四哥。姑母坚留晚饭。饭毕,天尚未黑,即归。途遇蓬仙弟。抵家,七弟尚未出场,阅卷,四弟往接场回,言训平已出,题为"曰夫道若大路然"一节,"惜分阴赋",以"我辈庸人当惜分阴"为韵,"地钟茶鼎烹活火",得"茶"字,《雁阵》七律,不限韵。四弟复往接场,丑刻始出。又坐许久始眠。

二十六日(11 月 28 日)

早,赴张星桥之约于燕春馆。同饮者程作舟世叔、张翔生姻伯、贾俊三、陈石麟、孟骥如。遇宋铁孙、黄叔良亦来饮,均有醉意。饮毕,坐谈许久。同骥如、星桥到星桥处,谈至暮归。晚,竹翁来,谈许久。看七弟稿,尚平安,但无灵醒之笔。

二十七日(11 月 29 日)

早,竹坪来,数语去。午后,榜发,七弟取四十一名,训平侄取三团。前十一名为郭岩、伯森、俞鸣谦、冯明、李荫棠、陈骎、傅连熙、徐克达、周学彬、韩金榜、蔡成燏。晚竹翁来,稍谈去。

二十八日(11 月 30 日)

早,与鸾孙谈。性初来招,午后往,留晚饭,谈至子刻归。七弟仍未出场,五弟往接,丑刻始出。知题为"何所不容"至"人"

文一篇,"谏砚笔锋迟",得"锋"字,八韵诗一首。又谈许久,始眠。本日接一叔信,始知署中自九月二十一至今传见两次,与余所揣者合。

二十九日(12月1日)

早,与鸾孙谈。午后,训平亦来。晡时,范晴轩来,谈许久。晚,阅卷。看大成侄学算。观七弟文稿,平安如常,苦无出色处。

三十日(12月2日)

早,发崇文课卷。与鸾孙谈。午后,三覆榜出,七弟五十一名,训平侄七十五名,前十名陈骎、柏森、郭岩、陈钟年、冯明、李镕、王连峰、赵叙中、顾文忠、孙祖望。训平来。晚,与鸾孙谈作赋法。阅卷。

十一月

初一日(12月3日)

末覆,早饭前即出场,"择乎中庸得一善见贤焉,然后用之"两小讲。陈朴斋表弟来谈。午后,到卫哥院一看,本日道经。到性初处,晤介卿,昨日到津,谈许久。并晤常向辰。常向辰名瑾芬,壬午副榜,直隶候补县,非名"光斗"之常向辰也。名光斗之常向辰,乃乙酉举人,内阁中书。访筱坪,不遇,在香吟师屋稍谈。闻炮声,同讱斋往观榜,稍待始贴,先闻之炮乃号炮也。遇朱绍武、耿鹤岩、刘渐逵、荫浓叔、舒民弟诸人。人多榜湿,看不清楚,同渐逵到东院,问舒民，只知荫浓叔四十八名，朗泉叔五十六名，舒民二十四名，案首柏森而已，馀前十名即不甚了了。到卫哥处，七弟在焉。告其榜已发，令往视。归。晚，阅卷。天后宫前火甚大。亥刻七弟归，始知取三十二名，训平侄七十三名，第二至第十名：郭岩、冯明、陈骎、陈钟年、周学彬、李荫棠、沈恩培、桑春田、顾文忠。丑刻眠，火光犹未熄也。

初二日（12 月 4 日）

早，到卫哥院，客已有到者，本日发引。晤鲁静泉，稍谈。到性初处，询介卿，不知去向。稍谈，知昨晚天后宫前火自庙南角门起，至石头门槛李止山大门止，对面共烧数十家，李崧生茶叶店去其一半，止山住室去其一所，诚巨灾也。火起于小洋货铺，以窃煤油故。洋人以其铁为箱，实油而锢以锡，镕锡窃油，如干，易以水，仍锢之，然后售，镕锢皆以火，偶不慎遂兆焚如。始犹冀其扑灭也，数人持械立门外，入救者兵之，以免蹂躏，及势不可遏，彼亦无可如何，而灾成矣。小人无识，往往姑息酿祸，是非痛惩之不可。访范孙，不遇，归。饭后，小憩。晡时，到四姊处，晤恩圃姊丈，谈至暮归。晚，竹翁来，交致一叔信一件，津蚨九千有馀，烦捎京靴。四弟、七弟由卫哥处归，言卫哥本日回津。

初三日（12 月 5 日）

阅卷终日，并与鸾孙谈。午后，姚表侄来，杨切斋来。晚，性初来招，即往，卫哥在焉，并有亦香，亦香昨日回津，殊出意外，畅谈至子刻归。胡墨林在寓，留宿，又谈许久。四弟购汤圆，煎之糜烂，如梁惠之民矣。丑刻眠。

初四日（12月6日）

早，到亦香处，与吉庭谈许久。同亦香访范孙，昨晚约定者也。代徐汉翁烦范孙书诗稿。知献夫回津数日，约之来看县试前茅各文稿。少迟，卫哥亦来。知润生昨日回津，亦约之来。小饮，甚畅。献夫另有约，去，言定晚间来谈。饭后，韩伯鹏来，稍谈即去。陶仲铭来，谈片刻，即到馆中。陈奉洲来，即去。晡时，润生去，亦香以有事暂归。遣人请性初来。暮时，献夫、亦香先后来。陈味苍来，即去。晚，仍聚饮，并有工兰圃。风大作。亥刻与亦香、性初、卫哥一路步归，献夫不知何时乘间遁矣。抵家，将前茅文稿交七弟，向范孙借来一观，约定三日内归赵者也。阅卷。宾儿患耳痛，频啼，寅刻始眠。

初五日（12月7日）

早，发崇文课卷。与鸾孙、训平同观前茅各稿。蔚青来。接子丹信。午后，少波来，交致一叔信一件，还《学算笔谈》。晚，到性初处。昨与亦香、卫哥约定来谈，乃二人均未到，遣人请卫哥，未在家。与秋叔祖谈许久，子刻归。阅卷。本日发京信，禀明初八回京。

初六日（12月8日）

早，为范孙作书，催取诗幅，送还文稿。到王桂生处，谈梦侯夫人度日事。晤云生，知乡夔断弦，即为点主。到性初处，留早饭。食黄花鱼，甚美，未修铁路前所未有也。饭后，同性初到秋叔祖院，为写喜联、大帖、时书各件，宪叔续弦用也。同性初到亦香处,朗先、翰臣在焉。谈至暮,芰洲来即去,性初亦去,余与朗先、翰臣均留晚饭,谈至子刻归。诗幅取回,范孙已书就。阅卷。见伯鹏信,约明日到范孙处,与鞠人一见,鞠人今日到津。

初七日(12 月 9 日)

早,黄竹初来,交伊性初赙仪五千,谈许久。卫哥来,谈许久。范孙处遣人来请二次,即往。晤鞠人、伯鹏、仲铭,稍谈。献夫、兰圃、幼梅先后来,同早饭。饭后,鞠人去,余为幼梅写条幅一。归,阅卷。性初来,交捎物单一纸、荷包样一个,范孙处送来伯鹏家信一件、范孙致仁安信一件。李渭□令叔寿,不克往祝,七弟去。性初又遣人来招。亦香来,订明日同行事,购皮糖等物。晚,竹翁来,子万来,鸾孙来。七弟归,陪竹翁到五妹处,为其姑诊视。写对联数副。到性初处话别。归,鸾孙犹未去,又谈许久。尚馀二卷未毕,阅之。收拾行李。

初八日(12 月 10 日)

早,发崇文课卷。遣李明将衣包一、蒲包二、木匣三送亦香处,余自携烟袋到亦香处,晤吉庭昆仲,三人以骡车载行李先行。同亦香、子嘉食点心,毕已巳正后。同亦香、子嘉出西门,乘洋车行至南门外,遇李耀卿,到老龙头下车,步行登火车。惴惴唯恐其开行,甚急,至则本日客位不多,地极宽绰。买票毕,少坐即开,视表十一点四十五分。于路观《陈氏义庄条规》及《请祀乡贤名宦禀》折本,实及〔乃〕署两江总督、江苏巡抚陈公墓志铭并家传。陈公讳銮,湖北江夏人,嘉庆庚辰以第三人及第,为永定河道陈鹤云庆浓尊人。鹤云现升贵州廉访,尚未赴任,携眷来京,僦亦香屋而居,赠亦香者,此其一,余因观焉。并知陈公为瑞文端座师,于丁卯为太老师,鹤云为丁卯世叔,余亦应称太世叔云。两点四十五分抵马家铺,李二驱车来接,亦香于自车外又雇一车,物尚不能容,择其小件置余车。同到沙土园,晤瑞卿,亦香送一叔韭黄、鲫鱼,并携归。抵寓,见一叔、四伯母,将捎来鲫鱼、莲子鱼呈上,为众侄女分皮糖等,交一叔竹翁信、少波信各一件。观鸣西文,颇可造。与一叔、鸣西、实甫谈至晚间。

初九日(12月11日)

早,谒支继师,以患嗽见于内室,谈许久,并呈皮糖、饴粮各一匣。访松际云同年,谈许久,为卫哥事,在津谆嘱者。归。邓峻山有益堂书铺开市,午后,同实甫随一叔往贺。弼叔亦来贺。烦峻山饬人送范孙致仁安信。同弼叔到少泉处,哲臣、信安、益斋均在焉。少泉臂已愈,尚不敢大动。稍坐,交信安伯鹏家信,烦其饬送。仍到有益堂,烦峻山饬人到清秘阁取花封对料各件。与实甫同归。晚,熙小舫前辈来,谈至亥刻。

初十日(12月12日)

午后,写对联一付,送峻山者。到万顺,代性初定活计。子登在龙源宴客,烦万顺人看其散否,回言已往同乐观剧。到裕昇店答拜缪铁山,已出都。到津南馆访沈琴砚,琴砚来京嫁妹,借津南馆为喜寓也。与琴砚及刘仲良谈许久。到同乐园,晤子登、润生、亦香、弼叔、朱致和,少顷,子嘉亦来,稍坐。到峻山书铺,谈时许归。

十一日(12月13日)

鸣西生日，亦香来。同亦香、实甫、鸣西随一叔往龙源小饮，实甫便道往约子嘉，余与一叔同车，至则弼叔在焉。少待，亦香、子嘉、实甫、鸣西始到。饮毕，一叔回寓。余赴署接见，徐荫师已到。接见者已到五人，只识蔡仙峰曾源一人。少时，杨寿孙、刘葆良两同年到。送荫师后与寿孙谈数语。到龙源楼更衣。到庆乐园，与实甫、鸣西、子嘉、子登同观剧。顷之，亦香、弼叔、润生亦从四喜来，言四喜剧已毕。日暮，同实甫、鸣西归，归途将余叔侄送峻山对联交有益堂，未下车。抵寓，庖人治具，为鸣西祝，饮酒微醺，极乐。

十二日(12月14日)

早，答拜杨味莼、刘仑德，河南人，幹亭令叔，新选江西雩都县、王衡，均未见。孙哲同年晤谈许久。到豫和堂，赴润生之约。更衣毕，遣车回，一叔亦到。润生在哲臣处，其价促之来。弼叔、亦香昆仲、瑞卿、哲臣、子登、寅皆先后到，兰坡未到。饮毕，同哲臣、亦香、弼叔访少泉，谈许久。乘哲臣车至绒线胡同口，步行游二道街归。晚，为鸣西改文。写家信，并卫哥信。

十三日(12月15日)

早，李椒园同年来，谈许久。午后，到信远斋，代性初购冰糖子二十匣。访亦香昆仲，均往福兴居赴李星垣之约，即到福兴居，只见子嘉，亦香、弼叔已先去。同子嘉仍到沙土园，见瑞卿，遣车夫代性初购酱萝卜。少顷，丹林、子登来，亦香亦归，性安又来,益斋由峻山处来。交子登家信一件,内有致三哥信。并托其为性初捎物,子登明日回津也。知弼叔在聚宝堂,遣车夫招黄顺来,交伊冰糖子、酱萝卜,令携往试馆,以便交付子登。暮归,晚闻兵部不戒于火,兵部与工部毗连,一叔赴署救火,少时归。言水会传讹,失火者乃长安街木厂,非兵部也。

十四日(12月16日)

晡时,闲游二道街,便道至益斋寓,谈许久。同益斋访吉书庵同年,谈许久,见其令媛、令郎,书庵赠咸香椿一包。暮归,峻山来,未晤。

十五日(12月17日)

午后,同实甫到前门各皮店,为一叔购狐腿外褂,未妥。到天增楼定做小孩耳环数副。答拜袁小平、陈庚寅年伯,均未见。到有益堂,峻山未在,稍坐。到亦香处,昆仲皆未在,同实甫归。二姑丈自津来,谈至夜分。

十六日(12月18日)

早,到益斋处,稍谈。到增寿寺吊曹耕笙同年令兄,晤佩葱、竹溪、紫东各同年,曹再韩前辈、吴炯斋世兄、李星垣。答拜李椒园同年,谈许久。到亦香处,与其昆仲稍谈归。午后,峻山来,乔子嘉来,谈许久。酌升表弟来,烦写门对。晚,与姑丈谈。

十七日(12月19日)

早,为黄珊写信,即发,接鞠人两信。午后,接镜孙信,言鞠人欲住伊之闲房，房中堆积物件不能清理，须俟明年，且不索房金，不共马号。先是，初七日余在津，晤鞠人、伯鹏，托余到京为之觅房，伯鹏欲将闲房租与鞠人，索房金，亦共马号，伯鹏为其令尊作书，托余带来，鞠人即嘱余代为收拾一切。镜孙知鞠人之托余也，故为余来信，并有伯鹏信一纸，是托余另为鞠人觅房者。想其父子必已往返函商，故迟至今日始有信也。接大哥信。益斋来，谈许久。代刘竹翁购靴一双。晚，与姑丈谈。

十八日（12月20日）

早，欲出门访益斋，同赴亦香处，昨所约定者也，不果，因为益斋去信，期以明日。日夕，陈端甫来，谈至暮。晚，为大哥写信。本日接杨筱坪信，发家信、鞠人信。

十九日（12月21日）

早，同实甫访陆丹林于福星店，谈许久。到亦香处，益斋已到，责我负约，告以因同实甫访友，恐迟不得见，故未访伊，伊始释然，即同实甫在亦香处早饭。哲臣来，亦同食。食毕，弼叔、德清、少泉先后来，信安亦来。谈至暮，与实甫同归。晚，为湄洲、景沂写信，并大哥信、姑丈信，致大哥信作一总函，外送景沂奠敬四金、姑丈送其二元，作一包。日间峻山来，未晤。

二十日（12月22日）

早，为仲鲁去信，并送去印结一张、小费十二千，为鞠人销假。同鸣西随一叔到龙源楼宴客，于路微见雪，到龙源后遣车回接姑丈、实甫。客三人,陈耕吟年伯、袁小坪、陈端甫,先后到。雪大作。入座后姑丈、实甫始到。饮毕,观剧庆乐园宝胜和部,遇马葑溪、鹏九弟,将信、银交小坪,伊明日赴山东,顺便寄往。剧未毕即出,车多不能畅行,进正阳门归。晚,寿伯茀来,谈许久。雪止天晴,月出。

二十一日(12月23日)

暮时,仲鲁来,谈许久,言鞠人仍须到部起复。

二十二日(12月24日)

早,同实甫访酌升,不遇。同到沙土园,行至铁门,车夫申三与人口角。至亦香寓,又遣车接吟皆,与实甫同留早饭。饭后,吟皆始到。吟皆、子嘉、实甫同往观剧,余在亦香处写对一副。弼叔来。与瑞卿、亦香、弼叔谈,待实甫来,同归。接鞠人信。

二十三日(12月25日)

早,访酌升,谈鞠人起复事,许久归。日夕,通仓送一叔俸米来,两处共四十四袋。同申祥到广源米店过秤,即存其处,至暮始毕。得酌升信,言如仲鲁。晚,雪微作。

二十四日(12月26日)

卯刻起,天已晴。至东华门下车,出西华门到六项公所,直隶同乡谢恩也。至则王少农年伯、刘仲鲁、孟黼宸已先到,嗣白少植、刘小山、张玉叔、聂献廷、蒋菽圃、孙仙石、袁集云先后到。

巳初后折发下,入西苑门谢恩毕,刘小山自赴内阁,馀人或绕景山,或由西华门均到聚丰堂早饭。饭间,少农年伯由寓取来昨所购字画,大家同观,内有张船山前辈画一幅,一老人拄杖立,左一中年人背立执书,右一童子正立执书,章法极不俗,上有吴山尊题句云:“遗子一经金不如,老依亲侧手一书。喜气飞上霜髭须,拄杖自督孙咿唔。老凤育凤凤有雏,清声相和丹山隅。君不见富家买田置宅始后嗣,裘马骝人不识字。”书之者为史致俨,虽不敢定其真赝,然画、诗、书皆有意致。饭后,访枚岑,谈许久。为合肥师贺喜,未见。答拜宝鼎臣昆仲,均出门。答拜王菀生同年,已回津。到有益堂,姑丈偕鸣西在焉。少待,实甫亦由署来,昨日约定者也。谈许久归。接家信。晚为益斋去信,约其明日同往访鞠人,伊未在家,大约又待进夜城矣。写家信,收拾应捎津物件,姑丈明日回津。

二十五日(12月27日)

早,送姑丈行。益斋遣人来,言本日须赴署,不能往访鞠人。午后,伯弗来,谈许久。龙光老穆来。晡时,随一叔到镜孙处,先见鄂田,然后到镜孙屋,稍坐。疾尚未痊愈,自九月生疮至今,疮口合而足仍肿。其屋太热,即出。一叔到有益堂,余到天德访鞠人,才到,谈许久归,一叔已由有益堂归矣。晚,京仓送余俸米来。

二十六日(12月28日)

早,雪。酌升来信,催余及实甫早赴龙源,二十三日晤面约定者也。并约鸣西。实甫先往,余与鸣西后至。得鞠人信,遣车夫为鞠人去信,问其详细履历,回言已出门。同饮者缪石逸昆仲、周子为,其二人忘其姓字矣。饮毕,实甫、鸣西同往大德通,尚欲观剧,余到沙土园,立谈数语归。雪止。实甫、鸣西至暮始归,言以天晚未观剧,在有益谈许时耳。晚,为鞠人写信,荐车夫申三。头颈受风,颇不适,早眠,几有不成安枕之势。夜中起坐一次。

二十七日(12月29日)

早,雪。申三持回鞠人信,言订于明日试工,并有银六两,嘱为办起复事。卫哥本日来京,以车无暇,遣申祥往接。饭后,到沙土园,同亦香、瑞卿到瑞卿令岳严寓,为其岳母成主,襄题者亦香、包润生。毕,仍到沙土园,谈许久归。卫哥已到。严宅送来果席。晚服建曲,颈微愈。

二十八日(12月30日)

四伯母生日,衣冠叩祝。午后,鞠人来,谈许久。夜有风,颈愈。

二十九日(12月31日)

早,益斋来。一叔在松筠庵宴客,命往陪,留益斋于寓。到松筠庵,稍坐,杨采南同年士钧,莲府令弟、王蕴川瑾世兄、朱曼伯寿镛、王鉴士衡、孙燕卿毓芑、鞠人先后到,李椒园同年到已晚,尚有程从周军门文炳未到,至申刻始到。饮毕已暮,归,益斋仍未去。表妹高偕其婿张仲谦煜曾,茂才由独流来。晚饭后见表妹话旧,与益斋谈至亥刻。

十二月

初一日(1900年1月1日)

午后,刘升持来子光说片,并烦书扇面二个。送合肥酒席、回片等物。亦香遣人送来弼叔信一件,为秋叔祖请假事,催问已为黄珊去信否,答以早已发信。阎厨来,订初五酒席。

初二日(1月2日)

卯刻起,随一叔进内谢恩,一叔直到西苑门,余由西长安门入,至六项公所,同乡均未到,少坐,一叔始到,询之苏拉,知孙仙石、丁次轩在后院,因聚在一处,随后王鹤田、孟黼宸、刘仲鲁、蒋萩圃、王少农、刘博泉、刘益斋陆续到。谢恩毕,同益斋入西华门,出东华门,即乘车到聚丰堂,缘本日实甫赴署用车,余向钟秋岩借车,令其到聚丰堂来接,家车至西长安门即遣回,此际无车,故与益斋同乘也。萩圃前辈强余与益斋饮,颇有醉意。饮毕,同益斋访亦香昆仲,不遇,晤王瑞卿,约哲臣来,谈至暮归。

初三日(1月3日)

同卫哥、仲谦随一叔到龙源楼小饮,遣车回接鸣西、实甫,邓峻山亦与焉。饮毕,卫哥诸人往观剧,余随一叔归。收拾客屋,寻找字画。字画箱自丁酉至今未动,趁此翻阅一过,颇有损朽者。阎厨来,开应用各物单。

初四日（1月4日）

早，随一叔到豫和堂，赴哲臣、润生、信安、亦香、亦香以赴署故，未饮即去，以子嘉代之。益斋、寅皆，允、弼两叔之约，并有瑞卿、鞠人为客，饮颇畅。饮毕，归，取借妥各物。接家信，并峻山托购夹纸一束。晚，早眠。

初五日（1月5日）

早，起为一叔叩祝，同乡均到，陈百戏于庭。纵观之，早两席，晚两席，在城外者暮时即散，居城内者寅皆先去，子光、益斋亥刻去，子嘉、允叔留宿作竟夜谈。天将明始眠。

初六日（1月6日）

早，遣人送还借来各物。午后，允叔、子嘉去。韩鄂田来，误记生日，本日来祝也。杨莲府来，稍谈去。峻山遣人取去夹纸。

初七日（1月7日）

早，接家信，并银鱼、铁雀、橙、橘、青果、冬笋、鱼翅各件。知初三府试正场题为"襜如也。趋进，翼如也。我亦欲正人心，息邪"，诗"处处寒梅映酒旗"，得"旗"字。送支继师冬笋、银鱼二包。吴子修寄来信一件、炭敬十二金。午后，酌升来信，取褂罩，初五日忘下者，即由来人带去；鞠人起复费四金。欲到信安处，为其尊人育湖老伯祝生日，以车无暇，不果，甚觉歉然。是日，张仲谦偕表妹高回津。

初八日（1月8日）

午后，益斋来，商办公请梦华事。同益斋到有益堂，观峻山新购各画，益斋购《亭林十种》一部。同到亦香寓，亦香未在，与瑞卿、子嘉稍谈归。晚，熙小舫前辈来，谈许久。阅卷。

初九日（1月9日）

早，写请客帖单等，遣人到惠丰堂定座，并送帖书。知午后朱秋门传濬来，持来大哥与一叔信，并张文荪炭敬四十金，言须面交，一叔未在家，余见之，稍谈去。益斋来，谈许久。晚，阅卷。

初十日（1月10日）

早，发崇文课卷。午后，实甫赴署当月，卫哥随其车到前门取津贴银，即赴李星垣之约于同丰堂。余到江苏馆赴丙戌冬团局，同年到者甚多，仲莹、子丰均初次见，作客者瑞景苏、杨莲府、冯梦华，梦华尚未到，余以欲赴同丰局不能待先行。至同丰堂，客已到齐，只待余一人，子光、信安、卫哥、梯云、仁安、吟皆、润生聚饮，甚畅。饮毕已暮，与卫哥同车到万顺，持所取银六分归。晚，阅卷。因送卫哥引见，未眠。微雪。

十一日（1月11日）

卫哥寅正起，同食点心，送其行后稍眠时许。到益斋处，与益同车到惠丰堂公请客。将升车，有客至，到书房与其教读老夫子谈，待客去然后行。至大栅栏遇鞠人，适有出殡者，拥挤难行，与鞠人均下车，三人步行至惠丰。少待，梦华即到，云尚有数局不能久坐。博臣、子峤、海帆先后到,即入座。饮间,仲莹到,梦华去而莲府来,李少棠最后至。饮毕将暮。客散后与鞠人谈许久,仍同益斋共车归。晚,阅卷。

十二日(1月12日)

早,益斋遣人来招,即往,为之书春联数事,留早饭。饭后度步归,小憩。峻山来,交其银票一纸十二金,连购夹纸二金有馀,算抵《东华录》价,嘱峻山将包夹纸口袋送回,以便回津时用。晚,吉书庵来,谈许久,交其盐票一纸,前数日公柜送来,存一叔手,以事忙未索,今日始交下,不然早为送去矣。阅卷。本日发崇文课卷。卫哥发家信,令家人于十六日到火车站接。

十三日(1月13日)

同卫哥、鸣西浴于头条胡同,毕,归寓早饭。饭后,与卫哥同车到松筠庵,津邑公请李召棠也。遣车回,实甫有事出门。召棠早到,同乡到者赵子青姻叔、允叔、信安、润生、星垣、梯云、仁安、亦香、吟皆、耀卿,少迟,鞠人到,因召棠尚有局,先设一席。饮间,一叔到,又久之,子光到。饮毕已暮,余与卫哥以无车故,在和尚学真屋坐谈,俟一叔到寓后遣车来接,然后归。晚,阅卷。

十四日(1月14日)

早,访吴颖芝,谈许久,为黄珊事。遇邹紫东同年。答拜冯梦华、李召棠、朱秋门,均未见。到龙源楼,托其将崇文课卷送至聚兴杜家报房。到松筠庵,与一叔、卫哥、实甫同请李召棠,陪客则有杨莲府同年、胡小琴世兄文骕、益斋。莲府先已到，少待，小琴、益斋亦到，交益斋惠丰堂席券一纸，从前所存，此时即用作抵款。召棠到，然后饮。饮毕，天尚早，一叔往拜客，余趁益斋车到其寓，待其更衣毕，又同到余寓，峻山在焉。少谈去。留晚饭。饭后，畅谈至子刻散。

十五日（1月15日）

早，到万顺，遣车回。卫哥赴署，余在万顺早饭，交万顺津贴银一包，托其代购各物，并代送年账。午后，亦香来，谈许久。亦香进城，余到有益堂，峻山未在，稍坐，仍到万顺，亦香亦回，物已购齐，亦香因晚饭在龙源楼，不回寓，令车送余归，然后出宣武门接子嘉到龙源，并交余靴二双、信一件捎津，交吉庭大哥，重拂其意，照办焉。抵寓，峻山来，才去，包夹纸口袋已送来。收拾衣箱，开赏、购物，以口袋盛紫米、白米各数斗，捎津备用。衣包装好，已寅初矣，乃眠。

十六日（1月16日）

早，亦香又送来信一件托捎。同卫哥、鸣西辞别一叔，乘家车一、雇车二，出城，抵马家铺，幸尚有客座二，即坐之。遇李子明。买票毕，饮茶少许，即开行。申初到津，王发、李明均来接，雇马车一载行李，余与鸣西乘洋车。抵家，将行李分开，土物献之堂上，并分与诸子，耳环五付分与众女。送鸣西归。卫哥亦令王发将所有行李携回。知正场七弟取一百十名，训平侄取八十九名，前十名为俞明谦、张际和、杜金铭、周学彬、柏森、房绍谦、张敬绅、董恩嘉、陈钟年、顾文忠。初九日覆题为“不曰跻彼公堂”三句,“人和年丰”。七弟取一百七名,训平取七十四名,前十名俞明谦、柏森、张际和、周学彬、房绍谦、杜金铭、陈钟年、宋寿彭、顾文忠、董恩嘉。鸾孙正场取五团,虽不高却与县考大异,立意覆试,乃初覆录老课文一篇,竟然未取,不知何故。十四日二覆题为“而信”至“言而有信”,“带经而农赋”,以“躬自稼穑带经而农”为韵,借书刊谬诗仙诗圣诗王诗史七律四首,尚未出案。遣李明为吉庭送家信,并缎靴。晚饭后弼叔遣人来,约在性初处见。到性初处,未在家,菊垞适宴客。即到弼叔处,晤诸叔、诸弟,知二覆案已出,七弟取四十九,训平五十三,荫浓叔五十,前十名为张际和、俞明谦、柏森、宋寿彭、房绍谦、杜金铭、陈钟年、王连峰、李荫棠、董恩嘉。少顷性初遣人来请,即同弼叔往,张仲佳在焉。本日与祭社值年更代交账,故性初先不在家,刻又与仲佳同回也。畅谈,并晤介卿,知其于前月即来。阮崑林、雷湘竹、黄芰香皆菊垞所请陪客,正客刘咏恩已去。恽剑青来,谈至子刻归。鸾孙来,未晤。

十七日(1月17日)

早,训平、蔚青来。午后,鸾孙来,鸣西来。暮时,弼叔来约,言筱坪在性初处候谈,晚饭罢往。与性初、秋叔祖、弼叔、卫哥、筱坪、剑青谈至子刻归。

十八日(1月18日)

早,周子化由豫来津来,谈时许。与鸾孙谈许久。府试三覆，暮时七弟出场，知题为“子曰岁寒”两章，“红泥小火炉”[①]。晚到性初处，与秋叔祖、弼叔、剑青、性初谈，至子刻归。是日，卫哥赴武清。遣人为秋叔祖、性初送兰花烟，并送香师土物。子万得子，来借宿。

十九日（1月19日）

早，鸣西来，留早饭。饭间，卫哥来，言已由武清归，稍谈去。午后，与鸣西、鸾孙谈。晚，到性初处，与性初、秋叔祖、弼叔、卫哥、剑青谈，至子刻归。是日，周子化赴津，遣人为范孙送土物，为姜少云送津贴。竹翁来，未晤。珠侄取去由京捎来月费。

二十日（1月20日）

早，赴吉庭之约于庆兴馆，遇赵作孙昆仲。同饮者张柏龄、献夫、墨卿、范孙、李子青、金芸岩、弼叔。饮毕，到中兴恒，与子铭表叔谈，晤张协卿、耿竹生。性初遣人来招，即往。东门拥挤不能行，待至上灯后始清楚。到性初处，已饭罢，重作具。饭毕，弼叔来。谈间，秋叔祖又来，子刻散归。三覆案出，七弟九十名，训平侄十七名，前十名张际和、俞明谦、柏森、杜金铭、宋寿彭、房绍谦、陈钟年、王连峰、李荫棠、周春官。

二十一日（1月21日）

早，雪微作。到性初处，其胞姑发引，欲助执绋，不果，留早饭。饭后，剑青来，知亦香本日回津，预为去信，约本日晚间相

① 原稿“炉”字右有“△”符号，指“得‘炉’字”。

聚,乃至暮无信,壁〔弼〕叔又遣黄信促之,回言尚未到。晚,同性初、弼叔、卫哥、剑青小饮,饱噉银鱼,极畅。秋叔祖来,谈至子刻归。微雪终日,道极难行。竹翁来,未晤。府试末覆题为“豫兆”两小讲。

二十二日(1月22日)

训平来,知府试长案已出,七弟三十八名,训平四十二名,荫叔二十四名,前十名张际和、柏森、俞明谦、杜金铭、宋寿彭、房绍谦、陈钟年、王连峰、李荫棠、董恩嘉,十一名周春官,为杨柳青周恒詹之改名。鸣西持来张际和文稿三篇。写竹翁转烦喜对一副。晡时,仍有微雪,到芰孙处,将津贴交其世兄,适有余一信,看毕携回。知性初来招,即往,亦香、弼叔在焉。知亦香昨日三次车始到津,故不能饯约。与性初、弼叔、亦香同饮,饮毕,剑青来,谈间,秋叔祖又来,子刻散归。竹翁来,未晤。七弟已将一叔送竹翁十金交付。

二十三日(1月23日)

早,与鸾孙谈。午后,鸣西来,训平来,写春联。至暮同鸾孙、四弟、五弟、七弟、李絜村姻伯饮于聚兴园,四弟作东道主。饮毕,到性初处,与性初、弼叔谈,秋叔祖后至,子刻散归。子万回家宿。李耀卿来信,请一半日到伊处写春联。

二十四日(1月24日)

写鸾孙代烦喜联。竹坪来,稍谈去。午后,写春联。鸣西来,训平来。发京信。鸣西同训平去为卫哥拜寿。接一叔信。暮时,盛侄来,言鸣西在伊处晚饭,约七弟去,晚间饮,欲为卫哥拜寿。七弟归,言卫哥未在家,遂未往。写一耳封送杜记,粘在前信之后。

二十五日(1月25日)

早,持笔到耀卿处,为之写春联,并明正所用喜联及挂对、条幅、横幅等。早晚饭皆在伊处,至晚间始写毕,又谈时许始归。便道到性初处,门尚未键,推而入,秋叔祖、粥叔在焉。观《京报》,知有为穆宗建言立皇子之谕,典礼于二十六日举行。谈许久归。

二十六日(1月26日)

鸣西来。到粥叔处,晤诸叔、诸弟。代粥叔写春联甚多。性初来。同性初、粥叔到户部街院吊八伯母,晤幼樵。送路毕,粥叔往陈挹翁处拜寿,余到亦香处,与吉庭、亦香谈,子嘉未在家。待许久,粥叔亦至。请吟皆,未在家,少迟亦来。本约性初同来,性初来信以有事不克到为辞。余与粥叔、吟皆谈至子刻归。

二十七日(1月27日)

午后,竹翁来,谈许久,为余诊视,并为鸾孙诊视,皆立方。实成儿自余归时病目,已服药数副,今又改方。姜少云同年来,谈时许。晚,到性初处,亦香、秋叔祖,允、粥两叔,卫哥均在焉。少时,筱坪来,谈至子刻归。

二十八日(1月28日)

早,到珍抚表兄处,视其疾,闻其患喉症也,已愈,出门去矣。问表侄疾愈,佥云见好,而并未见其人,缘珍抚先以喉症殇一子,今其长者又患喉症,以为居室之咎,移在西厢房,恐其畏生人,故未往。到季昌表兄屋,与表伯母谈许久出,遇五表嫂,又在其屋稍谈归。午后,竹翁来。代珍抚表兄写春联。鸣西来。到香吟师处,晤徐沅翁、蘋叔祖,谈许久,留晚饭。饭后,同筱坪到性初处。筱坪先往访友,过门不入,余先入,秋叔祖,允、弼两叔,卫哥均在焉。姚菊孙、黄芰香在后院。谈许久,筱坪又至。谈至子刻,携《诗星阁对联》一本归。《诗星阁对联》,孟筱藩先生所撰,庆吊各联及楹帖等件有自用者,有代人拟者,先生既没,哲嗣定生集而梓之,分送先生及门,卫哥得其五本,赠余及性初各一。

二十九日(1月29日)

早,陈朴斋来。与鸾孙谈。暮时,性初来招,即往,弼叔、亦香在焉。留晚饭。饭后,秋叔祖来,筱坪来,谈至子刻归。竹坪拜年帖,代烦弼叔写就持回。本日发京信,并代何平写信与其父。

三十日(1月30日)

早,与鸾孙谈,交其烦弼叔写就拜年帖,伊即交万元义发刻,仍来谈。午后,鸣西来。日夕,到性初处,见其忙迫异常,到中兴恒视子铭表叔疾,前闻患痢数日,今已愈。晤曹荣轩、马桂生、张仲佳、江星阶、耿竹生诸人,苑杏江在前边坐,邹小琴世叔时去时来，姚斛泉世叔最后来，谈许久，余与斛泉世叔、荣轩均留晚饭，饭后又谈许久。到性初处，晤弼叔，稍谈归。祀神，祀先，祀灶，辞岁。鸣西来。仍到性初处，秋叔祖、弼叔、卫哥、剑青均在焉。剑青出差于芦台，前日言方回，并为余捎来白面三十斤，适有卫哥接济之款须送回家，顺便由剑青处将面索出并送。少间亦香亦来，作终夜谈。读上谕，知明年以正科作恩科。

光绪二十六年庚子（1900）

正　月

初一日（1月31日）

天明后回家，遇四弟、七弟、二成侄于巷口，云往天后宫，待其归，然后拜年。饭间，卫哥在性初处写信来招，即往，又请弼叔，弼叔衣冠至，云尚须出门拜年，稍谈即去。秋叔祖来，在丹林卧室小坐。与秋叔祖、卫哥、性初谈。亦香亦衣冠至，稍谈去。弼叔拜年回，谈至暮归。早眠。

初二日（2月1日）

午后，与母亲作叶子戏。性初来招，稍迟往。天暖，微有雨意。至则范孙在焉，稍谈去。与秋叔祖、弼叔谈，留晚饭。饭后雪作，子刻冒雪归。

初三日（2月2日）

早，亦香来，持二十金来，借余用。谈时许。午后，与母作叶子戏。鸣西来。风大起。到性初处，秋叔祖、弼叔、卫哥在焉，留晚饭。饭后，亦香、剑青先后至。风愈大。菊垞约秋叔祖去作四木戏，剑青技痒，亦往焉。余与弼叔诸人至子刻乘风归。

初四日（2月3日）

早，陈朴斋来。孙生蔚增来。鸾孙衣冠来。午后，张姻弟来。与母作叶子戏。晴轩来，鸣西来，锁侄来。祖母忌日，设供。施少农来。晚，鸾孙来谈。性初来招，往，秋叔祖、弼叔、卫哥、亦香均在焉。秋叔祖仍去作四木戏，余与诸人谈至丑刻归。何贵以丧女故回津，来谒，未得见，并知其长孙殇。

初五日（2月4日）

大风极冷。杨讱斋来，性初来。性初约晚在伊处聚。与母亲作叶子戏。日夕，弼叔、亦香同来。同到性初处，欲在聚兴园晚饭，不克。余与亦香在性初处晚饭。饭后，卫哥来，谈至子刻归。

初六日（2月5日）

弼叔院请老夫子，往作陪。至则天色尚早，知范孙、体仁、伯彭、刘渐逵在聚兴园小酌，先往谈。知伊等昨日寻余，以为在性初处，其实余在家，竟不知也。饮毕，约伊等到弼叔处，皆不愿，遂各散。弼叔处共两席，辞者甚多，到者陈益山、杨子若两老夫子，李存圃，费鲁卿，孙兰洲，刘觐生，陈秉璋，性初，亦香，少甫叔。饮毕，剑青始至，独自又饮。筱坪以子若在座不肯来，促之，饭后始至。与筱坪、亦香、剑青诸人作终日谈，留晚饭，子刻散归。

初七日(2月6日)

早,宫卫臣来。午后,出门拜年。李信夫、黄叔良、田少坪世叔、姚斛泉世叔、性初、香吟师、任子铭表叔、陈少卿、范孙各处,均见。在田宅遇孙兰洲,在范孙处遇献夫、幼璋、墨卿诸人。严小舫师、杨莲府同年、黄杏樵表叔、武柱卿,均未见。归已莫暮,更衣到聚盛成,公祝幼樵,明日为幼樵四十生日也。公祝者允叔、陈润生、陈秉璋、高朗先、韩芰洲、杜翰臣、杨骏卿、刘辑五、性初,并约芋田,共十二人。饮毕,同翰臣、性初到亦香处,弼叔、剑青、吟皆、觐生在焉。谈至子刻归。

初八日(2月7日)

早,竹翁来,谈许久。与鸾孙、鸣西作终日谈。暮时,吟皆遣人来约,在同兴园聚饮,即往,弼臣、遹臣、鲁臣三叔,卞诒臣,亦香,李星垣、刘子甘二令公,均在焉。饮间,卞耕岩来,弼叔往赴金筱泉之约,星垣以体有不适先去,少间,初梅来。弼叔由城外回,并偕泽畬、小泉、梯云来,子甘令公以欲观剧去,尚约十二人,前患人少者,今则几几乎患人多矣。饮毕,谈至子刻归。

初九日(2月8日)

早,到献夫处更衣,到范孙处,香孙之如夫人金氏本日入节孝祠,同人均到,小舫师亦到,与献夫、幼樵、少云、弼叔陪小舫师饮。午后,出南阁入东门,送祠如礼。礼毕,在星垣处更衣,同亦香到性初处,弼叔已先到。晚,亦香约饮于同兴园。毕,仍回性初处,秋叔祖、卫哥均来,谈至子刻归。闻王云生以肝气大发,遽捐宾舍，为之黯然，与秋叔祖、弼叔约明日吊之。

初十日（2月9日）

早，到秋叔祖处，稍谈，同秋叔祖、弼叔吊王云生于其家，哭之恸。又同到同兴园赴性初之约，并有兰洲、剑青、亦香，饮毕各散。到性初处，伊尚未归，在东屋稍坐，归。晚，仍到性初处，仍未归。弼叔来，谈许久，并与丹林谈，子刻归。

十一日（2月10日）

早，到亦香处，与亦香、吟皆谈许久，为吟皆酌定寿屏款行，其太夫人年伯母三月二十一日六旬正庆也。吟皆有事先去，余留早饭。饭后，小憩。刘觐生来，为余诊视，开一丸药方，谈至暮。余到竹翁处，已月出矣，稍谈辞出，竹翁为雇洋车送归。晚饭后竹翁来，谈许久。是日，弼叔赴都，亦香烦书二月班单一分。

十二日（2月11日）

早，赴崧生昆仲之约于其家，共三席，允叔、献夫、筱泉、亦香、泽畬、星垣、少云、芋田、柱卿、王莘农皆与焉。饮毕稍谈。到鉴泉姑丈处，遇张宜闲、韩小光，暮归。因何贵日内赴京，须写信也。询知何贵明日不走。见鸣西，又想起一事，亦香在崧生处，知余饭后到姑丈处，因托余代伊写说片，约柱卿明日早饭，余竟忘之，急写说片交鸣西，嘱其归时饬人送武处。赴李星垣之约于聚昇成，同饮者润生、泽畬、吟皆、筱泉、静山，共八人。饮将毕，李子赫始到。吟皆约余到亦香处，未赴。到性初处，未在家。与丹林谈许久，性初归，又谈许久，子刻归。

十三日（2月12日）

早，赴吉庭昆仲之约于其家，宫卫臣老夫子先到，同人陆续到，共两席。饮毕各散，余与泽畬独留，谈至暮。同亦香、泽畬赴静山之约于聚盛成，同饮者刘辑廷令弟静山处老夫子刘味唐、吟皆、筱泉、静山之兄作孙。曹口口亦在此作主人，周旋二局之间。饮毕，同亦香、吟皆仍到亦香处，谈至子刻归。为一叔写信。

十四日（2月13日）

早，到张星桥兄处，谈许久。赴桐阶昆仲之约于其家，同饮者润生、筱泉、静山、吟皆、子嘉。饮毕，余与子嘉、吟皆留，谈至暮，欲同寅皆辞出，不果，吟皆去，余仍留。桐阶以晚间客皆辞，坚留，武柱卿招饮一局亦为代辞，遂仍在桐阶处饮。同饮者甲戌年伯朱适庵之公子、邓襄亭、刘戢武、陶口口。饮毕，谈至子刻，与子嘉结伴归，城门将闭矣。抵家，知菊坨来请，并云无论何时回家亦请到伊处一谈，恐有要事，即往，伊已眠矣。询之仆人，亦不知何事，只有俟之明日。何贵回京，为一叔稍去鱼翅、鱼唇一罐。接一叔信。

十五日（2月14日）

早，见子万，言昨日菊坨出灯谜，乃知昨日寻余为此，并非有甚要事，遂在家早饭。饭后，到菊坨处，晤杨春农、剑青。剑青与秋叔祖商议添出两架，余为抄录，共写百馀，至暮已毕。性初未在家。晚饭后卫哥来，知回津已两日。仲佳来，谈许久。刘家胡同内亦有出灯谜者，猜着数个。子刻归。

十六日（2月15日）

早，到菊垞处，与秋叔祖同收拾灯谜，并谈。赴姜少云之约于聚昇成，客多辞者，人甚寥寥。同饮者允叔、亦香、筱泉，其一为福建人，忘其姓字。饮毕，同亦香到性初处谈，猜灯谜者甚多，大有门如市之势，留晚饭。饭后，剑青来，来即大睡，睡毕即去。余仍子刻归。

十七日（2月16日）

早，到东院，本日集叔祖母冥寿，修经待客，从俗也，戚族亦惟以俗礼应之。早饭后到性初处谈，吉庭、子嘉先到，亦香随后到，聚谈极畅，秋叔祖携来两席，大家同饮，晚谈至子刻，与亦香、子嘉同步归。幼樵昆仲晚招饮于庆兴馆，性初、子嘉代为辞却。

十八日（2月17日）

早，在家早饭。饭后，与母亲作叶子戏。性初招饮于聚盛成，约同往，暮时到性初处，已行，剑青、秋叔祖在焉，稍谈，到聚盛成，性初亦才到。同饮者周荫亭姻叔、刘月樵世叔、任子铭表叔、允叔、李子明表兄、十五叔、谢琴轩。饮毕，亦香在他处聚饮，闻余在此，特来访谈，并问班单写毕否，答已送去。少顷，子嘉亦遣人来问饭后在何处聚谈，与亦香、性初商定在亦香处，即回覆子嘉。客散，同亦香、性初到亦香处，子嘉已先归，寅皆亦来，谈至丑刻吉庭已归,夜半钟声已动始归。本日卫哥、鸣西赴都。

十九日(2月18日)

早,在家。午后,为李耀卿写门对,年前所写以新油门故,粘不住,新正哲嗣完姻,吉期已近,前来约余到伊寓重写,以无暇辞,故送来一书,然已来催取两次矣。晚,赴黄芰香之约于聚盛成,共四五席,人多不识,不能确记。饮毕,同秋叔祖、子明、丹林薄游时许,与丹林先归。本日亦香赴都。实成儿入学。

二十日(2月19日)

早,在家。午后,与母作叶子戏。接一叔信。晚,仍与母作叶子戏。

二十一日(2月20日)

早,胡墨林来,谈许久。到性初处,为之陪老夫子,老夫子两位,一为程作舟世叔,一为芷舲弟,本日上馆,即约春酒,陪者尚有卢湘竹同年、孙兰洲、赵善庭,雅南以躲其生日赴京,故今日不宴客而上馆。饮毕,同秋叔祖、性初为亦香拜寿,亦香虽未在家,子嘉特约至熟者数人一聚,石蓬仙、刘幼樵、王辅廷均来,晚间施少农、高朗先、杜翰臣亦来,谈至子刻归。性初家人来接,言日间菊坨以瘟疹殇一子。

二十二日(2月21日)

早,赴丹林之约于义和成。同饮者李口口、阮崑林、方缦云、李子明、李笏亭、黄芰香、秋叔祖。饮毕，到性初处谈。晚，子嘉亦到，秋叔祖亦到，谈至子刻归。

二十三日（2月22日）

早，与鸾孙谈。到耀卿处，贺其长公子毕姻之喜，作终日留。贺客甚多，识者只王西园、穆树亭、杨敬林数人。耀卿叔岳苏口口，二十年前曾相聚数日，见面几不相识。晚饭后提灯独归。抵家，知性初处寻余，然已交夜子刻，不能往矣。

二十四日（2月23日）

早，胡敬臣来，询编入官号递禀事，谈许久。午后，到东院，为集叔祖母书主，并有聘臣叔一主。聘臣为集叔祖长子，卒于癸未夏日，久已立主，今又书者，据云以顿失旧主所在故，然令人不能无疑，盖当年之嗣子与今日之承重孙，竟出两人也。书主毕，又书魂幡等，因请客帖人名琐碎难书，到性初处与秋叔祖一商。秋叔祖往费鲁卿处，待其来，商之许久，亦无可易。晚饭后仍回东院。书毕，仍到性初处。亥刻，已将散矣，子嘉忽从外来，又请筱坪来，谈许久，子刻归。

二十五日（2月24日）

早，在家。午后，访范孙，适于本日赴京，与严竹翁稍谈，并见纶聪。到子嘉处，因吉庭额角生小疮，近二日交风，脸忽肿，来视之也。遇马亦亭、齐小桥二医翁、荫翁，稍谈均去。又请朗先、吟皆来。留晚饭，子刻归。

二十六日(2月25日)

集叔祖送来席一桌,为书主,并为母祝寿。各亲友处送大小碗者不等,共数处。呼瞽者说书。子万、鸾孙、训平、蔚青均在此,留之晚饭。雪作。饭后,谈至子刻散。

二十七日(2月26日)

早,为母叩祝。竹翁来,训平来,鸾孙来,性初来,讱斋来,子万来,均留早饭。刘宇清来即去。午后,张协卿来请竹翁,竹翁即随之去,讱斋亦去,蔚青来,姑丈来即去,墨林来即去,子嘉、寅皆同来,未散,请李表甥来,孟骥如来即去,芷舲弟来,讱斋又来,晴轩来。晚,共两席,饮毕聚谈,剑青来,陆续散,至子刻散毕,说书者亦去。学宪下马。

二十八日(2月27日)

仍呼说书者。午后,与母作叶子戏。接一叔信、卫哥信,并有鸣西家信,邓峻山说片一,烦购夹纸。暮时,子嘉来,约往同兴小饮,辞以须为京城去信,嘱伊在家,待写信毕即往。亦香于昨日已归,并有高朗先在座,谈至子刻归。

二十九日(2月28日)

学宪考左。仍呼说书者。遣人为鸣西送信。吉庭生日,昨与亦香言明早到,母命在家食肉合子,遂于饭后往。至则芋田、翰臣、刘兰阶、萩林皆在焉,尚未饭毕。饭毕各散。李笏亭来,幼樵来,尉少棠来。雪微作。芰洲来,朗先来,杨骏卿来。雪大作。

留晚饭。饭后，雪益大，谈至子刻，吉庭已归，然后冒雪归。本日发崇文课题。

二　月

初一日（3月1日）

雪止，天晴，檐溜淅沥有声，道路难行。仍呼说书者。午后，与母作叶子戏。晚，听瞽者说书。学台考试青县、沧州、庆云文章。

初二日（3月2日）

早，道仍难行。仍呼说书者。午后，与母作叶子戏。日夕，到东院，明日开吊，初四日发引，本日先请戚友之近者，为照料之地，津俗然也。

晤诸同人，知生左题为“范文正以《春秋》《汉书》授狄武襄论”；“汲黯戆少憨宽饶猛赋”，以题为韵；“酿黍气香村欲社”[①]，拟苏子瞻《寿莱童》。右题为“富弼文彦博论”；“季路为执金吾赋”，以“亦以其为有勇力也”为韵；“梅花堕地草欲生”[②]，拟陆剑南《长歌行》。青县正场题：“不如林放乎”至“揖让而升”，沧州：“乡党称弟焉”至“斗”，庆云：“母〔毋〕以交于右”至“维石”；通场次题：“合而言之道也”，诗题：“门外碧潭春洗马”[③]。左案出，

① 原稿“村”字右有“△”符号，指“得‘村’字”。

② 原稿“生”字右有“△”符号，指“得‘生’字”。

③ 原稿“潭”字右有“△”符号，指“得‘潭’字”。

次远副九、芷艭副六两弟皆取外生。左正取四名:姜润生,静海廪生;徐蔚,天津附生;张彭年,天津附生;陈自中,天津附生。副取尚有十五名:刘宝和,天津附;兰锡朋,沧州附;元殿元,静海附;金诏华,天津附;褚士亿,天津附;刘隽祺,府学附;刘秋涛,天津附;王景果,青县附;辛锡培,天津附;刘宝廉,天津附;黄传熊,天津附;王师曾,府学附;于长庄,天津附;张尔懋,静海廪。童左正取八名:刘德仁,沧州;刘毓宪,沧;翟炳林,南皮;白育良、焦曾宪、郭承泰,俱天津;张印瑞,盐山;季树勋,沧州。副取尚有十名:齐中林,南皮;时作新、刘湘、张汝骥,俱天津;陈廷炳、李滢,俱沧州;赵锡堃,盐山;周春官、王寰瀛、王培滋,俱天津。本日已经覆试,生题:"易重一斤赋",以"斤凡三百八十四铢"为韵;"居物多赢昧计然";"黄琼论"。童题:"草翁风安舅赋",以"尊上之于安可戏乎"为韵;"东风日暖闻吹笙";"黄霸论"。

与讱斋、性初同晚饭。饭后,子嘉来,同在性初处谈,并请筱坪来。谈至子刻,与子嘉同归。道仍滑。本日卫哥回津。

初三日(3月3日)

早,卫哥来,谈许久。因为旧邻赵宅点主,在家候请,未出门。午后,点主毕,即乘肩舆到东院,晤范孙、幼香,谈许久。十五叔到,又谈。晡时,同十五叔到性初处谈。子嘉来。性初有事须出门,余亦有叔良昆仲之约,不能聚谈,遂散。到叔良处赴约。同饮者黄奉辰大使、朱仙洲、章伯宣、叔良、洁民、子明昆仲三人。酒肴皆精,并有巧变丝弦,李万兴侑觞,饮颇畅。饮毕,听丝弦数阕,并黄奉辰唱数节,子初散归。

学台本日考童生正场，静海题：“荐其时食”至“燕毛”，南皮：“虽有鎡基”至“鸡鸣”，盐山：“脍不厌细”至“鱼馁”，旗籍：“方寸之木”至“羹翅”；通场次题：“力不能胜一匹雏”，诗题：“管城子无食肉相”。

初四日（3月4日）

早，到东院，晤诸同人。卫哥因欲到王菊舫处吊其夫人，匆匆去。午后，送殡至慈惠寺，道仍滑，颇形疲惫，就近吊于堂妹陆，双街口道尤难行，只九弟在彼，告以因送殡疲极，不能久坐，烦为致意妹丈，遂乘洋车归。更衣，小憩，打点应试者眠食地方。子嘉偕尉绍棠来，约往性初处谈，请伊等先往。余在家部署毕，到卫哥处，促生侄早来安眠。到性初处，留晚饭，饭后聚谈。遣人到贡院等候，如放号炮即来知会，闻因夜间祭丁点名较前两场早也。丑初闻头炮声，即归。抵家，应试者已行，五弟，大、二两侄送往，许久始闻二炮，去太早矣。与四弟谈，待送场者归，然后眠，已寅正矣。

本日学台提覆初一所考三处文章，题为“麻缕丝絮”。三刻，作后二比，每比不过四行，不录。

初五日（3月5日）

在家课子侄辈。施少农遣人来，约午后来谈。晡时，鸾孙先出场，知题为“坐以待旦”至“梼杌”，灶籍题：“言语必信”至“数尺”；通场次题：“有私龙断焉”，诗题：“一夕潮来集万船”[①]。少农

① 原稿“潮”字右有“△”符号，指“得‘潮’字”。

来，谈请先生事。毕，坚约到紫竹林一游，辞以在家接场，不允，重拂其意，与之同行，并代写拜先生帖。便道到大悲庵拜胡墨林，未遇，将帖留下。到紫竹林，饮于羊肉馆。风大起。饮毕，观剧于天福茶园，演四喜部，居然京师团拜，置身湖广馆时也。灯戏未观即出，抵家已子刻矣。

初六日（3月6日）

早，刘幼樵来，谈许久。午后，小憩。吊于陈鹤田，其令堂与我祖母同岁，去年九十七，于腊月寿终，去我祖母之弃养又十二年矣。与阎相臣同晚饭，饭毕，归。子嘉来招，即往，高朗先在焉。询知明日皆入场。子嘉欲出终夜谈，朗先不肯，谈至子刻归。接铁舅信。

本日学台提覆初三所考文童，题："可使过颡"，如初四例。

初七日（3月7日）

早，在家，范晴轩来。午后，提覆案出，七弟诸人均未取，共提七十七人，华姓只一人次远，尚有华廷珍一人，非我同宗。晡时，子嘉自场出，即来约余到伊处，顶帽尚在头也，请伊先归。因本日天津青县府学灶籍生题为"则枉寻直尺"，曾读过陈文一篇，寻出，到子嘉处，与之看。吟皆自京回，亦在子嘉处，同读之，以为佳。知吟皆令弟、信安令郎、刘辑廷令弟均提覆。子嘉以明早须送保徒提覆，又欲作终夜谈，吟皆不肯，子刻归。通场诗题："天用莫如龙"。

初八日（3月8日）

早，翰臣、吟皆同来，言欲到场前观榜，稍谈去。提覆题为“所以为蚳蛙则善矣”，如前例。大哥来，卫哥、性初同来。同卫哥、性初饮于庆兴馆，卫哥作东，遇杨兰坡、马熊丘。饮毕，卫哥有事去，约晚在性初处见。余同性初乘洋车到其家，谈终日。允叔来。暮时卫哥来。性初有酒局，辞之。与卫哥、性初同晚饭。饭后，与黄芰香谈许久，保查徐氏恤嫠会钱一分。查徐氏者，余外祖远族查晴川先生夫人也。年八十九岁，食此钱者久矣，原保人已殂谢，芰香清理各事，见其食之久而又无从问也，恐有冒滥，欲裁之，晴轩浼余为之一言，幸蒙慨允。又与卫哥、性初谈许久归。正案已出，第一轧春瀛、次远获隽，子刻散归。接一叔信。知日间子嘉来请。

初九日（3月9日）

早，允叔来招，以珍抚表兄在座，未即往。又来招一次，为写报事，往为写报十馀张。留早饭，与秋叔祖同饮。饮毕，到性初处，晤王肇安，知性初又有意录科，已经办卷。性初有事，不能久谈，信步到筱坪处。书房门锁，阒其无人，稍待，少白自外至，始将讱斋找出，到香师室坐谈。

生案出，县学取二十三人，批首李玉麒，子若第七，芷舲末名，文宰亦在后路。府学取十七人，未得全单。本日考试沧州、静海、南皮、盐山、庆云生员，题为“则天下之商”，诗题：“此生何止略知津”①。

① 原稿“津”字右有“△”符号，指“得‘津’字”。

暮时,筱坪、子若各放馆归,谈许久,留晚饭。谈至亥刻,到性初处一看,见伊已收拾齐楚,专待明日录科矣。询卫哥,云来已去。到卫哥处,推门似已键者,未惊动,遂归。知日间子嘉来请。自本日服丸药,起每日三钱。丸药方为刘觐生表叔所开,录如左:制附子五钱,建泽泻一两,紫蔻儿二钱,米酒炒茅苍术一两,炮干姜五钱,山萸肉三钱,北五味三钱,炮南星五钱,澹吴萸一两,益智人五钱,粉丹皮五钱,盐炒生绵芪五钱,乌梅肉三钱,新整念皮三钱,煅牡蛎五钱,共末,以山药糊合蜂蜜为丸,如核子大。

初十日(3月10日)

早起,到卫哥处,谈许久。有事欲谈,昨日未得见面,本日卫哥赴都,早来尚能见也。归。胡墨林来。午后,写对联数十事。天阴微雪,旋晴。子嘉来招两次,往请吟皆,未在家,请其令弟鹤善新贵来谈,留晚饭。饭后,吟皆来,又谈许久,不知时之早晚,及归家,已夜钟撞毕,母屋已闭门矣。

本日录科,尚不知题。

十一日(3月11日)

早,七弟交京信一封,昨日接到者,内有大哥信;景沂信,景沂信内有致姚叔言信,叔言在京,又须寄往;鸣西家信。午后,到性初处,未在家。知昨日录科题为“君子之德风”至“草上之风”。与秋叔祖谈从《国闻报》上抄各场题目。留晚饭。饭后,与雅南谈。剑青来,又谈时许。亥刻归。

十二日（3月12日）

早，胡墨林来，本日到施少农处上馆，令七弟陪往，余在家看诸侄读书。晡时，〈到〉子嘉处，至则泽畬、仲瑜在焉。尉绍棠、孙炳臣同来约往，并有不识者一人，言间约略为土城刘诗舲令郎。均留晚饭。谈至子刻归。

十三日（3月13日）

早，大风。允叔来招，知为写报事，即往。知菊垞又丧其长女，到陆宅一看。性初未起，菊垞在后边，与子元谈数语，仍到允叔处，与秋叔祖、诸叔、诸弟谈。知生覆试题为"天下之善事"至"为未足"，"鲸鱼跋浪沧溟开"；童覆试题为"是知津矣"，"轻浪参差鱼动镜"。樾臣叔新自广东归，与谈广东事。写报数张，雪作，留早饭。饭后，雪愈大，又写报数张。请性初来，剑青亦来，又请筱坪来，谈终日，均留晚饭。饭后，天晴，月出。子刻归，天寒，雪皆未化，道极好走。

十四日（3月14日）

天极冷。早，王桂生来，约明日为云生书主，早约定者也。又亲到一次，示敬也。稍谈去。午后，与母作叶子戏。六弟归自景州。秋叔祖来招，云有事相商。子嘉来招，辞以无暇。暮时，性初又来招。到秋叔祖处，阍人云在陆宅。到性初处，知为芰香送来查宅恤嫠钱折事。晤秋叔祖，知为桂生处撰各对联事。留晚饭。饭后，与秋叔祖、兰洲、性初谈至子刻归。

十五日(3月15日)

午后,到桂生处。题主毕,范孙尚未到,待之许久,殊无聊赖。桂生又烦余为书灵棚各对联,未写而范孙至,俟其点主毕,然后书对联。书毕已日夕,桂生坚留晚饭谆谆,辞却。食点心少许,与范孙同辞出。范孙自归,余到性初处,并请允叔来谈。留晚饭。饭后,兰洲来,谈兴正浓,忽其行唐业商李某携一幼童贸贸然来,与雅南、菊垞议事,阍人辞以已眠,不听,大有终夜不去之势,性初大怒,斥之去,伊不服,又兰洲出,作鲁仲连,将伊拖往西厢房。来此杀风景之伧父,举座扫兴,遂散归,亦子刻矣。是日,学台起马赴永平。

十六日(3月16日)

午后,李铭阁来,持来耀卿说片,要伊课文,并《东华录》,许以一二日内检出。写对联、条幅十数事。晚,与母作叶子戏。是日,允叔赴都,知一叔实授工部右侍郎。

十七日(3月17日)

早,柱舅来,留早饭。午后,耀卿遣人来取课文、对联,令其将《东华录》载去,以有事辞,期诸异日。日夕,吊于王云生,与范孙、幼梅、次远弟、周耀臣同晚饭。饭毕,仍到桂生处,与范孙、幼梅谈许久。到性初处,与芰香谈许久。又与性初谈时许,知昨日辅仁书院生甄别题为“子曰君子不以言举人”至“终身行之者乎”。

十八日(3月18日)

午后,陈朴斋来。学生王福保以新入学来磕头,谈许久。卫哥处送来一叔信一件,俸银及留别银各一包,知卫哥回津。暮时,赴范孙之约于其家。同饮者辛蔚如世叔、献夫、少云、桂卿、桐阶、幼梅、渐逵、子嘉。饮毕,欲到锡三屋视其疾,已早眠。知邓峻山由京来寓此,见伊,谈许久,据云日夕到余寓,余已出门。又与桐阶、子嘉谈许久。与子嘉同归,已子刻矣。见峻山名片。

十九日(3月19日)

训平持来黄纸,为书侍郎报,并云其父约午后在性初处谈。鸾孙来,知昨日辅仁书院童甄别题为"择乎中庸得一善"。午后,请竹翁来,为六弟诊视,六弟患感冒。到东院,欲抄新生及一等各全单寄京,已均揭下,为次远弟留条,请其代抄一分。知廉叔祖丧一七岁孙,幼子亦病。到性初处,许久卫哥不至。娄秩五来,谈训平附馆事。秩五去,卫哥仍不至,遂与性初同到子嘉处,亦昨晚约定者也。至则子嘉已令人寻余矣。留晚饭。谈至子刻,与性初同归。竹翁晚又来一次。

二十日(3月20日)

六弟已汗出而愈,尚须避风,未令出屋。饭间,性初来招,言卫哥在彼候谈。饭罢,往,卫哥、性初尚未饭,坐观朵颐。午后,秋叔祖来。谈至暮,卫哥有人招饮自去,余与秋叔祖、性初饮于燕春馆。饮毕,闲游许久归。演算至夜深,题为童题"今有直积以平方开之,加三句再以平方开之,再加一股加一,再以平方开之,得数与句股较之半同,只知勾股和二十六,求句股各几何?”算理不深,演数颇繁难。

二十一日(3月21日)

早,子嘉来约,并有性初、彤阶昆仲。饭前往,小聚终日。晚饭后吟皆到,谈许久,子刻归。耀卿将《东华录》取去。

二十二日(3月22日)

午后,胡墨林来,施少农来,谈许久。少农约墨林晚饭,六弟、七弟均往陪。晚,与母作叶子戏。性初来招,言弼叔回津,在彼候谈。拟待两弟归再往,乃待之久而不至,子刻方归,已不能往矣。问其归迟之故,因待客,并北门有水,绕道进西门。

二十三日(3月23日)

早,施少农送来鱼翅、鸭子,以余昨日未赴约故。到弼叔处,遇吟皆,谈许久,欲在聚兴园早饭,伊正裱糊房间,无地方位置,遂各归。饭后,与母作叶子戏。性初来,因余昨未赴约,恐有别情,特来一看。日夕,到性初处,留晚饭。饭后,雨微作。菊垞令爱明早出殡,本日念经。弼叔来,剑青来,谈至子刻归。行过鼓楼,雨点忽大,抵家则住矣。

二十四日(3月24日)

早,为一叔写信。范孙在同兴园来招,即往,峻山与其同夥侯景口在焉。少坐,弼叔来,董口口来,忽然呕逆出而哇之,旋如常。饮毕，同范孙，弼叔，邓、侯二公游各书铺，居易堂、文德堂、逸云斋、文美斋、宝森堂、文学前旧书铺均到，在文美斋购《小种字林篆书对联》一本。同到聚兴园晚饭。请性初，未在家，候至二更仍未回。范孙诸人去后，与弼叔谈至亥刻归。到卫哥处，交其信一件。房山郭世兄来访，未遇。七弟考书院出场，已眠。生题"问一得三"三句，童题"问人于他邦"。

二十五日（3月25日）

早，郭以安世兄来，年已七十有一，精神尚佳，持宣纸五张，立待书就，即为书对联一、横竖幅各一、条幅四。午后，代性初书朱仙洲令尊寿诗屏一，集《诗经》句，剑青手笔也。刘渐逵来，谈许久。黄赞清来，稍谈。持诗屏往访性初，方出巷，适遇性初遣人来招。至则弼叔、娄秩五在焉。秩五约饮于庆兴馆，适李耀卿亦约饮于是，甚便。向性初索如意膏、回春丸，为侄孙女送去，昨晚卫哥所嘱者。即在卫哥门道待弼叔诸人至，同到庆兴馆，已无地可容，遂到裕兴园。遣人告知耀卿，客到齐时来此催请。少时来请两次，往则客并未到齐，只有李子久一人，并其七令弟，仍回裕兴园。终席后再到庆兴馆，则杨敬林、李少舫、陆君、王君在焉。稍待，李次斋来，仍同饮。饮毕，各客先散。性初来信，告余所在，与耀卿谈时许，然后往寻性初诸，许久始寻着。耀卿令弟交对联一付，转烦弼叔，即为书就，晾干持归，已子刻矣。是日，卫哥赴都。

二十六日（3月26日）

早，为心泉大哥写服满门对。大哥来。为杨骏卿写挂屏。

午后,与母作叶子戏。晚,为朱仙洲令尊作寿诗。是日,弼叔赴都。

二十七日(3月27日)

大侄女生日。午后,与母作叶子戏。暮时,卫哥由京回,送来对联一副、信一件,问在何处晤谈,答以在性初处。饭罢往,性初未在家,即到卫哥处。卫哥尚未晚饭,同卫哥到聚兴园,遇李桂轩、菊舫、协卿诸人,已饭毕将去,谈数语各去。卫哥独酌,余陪以茶。饭罢,仍回卫哥处。遣人问性初,尚未归,遂在卫哥处谈至子刻归。

二十八日(3月28日)

早,竹坪来,言昨日往谒张俭斋先生,鸾孙、训平两人附馆事并无成局。午后,写寿诗屏,交往仙洲处。性初来招,即往。见娄秩五致性初信,亦言鸾孙、训平附馆实无地可容。卫哥来,留晚饭。饭后,允叔自外来,乃知回家已数日矣。代允叔开菜单,初一请先生、廪保。稍谈,允叔去。剑青来,谈至子刻归。是日早,天后宫前火,晚,河东三官庙火。

二十九日(3月29日)

早,陈润生来,立谈数语去。午后,周伯贤来,谈许久。日夕,到性初处,留晚饭。饭后,卫哥来,立谈数语去,访王焕文,许久乃回。剑青又来,谈至子刻归。

三十日（3月30日）

早，到卫哥处，视训平疾，昨微感冒，恐有时气，卫哥本日赴京，嘱为一视，已经霍然。到聚兴园要菜，送香吟师。到东院，谈许久归。午后，子嘉来招，少迟往，性初亦来。留晚饭。谈至丑刻，与性初同归，携回《天盖楼文》一本。

三　月

初一日（3月31日）

早，陈朴斋来。到竹坪处，谈许久。访王桂生，为蔚青从刘云生看课事。到蓬仙弟处，嘱其怂恿菊舫亲事。菊舫断弦，现与仙波表舅长女议亲。闻训平疾已大愈。到性初处，谈许久。同性初往为香吟师祝生日，晤周梦贤及诸同人。留早饭。饭毕，同性初到东院，赴允叔之约。同饮者董晴轩、郑虞裳、陈秉璋、陈润生、刘芋田、田少甫叔。饮间，剑青始至。饮毕，子嘉来性初处候谈。同性初、剑青到性初处，并约秋叔祖来。谈至暮，桂生来访，告知蔚青看课先生已应允。兰洲来。均留晚饭。饭后，谈至子刻，忽东南火光烛天，少时警锣叠报，为石桥胡同边街不戒于火，归家后许久乃熄。

内子赴杨宅，长女未从往，实成儿从往，复归。性初馈青蛤十斤。

初二日（4月1日）

黎明，又闻警锣，至辰刻未已。起而询之，知失慎者非止一处,始而城隍庙街金家,继而河北大街。金家房一所,只剩大门,河北大街去表姊陈处颇近,四、五两弟均往视。陈朴斋来。午后,四、五两弟归,言河北共焚去四十馀家,陈少卿启盛钱铺与焉,家中幸未殃及。晡时,同四弟、五弟、六弟、七弟、信夫、鸾孙饮于聚兴园,六弟吊于俞三表兄,在彼晚饭,饭罢始来饮。遇张协卿昆仲、沈星垣昆仲、任性初。饮毕,同协卿到性初处谈。协卿先去,余留晚饭。饭后,谈至子刻归。

初三日(4月2日)

早,欲到卫哥处写帖,卫哥之女与李绍棠结亲,订于本日过帖,卫哥濒行嘱为一写也,适七弟由卫哥处归,言过帖改期,遂不往。午后,与母作叶子戏,晚亦然。作诗。实成儿又往杨宅。

初四日(4月3日)

早,大舅来,留早饭。午后,耀卿令七弟来,稍谈去。晡时,到朱仙洲处,为其尊人祝生日,晤润生,本日早车回津,寅皆,芰洲,卞治臣,耕岩及诸同人,留晚饭。饭后,与润生谈许久归。作诗。本日蓬仙弟来,言王菊舫亲事已成。

初五日(4月4日)

舒民弟来,烦作诗二首,其业师陈秉璋为父作寿,命学生诵诗以祝也。日夕,性初来招,言同娄秩五在文兴楼候饮,即往。遇张信臣、李兰生、小舫昆仲。饮毕,闲游久之,然后归。天极暖。

初六日(4月5日)

早,到性初处,稍谈。到耀卿处,留早饭。饭后,谈至暮,雷声隐隐,遂归。行至东门雨作,幸不大,冒雨归。内子携儿辈归。晚,雨大作,两阵皆不久。

初七日(4月6日)

早,铁桥前大火。午后,范孙来,谈时许。性初来招,言卫哥昨已归,约于本日午后在伊处晤面。写徐汉翁所烦手卷。暮时,到性初处,卫哥尚未到,稍谈。到东院,廉四叔祖招饮,同饮者杨藕舲先生、陈定九、周荫亭姻叔、曹宇春、王少莲昆仲、于则久、李桂轩、高朗先,共两席,余先随一席饮。饮毕,性初适来招,即到性初处,卫哥已到,谈至子刻归。知张协卿令尊逝世,欲往吊,实不克分身。为一叔写信,明早送杜记。

初八日(4月7日)

早,为黄絜民题小照五古二十四韵,前两日所作也。到卫哥处稍坐,同卫哥到性初处,约同性初往为芰洲令祖慈祝生日,性初以乘肩舆后往,余同卫哥先到,晤诸同人,少待,性初始到,留早饭。饭毕,性初留,余同卫哥辞出。归家,写对联、条幅各件至子刻,并未写完。鸾孙亦在寓。写李子青所烦代作其父母双庆寿诗。

初九日(4月8日)

早,代舒民弟作诗。性初昨日约定在聚兴园小酌,卫哥来谈及始恍然,不然忘矣。午前到性初处,卫哥已到,同到聚兴园饮,河豚鱼始上,食其白焉。饮毕,到性初处,稍坐,归。少歇,到陈朴斋处,与其令祖慈谈许久,并及王菊舫亲事。朴斋祖慈,仙波表舅之母,吾母之从母也。归,写条幅数事。晚,仍在聚兴园与卫哥、性初饮。饮毕,到性初处谈,遇李子明。卫哥去而复来。子刻散归。写便面、纨扇十馀事。终日天阴欲雨。

初十日(4月9日)

早起,令李明购莲子鱼,并昨日所购各物及行包等件,先送至火车,四弟、七弟同往,适卫哥遣王发来招,即与同往。余食点心毕,到卫哥处少坐,同卫哥到公厂稍谈,同到火车站登车,人不甚多。邵师竹来,谈许久。午初后开车,未正后抵马家铺。申祥来接,云家车无暇,适申三驱二车来接菊人昆仲,菊人昆仲未来,遂乘其车。抵寓,见一叔,呈上莲子鱼、野鸭、青果各物,为诸侄女分甘蔗、南荠,送支继师蔗橘、豆腐干、冰糖四包。日夕,实甫归。晚,见四伯母、七弟妇诸人,畅谈至子刻。

十一日(4月10日)

检点书籍、衣物,捎来家中先辈朱卷呈一叔。晚,雨,惜不甚大。发致杨筱坪信。

十二日(4月11日)

早,子寿叔来,持来弼叔说片,向一叔为文珊叔祖求援,命余怂恿。实甫约余到湖广馆,帮办丁酉团拜,卫哥与小泉在惠丰堂公请客,亦欲余往,遂同卫哥到仁昌金店,为友人打听捐功名事,又同卫哥到旧靴铺买靴，然后同到惠丰堂，客辞者甚多。赵芷青姻叔、王酌升表弟、王仁安、金少泉、哲臣到后，先坐一席。饮间，一叔、允叔到。饮毕，鞠人到，询知昨日到京。益斋到后，余同小泉到湖广馆，帮忙者亦香、瑞卿、弼叔、鸣西已到，实甫亦到，戏演福寿部，老师只徐颂老到，始识陈逵九鸿翼、文淑生锦。晡时，卫哥、哲臣、信安、幼樵、仁安、益孙先后来，观剧。信安有事，稍坐后去。剧甚佳。晚间，以车接亦香令郎韵颂来。散后，开发各项毕，一车不足，又借哲臣车归。天已明，一叔赴颐和园，已将登车矣。

十三日（4月12日）

早，和衣稍眠。起，谒继师，谈许久。访海帆，送其豆腐干一包。到鞠人处，为友梅贺喜，幼樵在焉。更衣毕，遣车回，即在鞠人处同幼樵早饭。饭后稍谈。同幼樵到亦香处，观弼叔为吟皆令堂书寿屏，并为之排款。哲臣亦来。瑞卿已移居后院，房借与亦香，正在兴工收拾。瑞卿闻余至，亦来谈。日夕，幼樵去，哲臣、亦香、弼叔赴德清之约，余步行归。抵寓，月色满庭矣。晚，益斋来。接芰孙信，知已由浙回津，并有致子丹信一件。

十四日（4月13日）

午后，同实甫到亦香处，弼叔、瑞卿均未在，谈许久。到有益堂，携闲书数种归。性安在寓，谈许久。晚，写家信交卫哥，一叔交寄王慰霖信，一总封内有致信安、益斋诸人信。

十五日（4月14日）

早，同实甫到正乙祠，赴仁昌金店之约，同乡尚均未到。去岁来迟,同乡均饮毕,今来又嫌其早矣。与不识人共早饭。饭罢,同乡始陆续来,聚于一处。剧演宝胜和,不见佳。晚饭毕,天尚未暮,乃归。酌升来,未晤。王荣于正月予假续娶,今来销假。卫哥回津。

十六日(4月15日)

早,马葑溪来,稍谈去。同实甫到湖广馆。本日江苏团拜,实甫同金小泉、王慕沂、曼云卿搭桌请韩子峤,并有卫哥,因已回津,列名而已。实甫又与小泉、慕沂公请丁酉太年伯任筱元先生,约余及弼叔、亦香、瑞卿陪之,故同往。半途始忆未携数珠,因便道到亦香处借,即算催请,稍坐即行。到湖广馆,则云卿已到,任筱元先生亦适到,因步履缓涩,不便登楼,将柬璧还。少时,慕沂亦来。陪客皆至,竟无可陪。小泉来,即到子峤处催请,并请其世兄,以年幼辞,遂将酒席为任筱元先生送去。适子峤本日亦在安徽馆请其房师,不能早到,大家先共食一便饭。饭毕,子峤到,匆匆即去,乃接亦香令郎韵颂来,鸣西亦来。剧演庆春部,外串甚多。晚,食子峤所剩残肴,观剧至丑刻。任筱元先生送丁酉团拜费六十金,即还闫厨十二日席价。归寓,又坐许久,饮水甚多,眠时天曙矣。交小泉家信一件带津。

十七日(4月16日)

早,哲臣来,谈许久。午后,随一叔到松筠庵请客,滕玉堂、林西垣两年伯,胡云楣师,赵仲莹、彭向青两同年,吴颖芝,陈闱生庭淦,一叔河南门生,新捐到户部者,饮甚畅。辞者任筱元、白幼芸、苏器之。暮时归。

十八日（4月17日）

收拾笔墨等件。晚，见一叔。接津信，知姑母于二十日随卫哥来京。

十九日（4月18日）

早，同实甫访王益孙，适本日同梯云回津。晤仁安，谈许久归。到万顺，托购纺绸作车上风衣。接庶常馆知会，催作课卷题，前已送过。“中外祸福赋”，以“遐迩一体，中外祸福”为韵，“笙磬同音”，得“音”字，五言八韵。即为少云、芰孙两同年写信，即发。

二十日（4月19日）

为换戴凉帽之期。晡时，二姑母同卫哥到寓。本日家车无暇，遣人往接，又遇鞠人之车接鞠人，未来，乘其车归，何其巧也。与姑母谈。磨墨。阅卫哥携来家信，知实成出疹。

二十一日（4月20日）

早，万顺遣人送来皮箱四个，留其三个，七弟妇嘱为代购者。午后，同实甫吊于祁敬沂，遇鄂田。又到熙小舫前辈处，贺其哲嗣合卺之喜，遇王少农年伯。归，益斋在焉。谈间，海帆来，益斋亦见之，谈许久去。写白折两开，自是日始。接芰孙信，言家事纷扰，不能作课，倩余代作。晚，同卫哥作赋。

二十二日(4月21日)

早,写字。遣人往购馆卷。午后,马葑溪来,携来辫绳等物,六弟索要者。子丹携字来,益斋亦携字来,谈许久。南鲜行送来少云馆课卷一本,写作已毕,甚佳。恽剑青来,谈许久。二十日与卫哥同车来京,解饷差也。晚,仍同卫哥作赋。

二十三日(4月22日)

早,赋脱稿,卫哥代书,余同实甫作诗,写白折。晡时,馆卷书毕,遣人并少云一本送署。读《崇百药斋文集》,集为阳湖陆祁孙名继辂先生著。接少云信,并诗、赋稿,恐卷到迟也。

二十四日(4月23日)

早,写字。卫哥赴国子监团拜之局于福隆堂。午后,同实甫到有益堂访峻山,峻山由津归后又赴涿州,昨始回也。谈许久。余自己到乔寓,均未在。已行,闻有人呼余,视之,衣冠齐楚者,瑞卿也。适为东邻作媒归,形甚疲惫。仍辞而行。到荣宝斋,代一叔购出使星轺满路光笔二枝,周虎臣之笔,自购新篁一柄。仍到有益堂,遣车往接卫哥于戏馆。余同实甫访王益孙,询问姑丈事。缘十六日益孙令尊奎章遣人持名片请姑丈,不知何事,十九日访伊即为此事,适益孙回津,知伊今日回京,故又访及也。晤谈,知为代荐育婴堂事,并与仁安谈许久。再到有益堂,卫哥已来,一叔因在寓无聊亦来。又谈许久,蒋亦璞前辈至。暮时归。晚,代一叔为姑丈写信劝驾。夜读陆集。日间鞠人来,未晤。

二十五日(4月24日)

早,写字。同卫哥到幼樵处,晤七赞亭世兄。观幼樵字,甚佳。问玉田,已赴乔宅约。同幼樵到乔宅,亦香有微恙,弼叔亦才起。遣人请哲臣来,同赴致美斋饮,亦香在家待玉田作主人,昨与卫哥约定者也。饮毕,玉田自去,诸人仍到亦香处聚谈。余小憩时许,剑青来,益斋亦来。暮归。湄洲自山东来,前因怀来馆有成,以电报招之,今始来也。尹太史铭绶简放山东学政,曾来请教一叔,因湄洲适在山东而所谋迄无成也,则荐之幕中,伊慨然应允,并询其住址甚详,不料到任后竟置之度外。湄洲待至伊出棚后始来信,急去电报促之来,若非电报,尚不知何时能到,恐怀来之馆又成画饼也。已为酌升去字,酌升复言明日来。晚,与湄洲谈。读陆集。接芰孙信。

二十六日(4月25日)

早,写字。高一山来,谈许久。待酌升,终日不至,不知何故。与湄洲谈。读陆集。峻山来。

二十七日(4月26日)

早,写字。午后,读陆集。湄洲出门,归,与之谈。代一叔为酌升写信,约明早饮于龙源楼。

二十八日(4月27日)

早,写字。同湄洲、鸣西、卫哥到龙源楼,遣车回接一叔。实甫、酌升已先到,因无人,到金店小坐,请之来。少时一叔、实甫来,同饮。饮毕,雇一车,湄洲、鸣西先归。余同实甫到万顺,购烟、荷包、腿带各一,家中来信索要者。又托其购珠,七弟妇嘱购者。同到天利和,见允叔、陈润生,谈许久。又写新篁二、对联二、横幅一。又同到有益堂,一叔同卫哥才去。少坐,润生来,谈许久。润生同实甫到宏德堂,购东洋书三种归。同润生、实甫到亦香处,只瑞卿在寓,伊本日验看才回,谈片刻归。刘博翁致一叔信催筱坪,益斋亦持来博翁一信,与致一叔信同辞。即为筱坪写信,问其许久不来回信之故,催其即行来信,并三哥家信,并交车夫,令其明日清早送交杜记。读陆集。接大哥信。

二十九日(4月28日)

早,写字。任栋臣寅来,一叔及余均见之。伊与湄洲有旧,去年曾来,遇一次,今兹又来,不知湄洲之在此也。适有代庄纫青寄信之柳公来拜,实甫在客屋坐,因将栋臣请至北书房,恰见湄舟,出其不意,喜可知矣。午后,访彭向青,不遇。代卫哥拜单伯宣世兄。到哲臣处,谈许久。答拜余寿年同年,不遇。到少泉处,视其疾,谈许久。访子峤,谈许久。到沙土园蒲圻馆,答拜栋臣,并代一叔投刺。到亦香处,亦香、弼叔、瑞卿均在,剑青亦移居于此,谈许久。为张协卿写一信,亦香交卫哥转烦冯伯岩太史条幅一。暮归。写家信,并六、七弟所要各物,均交卫哥带。卫哥近日回津往往由署出城,随三次车行,不复回寓,故烦今日交付也。读陆集。

四　月

初一日（4月29日）

早，写字。马葑溪来，携来珠数颗，酌留两颗。午后，同实甫到伯茀处，小坐归。遣何清代湄洲购对联送缪石逸，购得描龙凤者，未界粉格。晡时，石逸来访湄洲，并访余，谈许久。拟初三四与湄洲一同起身，并烦一叔书纨扇二柄。晚，读陆集。为峻山写条，代湄洲购外褂。为酌升写信，代湄洲唤家人。遣何清明早去，并持昨购之对令其界粉格。接少云信。

初二日（4月30日）

早，同鸣西浴于头条胡同，归途购糊帚二。高泽畬遣人送来海蟹各物。写字。峻山令弟送来外褂，嫌其太好，退回，令其再寻旧者，明早送来。酌升荐与湄舟之仆周逵来谒。午后，韩伯鹏来，谈许久。余吾山来，姑母自昨日颊肿，昏睡不思饮食，故请其诊视也。读陆集。石逸为湄洲送来关聘，即将扇对交来人捎回。

初三日（5月1日）

早，写字。王鉴士来，谈许久。峻山令弟又送来外褂，留待商酌。周逵向湄洲支银过多，湄舟无以应之，遂辞去。代湄洲为酌升写信。午后，代湄洲找笔、墨、纸、书等件，一叔又找出癸巳雨淋缩短之实地纱外褂一件赠之，不再买矣。卫哥来信，并捎来海蟹五十只，嘱代为分送姜宝轩、松际云各数只，即为分出，令车夫送去，姜十六只，松十二只。晡时，峻山来，留其小饮，即将所退外褂交伊捎回，交其令弟。晚，伯茀来。读陆集。石逸来信，约定明早遣车来载湄洲。是日，仍请余吾山为姑母诊视。自此日始，每日点《续古文辞类纂》。

初四日(5月2日)

黎明，湄洲即起收拾，余亦起。车来后，酌升又遣来一仆李福，湄洲欲留之，据云尚须回家收拾，午后才能随往，恐石逸不能待，仍为酌升写信辞之，饬人代湄洲装车送其行。写字。哲臣来，留早饭。饭间，泽畬来，少坐即去，有龙源之约也。饭后，实甫赴署，哲臣到亦香处，余回看伯鹏于其家，晤子丹、幼樵，一山、仁安在焉，谈许久。同幼樵到亦香处，晤吉庭、瑞卿、剑青、弼叔、哲臣。吉庭初二来京，初三上妙峰山，今早始回也。少坐，信安亦来，少泉亦来，实甫由署来，幼樵去而复来，泽畬亦来。弼叔交余筱坪信一件，语气似答余信而上款乃写弼叔，可怪也。吉庭明日谆欲回津，大家今晚在聚宝公请，余与实甫竟以隔城不与，怏怏而归。抵寓，益斋在焉。问筱坪事，即以信与之。接家信，知六弟患喉症已愈，小孩辈多传染，皆愈。迁葬已定于十九日迁祖坟，二十七日迁配坟。姑母疾已愈。陆集又读毕。

初五日(5月3日)

早，写字。晡时，卫哥自津来。是日，弼叔同吉庭、剑青回津。接筱坪信。

初六日(5月4日)

早，卫哥赴署。写家信，并大哥信。实甫亦赴署。同鸣西捎带卫哥回津包袱、雨伞到龙源楼,赴有益堂之约。至则峻山、闱川在焉。遣车回接一叔。少间,实甫、卫哥先后来,交卫哥包袱、雨伞并家信、糊帚二,即待一叔来共饮。饮毕,卫哥出永定门,一叔往拜客,遣车夫将大哥信送大德通。同实甫、鸣西、峻山、闱川步行往有益堂,峻山忽然里急如厕,余同诸人先到有益堂,天极热,解衣盘礴。酌升来,数语去,约其明日到寓谈。峻山归,谈至将暮,三人步游琉璃厂,至西门乘车归。

初七日(5月5日)

早,写字。午后,辛蔚如世叔来,谈许久。晡时,酌升来,与谈铁卿舅谋保案事,留其晚饭。饭后微雨数点。

初八日(5月6日)

写字。午后,欲出门,以车夫未在家,不果。益斋来,谈许久,留晚饭,饭后又谈许久。二更后天渐阴,夜雨。

初九日(5月7日)

雨终日,惜不甚大。晚,晴,天极凉。在实甫屋看显微镜。是日,写字三开。

初十日(5月8日)

早,写字。晚,罗顺代求书条幅六扇,书一叔单款。

十一日(5月9日)

早,写字。午后,答拜辛蔚如世叔,未遇。访向青,谈许久,铁卿舅谋保案事颇有头绪。答拜冯仲梓年伯,未遇。到哲臣处,未遇。到鞠人处,遇路春浓,信安在焉。更衣,试其笔墨,写字四行,鞠人赠我笔二枝。与鞠人、信安约到亦香处见,知杜翰臣在亦香寓小住;亦香亦同弼叔赴津,均未归;献夫本日到京。余先到荣宝斋,代一叔购白折,自购比格。到亦香寓,见翰臣,仁安在焉。询献夫,云行李已到,人尚未来约,又赴酒家饮耳。少坐,鞠人、信安方偕春浓来。又请幼樵来。谈许久归。

十二日(5月10日)

早,写字。为铁大舅写信,并家信。为崇文书院出题。午后,到万顺,托其将信送杜记,并托购狗皮膏药二贴,费鲁卿所要者。到三里河,找上届考差所用卷袋、卷夹等件,李五未在店,自己找出。到蒋家胡同,润生、泽畲均未在。到有益堂稍坐。到亦香处,亦香、弼叔已由津来,并有杜翰臣令弟少芳同来,献夫、翰臣亦在家,谈许久,食点心。哲臣来。日夕,仍回有益堂,一叔适到,又谈许久。携峻山同归,途遇王瑞卿,引见才归。晚,与峻山谈。

十三日(5月11日)

早,写字。午后,辛蔚如来,谈许久。遣何清为鞠人送书,考差日分带者。益斋来信索书,答以送鞠人处。天阴有风,小雨时作,晚,晴。

十四日(5月12日)

早,写字。午后,收拾考具。卫哥自津来。携来家信,知铁舅在河南逝世，黯然者久之。晚饭后息偃在床，久不成眠，时与卫哥、实甫、鸣西谈，俟大家均眠后然后眠，已到每日眠时矣。

十五日（5月13日）

寅正起，食点心毕，即初登车，车夫恐天晚请由西长安入，从之。至中左门，晤诸同人，又待许久始点名。首题"'克明峻德'皆自明也"，次题"君子以除戎器，戒不虞"，诗题"篆刻鄙曹沈"，得"文"字，不得题解，场中只知是苏诗。申刻完卷，待同乡诸人均完卷然后出。弼叔、实弟、鸣西、亦香、哲臣均来接，并有信安令郎聪彝、用民、亦香令郎韵颂。子丹无车，实甫约伊出西长安门同车到寓，余同诸人出东华门，盖家车一在长安门，一在东华门也。抵寓，子丹已早到。鸣西先行，及知子丹同行，再赶东华，已知不及，遂步归。晚饭后与子丹谈文，诗稿呈之一叔。

十六日（5月14日）

早，子丹先起。查苏诗，知为《监试呈诸试官》诗，注云："曹，曹植；沈，沈约，言当时文体不正，竟尚篆刻，如曹、沈者，皆鄙之也。"子丹去后，到支继师处，谈许久，遇豫锡之年伯师。归，弼叔在焉。留早饭。饭后，弼叔先去。酌升来。余同实甫到亦香寓，哲臣在焉。少迟，德清又来，谈至暮。哲臣处送莱菔丝饼，大家共食，又持数枚归。接芰孙信，并有致哲臣、子丹各一信，即交门房，使有便带去。知芰孙断弦。

十七日（5月15日）

黎明起，食点心毕，赴马家铺，何贵从焉。至则初次车已将开，何贵急买票来，坐未定，即行。车中人不少，强半赴保定者。有张姓一人，自称张傻子，言丁酉年其于觉叔车夫宋六口角挥拳事及伊为允叔治病事甚悉；又有宁河李星舫，廪生，与酌升至好，本京人；阎雪樵赴津闲游；蓟州贾人二，频问孟曼卿，彼此交谈甚畅。巳正抵津，乘洋车到家，见母亲，诸母子侄辈传染时疫者均愈。五弟、六弟均在家，四弟赴莹地，七弟有事出门，稍待归。性初来招，期以午后。饭后，到芰孙处，值修道经，谈许久。晤敬臣及其姊丈刘镜仁。到性初处，已出门，约在聚盛成晤面。见雅南、子元、秋叔祖、芰香诸人，稍谈。访筱坪，未遇。晤订斋，知康侯断弦。见香吟师，谈至暮。出东门时，已上灯，见市肆皆燃羊油烛，无用煤油者，知为屡有火灾故。行半里许，则见一片瓦砾场，伤心惨目。行至估衣街山西馆前，始复见街市景象。至聚盛成，十五叔、芰香、子明在焉。与十五叔笔谈。许久，性初始至。叔良、菊孙、省臣、秋叔祖先后至。饮毕，归，又见性初说片，余出门后送来，招余往饮者。四弟已归，又谈许久始眠。送鲁青狗皮膏药、鸣西家信，均于日间送毕。

十八日（5月16日）

早，卫哥来，稍谈。同到竹坪处祝其寿，晤鸾孙、霨青诸人。鸾孙抱恙数日，今已痊愈。留早饭。饭后，归家小憩。晡时，酌升自京来。接一叔信，系为芰孙寄课题，因不知芰孙住址，故为余寄来。与酌升谈。卫哥约晚间来，待之久而不至。漆匠袁送来漆十五斤、土子面等，告以漆恐不足，明日再带五斤来。是日，四弟宿于新茔。

十九日(5月17日)

黎明起,阴阳先生王、漆匠袁均来。食点心毕,同酌升、五弟、王先生、袁匠乘两车行于南门外,代酌升市楮箔。辰初抵杨家楼新茔,两椁三棺均无损坏。安葬毕,四弟亦同归。抵家才过午,饭罢小憩。酌升往访其本家,余到性初处,已出门,晤丹林诸人,子明、芰香、荫孙在焉。芰孙约饮于聚盛成,同雅南、子元、荫孙先往。余与子明谈,晤菊垞。暮时,同子明到聚盛成,芰香诸人已先到。少待,兰洲至。饮毕,归,酌升已先归。杨子若送来王仁安信一件,托带京;姜少云遣人来问何时回京,均余出门后事。遣人为芰孙送课题,并约其来谈,芰孙随来,谈至子刻。是日,接菊人信,知引见在二十三日至二十六日。

二十日(5月18日)

早起,酌升体微不适,留其静养一二日,与余同行,执不可,拟坐头等客位,取其清净。卫哥亦于是日赴都,余到卫哥处,告以二十二日早车北上。谈许久,同到性初处。稍谈,卫哥去,余在性初处谈终日。暮时,遣人请筱坪来共晚饭。饭后,剑青来,言欲于明日赴都,留待二十二日与余同行,剑青允诺,稍谈去。余与筱坪、性初谈至子刻归。知芰孙又来,为酌升送行,并送鲜果二包。又芰孙说片二,约余明日在家候伊一谈。

二十一日(5月19日)

早,到芰孙处,伊尚酣眠,呼之起,谈许久归。饭后,姜少云同年来,谈许久。携来四月馆课卷一本,烦带京送署。晡时,到性初处，秋叔祖交信一件、说条一纸，嘱带京交弼叔。仍请筱坪来。留晚饭。饭后，遣人请剑青，未在寓。谈至子初归。收拾包袱。

二十二日(5月20日)

黎明起，六弟送余到火车站，值东浮桥放船，待时许乃过。至则火车执役者告余，以现有加车一次，较初次车早开四刻，可以早到，且无庸买票，该价入伊等私囊，可以较省。频怂恿之。信其言，遂登加车。六弟去后，剑青、泽畬亦来登加车。卯正即行，人不甚多，行亦极速。不料行近丰台，执役人等众口一词，谓洋人未随京车南下，恐其清查，请下车，为伊等弥缝作弊之迹，乃人与龙元一枚。下车步行，不谓去丰台车站甚远，许久始至。疲甚，觅茶室少歇。茶室人知余等之乘加车至也，告余曰，洋人并不清查，伊辈恐此处执役者分其钱，弄狡狯耳。乃哑然相视而笑，三人之被绐也。买头等车票三，俟津车来附以行。抵马家铺，申祥驱车来接，云卫哥在有益堂待，遂与剑青同车行。泽畬以道不同去。乘气车，北风大作，尘沙扑面。至有益堂，询卫哥，云已归。送剑青至亦香寓，亦香赴署，弼叔已同卫哥到寓待余，遂归寓。已饭毕，重作具，与一叔、弼叔、卫哥谈。武吟舟年伯令郎伯时在寓，余初见不识，询之弼叔始知之。实甫赴署，晡时弼叔去，实甫始归。接湄洲信，内有致芰孙信。晚饭后，鞠人在益斋寓遣车来讶，即往。与鞠人、益斋昆仲谈许久，仍乘益斋车归。

二十三日(5月21日)

寅刻起，待鞠人同赴颐和园引见。卯刻至，晤诸同年。辰正排班，共十牌，牌七人，余在九排之首，陆申甫、阎鹤泉两同年未到。引见于仁寿殿。毕，仍与鞠人同行至海甸，觅茶室小憩，杨少泉同年在焉。约同小食。流连时许，午初抵寓。饭后，同实甫随一叔赴湖广馆，直隶团拜也。卫哥早贺于同署戚彦成朝勋，顺便同润生先到。剧演四喜部。日夕，同实甫随一叔先归，卫哥留观夜剧。抵寓后，遣一车出城伺卫哥，丑刻始归，又谈许久。

二十四日（5月22日）

早，武伯时来辞行。一叔、实甫均赴署。王吟皆来，与卫哥同见之，谈许久。饭后，杨戢武遣人由火车送来鲥鱼一尾。同卫哥到有益堂小坐，又同到亦香处，与亦香、瑞卿、弼叔谈，信安亦至。哲臣至，少时即去。日夕，同卫哥步归，至瞻云坊，李二驱车来接。晚，食鲥鱼，甚美。

二十五日（5月23日）

早，同卫哥贺松际云同年嫁女之喜，留早饭。遇卫哥同署富诗航兴阿、刘宾南老伯东美。晡时，家车来接，归，同卫哥收拾衣箱。

二十六日（5月24日）

早，卫哥赴署。哲臣来，谈许久。写家信，并湄洲致芰孙信作一函。饭后，卫哥归，侍从姑周回津，家信交卫哥，嘱其便道到万顺取昨日实甫代购肥皂，并带津。晚，查阅考差人名单，实到者共二百六十五人。

二十七日(5月25日)

早,代一叔起信稿,照料收拾考具,明日大考差也。午后,苏拉来报一叔调户部右侍郎之喜,商量起折稿。户部司官蔡鹭卿源深,丁卯年少,壬午同年来,一时司官来画稿者甚多。报喜人又来,一叔遂不考差,拟二十九日趁户部值日谢恩。晡时,余同实甫到酌升处,视其疾。自酌升回京至今,余始得暇往视也。已愈,并问实甫回避例,谈许久归,顺便到松筠,与学真谈片刻。

二十八日(5月26日)

早,代一叔为王懿臣世兄德懋写信,伯祖母生日设祭。午后,刘佛卿同年世叔来。一叔赴颐和园。余同实甫赴安徽馆,壬午在楼上团拜,余与实甫以同年兄弟来作客也。代一叔辞帖,代卫哥交团费。晤值年陈孟符同年、陈润甫前辈并各同年。饮毕,实甫到楼下赴丁卯之约,余与鞠人、益斋、杨渭春谈许久。剧演福寿部,不见佳。晡时,同实甫到亦香寓,谈许久,信安、吟皆在焉。暮归,接卫哥信,嘱代黄杏樵表叔购花衣。

二十九日(5月27日)

早,遣人为松际云送卫哥所留之信。同实甫出前门,实甫往大德通,余到万顺。托马葑溪寻来花衣二件,一四十五两,一三十三两,主意不定,葑溪又寻来二十九两者,只一件。实甫来,与之商议,先为卫哥去一信问之,即在万顺写就送去。购腰带一,托万顺购香皂三合。同实甫到亦香寓,益斋、吟皆在焉。即同到安徽馆。本日为梦局第一集并公饯瑞卿也。腹馁甚,先食汤饼。同人陆续到，瑞卿、少泉、润生、亦香、吟皆、益斋、子丹、赵子青世叔、哲臣、仁安、梯云、益孙、信安、鞠人、献夫、幼樵、实甫，一叔由圆明园回寓，适酌升到寓，亦偕之来，及余共二十一人。饮毕各散。余与弼叔访徐梧生，不遇。到亦香寓，吟皆、仁安在焉。实甫亦在此候。余稍谈归。遇胡荣轩表弟于顺治门外，下车立谈数语。始为一叔贺喜。晚，代一叔为王奎章写信。

五　月

初一日（5月28日）

早，鞠人来，持来银十两，恐余度节之无资也。谈许久。午后，润生来，交米票一纸，嘱转交益斋。亦香来，王慕沂来，李椒园来，凌东甫年伯来，各索余白折去。雨微作，有雷。峻山来，留宿焉。

初二日（5月29日）

早，哲臣来，子丹来，谈许久。沈金门来，留早饭。大雷雨。同一叔查点户部公事。晡时，益斋来，谈许久。润生来，票交益斋。晚，雨又作，皆不久。

日间，国子监送来初一日卫哥应分照字十八个，共银八十一两，内扣谢恩银四钱，计票八十两，现银六钱，代收，将票交前铺上折。

初三日（5月30日）

早，代实甫写节敬签并大片。午后，信安来，谈许久。通仓送来一叔俸米叁拾叁石叁斗,银折米九石九斗九升,内有江米数斗,留家,其白米仍存广源米店。同王荣到广源眼同过秤,净米四千八百零三斤。归寓,打发脚力并酒钱。哲臣送来点心一盘。晚,代一叔写信两封。

初四日(5月31日)

早,吟皆来,马葑溪来。饭间,许石菴来。午后,弼叔来,幼樵来。酌升来,筱泉来。峻山来,借钱三千去,去许久复来。日夕,同实甫为陆凤石年伯祝寿,观剧,小饮时许归。接家信,知六弟于初一日赴景州。晚,食一品锅,阎厨送所者。

初五日(6月1日)

早,到胡云师、支继师两处叩节。归,开赏,在家过节。早晚皆饮酒,微醉。

初六日(6月2日)

为卫哥写信,即发。宝瑞臣来,谈许久。

初七日(6月3日)

阅卷数本。午后,随一叔到荣宝斋购扇,又到有益堂,谈许久,又到沙土园晤弼叔、幼樵、吟皆、王兰石及山东赵录续、尹祚蘦,知亦香回津。日夕,归,接卫哥信、王竹林淮贤信。

初八日(6月4日)

阅数卷本。午后,峻山来,王瑞卿来,谈许久,留峻山晚饭。

亥刻，酌升由崇文山太夫子处来，与峻山皆留宿焉。天明始眠。

初九日（6月5日）

早，酌升、峻山先后去。陈养锋年伯来，以一叔、实甫皆赴署，故见余，交丁卯直年账目款项等件，共一匣。谈许久。仁安来，已饭毕，余待一叔、实甫归，始共饭。饭后，襄臣表兄来，与襄臣、仁安谈许久。同一叔检点丁卯账匣。代实甫抄《诗》四家义，自此日始。

初十日（6月6日）

午后，与实甫同车出。余到松筠菴，赴于海帆同年之约，实甫往琉璃厂。同饮者范仲芬、韩耀衢、吴少茨、吴颖芝，金桂亭、曹耕笙两同年。饮毕，谈许久。观海帆、桂亭所作各诗。待实甫来，然后辞出，到和尚方丈稍坐。同实甫到辛蔚如屋，谈许久，仍同车归。途遇酌升，下车谈数语。本日卫哥竟未来京，知火车停轮果真。晚，为松际云写信，为卫哥明日不能到署，托伊照拂，令车夫明早送国子监。

十一日（6月7日）

穆掌柜来。天阴极，时有雨点，晚又晴。

十二日（6月8日）

早，报喜人来报，一叔放福建正考官，吴郁生为副。益斋来，龙光斋人来，封门。哲臣来。饭后，韩子峤来。写谢恩折。允叔来,酌升来。一叔赴颐和园。峻山来,留宿焉,谈至鸡鸣始眠。

十三日(6月9日)

早,信安来。接徐汉澄姻叔信。马葑溪、张吉臣同来,小泉来,金门来,熙小舫前辈来,石麟来,穆掌柜来。卫哥自津乘车来,捎来家信一件,丸药一合。以火车仍未开行,故乘车。每两津蚨二十千,与润生、亦香结伴,十一起身,今始到。峻山仍留早饭。饭后,弼叔来,谈许久。答王竹林信。同实甫到前门购参及袍褂、纱袖等,有万顺马葑溪同往。又同实甫到聚兴信局,送回辅仁课卷,未看完,因事忙不能再看,故寄回,并辞馆也。王竹林信并交。又同到亦香寓。行至西河沿,遇酌升,附车行数武,知王渭霖来京,住天元店,现有微恙。见亦香、幼樵,弼叔已归。吟皆至,云明日回津。瑞卿自外来。谈至暮归。晚,遣人为益斋送去膏药,日间弼叔留下者,系亦香自津捎来。写家信。本日书未得抄。

十四日(6月10日)

早,幼樵、亦香同来,润生来。卫哥同润生往访松际云,便道往聚宝堂,一叔出门亦便道往聚宝堂。益斋来,辛蔚如来,梁巨川来。同益斋、实甫到聚宝堂。少待,诸人陆续到。哲臣,润生,允、弼两叔为客,一叔及余弟兄三人、幼樵、竹林、益斋、小泉、亦香、献夫、杨少泉、武德清为主人。客尚有瑞卿,以有事未到;主人尚有吟皆、鞠人,吟皆回津,鞠人赴定兴,均未到。饮毕,随一叔到龙光斋,令其刻印封条、印名片。到成兴、秀文、荣宝、清秘各处购对扇,荣宝价昂未购,馀三处各购数十分。到亦香处稍坐归。永昇轿铺来，与之商订。接湄洲信。王少农年伯送席一桌，晚饭食之。书又未得抄。发家信。

十五日（6月11日）

早，陈义亭表叔来，烦取信安小结一张。张吉臣来。午后，代一叔写施小峰年伯寿诗屏。李星垣来。沈金门在同和堂，来招余弟兄三人，卫哥赴署，待之久未归，遂同实甫往。同饮者尚有冯翰叔。饮毕，同实甫到熙小舫前辈处，谈〈许〉久归。自此日后总未抄书。

十六日（6月12日）

早，哲臣来，杨德生来，以义和团滋事，甚惊慌，稍谈去。

十七日（6月13日）

早，万顺送荷包、小刀、油布、牢固卷来。写赏对。午后，仍写赏对。苏雨亭来，未见。

十八日（6月14日）

早，长福送来九件一盒。弼叔来，酌升来。顺治门内教堂被焚，城闭不能出，卫哥出门亦不能归。留弼叔、酌升早饭。饭后，弼叔去，卫哥始偕峻山来，言行至茶食胡同口，遇义和团，乃回亦香处早饭，至是始由前门归。晡时，酌升去。接王竹林信，言不来京矣。将暮，缪铁山三哥来，由通州选考毕，返涿州训导任。谈许久，城门早闭，不得归，遂留宿焉。晚，在院中为一叔抄策题，闻炮声隆隆，火光熊熊，人声鼎沸。与铁山谈终夜。

十九日(6月15日)

黎明,铁山去。知沈金门已避乱南行。谣言四起。益斋来,辛蔚如来,马葑溪来。梁巨川同年送来赏对二百副。有洋人与义和团交战,顺治门又闭。益斋去,蔚如去而后返。一叔出门,至午由前门归。留蔚如、葑溪早饭。饭后,抄策题。暮时,襄臣表兄来,留宿焉。晚,与卫哥共作家信一封。

二十日(6月16日)

早,龙文穆来,将家信交伊,托其代送。襄臣之表弟李献廷自通州来,谈许久。午后,大栅栏药房被灾,延烧甚多。到支继师处,谈许久。晚归,火始熄。计自大栅栏起,南至施家胡同,北至东西荷包巷,东至人街,西至观音寺,共灾去数千家,前门外楼亦灾,可谓非常奇灾也。襄臣去。晚,抄策题毕。

二十一日(6月17日)

早,高福出门取扇对,车被官兵攫去。日夕始放归。午后,峻山偕其同人侯先生来。代一叔装箱,至暮始毕。峻山留宿。又与卫哥同作家信。

二十二日(6月19日)

早,刘升来,言王渭霖同年以天元居被灾,移居试馆,于昨晚病故,闻之骇然。早知其抱恙,未得往视,前二日伊遣人送川椒、香串等物,以为已愈也,不料,竟溘然而逝。当禀知一叔,一叔赙十金。梯云来送行。午刻,轿马始齐,送一叔行。饭后,同卫哥到弼叔处，知亦香同苏雨翁家眷回津，幼樵放湖南副考官，冯伯岩恩崑为正。同弼叔、卫哥到幼樵处，遇伯岩，稍谈。三人同车赴试馆，途遇子丹，亦欲同行，余即与子丹同车。至虎坊桥，遇官兵，折回，由小巷出。到馆，渭霖之令叔、令侄均在焉。交其赙银十两。忽见试馆西墙上有洞，问之刘升，云子光不令自门出，不觉讶然。大家商议仍令自门出。卫哥往润生处。殓毕，雨大作，到润生处接卫哥归。峻山仍留宿。雨终夜。写家信一封。

二十三日（6月19日）

早，峻山去时，家信交伊，烦代送。午后，酌升来信，托为梁巨川同年揽幼樵赏对。各处颇有焚烧者。酌升又来信，托荐仆人陈禄于幼樵，辞之。

二十四日（6月20日）

早，信安来，谈许久，知梯云回津。刘升来，知李星垣亦回津。午后，酌升来，谈许久。长安街教民与义和拳大战，死伤甚多。卫哥、实甫出门，携回卫哥家信，知天津城内教堂皆被烧，古娄〔鼓楼〕东者延烧数家，馀皆未延烧。酌升频频来信，约同避乱，商之许久，主意不决，余终持不行之说。写家信，令七弟询问由京回津者，路上平安否。

二十五日（6月21日）

早，到鞠人处，谈许久。到幼樵处，弼叔在焉。谈许久。同弼叔到亦香寓，晤献夫、益斋。益斋早移出城，现居亦香寓。益斋交说片一纸，送伊寓中。留早饭。饭后，信安来，与瑞卿谈，仍回幼樵处。晤哲臣。孝顺胡同被灾,辞归。适张全持实甫说片来,言陈石麟来寓,谈及陈润甫前辈家眷行至河西务,以杨村有洋兵合战,又折回,欲余询一确信,无如不知其住址,遂归。接一叔自涿州来信,由马夫带来。知襄臣表兄遇害于官署,酌升来托办后事,匆匆去。单牌楼南延烧甚众。道路皇皇,每有攫车者,街上铺家皆不卖物,实无从办起。遣人请峻山来,与之商议,峻山留宿焉。彻夜枪炮声不绝。卫哥又接家信,知天津洋人、义和团在河东大战,房舍均烧,居民逃遁,城内尚属安静。

二十六日(6月22日)

早,峻山去,随遣其同事侯来商襄臣事。东交民巷、西什库枪炮声不绝。

二十七日(6月23日)

早,酌升来。到有益堂访峻山,询以襄臣事,据云良不易办。到弼叔处,晤刘年伯、益斋、欣莲、献夫,留早饭,谈许久。到孙仙实处,托为襄臣收骨事,仙实慨然应允,始知襄臣在东便门外渡口遇害。谈许久归。来去皆张全随行。抵寓,酌升犹未去,畅谈,留宿焉。仍有枪炮声。

二十八日(6月24日)

早,接家信,知大沽炮台失守,罗军门退至天津。即写一信,交送信人带回。午后,同酌升访孙仙实,未晤。酌升自去,余到弼叔处,弼叔往为润生祝寿,未在寓。与刘年伯、益斋昆仲、献夫谈许久,刘年伯欲回津,以道路梗塞中止。日夕,归。来去皆李二随行,归途并有益斋家人同行。仍有枪炮声。新厨辞去。

二十九日(6月25日)

早,为孙仙实写信,令张全送去,取回信,及归仅持一片来,言所嘱事不能办,有人阻梗也。五内焦灼,然亦无法可施。晚,写家信,附卫哥函中。三更后忽枪炮大作,三刻之久,天明始眠。忽闻实甫唤人,云有偷儿,更夫陈庆共索之,杳然。

三十日(6月26日)

遣张全送信。阅《粤雅堂丛书》竞日。阅裕制军奏稿。枪炮彻夜。

六　月

初一日(6月27日)

寿伯茀来,谈许久。沈宅车夫来,知金门赴津行至杨村,以道阻折回,现住通州。何贵赴长安街,遇一枪子从耳边擦过,险哉。接家信,知天津尚未大乱,只每日必须坐夜防火;李信夫妹丈因絜村姻伯在张家湾,久未见信,信局捎信,不能到张家湾,嘱余由京为去一信,催其为家中寄信。晚,写信,并李姻伯信。阅《字解》,《粤雅堂丛书》之一。天明始眠,夜间仍有枪炮声。

初二日(6月28日)

遣张全送信。俞希甫来借车,阎厨来,均值实甫出门。晡时，实甫由琉璃厂沙土园归，言琉璃厂已见枪子。晚，街上有人呼唤，令各家烧香点灯，贴红纸条，不准睡。并云有煤油送与义和团备用。彻夜有枪炮声，天明始眠。极凉多风，肃杀之气逼人，时令不正。

初三日（6月29日）

伯祖忌日。龙侄女生日。韩子峤因其家眷留滞北仓，欲由北仓赴杨柳青，即往德州。为益斋写信，问路程若干，路上安静否。信后注如益斋不在寓，即令送信人持信来与实甫一商。代实甫写回信，并告以益斋现暂移居城外，金筱泉尚在京未归。晚，雨大作，雷声与枪炮声相应答。子刻雷雨不作，枪炮声亦止。阅《今世说》，《粤雅堂丛书》之一。

初四日（6月30日）

任栋臣来。何贵与陈庆口角。义和团首事各铺家持簿来捐，助米贰斛。午后，同实甫到伯茀处稍谈。来请，云酌升在寓，同实甫归。酌升因襄臣事甚着急，借车往访友人，至暮始归，宿于寓，作终夜谈。枪炮声寂然。本日幼樵起程。

初五日（7月1日）

黎明，为酌升备衣冠。微雨。酌升往访友并高曦亭，饭前归。午后，酌升回其寓，寻回，又乘车谒崇文山太夫子，暮归，仍宿于寓。丑刻始眠。是夜无枪炮声。

初六日(7月2日)

早，阅《京报》，知刘博翁拜往天津联络义和团之命。接家信，即于卫哥回信附注数语，交送信人捎回。沈宅厨役来，言才由通州回京，路上尚安静。亦香、苏雨翁二十二日由水路回津。梯云二十三日，由水路回津。星垣二十四日由旱路回津。前为七弟去信，令其访诸人详询路上情形，回信云诸人并未到津。本日信始言与亦香晤面，并有星垣说片一纸，知诸人三十日始抵家，稍觉放心。梯云虽未往访，然亦可知其必到矣。如传闻所云，道路梗塞之故，实可骇惧，此余所以力主不动之说也。酌升本日仍宿于寓，谈至天明，时有微雨，偶闻一二枪声，无定所。

初七日(7月3日)

曙时，雨大作，至巳刻少止。午后，时有雨，皆不大。晚，枪炮声大作，且甚近，似在长安街一带，许久始止。酌升仍留宿。丑刻眠，雨又作。

初八日(7月4日)

早，卫哥接家信，知天津尚平安。午后，伯茀来。卫哥同实甫、酌升出城，以顺治门闭，又回。与伯茀谈许久。酌升仍留宿。时有枪炮声。

初九日(7月5日)

卫哥同实甫、酌升出城，携去家信一件。实甫由大德通为余汇津银二十两。晡时，卫哥、实甫归，云到弼叔等处。任栋臣来，卫哥、实甫见之,谈许久。晚,大雷,雨只数点。黎明,闻枪炮声。本日始食西瓜。

初十日(7月6日)

早,同鸣西浴于头条胡同。午后,遣人请峻山,未来。申祥之子由其家来。晚,街上又有呼唤声。将曙,又有炮声。

十一日(7月7日)

午后,遣人请峻山来,留宿于寓,作终夜淡。仍有枪炮声。

十二日(7月8日)

峻山在寓谈。实甫出门,访其同署蒋梅生,少顷即回。峻山仍留宿。晚,与峻山小饮。枪炮声一阵。写家信附卫哥信中,卫哥有意回津。

十三日(7月9日)

早,同卫哥到沙土园晤弼叔、益斋。见秋叔祖信,知初十日天津紫竹林交战,城内炮子如飞蝗蔽天,经练军拿获日本人十一名、大炮三个,始少止。同卫哥在弼叔处早饭。饭间,少泉至。饭后,卫哥自往访润生。德清至,稍谈。德清偕少泉去。卫哥回,言润生欲明日回津,与之结伴。少间,允叔、筱泉偕来。知黄思永交刑部是实。又请信安来,谈许久。信未封,又写数语,令张全送往信局,然后同卫哥进城。卫哥往访松际云,余步归,待许久,卫哥始归。晚,卫哥收拾衣物。街上传呼各家挂红灯,时有枪炮声，无定所。天气极热，较前数日时令为正。

十四日（7月10日）

早，实甫送卫哥出城。酌升来信，索去所存银两。知襄臣骨早为其署中客李松生（廷栋）乘夜窃得，被裹送之其家，余见孙仙实时已经办毕。负酌升托，余心甚疚，得此少减余愆。伯茀来，观我朵颐。饭后，伯茀去，遗扇一柄，少顷，遣人取去。阅《京报》，知合肥调北洋。接家信，内有姚阶平信，知伊已由山西回津。训平信是初九所写，七弟信是初五所写。晡时，实甫归，言在峻山、弼叔、孙中堂因被乱军抢掠，移居安徽馆。各处坐谈，故归迟。并言卫哥以车未雇妥，未行，尚留润生处，嘱有家信即为送去。遣陈庆为卫哥送家信，至暮始归。晚，仍挂红灯，并用红布写“义和团之神位”张之门首，皆坛上所传，不敢不遵也。极热，挥汗如雨。

十五日（7月11日）

早，遣李二到支继师处，询问出京否。回云，并未出京，并令有暇前往一谈。前酌升路遇一车，上有黄旗书“翰林院支”字样，疑有出京之举，屡欲遣人一问，总未得暇，今始知前是借车与人，恐被攫去，故插旗也。阅《京报》，知李蠡莼年伯昭炜以浙江寄籍故，与裴润珊前辈维侒对调。午后，实甫出门。天热小憩，不能成眠。晚，街上有呼唤声，不知何事。枪炮未作声。

十六日（7月12日）

早，接家信，十三日所发，知七弟得子，四弟由杨村回家。训平信,言天津鼓楼南城楼各署均被洋人用炮打缺。并云天成韩宅有致死者,焚去四合房六所,意甚仓皇,欲行逃避。七弟信甚安闲,镇定耶?恐余悬系耶?不得而知,唯见家信知家人均尚无恙,即足慰耳。信内有一叔信一件,系在景州见六弟,令其寄津转递者。路上甚平安,仍嘱不可迁移。午后,街坊傅梦岩兰泰来,与实甫商捐资练勇保护闾阎事。天极热,日夕,风大作。晚,雨数点。自日间即有枪炮声,夜间枪炮声似在左近。

十七日(7月13日)

早,阅《京报》,知十三日聂士成阵亡,考试改在明年,春乡秋会,所放考试各官,均着同京供职。午后,实甫往子峤处,并到弼叔处。雨数点,点甚大。日夕,实甫归,携来弼叔家信,知大沽口及东局均已恢复,天成韩宅死却小孩二个,芑洲受伤甚重,幸未致死。炮弹几于无家不有。危哉!晚,微雨,不久即止。自晡时至夜间,枪炮声不断。

十八日(7月14日)

早,雨一大阵。聚兴杜记报房来取家信,信系十六日接信后所写,原为送信人顺便带回,乃伊不耐久等,先往他处送信,至今日始来取酒资、取信。因迟日已多,在信后面又赘数语,然后交伊。弼叔来,伯茀来,皆饭罢,观我朵颐,谈至申刻。翁德云文安、霸州团民来,入西什库教堂,用绳缚人,洋人枪炮皆不响,未知确否。到支师处,张全随行,有丹徒人朱君在座,谈至暮归。晚,无枪炮声,天气凉爽。

十九日（7月15日）

卯刻，弼叔来，持来十八日未经登报上谕："现在各部院衙门当差人员纷纷告假，殊属不成事体，着各该堂官查明。如未经告假，私行出京人员，着即行革职。其已经递呈告假者，将来到署销假，着将各该员前资注销，以示惩儆。钦此。"嘱设法为同乡出京者斡旋。立谈数语，即赴署告。书庵来，益斋来。到松际云处，烦为国子监五人设法。到陆凤石年伯处，烦为哲臣设法，谢不能。归，益斋尚未去，允叔在焉。均留早饭。益斋写信，遣人到枚岑处为翰苑诸君设法。

午后，允叔往拜客，余同益斋、鸣西出城，城内外人多于鲫。知本日白莲教数十人出决，前经团民所获者。到沙土园晤弼叔，知已专差为鞠人去信，并专差到津。致范孙、亦香信，令其就近知会统计各署出京者，鞠人在定兴，哲臣赴保定，仁安赴霸州，馀皆回津。共二十四人，孟玉双与焉。为卫哥写信，遣人送去，回言专差人已行，只可俟之明日同寻常信并发。杨少泉至，商议为哲臣专差去信。石麟至，谈许久。请信安两次不来。筱泉至，云欲赴署，少顷折回，言顺治门不能入，正值出决者出也。鸣西由有益堂已归。车已驾，竟不能行，待之时许，街上看热闹者言白莲教已驱至菜市口，然后归。

抵寓，知钟秋岩钟峻事。秋岩为前河督，曾任长芦运司，成子中先生孚之公子，觉罗也，素好洋玩物。前日其灶媪二人，以细故口角，秋岩斥其一，而留其一。被斥者挟嫌，往义和团坛出首其主人家多洋物，致起团民之疑，以为奉西教也，频往秋岩处窥伺，幸经何清诸人到坛，力白其诬，事始解。厅官欲拿该媪治以诬告之罪,则已远飏矣。女子小人之难养如此,可畏哉!然主虽谋反,不许奴仆告发,律有明文,彼敢于为此者,亦可谓不知死矣。晚,无枪炮声,雨数点。

二十日(7月16日)

早,雨一大阵,后渐疏。伯茀冒雨来谈,已饭罢。饭时,请其入坐,以便倾谈。饭后,信安由署来,知立山交刑部是实。言传闻天津已失守,裕制军退至保定。未知确否,心甚悬系,然亦无可如何。伯茀先去,与信安谈至日夕。天晴,信安出城,便道访白琨圃,为李星垣、王益孙告假事。余昨日本欲往访琨圃,因有鸣西同行,且城门时不令入,趁便急行,不敢流连也。晚,无枪炮声,极凉爽。本日接缪铁珊信。即复。

二十一日(7月17日)

早,访书庵不遇。沈金门来借车,并实甫袍褂,昨日由通回津也。饭前金门送来说片,言闻天津失守,两宫有意西迁,并云车尚须用时许。饭后,实甫出门。遣李二为李蠡纯年伯德配年伯母送奠分,并令其到弼叔处询问接家信否。龙文穆来。署中来知会,二十三日早八点钟,在平则门北沟沿祖家街正黄旗官学接见掌院。李二归,言遇实甫于有益堂,弼叔处未见家信,所遣专差行至杨村不能前进,即折回。只知天津北门已插俄国旗。少顷,实甫归,持来大哥信,云到沙土园见弼叔,允叔亦在焉。并见信安,知信安有意送眷出都暂避。知洋人入天津城,并不杀害,家与白旗一,悬之门首,每日家索洋一角。然则家属可保无虞矣。知李润生已来回信，十六日平安抵里。卫哥濒行，言到家即为来信，既与润生同行，乃润生信到，卫哥信竟未到，不知何故。沈金门来，知其家眷皆回京。钟秋岩来，谈许久去。留金门晚饭，饭后即行。傅梦岩来，访实甫。晚，为大哥写信，并家信一件，交何清明日送。无枪炮声。

二十二日（7月18日）

早，书庵来，稍谈去。支继师来信，询问天津消息，并鞠人事。即复。何清由大德通回，言伊处无便寄山东信，天津信局亦不收，两信均转回。饭后，伯茀来，约定明日同车往见掌院。实甫出门。山东信仍令何清顺便送提塘。伯茀以家有客至，去，送之出门。即到书庵处，视其新居，谈极久。将行，适实甫由城外归来，促余归。见实甫，知洋人入天津城，系以教民扮作义和团，赚城而入。城外同乡亦均未接家信，此系得之传闻。并云失城后，洋兵直逼，我军屡退，十九日已退至杨村，适山东袁中丞世凯所派登州镇总兵夏辛酉统兵到津，知之，急遣兵抄其后路，前军望见，即复回攻，两路夹击，洋兵大乱，斩获数千，转败为胜，厥功甚伟。又持来本日上谕一道，意在保护使臣、教士，勒拿杀害洋人凶手，令顺天府、直督查明损失物产，及统兵大员相机剿办焚杀劫掠良民之土匪乱民，语多不能备录。傅梦岩来，在院中坐，余初见之，谈许久，留晚饭。饭后，送梦岩出，持谕旨同实甫、鸣西又到书庵处与看，谈许久，食西瓜，归。风雷大作，雨数点。连环枪声频作，均在北边，时远时近。收拾衣帽。

二十三日(7月19日)

卯刻,鞠人来,知伊前日到京,因有十八日后不准请假之说,急欲见枚岑、仲鲁为诸庶常设法,遂先行。余少待,请伯茀来,同车行。过云台寺,见义和团高搭凉棚,庆祝马祖,规模极为宏敞。又遇义和团一队,约百馀,皆幂首,束腰胫以红洋布,身穿黄衣,两肩小红圆,各书一"喜"字,胸前后两大红圆,右书某地名,中书某老师,左书"弟子"二字;从对面来,其胸后有字否不可知。余目短视,闻伯茀在车中频频念诵,所谓老师者,无非桓侯、子龙诸公,直书其名,且多小说所载,并无其人者。手皆执有枪刀,间有一二持洋铁所作洋号者,约是队长。车皆避道,不敢当其冲。过毕,然后行。西北一带人家,不皆悬义和团之神位,铺家皆开门作买卖如平时,与南城内外迥异。车夫张全不识路,伯茀约略辨识,乃迤逦行来,总不见到。询之,始知已逾祖家街而北,折回始到。遥见车马阗溢,各家门首皆有妇女出现,盖彼处从未见太史公如此之多也。

下车,遇仲莹同年。入官学,见鞠人,知支继师已到,随进见。晤海帆,知伊前只请感冒假,并未出京,前所闻皆传言之讹。与献夫、子丹石麟最后至,以本日始见知会也。并诸同年同人谈。凡素识者见余,皆来问天津消息,稍谈数语,则识与不识,皆来前倾听。同鞠人见枚岑、仲鲁与谈诸庶常请假事。知阎鹤泉同年未在京,仲鲁欲为请假,苦于无结,余适带有酌升印结,即与一张。知恽薇孙有信,责清秘堂诸君失规矩,盖讲读学士如各部院衙门之副堂然,向无接见掌院礼。此次知会并学士亦传接见,故薇孙不悦。诸君无可置辩,以本系请来陪坐,书吏误书接见,弥缝之。

待至午刻，徐荫师始到，甫入听事，大家一拥而人，争先画到。看光景，未在京者未尝不可代画，荫师向来认真，恐未能如此含糊了事。在院中静待，少时李勤传语，须待崑中堂到，分班进见。须臾，崑师至，乃按次点名。掌院堂上南面坐，前设长案一，学士东西面坐，侍读以下檐下立，亦有一二在堂中旁坐者。案旁吏一人，呼讲读曰某官某大人，馀曰某官某老爷，则进至案前，案置册，向掌院各一揖，于己名下书“到”字，乃退。吏执册，请掌院用朱笔点名上，然后以次传呼。既退者，纷纷更衣去。

余以待伯茀在院中，与黄石荪曾源、文伯英斌闲谈。石荪谈拳民作法事甚悉，有不满之意。忽枪炮声大作，觉甚近，据云是西什库。未刻，仍与伯茀同车归。于沟沿见瓦砾场两处，是洋房被拆者。又天主教人房两处未拆，以砖砌其门。又遇拳民一人，装束如来时所见者，胸前圆光书“济小塘老师弟子”，手无兵，肩有包，似欲远行状。又遇车一，中坐似官而以拳民骖乘。抵寓，祀马王，实甫、鸣西已饭毕，余与伯茀重作具。食毕，畅谈。在官学献夫传弼叔语，令余觅一妥人伴黄顺回津，探听确耗。令何清觅得任姓一人，即为弼叔写信，并余家信、鸣西信交伊，令其出城。雨一阵。伯茀去。晚，雨频作，皆不久，偶有枪声。

二十四日（7月20日）

早，任姓持信回，言昨因回家收拾，天晚未能出城，今早前往，人已起身不用伊矣。实甫往灵寿寺，该坛团民以帖请往助善，不能不去也。弼叔来，言黄顺与武柱卿家人结伴回津，内阁人员先不查点，以禁城内多人麇至，似有未便也。实甫言，天津洋人系由西南城角以地雷轰城而入,初入,不免杀人,将令下乃止。亦是得之传闻者。留弼叔早饭。饭后,谈许久。热甚。饭间,伯茀来,谈许久。夜,偶有枪声。是日,接大哥信,十五所发,知初三日一叔至淇河,大哥往接见面。

二十五日(7月21日)

早,书庵来,言昨日到署,又出决白莲教数十名。闻德国出使大臣吕镜宇年伯海寰来电,云德君甚怒,发兵八千,克日直趋北京,意甚仓皇,力劝慰之。访松际云,已赴署。到支继师处,谈许久。有客自怀来来,为继师侄婿户部缪君带信,为请假事。客四川人,姓何,号幼卿,其尊人为庄王奏调来京办军务道员也。继师入内写回信,余与何君谈许久,具言怀来拳民及道路上见人辄查、见公文信件辄拆看事甚详。归,已过午。酌升来信,告知天津情形,与传闻同,并问得家信否。即复。

饭后,沈金门来信。即复。支继师来信,因早间谈及同乡袁励准庶常,呼名不到,以大宛多寄籍,乡谊不笃,无人代为告假故,适又见清秘堂黄石荪言及之。石荪意在保全一功名,故来问名,并索结,即将酌升印结填名并写数语,交来人赍回。

日夕,张玉叔来访实甫,以牙牌卜吉凶[①]。告知回避掣签,分刑部;亦言吕镜宇来电,与书庵所言同,并有为城下之盟等语。极热。晚,无枪炮声。

① 原稿本页天头处记有:"牙牌数,中下,上下,上上。若履虎尾,转忧成喜。不入虎穴,焉得虎子。一纸文书火急催,奉行负役迅如雷。雄然目下多惊恐,保尔平安去复回。先急后安,料亦无妨。"

二十六日（7月22日）

早，接卫哥信，二十所发。云十六日到津，城闭不得入。十七日进城，未到余院，径回家，家人已全往胜芳，城内枪炮弹直落，又出城，在河北避一日。十八日，闻洋人入城，即往追家眷船，幸而追及。五弟妇吓死舟中，权厝杨柳青义地。信应由胜芳发，内云系香河巡役专送，不知何故。大致为署中请假事，嘱为留他日回任地步。发信时，尚未见各署清查人员上谕也。午后，石麟来，酌升来，请伯蒓来谈。允叔来信，问接津信否，即复。晡时，石麟去。伯蒓、酌升留晚饭。饭后，天阴有雷，伯蒓去，酌升留宿焉。雷雨大作，院中水深没胫。实甫、鸣西乘雨住时赤足为水嬉。少时，雨又作。与酌升作终夜谈，天明始眠。无多枪声。是日，热极，雨后稍清爽。

二十七日（7月23日）

早，雨一大阵。与酌升谈。午后，弼叔来，言昨王仁安由霸州来京，本日又回霸州。于途次遇天津逃人甚夥。并见户部街、东大街两院人，知洋人入城后闭城一日，以土匪为向导，向各富户索银，满其欲始去，否则放火烧房。王奎章、吉润泉皆被烧，延及户部街院。其院人于洋人入城时已逃，只乐农六哥一人看家，房烧乃不得不逃矣。洋人所抢皆极富户及各当铺，其次皆未扰及，东街源昌当亦未动。余家陋巷，可谓极贫，约可无虑矣。惟回回则无论贫富皆不扰，以彼教人无入义和团者也。西方居人颇有自称回回以求免者。见人身有红色者必杀，白旗不能全与，须以食物易之。津中妇女向好着红，冤死者不知几许矣。仁安并见李崧生与其戚信,云合肥相国于十九日到津,住吴楚公所,以节署已成瓦砾场也。谈至晡时去。晚饭后,伯茀来,傅梦岩来,谈及本日为拳民荡平西什库之期,摆金刚阵,惟洋人有万女旌一具,以女人阴毛编成,在楼上执以指麾,则义和团神皆远避不能附体,是以不能取胜,未知确否?申三所荐司更与执杂役扈三来试工,人甚朴诚。酌升仍留宿。枪声大作,由北来,时远时近,彻夜不绝。

二十八日(7月24日)

早,酌升家人来,言有拳民到其寓巡查。张全患霍乱症,酌升出城,实甫设法急救张全。老何诸人连请三医,一王姓,一石九龄,一胡姓,有用针者,药方所见略同,皆不谬,服胡医药后颇见好。松际云同年来信,言国子监无信查点人数,卫哥事先不忙,并问天津消息,即复。张全忽又见重,实甫颇以樟脑酒灌之,毫不见效。晚,雨数点,有枪声,十二钟后张全溘逝。张全年二十五岁,直隶武邑县人,与车夫申祥、李二等同乡,且有亲谊,本年正月间因患盗,经申祥荐来,令其支更与执杂役。年虽少而极老成,办事妥慎耐劳。一叔出都,申祥随往,李二又摄厨事,偶尔出门,令其执鞭,亦能控纵如法,可称良仆,乃昨晚犹为余煮卵,十二时间竟登鬼录,何其暴也。遭遇乱世,如此死法,诚佳。但闻其上有祖母、双亲,下有幼妇,殊难为情。余三月到京,与处不过百馀日,犹耿耿于怀,况其家人之生离即成死别者乎?

二十九日(7月25日)

早,申三来,实甫出资令其为张全购棺木,价十二金,并招阴阳为之书殃榜，余为详书材盖及前和，与鸣西共赏当十钱二十四千，寓中诸男女仆各有赙分。敛毕，由车门抬出，瘗于永定门外。沈金门来，留其早饭，以有事饭晚，伊不能待，未食而去。午后，鸣西接家信，知伊家皆逃至杨柳青。送信人言天津城内已无人家，余家不知何如，殊深悬念。家贫不能预为避地计，致老亲遭此惊皇，真罪人也。书庵来，谈许久，以家有人坐候，欲去，余留之，因请其人来。其人为裕子善元，曾为四川大令，现寓吴公街，六十矣。谈许久。客去，书庵留晚饭。饭后，稍谈去。晚，枪声大作。与实甫商量遣人往接姑丈、姑母事。

七　月

初一日（7月26日）

早，支继师遣人来问天津消息，答以尚未见家信。午后，实甫往沙土园，令翁福捎去送郑厚斋元奎润笔十六金，因前未有现银，银票不通行，故迟至今，已来催数次也。辛蔚如世叔来，谈五月二十八日吏部验看毕，出前门几被甘军手刃事甚悉。验看大臣陈桂生少宰学棻车夫被戕，骡马、顶帽均被抢去未还，仅以身免。同验看者被戕二人，系由前门行向顺治门，为拳民所杀。谈许久去。见其以武卫军一人为骖乘，可谓惊弓之鸟也。

实甫归，言黄顺尚未回。哲臣昨来京一次，已回保定。昨弼叔接其由蔡村寄来信，为杨村道路不通，重返蔡村，绕道前行，恐不放心，先来一信。持来益斋家信，嘱其家照拂姑丈者。伯苇来，留晚饭。饭间，书庵来，持来卤大头菜两枚相赠，谈许久。晚，遣徐振新觅者,亦申祥乡人赴杨柳青,为姑丈送信,并接来京,余写家信附寄。枪声甚夥。

初二日(7月27日)

早,表姊丈郦君自津来,言二十八日伊尚进城,城内焚掠不堪,伊家早已逃在王家口庄。洋人初入城,诚未扰民,其逃者闻其不扰,稍稍归。归后乃大肆掳掠,无论男女皆掳往紫竹林,勒令入教,剪去发辫,为之执役。又云关门者伊即不入,前后语不相顾,闻之令人心悸欲死。然其人素好过言,亦未敢深信,然心不能不摇摇如悬旌也。又云弼叔院房已被占,凡回回皆不动,故西方居近回回者虽儒教人,亦皆获免。又云杨柳青、独流已见洋人。又云洋人在城内埋地雷,我兵在城架大炮,将来恐不免轰击。然家中不知如何,音信不通,实无法可设,不觉食不下咽。午后,实甫出门访钟秋岩,伊来信云有事商也。余终日心神不定,在院中踱来踱去。晚,无枪声,极凉爽。

初三日(7月28日)

早,天阴,雨数点。国子监门斗来,请卫哥出题,代出"欲辟土地"至"四夷也","安得壮士挽天河"。午后,实甫出门访各街邻,商办小锣会事。李二上街,闻得许竹筼少宰景澄、袁奉常昶不知何故弃市,令人可骇。晡时,实甫归,接甲戌世兄弟魏君鸿儒信,云由京赴通被盗劫,衣物尽失,遣老仆来告助。晚,在院中静坐,无聊之极,西北有声呜呜然,不知何物。枪声一一间作。极凉爽。屡占牙牌数兆,皆不恶。夜间鸣西忽呼余醒,言患霍乱。问之,则曰心中难受,并不腹痛,手足微冷,并不转筋,是因张全患此症而有疑心也。自己用钱将身乱刮,呵之始止。天下岂有自己能刮之霍乱,可笑之至。

初四日(7月29日)

早,读朱谕:“吏部左侍郎许景澄、太常寺卿袁昶屡次被人奏参,声名恶劣,平日办理洋务,各存私心,每遇召见时,任意妄奏,莠言乱政,且语多离间,有不忍言者,实属大不敬。若不严行惩办,何以整肃群僚。许景澄、袁昶均着即行正法,以昭炯戒。钦此。”伯茀来,马葑溪来。稍谈去。

午后,弼叔来,言黄顺等昨日已回。黄顺行至杨村,为官兵赶回,即住在蔡村,未尝前进。只柱卿家人杨升一人进城,被城门口洋兵缚两时许。询系送信人,并问信送何处,有人押往,见送信是实,乃去。伊只见蘋五叔祖,取得回信,并告伊城内皆安堵。伊到柱卿处,亦无恙。献夫家眷在杨柳青,伊恐不妥,为送至唐官屯。惟未到余家,终不能不悬悬。又言允叔遣侯起赴杨柳青,未至,被官兵拿去磨面,三日始逃出,钱物尽行留下,并未到青镇,徒手而回,放声大哭。魏仆来,实甫送其二金,赏其仆四千。潘问楼年伯来,谈许久。伯仁四侄即吉利由胜芳来,言伊院内眷十六日登舟,是晚卫哥到家,伊等男子尚未走,十七日乃同行,且往返取物两次,是以无暇到余家也。全眷二十馀人,携老媪五人,只一船,价百馀千。到胜芳租房五间,每月百馀千。自二十后,卫哥连为余来信三次,只接一次,馀尚未到。并言卫哥云,有人于二十后在西头见吾母率少妇数人在街行走,未云见男人否,恐系传言之讹。吾母向有定见,城失不逃,岂以后为逃乎?况所谓有人者,并非至戚,何以识吾母?不待辩也。然闻之究不能不动心。接一叔信,十七日自清江浦发。张玉叔来访实甫。书庵来,已饭毕,观我朵颐焉。晚,在院中与伯仁侄谈天津事,伊亦只知失城以前事而已。枪声一一间作。扈辰来帮忙上工。为扈三族人,与申祥等皆同乡。

初五日(7月30日)

早,弼叔遣人送来卫哥信,系附亦香专差便来者。立索回信,即详书一信,并为亦香写一说片,附弼叔函寄至胜芳。又为镜孙写一说片,告知伯鹏在山东平安,前曾来省亲,行至泊头,道阻复回,现偕乔玉生往依徐友梅,一叔信中言及,命转达也。即交来人顺便带去。少时,又接卫哥信,内有四哥、大侄信,系先发而后到者,内言闻周伯贤云余家避难邵宅,并无伤损,未知确否。午后,实甫出门,嘱其便道到弼叔处询问,各信尚未发,可将又接廿九日所发之信添注信内。日夕,实甫归,言弼叔处专差尚未行,信已添注。峻山来,宿于寓,谈至黎明始眠。无枪炮声。

初六日(7月31日)

早,伯茀来。午后,鞠人来,同鞠人到支继师处,谈许久。鞠人往拜客,约在弼叔处见余。到沙土园,弼叔未在寓,益斋将出门,立谈数语即去。余与献夫谈许久,待鞠人不至,遂归。叔母生日,设祭。峻山仍留宿,谈至黎明。无枪炮声。

初七日(8月1日)

早,允叔来。少时,益斋来。二人本同车,益斋便道到高熙亭前辈处,故迟到也。均留早饭。饭后,松际云同年来信,言卫哥等缺，刻已派署，日久恐候补者说话，不能不开缺，催其来京。允叔云有便赴胜芳，即为卫哥写信，交允叔顺便寄往。益斋往访其同道赓侍御良，允叔坐待，谈至晡时，益斋回，仍同车行。送之出，遇傅梦岩于门首。魏玺亭世兄鸿儒来访实甫告助，实甫以寓无馀地，不能为伊下榻，许为陆凤石年伯写信，令其往托宇下。与伯仁侄谈算。峻山仍留宿，作终夜谈。雨数点，无枪炮声。

先是义和团各坛传出七月七日，家家不许动火，方能免灾。内眷恪遵坛令，本日竟寒食，饮凉水一日。余与实甫诸人依然火食，真不堪教诲矣。闻城内外不举火之家甚多，然坛令尚有以红布幂首烧香之说，不知有遵行者否。

初八日（8月2日）

早，实甫到衙门。侯景岳来，峻山之同事也，烦余写扇一柄，即为书就持去。魏玺廷世兄来，余见之，稍谈，即代实甫为陆凤翁写信，信未写毕，而实甫归。伯茀来。留魏世兄早饭。伯茀已饭罢，未入座。午后，魏世兄持信去。梦岩来，谈许久，言及义和团威令已不行，街上童谣云："大师兄，大师兄，你拿表，我拿钟；师兄师兄快下体，我抢麦子你抢米。"民虽愚，不能久为所惑，可见左道之不足恃也。陆凤翁遣人来，云家眷虽已出都，寓中尚有人住，无地可容。魏世兄与伯仁侄谈算。峻山仍留宿，作终夜谈。无枪声。

初九日（8月3日）

午后，雨数点。遣人为峻山取烟土烟灰，并取《益智图》《红楼梦补》各一部。晚，徐振归，言到杨柳青，见姑丈、姑母，均平安。携来信件,并益斋家信,余信则留在杨柳青,待便寄去。伊未到城,令人怅然。因与何贵商议,令其到津一探,伊云十二日起行,因郦表姊丈濒行时言,初十后仍来,许为余捎家信,故稍待之,如得家信,即可不往。非伊托故,实为余正在窘乡,不欲余耗资也。峻山仍留宿,作终夜谈。枪炮声又作。

初十日(8月4日)

早,为松际云同年去信,托其再为弥缝一次,十四日卫哥不到,再请假开缺。实甫赴署见堂官。接一叔信,前月二十三日由清江浦发者,较前三信加详,已闻天津失守,尚未知乡试改期。午后,峻山在院煮洋药。弼叔来,谈许久,请其为诸位叔祖写信,求照顾余院。益斋家信交弼叔带去。晚,雨大作,不久即止。峻山仍留宿,作终夜谈。无枪炮声。

十一日(8月5日)

早,弼叔烦有益堂人送来卫哥信,苏润翁带来者。知润翁昨日到京。信言专差回信已收到,实不能来京。有遣人到津接余家眷亦赴胜芳主张,恐作不到,眷口众多,不名一钱,焉能远行?果能之,不待今日矣。我辈寒士,只有一家,家存与存,家亡与亡;家不毁,何必逃,家毁,逃亦无生理,余所以力主不动之说也。润翁遣人来招余及实甫,云有话谈,在己寓相待。蒋槑生户部棻来访实甫,适值早饭,留之,以既饭辞,请其入座,以便倾谈,余因见之。雨数点。午后,同实甫到润翁小中府寓,知润翁已经开缺,前资皆注销,二十年功夫一旦仓皇出走,竟成画饼,惜哉!润翁交卫哥致实甫信、四哥与伯仁侄信共一纸,卫哥要衣物单一纸。谈许久,出前门。两月未出前门,城内外被火焚烧,一片瓦砾,触目伤心。城门只官军看守,不似顺治门之多义和团人也。到弼叔处,未在寓,允叔在焉。献夫亦出门。益斋将出门,车已驾,见余又留谈少时。弼叔归,言适到信安处,信安家眷已赴定兴,伊收拾馀物移居鞠人寓,为省经费,非逃难也。弼叔交余家信一,又交李星垣报丁艰履历一纸,知伊初一日丁兼祧母忧。余请写者,允叔亦写数语,开缄附入。益斋出门,余与实甫又谈许久。将行,觅小衫不得,想为益斋误着矣。归,峻山已去。伯茀来,已饭罢,谈许久。何贵欲附润翁车便赴津。晚,写家信,并致秋吟叔祖、范孙信,又为卫哥写信,黎明始眠。无枪炮声。

十二日(8月6日)

早,将天津信作一总函,伯仁上其父禀附卫哥信中,外实甫寄四哥银三两总交何贵,并与何贵川费银四两,令其到沙土园见润翁,车能容,即随往,不能容时,寄胜芳银信交润翁,馀皆持回,润翁由沙土园起身也。午后,润翁遣人来请实甫,即往,日夕归,言何贵已随润翁去。乔亦香到京,又捎来卫哥信,仍为署中事,并言专差赴津数日,尚无回音,本欲自己回津,以近日又复交兵,道路阻险,不果。陈珍抚表兄现回津,俟其到胜,当有确言。又云五妹于二十后病故,未知确否。外有致松际云同年一信,语近乞怜,不得体,与实甫商酌,以不送为妙。晚,街上有锣声,甚急。枪声时作,无定所。

十三日(8月7日)

早,到沙土园晤亦香、弼叔、益斋、献夫诸人,允叔、芋田在焉。知芋田亦昨日到京。稍谈,允叔、芋田偕往鞠人寓,余留早饭。饭后,与亦香谈许久,知李星垣丁艰后到胜芳,忽然病故,毋庸报丁艰矣。亦香赴署。访耀卿。允叔又偕芋田回,询及小衫,据云益斋并未误着,只馀无主者一件,已于昨日交实甫跟人携回,疑十一日出门误着峻山者,到有益堂问之,峻山云衣是昨实甫来已互易矣。与峻山稍谈,仍回沙土园,李蓉舫在焉。馆丁刘升来,言杨兰坡到京,适在余寓与实甫谈。同芋田访松际云,谈许久,知兰坡亦来访伊,以出门未得见。与谈卫哥事,据云告假开缺必须咨部,现在部例甚严,凡五月以后告假者概将前资注销,将来销假,以新到署论,即已升官者,仍以当年原官初到署论。本署堂官以司业周荣阶克宽尚不知去向,上行下效,势所必然,不欲为已甚之事,所以凡实缺者,皆按堂期不到,怠于趋公,记过一次,派人署理例办。缘如此,则不用咨部,将来收缺,本署堂官即能作主。卫哥等能来而不走固妙,否则不必忙来,盖来而后走,又须派署,岂不多费周折。过堂一节,堂官不愿举行,但恐各署皆然,本署亦不得不然。然商订日期,当月者颇能参议,必能留出地步,遣人招伊等来京。尤妙者,请咨投军,过堂时即注出差,已有托隆武成案可循。然必须与领兵大员熟识,无论真在军中与否,但请其出一回文,言某人现在营当差,将来回京时,再与一咨文送回,方与公事说得下去。各候补人员,只准备过堂一节,他无可虑。与芋田同车归寓。

实甫因接酌升信,言胜芳已失,欲到城外打听消息,已同兰坡出城。书庵在焉。为卫哥写信,寻出所要衣物、眼镜,包好随送芋田车,便交亦香带往胜芳。亦香有明日回胜芳之说,并令鸣西随往,恐空车回来有人攫也。与书庵在院中谈。日夕,实甫归，言在沙土园小坐，谈及兰坡逃往青县，屡回天津，知义和团大头目有被官军杀死者，有被洋人将手足钉在城门来往人皆批其颊三日始死者。留书庵晚饭。饭罢，天阴欲雨，书庵去。晚，枪声一阵，似在东交民巷。

十四日（8月8日）

早，书庵来，同实甫到署过堂。益斋由署来，云署中知会有事会议，及到署又以合肥已放全权大臣，寝议。稍谈，实甫归，言书庵回寓。留益斋早饭。饭后，余同益斋出城，余到白琨圃处为李星垣报病故，谈时许。到沙土园，亦香仍未起身，并晤瑞卿、弼叔，益斋已回寓，谈许久，信安、芋田、石麟均到。日夕，鸣西偕伯仁侄来，言偶尔闲步至此。与鸣西、伯仁同车归，峻山、伯茀在焉。接大哥信，并有致酌升信。内有由常州到山东电报一纸，言一叔初一日到常州故，阅之惊骇欲死，哭失声！即商议实甫往接事。峻山留宿。晚，为大哥写信，为卫哥写信，并写家信，随杨兰坡专差赴津之便寄去。偶有枪声，黎明始稍眠。

十五日（8月9日）

早，呼峻山起，同车出，恐亦香之起身也。先到沙土园，峻山回铺，亦香未行，因待芋田由署归同行也。并见弼叔，告以昨信，皆为愀然。交卫哥信，询问有领兵熟人能谋一探事札否，昨伯茀为实甫路上有阻滞计及者也。皆云无法，遂到鞠人处，信安适往沙土园，未遇，鞠人亦无法。稍谈，孟鱃宸至，即出。到西河沿斌魁店，问有山东折差否，云前数日已行。到大德通，晤许石庵，为实甫汇银济南事，伊应允。上折毕，到万兴帽铺，访马葑溪，购辫绳。葑溪出门,晤李掌柜,云手下无存者,俟有便送去。到山东提塘,送致大哥信。归寓,伯茀、益斋、弼叔在焉。益斋云贻蔼仁谷在军务处,高熙翁与之最熟,可以谋一探事札。益斋、弼叔去后,即访熙翁于玉皇阁,未遇,云在粉子胡同王宅,即到王宅见之,闻昨信痛苦许久,为函致蔼仁。归。午后,何清雇车不得,拟乘家车,因马不能致远,欲与友人易一骡。因为鞠人、弼叔写信,并为峻山写信,催其速来,昨订明伊伴实甫前往也。鞠人、性安同来,鞠人云已见信,骡未能易。辛蔚如世叔来,因在王宅闻有昨信也。稍谈,皆去。送信人回,言峻山云车未雇安,本日不来。弼叔未在家。实甫着急,遣翁福催之,又遣鸣西自往催之。日夕,人来,而行李不至,言闻顺治门闭,不及雇车也。晚,遣翁福到熙翁处,云尚无回信。伯茀来二次。频觅骡,皆未妥。峻山煮洋药。终夜为冯可清写信,为六弟写信,均由实甫携往,并大哥致酌升信亦交实甫,酌升现在良乡也。以便路上有照顾也。无多枪声,天气甚热。

十六日(8月10日)

早,遣人为峻山取行李。接贡珊信,内有致其泰山王鲤亭信,送良乡,即由实甫带去。伯茀来。遣翁福到熙翁处,持来催信一,须送军务处,不在,即送诸其家。军务处在会典馆,其家亦在东华门外,非由内走则太远。伯茀以为仍请熙翁遣人送去为妙,余然之,遂照办。伯茀以其夫人病,稍坐即去。丁丽川、侯景岳为峻山送行李来,谈许久。

午后,任栋臣来,传王伯恭语,令为卫哥请假。魏世兄来,烦写信往谒甲戌各年伯。又遣翁福催问熙翁,回言熙翁出门,原信未送,又复持回,只得令翁福设法送去。许久,持来回信,竟不成。因又谒陆凤石年伯，请其设法。未遇，与其阍人立谈数语，据云有鹿滋轩世叔遣来探事人已于前二日出京，不巧之至。归途遇于梓生同年。晚饭前后伯茀来二次。晚，有枪声，雨数点。

十七日（8月11日）

早，凤石年伯来，稍谈去。伯茀来，谈数语即为其家人请去。实甫起身，因顺治门闭，由平则门出，少焉折回，云城门守兵不放出，云非有庄王府执照不可。即请书庵来，求其设法。书庵因丧弟两日未见，寓中事伊尚不知也，闻之不觉潸然。伊因其子女胆怯，令余到其寓作伴。伊往访友，许久归，言其友托故不见，饭后另为设法，余暂归。鸣西适由伯茀处来，言其外舅联仙蘅前辈获罪交刑部，不知何故。午后，仍到书庵寓作伴，书庵往访友。小雨时作。少时，书庵回，言已陪春世臣宗室禄到余寓，乘车前往，令余回寓，嘱世臣再来时知照伊，遂归。知魏世兄来，实甫见之。晡时，车回，言世臣回寓取来执照一纸，即到书庵处告知，稍谈。到伯茀处告知已得执照，谈时许，知徐小云尚书亦交刑部。归，书庵在焉。谈许久，并云如信紧时，可拨一家人到寓，夜间作伴。晚，与峻山作终夜谈。

十八日（8月12日）

早，书庵来。实甫偕峻山起程，何清随往，徐振送其出平则门而返。顺治门仍未开。魏世兄遣仆来告病，赠之青蚨六千，借与棉被一床。午后，小憩。知徐小云用仪、立豫甫山两尚书，联仙蘅阁学元均弃市。晚饭后，到书庵处，告知本日遣徐振来守夜作伴,书庵以近日尚安静辞。谈少时,归。夜,有枪声,极热。

十九日(8月13日)

午后,魏仆来,言魏世兄已愈,惟不名一钱,又赠之四千。舍饭寺、白庙两巷公议守助约,以防土匪,送旗子来。晡时,伯茀来,谈时许。书庵偕世月舫桂刑部来。稍谈,月舫去。月舫为守助约首事,来知会也。伯茀、书庵又谈许久。天阴欲雨,各散。晚,雨一阵,枪声大作,热意稍减。巷内锣声铿然,守助约十二人巡逻也。本日顺治门仍未开。

二十日(8月14日)

早,献夫烦裕兴堆房带来说片一纸,顺治门未开,由平则门来。言鞠人、信安、德清,允、弼两叔均于十七夜二点钟赴定兴,益斋亦于是时赴固安,惟伊与子丹未出城,嘱于城门开时访伊一谈。午后,鸣西到交民巷看视,回言尚安静。乃未几炮声甚近,询悉洋兵已由交民巷突出,直到顺治门楼,京兵败退,人心惶惶。闻两宫已出城,有谓赴颐和园者,未知确否。晚,枪声不多,闻白庙胡同有溃勇数名,人有戒心,守助约人仍出巡逻。雨一阵。

二十一日(8月15日)

早,炮声大作,满街均有洋兵。时有微雨。晡时,访傅梦岩,谈许久。欲到伯茀处,以欲雨速归。鸣西到街看视,回言顺治门楼并未打坏,每炮一声青烟一股而已。晚,雨时作。东北火光熊熊,夜深未熄,不知何处焚烧。无枪炮声,守助约锣未响。

二十二日(8月16日)

早,蒋梅生为实甫来信询问消息,即代复。伯茀送来信一纸,七绝三首,其尊甫竹坡老伯年谱、奏议数包,嘱为守护,已有死之志。鸣西急往劝伊,少时归。余又到伊处婉劝,据云两宫虽无恙,而社稷为墟,目不忍睹,其志甚坚,谈许久归。宅眷汹汹,家人李二并携申祥之子、徐振皆去,老媪有请假者。传言一时数至。市肆关闭,有无人者,街人起而抢之。巷内米堆房人皆去,米粮被人抢尽。家人翁福偕其弟拾得什物,急令其拿出,并申斥之。翁福之弟翁禄来帮忙,菜蔬一概无卖者。翁禄到城根菜园寻得少许,水亦无人卖,须自往取。闻昨晚火光并非大内,系朝阳门楼及各仓,急令鸣西告知伯茀,宗社未动,尚可缓须臾,无死。晚,有无主骡一头在街长鸣,翁福牵入,尚有馀草饲之。北方火光熊熊,约系历代帝王庙。无枪炮声,守助约锣未响,大约已散矣。

二十三日(8月17日)

早,天极阴,大风。闻前街有洋人到人家,各家皆挂白旗。伯茀处来送信,言伯茀偕其弟、丫生妹二人均自尽,并有丫鬟一人从死。家中人心惶惶,余未敢离,急令鸣西往视。回言无他事,只托为购棺木。在京寄居,实无熟识桅厂,此时亦不能展转托人,令鸣西为书庵看守门户,请书庵来商议。书庵来,云熟厂皆闭门,无法可施,惟有相对泛澜而已。稍坐去。鸣西归,持来书庵与永吉木厂说片一纸,姑往购之。少时归,言永吉门扣之不开,并有洋人扣之,亦不开。长安街木厂尚能出售,惟薄材四具,价银四百七十两,尚须自觅人抬,伊不送。货低价昂,钱力亦实不足,只得回复,送去银十两零用。晡时,鸣西又去一次,归云材已托人购得四具,共百金,其价傅梦岩已送,即埋在院中,待事定后再葬。

呜呼!伯茀为宗室特出之英,虽留心时务,却极正派,因戊戌改庶吉士后奉命游历日本一次,遂蒙不韪之名。二年来含辱忍垢,惟冀他日得展才猷,以偿夙志。有谓以区区乱民,两月之间竟致京师失陷,诚恐白旗一悬,则向敌之诬,更百口莫辩,因而虽经以死,亦可哀已。然时势如此,毫无头绪,只以君亲无恙,不能不苟且偷生。正不知将来如何死法,实不如伯茀之从容就义为得所也。其信、其绝命词录如左。

信云:"大事已去,晚国破家亡,万无生理。老前辈如能奔赴行在,敢祈力为表明,晚死于此地此时,虽讲西学并未降敌。家人有不欲死者,尚祈量力照拂,如死,亦听之。外有先人奏疏、年谱及平生著作,并以奉渎,亦祈量力保全之。敢百拜以请。匆匆不及走别,是为至憾。石甫、鸣西二弟,均此不另。"

绝命词云:"衮衮诸王胆气粗,竟将血气丧鸿图。请看国破家亡后,到底书生是丈夫。""曾蒙殊宠对承明,报国无能负此生。惟有孤魂凝不散,九泉夜夜祝中兴。""薰莸相杂恨东林,党祸牵连竟陆沈。今日海枯看白石,二年重谤不伤心。"

外一纸云:"小诗呈政,并祈便中呈示南皮师、寿州师、张季直謇、郑苏龛孝胥、卓芝南孝复,刑部主事,福建人、高啸桐凤岐、方雨亭家澍、林琴南纾、康步崖咏,以上并福建人、张小帆曾敭,福建布政使以上诸人,惟卓君在京,见时祈示之为祷。"

对门石九龄家有井,唤家人往汲水,便甚。鸣西由梦岩处听得，合肥已到京，二十五日开和议，不知确否。晚，正北火光甚大，不知何处。

二十四日（8月18日）

早，命家人取米，送石九龄五十斤，伯茀寓五十斤。鸣西往前门看告示。有洋人二，带领教民数人进巷，按门搜掠银物。到寓，扈三、陈庆皆避去，惟余与翁德周旋之。一洋人持余衣不放，令为觅物，一持洋枪，一持刀，外有大斧二柄，为打门开箱柜之用。濒行，留白旗一，上书洋字，悬之门首。掠去银、洋元、貂褂、女衣、表、首饰、木箱各一，骡一，水车一，并饮茶食肥桃一器。寻薄底靴，答以无此物，持去折扇一柄。对门石先生向其所跟教民言，此宅本官出差，病故于途，其子往迎丧，家道素寒，无多银物，此已罄其所有矣。伊闻之始去。幸前二日用银易钱数百千，不然皆为掠去，何以度日？闻各邻皆抢掠一空，书庵家无长物，亦遭此惨，其女儿终日哭泣，可怜之至。鸣西归，云于路拾得枪弹，甚可观玩，执之前行，被洋人看见，几乎缚去，未出前门即还，枪弹亦掷于路旁。午后，鸣西访世月舫，商议与颐菊泉院将墙拆通事，缘前街数家皆已拆通也。归云菊泉甚乐意。日夕，北边大响一声，屋瓦皆震动，似在左近，令扈三登高望之。晚，东南仍有火光，街上偶有柝声，犬吠相闻，且有人声。

二十五日（8月19日）

早，颐菊泉家人在房上看视拆通地方，云伊院已无人，须我家令人动工。陈庆告假，寻其乡人，少顷归，与扈三均辞去。老媪皆欲去，内眷皆蠢动。继而老媪又留，高媪欲令其子秃儿随陈庆等去,秃儿欲依其母不去,倒亦难得。翁德之次子即翁禄、三子以寓中人少,皆来帮忙。颐菊泉院亦有井,因往汲焉。

午后,遣人到蒋梅生处,请其设法保护,回言梅生有夙识洋人,不知移居何处,尚未寻着,如能有法保护必兼顾。鸣西出门,归言洋人到松寿泉湛、兴石海廉两处,令其出来办事,保护居民。天边时有烟气,不知何处焚烧。晚,有洋号声,有柝声。三更时北方有火光。雨数点。

二十六日(8月20日)

早,扈三、陈庆又来,言昨日出城,宿于公主坟。本日拟结伴还乡,恐路上无食,寻米而去。因就其便,又令取米三百斤,为实甫写信,令其觅便寄去。颐菊泉在门首执白布,上书洋字,云悬之门首,即可保护。书庵在街上亦云然。鸣西即往寻一样来,照书悬之,又写数块分送邻家。少时,鸣西由梦岩处持来高丽纸十张,云系洋人出告示,烦松宅觅人代书者,明早即要。并知阎耀卿现寄居兴宅,拟访伊一谈,遣人问之,果然。与鸣西分写告示。伯苐之内侄绍贤来,留早饭。告示系英国所出,其官衔为“大英国统军大帅嘎仕礼”。大致谓阜成门大街以南、宣武门大街以西,及前门大街以东地方均暂归其国辖管。所有华民宜各安生业,照常居住。出售食物,必公平给价,决不勒措。华人如持枪械及有抢夺等事,即行正法。如某房内放枪,即将房焚烧。如有武官来索兵器,有者即刻交出,若有隐匿,一经觉察,即将房焚烧等语。绝未道及洋人抢夺事,未免偏袒。午后,耀卿来,谈许久。告示写毕,鸣西持交梦岩。又持来五张,交绍贤两张,其三张至暮写毕,亦交梦岩。晚,甚安静。本日家人等在院中磨面。

二十七日(8月21日)

早,颐菊泉院人来,嘱由客室东边墙上打通,即令翁氏父子动工,顷刻拆好。顷之,洋人到伊家,伊太夫人来避,其家人被打血出,亦来避。少时,闻洋人去,乃归。午前,伊院洋人又来,老媪携幼孩均来避。菊泉表弟怀子静仁亦来避,即在院中与之谈。此次洋人专为搜寻家禽,僻净之所皆到,因见有洞遂到余家,攫去雏鸡二枚。见后门,以为此中尚有佳境也,令人开看,见是街巷,其一即由后门出,其一又回菊泉院呼人。旋见有二人扛鹅二只,并适才鸡雏。闻其语,系乡音,询之,果津人,一魏姓,一刘姓,略谈数语,据云天津刻尚安静,均由后门去。

时已过午,乃饭。饭间,何贵回,喜可知也。询知家中全眷,均同陈绍卿表姊丈家逃至王家口。家中烦元兴泰布店人看守,笨重之物均未失,尚有包袱五个,均存查云辉舅院,伊为用箱盛好,送至秋叔祖院。范孙信亦送去,并借银十两交邵廉访姻伯觅便寄去。五妹家早已逃去,因五妹病不能行,送至余家。余家逃时亦未能携带,竟故在余家,苦不得棺木,尸将腐,经邵师竹昆仲槁葬西头花厂。妹今年三十一岁,已生产,病数月,竟卒于此时,何胜哀恸。伊并到杨柳青见姑母,为之向刘欣莲借钱二十千。到胜芳见卫哥及诸同乡,尚欲到王家口,卫哥云自己前往,令伊回京,以已知京师失陷也。伊北行,数遇逃兵,并遇洋人与拳民交战。在黄村,闻洋人有查信之说,将信全寄在黄村。永定河阻滞,至今始到。年近八旬,奔走长途,历尽艰险,他人断不能为,亦不欲为,真可靠之仆也。黄顺云,城外传说和约五款:一天津归公地,一长江归公地,一一年钱粮抵兵费,一割东三省,一以万寿山作使馆。未知确否。伯茀之妻兄椿育东来,言宁波人苏乙舫在伯茀寓,其人与洋人夙识,可与晤谈,请其设法保护。即到伯茀寓,与乙舫谈许久,与同出。归寓,黄顺来视余,云顺治门已大开,子丹随镜孙同走,闻镜孙路间被劫,未知果否。惟猷夫未走。日夕,又来二洋人,似搜寻骡马者,一转即去。晚,雨作。

二十八日(8月22日)

早,梦岩闻何贵来,请鸣西去询问一切。何贵出城购食物回,言城外颇有售鲜菜者。对门吏部书办薛无米食,送其米一小袋,送书庵茄子、豆角。伯祖忌日,日夕设供。鸣西又往书庵处,携来饼两张,炒肉一小盘,川冬菜一碗,薛先生送白面数斤。日夜均安静。

二十九日(8月23日)

午后,后门有敲击声,开视,洋人已往别家。日夕,书庵来,言松寿泉、兴石海、恩宝亭佑、张燕谋翼均为洋人请去,不知何事。谈许久,持煮肉、大肠少许去。耀卿来,询以请诸公何事,云询问地面情形,共三位同去,并无张燕谋,燕谋并未在京。谈许久。晚,与鸣西、伯仁侄谈至夜深。连日早眠,今日独晚。

三十日(8月24日)

早,椿育东来,谈许久。街上颇有卖物者。午后,小憩。菊泉、子静均来,言洋人又到伊院,迟之久,始去。询知只掠去远镜一具,洋烛一合而已。并与其太夫人以意相语,神气颇驯良。因随菊泉等到伊院一看，局度宏敞，醒心豁目，有大家风，无怪洋人之屡至也。菊泉云，自二十四日至今，已来八次矣。磨江米面蒸糕。小磨为菊泉院借去。菊泉馈冬瓜一、茄二。日夕，北方大声一震，屋瓦皆动，少顷，烟气冲天，大约非炮非地雷，似轰火药情形。

八　月

初一日（8月25日）

早，有洋人在巷内令人收拾街道，不令人随便出恭。翁福等剥邻家枣，在房上行走，呵之。菊泉来，云洋人又到伊处，少时即去。田媪家人来接伊归。午间，北方又大声一震，与昨同。日夕，王媪告假去而复来，持珠求售，知非正路得来，且此时亦无钱买闲物，斥之去。

初二日（8月26日）

早，书庵来，言其门前有洋人以布书字张之，不知何谓。同伊出视，果然。馀家皆无之，闻巷口亦有。意是记号。午后，书庵又来送信，言洋人请松寿翁等共二十馀人，明日到伊处商议事件，并请恭袭王出。约有数款，书庵记不清，最要者为请两宫回銮、开平粜局安民两事。绍贤盛格来言，亦如书庵，并云有人在烂面胡同，见已为合肥预备公馆，不日当可到京，皆嘉音也。鸣西往书庵处，谈至日夕，持来钱，系书庵托为代购食物者。耀卿来，谈片刻，出洋银四角嘱为易钱，辞以无法，请其携余钱备用，只携两千,并将洋银留下,待日后核算。苦辞不允,重拂其意,留之。

初三日(8月27日)

黎明,何贵即出购食物,迨余起,伊已归。询知代书庵购者已送去。门外有车马声,询知系松寿翁往外国使馆,昨信似不诬矣。何贵又言途遇车轿成群,约系恭王。午后,鸣西往书庵处,至暮始归。夜,梦一叔归,余持信与看,请一叔根究打电人,怒喊而醒。

初四日(8月28日)

何贵仍黎明即出购食物。炮声连连,似在东北,未午即止。饭后,鸣西为书庵招去。小雨时作。日夕,鸣西始归。雨终夜。夜,又梦一叔归。

初五日(8月29日)

早,仍雨。午后,晴。昳时,又微雨,旋止。晚,天气晴明。鸣西与伯仁侄作象戏。余翻弄牙牌,为二士入桃源又名雷击昆阳、十面埋伏、十事对九等式。自卫哥去,颇形寂寞。嗣闻天津失守,索牙牌卜吉凶,因留为释闷之具,实甫去后益无聊赖,时取玩之,积熟生巧,变化各式,极为便捷,可是〔见〕凡事之无成者,其弊皆在心之不专,功之不久也。为其鉴之。

初六日(8月30日)

早,又雨,闷损殊甚。因志牙牌式,于左一牙牌作一长方城,人面前为南，南十二张分四副，平列之如癸、甲、乙、丙；北十二张与南同，如辛、庚、己、戊；中八张，中置两张，馀六张分两，置南北左右两副之间，如壬、丁。乃变之，四周之不成名者使成名，中间之不成对者使成对，如中间无须成对即可变如式者，尤妙。再变之，使如式。三变之，兼可由此式成彼式。惟初列之副有无妃者不能变，有妃而彼此互需非此不可者不能变。成名而不能拆者，如幺六、二五、三四之不同，幺五、二六、三四同。二四、二五、二六，三四、三五、三六之正快等，皆不能变。否则，皆可。变化难易不同，斗二士入桃源式，四角不同，四左右对幺六与三六，对幺五与三五夺钱二，馀马军二、幺二、三二，各平列置之南北；中间则二四锦屏风也，一张不可移易。十面埋伏式，四角不同，四须各有一七点，对幺六也，二五、三四也，取二十八时之义，馀六副皆五子，中置幺五一对，有似雷椎，所以又名雷击昆阳也。列位之法，二五两五子置左右，幺三两五子置一面，四六两五子置一面，南北可以互易。若以幺四、三六配二五，则对和分配幺三两五子，对锦屏分配四六两五子，最为齐整。若以幺三、四六配二五，则所馀四张可以互易于幺三、四六各五子。而幺六、三四之不同，二五之五子五副则无可移易。十事对九式，中置三六、四五一对，所谓对九也，四周成正快十四点，十副列位所谓十事也。之法，取其相似者对待为佳，亦五副可以移易，五副不能移易。然无论如何移易，必有两副相同者，置之左右最妙。至由此式变成彼式，均有一定之法，尚未详审。且有按位不按位之分，委曲繁重，非数语所能书，俟另帙录之，或别创有新式也。

午后，高秃与翁四以小事口角，因而相殴，两人皆哭，呵之。雨止，阴晴不定。鸣西往书庵处，日夕始归。与伯仁侄谈算。高秃负气而去,至晚未回,不知何往。闻门房来一宦者,访翁德,欲宿于寓。翁德未曾禀明,不知果留宿否,侦之,寂无声息。

初七日(8月31日)

早,耀卿来,拟觅一人往胜芳送信。其家现在胜芳,天津人在彼避乱者甚多,恐音信不通,以讹传讹,不知说京城若何糜烂,思去信以慰之。用心良是,许为代觅。谈间,兴宅来人请伊早饭,送之出。适石九龄在门首,立谈数语。街上人甚多,皆购食物者。翁德云适才松寿翁短衣从门前过,告知洋人现令各铺户开市,如有攘夺,伊为弹压。午后,鸣西又往书庵处。何贵引罗顺之兄来执役,五十八岁,人甚朴诚,为取名为罗升。与伯仁侄谈算。日夕,鸣西从书庵处持肉一小碗归。高秃由城外回,翁德告假,回家过夜。门房留其邻人宦者宿,在院中见其人,系东光人姓陈,甚恂谨,约系宦者之爪牙,非大珰也。终日阴晴不定,时有雨点。与何贵商雇专差事,以无定河难渡,甚费踌躇。晚,极凉。

初八日(9月1日)

早,书庵来,言其同官满洲某夙奉天主教者,到伊家云,洋人不日即屠戮人民,讽其早避,如知有家藏巨资者,往告洋人亦可免祸。并云某某畏祸,已由伊介绍入教矣。书庵深以为虑,余详为剖辩,乃喜而去。盖奉教者从前遭拳民之祸甚惨,此时不能不畅所欲言。其实洋人并不以教民为重,真消息绝不使之知也。书庵云,某某居宅早为拳民焚烧,家属亦不知何如,怨毒深矣,只以言语发泄,尚不失京官本来面目者耳。黄顺来,言陈润生来京办保险事，有洋人同来同居。琉璃厂一带归德国暂管，洋兵时到人家，不如城内安静。益斋前往固安，中途被劫，掠去金首饰数事，银在米包草叵罗内，未动。与曾伯广汉结路伴，曾亦被掠。武柱卿已回津，先逃往西山，困饿三日然后归。酌升现在京，昨宿于瑞卿处，命黄顺带信请之来。

午后，鸣西往书庵处。酌升来，言前月十八日在良乡见实甫，接到大哥信。实甫与鞠人、信安、德清，允、弼两叔在路结伴，均住魏绍庭处。次早，实甫等起身。午间，良乡城内即乱，绍庭家被抢，酌升寓亦抢，幸绍庭家眷先已避往他处，酌升亦急将家眷送往西山村中，良乡令受伤而去，皆乱兵所为也。西山村中避难者，只酌升与前长芦运司万莲初夫子培因家眷两家。万之辎重已于中途被人掠去，至此仍不能免，乱兵来，与百金犹以为未足。万恐扰之不已，又往他处。村民与乱兵哄，酌升恐其不胜，走出。嗣闻村民胜，亦不欲归，遂到良乡见代理令某，询京城消息，伊系前月二十一日出京，以后事不知。伊拟不令拳民入城，而邑绅已与拳民有成约，城上已有旗帜矣。城门闭不得出，因有丧车暂开，随之出。至新居只食小米二碗，至芦沟已暮，宿于空店，无门无窗无炕席，饥虱巨蚊，群起而噬。夜深有犬入，气咻咻然，幸尚不敢食生人，天明乃行。路见死人甚多。入彰仪门，止梁巨川同年处，前月之晦日也。在巨川处三日，在庆潭帽店三日。帽店前已被焚，现移在丁次轩给谏，之栻空宅。在内隆兴帽店一日，在瑞卿处一日，衣垢不堪着，着瑞卿袜、弼叔小衫。然后来在城外数日。知洋人初不令合肥来，以全权大臣非今上所放也。嗣恽薇孙学士毓鼎、黄石荪太史曾源、约集同人向洋人辨晰，洋人乃为合肥去电。回电云，即日首途，想不日可到京也。崑中堂师、敬祇斋大司马诸人,联名递请安折,并告宗社无恙,请回銮。两宫现在宣化府,并未远去也。庆王在怀柔县,不日当来。骡马市大街以南属美,以北属德。曾侯君和广銮为西方保障与洋人周旋。

德国初入,系水军,其统帅甚好,约束兵丁不令掳掠,所有大街以北之掳掠者,皆美人越境而来者也。近日德国水军去,陆军来,统帅亦易,不如从前安静矣。土匪之抢当铺者,洋人擒获百馀名,将发辫结在一处,用枪轰击一阵,解而视之,未死者不复击,取保释放。妇人之抢掠者,擒去褫其衣,赤身趋出,罚亦奇矣。牛海来,言崇文山太夫子绮随扈去,其家人皆衣冠自瘗而死,无一存者。酌升因言福少农润一家,延茂一家,亦皆自戕;王莲生、熙吉甫吉甫为裕制军公子,恸父阵亡,因殉焉。两祭酒皆自戕;李鉴帅吞金自尽;长麟、文瑞带领拳民七千赴津助战,不知下落,想亦死矣。酌升留宿,谈至夜深。

初九日(9月2日)

早,鸣西往书庵处,携来豆腐一块、卤虾少许。颐菊泉与酌升同署,请之来谈。书庵遣其令郎携棓子粒来,就磨磨面,向书庵寻香油少许,为和豆腐。菊泉来时,已饭毕,因观我辈朵颐。饭后,鸣西请椿育东来。育东言昨长麟到傅梦岩处,并未死。育东与酌升有戚谊,故请来谈。菊泉去。晡时,菊泉又来,言洋人又到伊处,至暮始去,携去衣服若干。育东留晚饭。饭后,送伯茀院棓子粒一器,蒸馍二。鸣西随育东送去。晚,与酌升谈。翁德之邻陈宧仍来借宿。

初十日(9月3日)

早,西南皆有炮声,似甚远。与酌升谈。酌升言,初三日夜间前门内楼被焚,实非洋人有意焚烧,约系洋兵不戒于火。据唐昭卿同年烜云,火光极大,屋树皆作白色,如被雪然。余时正在睡乡,竟不知也。酌升为椿育东请往伯苐寓,鸣西随往。翁德云,有洋人在街抢掠钱物,向所不屑要者,今亦要矣。少时,酌升归,言鸣西往书庵处。一洋人持枪自大门来,只到上房一看即去。旋菊泉来,言洋人又到伊院,遣人侦之,不久即去,云拿去女皮衣一件。昨洋人在菊泉院择取衣物,为时甚久。菊泉到街上官厅唤看街洋人来,其已持物去者,任未去者留其物,促其人去,想伊不能忘情于昨日之物,故今日复来,先到余家者,误认门也。

酌升、鸣西上街闲游。令人到广源取米,未取来,言其店以无米辞。又遣翁德领人往,勉强取来白米、老米共三百斤。翁德亲见其店白米已无,老米亦无多,其店尚有四人,自己亦须食也。遣人为耀卿送说片,告以觅送信人不得。晴天片云,时落雨点。菊泉来,言洋人又到伊院翻检衣物,许久未去。怀子静亦来。上街一次亦无法可施,经房前王回回从厅上唤来洋人,持鞭趋之始去。乃知掠物者系美人,厅上系英人,地属英国暂辖,故英人在厅司稽察也。

陈石麟避难于钓台,遣人入城购物,便道来视,并问消息。其人云能购烟土,即令翁德托伊购之,实甫张姬前曾请余代购也。菊泉来,云洋人又扣伊门,已而知非扣伊门,乃扣余门也。一洋人下马直入到上房及北书房,一转即出,登马号房,瞻眺良久,向菊泉院作招手状,梯而下之,向余一笑而去。乃到菊泉院,少时即出,闻持去樟脑两包。菊泉去。日夕,酌升、鸣西归,购来乌梅一包,松花二个。询知约同椿育东到梁巨川处,在城外迎宋芸子、喻志韶。于路遇印度人甚多,有攫人三弦弹而高唱者,有与鸣嬉笑者。晚饭后,鸣西往书庵处,归言,闻合肥已到京,庆王亦有信来京,未知确否。晚,与酌升谈至夜深。读《窳翁文钞》,陆凤翁尊人九芸先生懋修著,只一册。

十一日(9月4日)

早,酌升家人由西山村中来,为酌升送袜,云洋兵已占芦沟桥之拱极城。世月舫来,谈不数语,闻洋人又到菊泉院,菊泉上街,即追出。月舫与菊泉中表兄弟也。怀子静来,云洋人在门房,昨才将衣服之好者置之门房,今即被掠,懊悔之至。已而,知洋人并未到菊泉院,只扣门数下,遂惊奔,未及细询也。翁德云,清早有洋人扣门,寻洋药,告以无之,即去。翁德持来烟土,云系烟局庖人盗出者,价甚贵,与银交易,二价不售,仍持去。

饭后,酌升出城,鸣西往书庵处。何贵因肉铺存猪无几,恐中秋无肉食,怂恿预购预煮,即预以过节。因作料不足,开家存人送寿礼绍酒一坛用之,并藉以小饮。书庵来,言鸣西并未到伊处约,又同酌升去矣。书庵略谈即去。魏玺亭世兄来,言法国暂辖境内,有淫污妇女者,然亦有人稽察,觉则刑之。谈许久去。陆凤石年伯徒步出城,不知去向。鸣西归,言同酌升行至石驸马大街,见洋人甚多,即自己折回,到伯茀院,与世月舫、傅梦岩诸人谈半晌。并送伯茀世兄到石九龄处诊视,患发颐也,顺便携其来寓,并持药方与余看。因其喜食江米饭,嘱七弟妇送其江米及老米数升。盛少贤来，言其家去一能中国言洋人，谈及庆王已到京，合肥已到天津。谈许久去。待酌升，久之不至，遂晚饭。饭后，仍未来，到处为家，不至宿于何所矣。读《意苕山馆诗稿》，陆凤翁令祖希孙先生嵩著。

十二日(9月5日)

早，酌升来，购蒸糕两块饷余，云昨以避洋人到姜宝翁处，谈许久，出城天已晓，即宿于巨川寓。今日到瑞卿处晤献夫，知前晚洋人到伊处攫去被褥数件。瑞卿现得护照，以洋人未来，尚未用，不知果有益否。午后，天利和同人王少棠来，言前月初八日回津，津中情形与何贵所言略同。惟四门千总任世平裕升出拿拳民，是何贵所未言者。二十一日回京，京铺已被人抢掠净尽，现与陈润生均暂住连陞店，时有信寄津。因托其顺便为胜芳寄一信。因闻卫哥现已不在胜芳，恐信去落空，遂为亦香写一信，托其转致卫哥，并转致王家口寄寓。因耀卿昨觅专人寄信未得，亦托亦香告伊令弟，伊在京平安。写毕，即交少棠携出城。书庵送麦来，众家人在院代为磨面。菊泉来，言洋人又到伊处。少时，闻洋人已去，掠去夏布衫一。菊泉与酌升谈许久始去。西方偶有枪声。面磨成，为书庵送去。日夕，耀卿来，告其已为胜芳去信，伊甚喜。霍德来，言先逃出城，初五日来一次，未得进城，本日进城，行至西四牌楼，被洋人要去，为之执役半日。耀卿已饭罢，谈至余等饭后始去。霍德宿于寓。晚，月色甚佳，旋阴有电，天气微热。酌升言，合肥初五日到津是实，有人见其致廷劭民方伯电信云。丙夜，雷雨大作。

十三日(9月6日)

早晴,盛绍贤来访酌升谈,言昨日枪声系洋人欲焚中国教军场,左近人出拦阻,允不烧房,只将军械焚毁,枪有饱者见火即发响。酌升因言徐荫轩师,洋人入城尚在大内,洋人敬其老而忠也,舁之使馆,日以洋饭供养之。薛云阶师全家皆自尽。张玉叔不知去向,其居已为洋人占据。刘仲鲁亦不知去向。谈许久始去。磨墨,添墨盒。鸣西往梦岩处,归言,洋人各处请人出办平粜。饭后,绍贤又来,与酌升对奕。霍德来,求暂寄住数日,七弟妇允之。酌升之戚李松生廷栋来访酌升,即前在襄臣署中寄居,为襄臣收骨者也。谈许久去。街上有洋人按户查人数,并查器械,经邻佑石九龄、薛先生、灵寿芝、松寿翁令侄诸人见洋人,许为代查,洋人乃不亲到。随即各家门首张贴人口数目,余寓计共男女二十二人。酌升往访蒋梅生。鸣西到书庵处。菊泉来,谈许久。日夕,鸣西归。耀卿来访酌升,不遇,谈许久。鸣西又偕伯仁侄往二龙坑,暮与酌升同归,云于路遇云寿芝昆仲。晚,月色甚佳,已而,雷电交作,雨一阵。雨过,又见月,然朦胧矣。三更后大晴。

十四日(9月7日)

早,蒋梅生来访酌升,余亦见之,谈许久。梅生向在大学堂,通洋文,见余门首旗字,以为无用,为另写一旗。送梅生出,见门首贴有第二十二户字样。午后,酌升、鸣西出游,良久归,买来白梨、葡萄、豆腐等物。盛绍贤来。令家人到广源米店取麦,因存米已无,以麦作抵,又省买面也。喻志韶同年长霖来访酌升,余亦见之,谈许久,消息甚不好。据云合肥并未到津,两宫现又西行,英人不让合肥来,各国皆未放全权大臣,非先归政不能议和。各国意见不合,颇有想瓜分者。闻之心甚烦忧。魏玺亭世兄遣老仆云,天气渐寒,须购衣,贷十馀千。与七弟妇商议,与之六千。酌升往访耀卿,不遇而归。暮时,绍贤始去。鸣西馈书庵白梨一个、豆腐一块。晚间谈。霍德去一日,未回。

十五日(9月8日)

早,微雨濛濛。酌升约鸣西出城,以雨辞,酌升自去。鸣西往书庵处祀先。市肆荒凉,礼仪不备,聊以致敬而已。耀卿来访酌升,不遇,与余谈。少顷,酌升归,由城外购来薰枣、瓜子、葡萄干、核桃仁、江米糕、枣糕等物,与耀卿谈。鸣西归。盛绍贤来约鸣西出城,鸣西约酌升同往,酌升以倦辞,鸣西遂亦不去,绍贤自去。众家人轮流磨麦,老媪执厨役,饭稍晚。耀卿来时已饭毕,谈至余等饭后始去。鸣西又往书庵、世月舫等处。盛绍贤又来谈。言薛云阶并未自尽,现在贯市。鸣西归,言洋人令市肆开张,凡有空门面皆令开米面铺,伊将转运来也。洋兵抢掠,统兵者已知,将所掠各物皆焚毁于阜成门外。并云书庵处早食面条,晚无可食,知余寓晚食水角,欲寻一盘为其子女过节之需。本拟熟时送去,乃因留绍贤晚饭,竟未能匀出,令人歉然。晚饭后,绍贤去。小雨时作。酌升、鸣西、伯仁侄三人小饮,以酌升所购各物并余存松花下酒,皆有醉意。三更后,尚谈笑。余不善饮焉,食瓜子等少许而已。霍德本日又来,云由城外归,被洋人攫去拚除大学堂院宇,许久乃放,与钱一千。

十六日(9月9日)

早,书庵来招鸣西,即往,饭前归。午后,又到伯茀寓,少时归。言卓芸南偕张君家猷来哭伯茀,卓君寓在美界,车植美国旗,本街巡捕见之,以为美人越境来扰也,入而视之,无恶意。小憩,梦一叔徒步归,持来鸡卵三枚,问从人何往,不答,直入内。余因前两次之梦,恐仍梦也,自击觉痛,喜谓家人曰此次真非梦矣。大骂打电报人,欲得而甘心,乃遽然而醒,依然梦也。菊泉来,言洋人日内又到怀子静处。稍谈,以客至去。少时又来谈,世月舫、傅梦岩同来,言合肥已到通州,两宫现在大同,由松寿翁处得来信息似确。绍贤来,馈咸菜若干,知城外德界统军提督加其翻译,以知府名遍张告示。留绍贤晚饭。与酌升、鸣西、伯仁侄谈算至夜深,伯仁颇知用心。夜间邻犬群吠,何贵起,在院中检巡许久。

十七日(9月10日)

早,天极阴,微雨。作开平方筹,教伯仁侄开方法。午后,灵馨古来,访酌升谈,余亦见之。馨古为兴石海先生哲嗣,与酌升同署,谈许久。知松寿翁本日到庆王府两次,合肥已到通州。酌升到菊泉院,少时偕菊泉来,谈许久。时有微雨,入夜渐密。与酌升、鸣西、伯仁谈算至夜深。鸣西欲学代数,从实甫旧簏中寻出《数学理》一部。丙夜,天晴月出。

十八日(9月11日)

早,鸣西询得昨日松寿翁到庆邸,知合肥实到天津,已经接印,即办和议事,外国使臣有赴津者。菊泉来,言洋人又到伊处。少时,来余寓,各屋一看即出。七弟妇屋内无人,翻腾数处,持去翠花两朵。午后,酌升、鸣西、伯仁侄一同出城。余小憩,时许起,收拾墨合,读《代数》。日夕,酌升等归,言到王瑞卿处及有益堂、连陞店,瑞卿得有德国护照,甚有效。献夫在连陞店与王少棠闲谈,陈润生未在店,询知润生在津曾见七弟,想眷口已回家矣。致亦香之信已由益斋纪纲携至固安转寄。晚,谈算,伯仁侄甚勇,开三位平方四十馀,鸣西兼学珠算乘除。

十九日(9月12日)

早,梦一叔得军机大臣,鲍川如同年来谒,并见余,余只着小衫,颇觉歉然,醒已日高舂矣。午间,黄顺来,持来范晴轩信,系六月二十九日所发。内言家眷于十九日出城,一半住晴轩处,一半住陈瑞生处。廿八日,四弟买舟全携至王家口,依陈绍卿表姊丈。此信良确,所以迟至今日始到者,系托陈润生寄,前因无便,后因洋人据京城,不敢持入城也。并有范孙致献夫一信,献夫令送来一看。内言天津现已设有华捕,抢掠之风已息,御河已见运粮,胜芳、杨柳青避难各家之回津者络绎不绝。初六日,七弟曾到伊处,云指日接眷回家,想此时已到家矣。惟未言及合肥到津,忘之耶?昨所闻皆谣言耶?信为中秋日所写,彼时尚未到耶?又言陈树人震修、陈奉周璋、费鲁卿登泰、王瑞卿鸣思、集芝叔祖先后谢世,陶仲铭亲家丁内艰,皆令人郁闷。并询余及寓中光景,兼候耀卿。送信人系镜孙津寓家人,明后日回津,可以捎信。余因耀卿之急欲寄信也,令黄顺持信与观。耀卿即随黄顺来,用余纸墨为范孙写一信,嘱为转致其家,恐家人仍在胜芳未归,家信无从投也。鸣西亦写家信,并交黄顺即持去。酌升出门,耀卿谈许久去。

鸣西往梦岩等处,晡时归,言有奉教人,声言洋人入城时,白庙巷人曾杀一洋兵,洋人有意寻衅,可以贿免。余以为虚言恫喝,借饱私橐耳,乃巷之居人皆思赠之。已而月舫、梦岩公函来借银五六十两,余不能作主,且知银存票号不能取,家所存者,易钱赠人、洋人掠去外,所存无几。持函商之七弟妇,亦云数金尚可,实不能如数。令鸣西回复,回云数两亦可。余以度日要紧,未向七弟妇索取,将自己所存胡芰孙银一锭十两借与之,令鸣西送去。酌升归,言见徐颂阁师,谈许久。颂师闻徐荫师已死,并未在美国使馆,亦未必确。又访关潞生同年榕祚,知其将亲赍汉官请安折赴行在,并持来潞生留别诸友诗及呈颂师诗。在顺治门外,以京蚨五百购得完全《国策》一部,并闻合肥有丨六同北来之说。月舫、梦岩之事未能如愿,颇觉歉然。晚饭后,又令鸣西往问已足否,回言尚欠数十金,然此事并无定数,现已集有百二十金与之,当亦厌其欲矣。晚,谈算甚久。丙夜,大声起于东北,极长,似炮非炮。

二十日(9月13日)

早,酌升访菊泉,代徐颂师寻药。少时,菊泉持来陈李济活络丹二十丸、徐澍田如意膏一罐,谈许久去。酌升为徐颂师写信,并关潞生诗作一函,饭后遣霍德送去。酌升、鸣西往访蒋梅生,晡时归,持来英文一本,鸣西有志欲学也。酌升又往访其同乡万顺卤虾铺东家郑秀卿士彬,丁酉优贡,不遇而归。晚,谈算甚久。

二十一日(9月14日)

早,酌升出门。午后,盛绍贤来,言昨夜大声是地雷响,后即见火光,系户部焚毁,火光不甚大,且月色极明,故西城未之见也。菊泉来,言洋人又扣伊门。少顷,其仆来招伊,言洋人系查户口,并无他意,须本主人自见之。已而果到余寓,洋人二,一萨姓,一罗姓,罗姓者能说中国话,随来者灵寿芸、钟秋岩,尚有不识者一二人。洋人频问家主何往,告以放试差,其一用笔记诸簿,乃去。酌升归,言在梁巨川处,见有抄出洋人所拟各款,不过归政、赔款、清君侧等语,并知恽薇孙代洋人以十万银购米面平粜,以济民食。到韩子峤处,子峤已往固安,其缺早有人署,其留京家人已断炊,驿马亦无食料。知徐颂师现阙代步,又到颂师处告知,颂师甚愿借用,恐城门不易进,为曾侯君和作函,交酌升送往,请曾侯将子峤车马遣人送至寄寓。晚,谈算甚久,鸣西、伯仁侄皆学代数。雨微作。

二十二日(9月15日)

早,仍阴,旋晴。酌升之戚李幼卿来访。伊饭间,黄顺持来梯云致耀卿、献夫及余信,内言津中平安,亦香、寅皆、润生皆回津。与范孙信略同,系十三日所发,尚在范孙信前也。信背有立成信局图记,知信局已开。据黄顺云,有来无去,不能寄回信。令黄顺持信与耀卿一看,伊即便道出城。午后,酌升、鸣西皆出门。高秃不服其母教训,语多干犯,呵之。酌升归,少时,又往访耀卿及灵寿云昆仲。鸣西归,言在梦岩处闻合肥有折请銮舆无复西迁,并有上谕放荣相全权大臣,会同庆王、合肥速为妥议和局,派敬祇斋信署理步军统领。酌升归,言在巷内遇梦岩,谈及上谕,有"一误不可再误"之语,好消息也。

二十三日(9月16日)

早,酌升出城。世月舫来,闻有赴津人便,烦为其尊人往湖北寄信,现官施南府,谈许久。午后,铭宝臣亦送来一信,托寄往浙江湖州府。鸣西往书庵处,持来肉一块。为实甫写信,详言其起身以后情形,未完。日夕,酌升归。终日与伯仁侄谈算,伯仁已习代数、方程。鸣西学珠算、除法,酌升亦欲作筹。夜间时有微雨,为实甫写信。

二十四日(9月17日)

酌升以夹纸作算筹,为之画格。午前,酌升出门,云少时即归,乃待之,久而不归。过午始饭。饭后,菊泉来,谈许久。晡时,子峤之家人王贵来,持来子峤与伊信,请酌升看信,言在固安尚平安,曾伯慕陶现已回京,如道路易行,亦打算回京等语。酌升出门时曾言,如王贵来,令其到万顺卤虾店寻伊,即令往寻。酌升至晚未归。终日谈算,夜深始罢。

二十五日(9月18日)

早,酌升归,在城外购得江绸棉马褂一,价七千;湖绉夹袄一,价十三千。其衣均被人掠去,不能不购也。尚有须购之物,应用洋元,寓中无有,嘱向耀卿转贷。耀卿前托余以洋四角易钱,久未能易,昨托酌升易之,每角易一千,直抵一钱银价,因知耀卿有此物。余遂持钱往访耀卿，并见灵寿芸、馨古昆仲。兴石海老伯正陪松寿翁谈，寿翁去后亦出见。谈许久，归。携回洋元十七角，只存此数，即交酌升，酌升随即出门。少时，耀卿持来钱两千还余。酌升归，共早饭。耀卿早已饭罢。

午后，菊泉来谈。子峤之家人持旗来，酌升即带其到万顺卤虾店为之借钱。耀卿去。酌升归，言万顺东人郑秀卿同年士份，丁酉优贡被人讹诈。少顷，秀卿来寻酌升，始知其详。缘昨有洋人持表欲售与秀卿，秀卿未买。今又有一洋人同华人到伊店，欲秀卿指出售表之洋人，言昨失一表，正在找寻。秀卿答以不能辨识，伊不容，知同去之华人系灵乐峰松寿翁令侄，拟求酌升代为设法缓颊。酌升即托菊泉，菊泉即去，少时归，言未遇，已为伊留信。菊泉去，鸣西由书庵处回，言街上有洋人食人麻花十数枚，与京蚨百，又食人海棠果数枚，与京蚨千，卖麻花者与之辩，则应曰："汝之油面皆攫来者，攫人者人恒攫，百钱偿汝工耳，焉能多与？彼之果，以钱购来者，焉得不多与？"虽属强辩，却是实在情形，洋人亦聪明哉。闻张香涛世叔亦放全权大臣，前往神户。晚饭后，秀卿又来寻酌升，因天晚留宿于寓，谈许久。

二十六日(9月19日)

早，菊泉来，与秀卿谈昨事。遣何贵到梯云寓看视情形，昨来信所托也。并为献夫去信。魏玺亭世兄遣老仆来借衣服，并云主人遣其回家，尚需钱数千。问韩仆张泰回津否，拟再附便寄信。与七弟妇商议，借与棉袍一，钱四千。书庵来，已饭罢，谈至余等饭后始去。喻志韶同年来，与酌升并见之。谈许久，送出，遇任栋臣乘车来，与志韶夙识，约其同车出城，志韶因又留谈时许。栋臣言国子监属日本暂辖,日本人到圣庙皆行礼致敬。鸣西往伯苇处。何贵归,言魏寓虽有洋人到数次,并未掠去物件。献夫未在家,张泰已回津。并闻独流拳民为任世平搜杀殆尽。酌升约菊泉来谈秀卿事,拟访梦岩、月舫,遣人催鸣西归。梦岩、月舫适均出门。日夕,遣人侦之,未归。石麟家人来,言有山东便,可以寄信。酌升、鸣西又同访梦岩,仍未归。秀卿时来时去,不肯在寓吃饭,暮去未回。晚,酌升、鸣西访梦岩,见之。谈算甚久。三更后雷雨大作,且有雹,时许始止。

二十七日(9月20日)

早,梦岩来,谈许久。午后,秀卿来,馈卤虾、油等。魏仆来,言欲往天津,尚缺钱六千,即商之七弟妇,借与六千。苏润民仆人赵某来,求为其主人写信,请其派人来作伴,一人不能分身,诸多不便,允之。日夕,石麟仆来,言山东便人明日起身,索信。即将与实甫信及酌升致大哥信作一总函,交伊持去。晚饭间,有山东泰安镇台恒之三公子文光,字荣臣,偕一送信人孔宪忠来,言李峻山舅令其顺便到寓询问一切,并因天晚有借宿之意,即延见之。知荣臣来视其兄,宪忠系代袁中丞世凯送信。宪忠云,实甫本月十二已由清江回山东,住大哥处。一叔病故是实,南方水大,灵柩先不能请回,不知寄在何处。实甫到山东即欲发专差,峻山舅初荐宪忠,为人阻挠,另遣他人,所以宪忠未捎信来。乃实甫所差人行在宪忠先,竟至今未到,不知何故。荣臣家在北城,因明早即起身回东,留宿于寓,为出城较便也。又为实甫写一信,交宪忠捎往。与谈许久,知合肥前站已到津。独流烧杀殆尽是实。胜芳被独流拳民占据,其地绅士已请洋兵往剿。沧州各村亦有被兵者。南皮无恙，因沈金门现在南皮，令鸣西告知七弟妇，令其放心。秀卿又来宿，谈甚久。

二十八日（9月21日）

黎明，荣臣等起身去，余未及送，歉然。酌升之仆来，言良乡已被洋人占据。拳民初不令人出城，跪求亦不许。及洋兵相距八里，拳民一拥散去，而良民苦矣，恨哉。酌升之妻表弟李松生昨由保定来，持来荣相致庆王、崑相公文各一，云内系廷寄，并云廷劭民方伯现又不信义和团，已拿获数名在省正法，合肥令各省来京馀兵，并力剿除拳民，以免洋人蹂躏。午后，山东专差到，得实甫信，知其初五到东，初七电知各家人，令其运柩到济宁，伊节后往接，月内可到济南。该差路过天津，捎来家信，知六弟回津，家眷于十七日回家，卫哥院人亦均回家。回成、必成侄均殇，馀俱平。家中物件无多失落。前经孟士林令曹子修茂才看家，子修竟故于书房，子万将伊收敛。专差李姓，天津人，鞠人之仆，询知鞠人已到山东。酌升出城。令鸣西知会同人，尚有欲寄南信者乎？少时，月舫处送来裕仲辰寄苏一信。书庵来。盛绍贤来。蒋梅生来。酌升未归。秀卿晚饭后去。晚，谈算，写信。

二十九日（9月22日）

早，书庵送来致瑞蕴山信托寄。酌升归，购《蓝鹿洲全集》一部。秀卿来，已饭罢。午后，令罗升持帖到支继师处请安，回言甚安静，惟如师母逝世，二世兄以疾殇，甚难为情。菊泉来，谈许久。日夕，月舫、梦岩同来，谈时许。送之出，即同酌升、鸣西到书庵处，见毓聘之鑫、薛先生，伊等正写告示，英国所出，因在顺治门西城墙上开一洞,令华民随便出入,故出告示。暮归。晚,谈算,写信。本日自大门起,所有对联均用白纸糊之,以已得实甫准信也。

三十日(9月23日)

早,月舫、梦岩同来,谈许久。陈润生来,谈许久。午后,专差来取信,知伊昨被意国人攫去。交伊信件,定兴致信安信一件,允、弼两叔信一件,山东大哥、实甫信各一件,致鞠人信一件,由山东转寄景州交六弟信一件,代寄世月舫、铭宝臣、吉书庵、裕仲辰信各一件。并与川资银三两。秀卿来。李松生来访酌升。沈金门由南皮为七弟妇来信。秀卿、酌升、鸣西、伯仁侄同出闲游。罗升辞去。酌升等三人由菊泉院来,言在伊处小坐,故归迟。秀卿已回铺。晚,谈算,写信。

闰八月

初一日(9月24日)

早,写信,并起信稿。令伯仁侄代七弟妇为沈金门写信。耀卿遣人来,云昨有专差来京,本日午后起身回津,有信带,答以少迟送去。适有复梯云信,并何贵上苏雨翁一禀,恐家中无人送,先令何贵送往,附入耀卿信中。旋又送去致范孙信,家信一件,内有与卫哥信、伯仁侄上其父二禀。午后,小憩。令何贵将七弟妇与金门信送至其寓,南皮专差明日回去也。李松生偕文锦斋刻字铺郭先生来访。酌升、陈敬侯来石麟令郎,蒋梅生来,郑秀卿来,盛绍贤来,月舫、梦岩同来。梅生、秀卿先去。

初二日(9月25日)

早,盛绍贤来。陈敬侯来,持来手抄上谕七道,前所传闻未得见者,敬录于左:

七月二十六日奉上谕:"我朝以忠厚开基,二百数十年,厚泽深仁,沦浃宇内,薄海臣民,各有尊君亲上之心,效死无贰之义,是以荡平逆乱,海宇乂安,皆赖我列祖列宗文谟武烈超越前古,亦以累朝亲贤夹辅,用能宏济艰难。迨道光、咸丰以后,渐滋外患,然庙谟默运,卒能转危为安。朕以冲龄入承大统,仰秉圣母皇太后懿训,于祖宗家法恭俭仁恤诸大端,未敢稍有偭越,亦薄海臣民所共见共闻者也。不谓近日衅起团教不和,变生仓卒,竟致震惊九庙,慈舆播迁。自顾藐躬,负罪实甚。然祸端潜萌,匪伊朝夕。果使大小臣工有公忠体国之忱,无泄沓偷安之习,何至一旦败坏若此!此中外文武大小臣工,天良具在,试念平日之受恩遇者何若?其许忠义者安在?今见国家陷危若此,其将何以为心乎?知人不明,皆朕一人之罪。小民何辜,遭此涂炭。尚何所施其责备耶!朕为天下之主,不能为民捍患,即身殉社稷,亦复何所顾惜。敬念圣母春秋已高,岂敢有亏孝养,是以恭奉銮舆暂行巡幸太原。就道以来,慈躬安健无恙,尚可为天下臣民告慰。自今以往,斡旋危局,我君臣责无旁贷。其部院堂司各官,着分班迅速赴行在所,以便整顿庶务。各直省督抚,各宜整顿边防,力固疆域。前据刘坤一、张之洞等奏,沿海沿江各口商务照常,如何保护,今仍照所议施行,以昭大信。其各省教民,良莠不齐,苟无聚众作乱情形,即属朝廷赤子,地方官仍宜一体抚绥,毋得歧视。要之,国家设官各有职守,不论大小京外文武,咸宜上念祖宗养士之恩,深维君辱臣死之义,卧薪尝胆,勿托空言,于一切用人、行政、筹饷、练兵,在在出以精心,视国事如家事,勿怙非而贻误公家,勿专己而轻排群议,涤虑洗心,匡予不逮。朕虽不德,庶几不远而复,天心之悔祸可期矣。将此通谕知之。钦此。”

二十八日奉上谕:“向来图治之原,必以明目达聪为要。此次内讧外侮,仓猝交乘。频年诸所竭力经营,毁诸一旦。实知祸患之伏于隐微,为朕所不及觉察者多矣。惩前毖后,能不寒心!自今以往,凡有言事之责者,于朕躬之过误,政事之得失,民生之休戚,务当随时献替,直陈勿隐。当此创巨痛深之际,如犹恶闻谠论,喜近谄谀,朕虽薄德,自问当不至此。设平日未怀忠悃,临时漫摭浮词,甚或假公济私,巧为尝试,大小诸臣之负朕实深。苟具天良,不应有此。所冀内外臣工,各矢忠忱,共支危局。庶几集思广益,用以救患扶衰,朕实惓惓有后望焉。将此通谕知之。钦此。”

又奉上谕:“在京之内阁暨各部院堂官等,除派留京办事外,均着带同本署司员迅赴行在。钦此。”

又奉上谕:“在京之御前大臣、王、贝勒、贝子、公等,除派留京办事外,均着迅赴行在。钦此。”

又奉上谕:“朕恭奉慈舆暂行巡幸太原,自启銮以来,〈见〉所过地方秋禾遍熟,随扈官兵及各项当差员役人数繁多,于农事不免损折。朕轸念实深,着将直隶宛平、昌平、延庆、怀来、保安、宣化、怀安等州县,凡属跸路所经地方应征钱粮,加恩豁免一年,以示体恤。并着顺天府、口北道、宣化府先行恭录谕旨,出示晓谕,俾众咸知,仍由直隶藩司即刊刻腾〔誊〕黄,颁行张贴,务期实惠及民,毋任吏胥舞弊。该部知道。钦此。”

八月初十日奉上谕："现在政务殷繁，需人佐理，在京各衙门亦未便有虚职。除荣禄、徐桐、崑冈、崇绮、崇礼、裕德、敬信、溥善、阿克丹、那桐、陈夔龙已先后派充留京办事大臣外，徐会沣、松溎、吴廷芬、溥颋、李端遇、曾广汉、溥良、荣惠、徐承煜、孚琦、陆宝忠、庆福、儒林、王福祥、印启、成章、李应銮、李昭炜、伊克坦、溥润、贵昌、德本、范广衡、裴维侒、秦绶章、熙瑛、崇寿、檀玑、希廉、周克宽、徐森、桂山、冯国治、白文寿，俱着留于本衙门，照常办事。此外各部、院、卿、寺堂官，暨内廷当差各员，此次未派留署者，均着仍遵前旨，遴选得力司员，一并酌带前来，以便办理各该衙门行在事务，毋得迟延。钦此。"

十四日奉上谕："朕此次恭奉慈舆，暂驻太原，当经先后派出荣禄、徐桐、崑冈、崇礼、裕德、敬信、溥善、阿克丹、那桐、陈夔龙充留京办事大臣，复令庆亲王奕劻回京，会同李鸿章与各国议办一切事宜。此案初起，义和团实为肇祸之由，今欲拔本塞源，非加剿除不可。直隶地方，义和团蔓延尤甚，李鸿章未到任以前，廷雍责无旁贷，即着该护督督饬地方文武，实力查办，务净根株。倘仍有结党横行，目无官长，甚至抗拒官兵者，即着责成带兵官，认真剿办，以靖乱源而安氓庶。钦此。"

又电报三则并录之：

合肥复福建公函电："公等三十三人公函敬悉。事变至此，尚能坐守不动，公忠劲节，钦佩曷任。鸿在沪电商各国外部，渐将就绪，俄允先撤兵。回京并转商各国，未知已一律撤退否。拟即航海北上，如各使有到津者，须小住会商，再相机来京察办。七月二十五日谕旨派荣、徐留守，荣在保定，徐在何处，请诸公就近恳商。鸿顿。真。"真者，十一真电，乃八月十一所发也。公函系郭春宇、陈玉苍、黄石荪三人主稿，共闽人三十二人，而以徐颂老列首，故云三十三人也。

刘岘庄制军复福建公函电："公函敬悉。都城不守，王室播迁，北望神京，痛愤曷极。銮舆现驻太原，昨合肥奉二十五日旨，荣、徐留守，帮同议款。现合肥电商各使，转商外部，一有端倪，即航海北上开议。事机危迫，愈拖愈难收拾，坤惟有竭尽心力，勉图补救。南洋现尚安靖，并以闻。坤一叩。真。"香帅亦有公函，回电与岘帅略同，但多王莲生身后事，故未抄来。

八月十六合肥致廷方伯电："元十三也电代办通饬晓谕〈各条〉，分派各营剿办解散拳匪，风声所树，足使远近震慑，佩慰曷极。前者哄传执事庇纵拳匪，今知其误矣。谭文焕本是坏种，裕帅误用，以致津城失陷，亟应参革正法，以儆效尤。外人谣传，保定一路拳聚〔众〕，拟进兵痛剿，或得少定浮言。周臬司早经离沪，尊处札催速进，弟屡奉旨催，拟二十一日起程。鸿陈。"谭文焕，直隶道员，最崇信义和团，其在津事不得知。昨闻其领团数万向方伯请饷，云欲收复京城。方伯斥之去，故电信及之。

当即与酌升、鸣西分抄。世月舫来。留敬侯早饭。饭后，抄出三份。秀卿来，带人往伊铺取来京蚨百十千。菊泉来。酌升访灵寿芝，隔墙闻其笑语声，少顷归，又往徐颂老处。鸣西持所抄谕旨往书庵处。月舫来。绍贤来。梦岩来，持去《津门诗钞》一本。鸣西、酌升先后归。徐颂老为酌升来信，言崑相递折，言京官清苦，川费、寒衣均未能猝办，赴行在之行，请从缓商办。并云合肥又奉谕旨，有"旋乾转坤，非异人任，勉为其难，有厚望焉"等语。请菊泉来同看。菊泉已饭罢，谈至二更后始去。

初三日（9月26日）

早，灵寿芝借去谕旨抄篇。为酌升画算筹格。午后，秀卿来信，嘱遣人到伊铺取钱，霍德、翁禄同去，取来百五十四千。陈敬侯来，言昨已回小瓦窑寄寓，今又折回。魏玺廷来，持去抄录谕旨一分。秀卿来，日夕去。敬侯精通洋文，为家人各书一护符，并教鸣西洋文，留宿于寓。晚间，灵寿芝院有欢笑声，又有弦歌声，每歌一节，有拊掌声，旋闻歌声呕哑嘲哳不类华人，而拊掌者甚众，约为寿芝昆仲周旋洋人，酒食之也。夜半始寂。与敬侯谈极久。

初四日（9月27日）

早，月舫来，梦岩来，菊泉来，谈许久散。午后，菊泉来，秀卿来。菊泉、敬侯、酌升、鸣西同往访灵寿芝。秀卿写家信毕，持去。日夕，酌升、敬侯归。言菊泉由寿芝处归寓，鸣西同到大街官厅，与洋人谈许久，亦即归。伊二人出城闲步，见德人掠人钱物。鸣西随归，言在书庵处。晚，与敬侯、酌升诸人谈。

初五日（9月28日）

黎明，酌升唤起鸣西、伯仁，同往市口购衣服，余亦随起，收拾衣服，寻出御寒之衣数件。敬侯起，即往铁匠胡同王宅。酌升等归，伯仁购得夹袄，酌升购得湖绉棉袍，言尚有可购之物，忽哄传洋人攫人，卖物者皆星散，颇有失物者，其实并非洋人攫人，棍徒谣言，借以掠物也。午后，耀卿来，答拜敬侯，谈时许。晡时，敬侯归，言闻合肥初七到京，洋人共要四十二款。酌升、敬侯、鸣西同往沈金门寓,至暮始归,言金门寓未经带去衣物,为洋人翻腾,狼藉不堪,归途三人在酒店小饮,且食水角焉。晚,与伯仁侄谈算,看酌升打棋谱。

初六日(9月29日)

早,敬侯、酌升、鸣西、伯仁上街闲游。魏玺亭世兄来,借去京蚨六千。酌升购得皮袍一件,敬侯购得《路闰生先生骈文》。午后,菊泉来,谈许久。任栋臣来。酌升等四人又上街,伯仁先归,言酌升等在月舫处。蒋梅生来,遣人促三人归,谈许久。晚,余与伯仁谈算,敬侯、酌升、鸣西作象戏。

初七日(9月30日)

早,敬侯去。酌升上街闲游时许。黄顺来,言沙上园房洋人有欲住之意,伊已将弼叔箱子等移至哲臣寓暂寄。接子丹信,言现与镜孙同寓上清河镇永泰庄贾宅,并有镜孙家信一件托寄天津,即复一信,交来人带回。午后,小憩。酌升、鸣西、伯仁往沐浴。秀卿来信,令遣人往取钱,取来京蚨十八千,小制钱两千四百。秀卿来,稍谈即去。酌升等归,言各浴堂皆只有池水,无盆,故未浴。晚,谈算。为梁巨川同年称润笔银。

初八日(10月1日)

早,酌升欲与鸣西同出城购物,以为时已晚,不果。酌升自往街上闲游,酌升仆人来,捎来柿数枚。少时归,偕中一峰工部兴,壬辰进士来,言在街头见有售石板铅笔者,鸣西即往购。梅生来。

徐颂师遣人请酌升到寓，中一峰去。梦岩来。酌升与梅生共车去，捎去巨川润金，云本日不归矣。梦岩谈许久。午后，鸣西出门。秀卿来，稍谈去。日夕，鸣西归，言在书庵处谈，同梦岩到松寿翁别业，晤寿翁及兴石翁，知洋人有按户敛钱雇车，分日到各家载灰土各弃物，送往城外，以净街道之举。晚，与伯仁侄谈算，鸣西微觉不豫。

初九日（10月2日）

早，月舫偕铭宝臣同来，谈许久。酌升归，昨由颂师处得来初二日谕旨，敬录于左。上谕："此次中外开衅，变出非常。推其致祸之由，实非朝廷本意，皆因诸王大臣等纵庇拳匪，启衅友邦，以致贻忧宗社，乘舆播迁。朕固不能不引咎自责，而诸王大臣等，无端肇衅，亦亟应分别重轻加以惩处。庄亲王载勋，怡亲王溥静，贝勒载濂、载滢均着革去爵职。端郡王载漪，着宽恩撤去一切差使，交宗人府严加议处，并着停俸。辅国公载澜、都察院左都御史英年，均着交该衙门严加议处。协办大学士、吏部尚书刚毅，刑部尚书赵舒翘着交都察院、吏部议处以示惩儆。朕受祖宗付托之重，总期保全大局，不能顾及其他。诸王大臣等谋国不臧，咎由自取，当亦天下臣民所共谅也。钦此。"敬侯来。酌升仆来，敬侯欲令其捎信到小瓦窑，即写信。并写天津信一件，待便再寄。午后，月舫偕增伟人、增杰人来，持纸二张，欲余涂鸦。菊泉来。镜孙来信，言欲回城内，其寓在德界，恐不安静，拟携眷来余寓小住，并嘱为物色护照。即为写回信，告以寓中屋少，实不能容，请敬侯为书洋字三张，并捎去。就其送信人到前门之便，将前日镜孙托寄家信及敬侯家信交伊，送陈润生处托寄，并为润生写一说片。酌升为其同署李庚臣同年廷飏、王硕之同年诚羲写信,交其仆。与伟人谈,月舫已去。伟人新作古风一首,留稿待和。与伟人、菊泉、酌升、鸣西同到菊泉院,流连片刻,伟人去,即回。酌升往访寿芝。敬侯、鸣西往访梅生,不遇而返。酌升归,言寿芝传语,洋人令各门首点夜灯。梅生来,谈许久。菊泉又来。晚饭后,怀子静来,谈许久。晚,谈算。敬侯仍宿于寓。

初十日(10月3日)

早,绍贤来,月舫来,菊泉来。午后,书庵来,菊泉来,绍贤来。敬侯同鸣西往访梅生。酌升往颂师处送去所借朝珠。秀卿来。敬侯、鸣西、酌升先后归。晚饭间,菊泉来,谈许久。晚,谈算。

十一日(10月4日)

黎明,敬侯起,呼鸣西起,往就梅生,同到顺天府访友。余与酌升亦即起。酌升往秀卿处,午前归。待敬侯等不至,遂早饭。饭间,二人归,乃同饭。据言访友未遇,日本界一切如平时,惟鼓楼任人登眺不禁,敬侯跻其颠,鸣西半途而废,法界虽冷落,尚不至如传言之甚。菊泉来,与敬侯诸人收拾实甫西学书籍。拳匪初起,每借端害人,有因《格物入门》一书全家被杀者。实甫惧,凡西学各书,皆韫匮而藏诸后门宇下。米盐杂庋,恐有伤损,取而视之,果有被鼠啮者。因详加排类,仍置实甫案头,并令鸣西开一清单。日夕,酌升、鸣西往书庵处,因伊有馀房,敬侯欲租二人居间也。晚饭后,二人又到书庵处,旋归,缘适间约定聚谈,比往,他客皆散去,故归。晚,谈算。终日阴晴不定,时有雨点,夜半始晴。

十二日（10月5日）

早，敬侯、酌升、鸣西往就梅生，同到东城访友。子丹来信，详询情形，欲回京，即复。饭后，月舫来，稍坐，约同敬侯、酌升、鸣西往书庵处。丁丽川来，持来《笔算数学》一部，留之，谈许久。高福由山东来，捎来实甫信、大哥信、何清信，知实甫七月二十三日在途曾发一信，未接到。八月初八所发专差未到京即折回，原信缴，今亦捎来。余七月二十六日所寄之信，八月二十八始接到，系车夫李二亲送往者。信交陈庆，而李二送，不知何故。高福初一起身，余后寄之三信尚未能到，询知罗顺回京，半途而返，扈辰已遣去，灵柩由水路行，伊起身时尚未到。一叔系急症，午后尚会客，俄而觉不适，随即舌强至筋下垂，医来，云脉象如故，无何竟长逝矣。棺用四百八十元之花板，衣用自衣，徐均首县经手，诸尚妥贴。梅生来，谈许久。霍德昨经酌升荐，往徐颂〈师〉处服役，本日上工后，又来一次，因月舫处有出售貂衣者，颂师欲购之故。晚饭后，怀子静来，谈时许。谈算。

十三日（10月6日）

早，酌升出城，午归。午后，月舫来，持来信一件托寄。除秽车来，将所积灰土载去。酌升得家信，言城外官兵剿团，不免骚扰，现已过良乡，将及房山。酌升之居，去房山六里，恐被波及，请其早作打算。酌升往颂师处。黄顺来，言沙土园又为洋人掠去被褥、铺板。酌升日夕归。菊泉来，谈至二更。阅算书。

十四日(10月7日)

早,酌升、敬侯起,拟结伴同往各寄寓,未行而灵寿芝来,言崑中堂在报房胡同法华寺设立内阁公所,于十九日起办事,凡在京大员有请安折件,均为代办,嘱酌升知会颂阁师。酌升遂不能出城,敬侯亦不去。菊泉来。酌升写信,遣其送信人去,昨留于寓,以备随从者也。购红薯十斤,卖者系天津人,一李一王。敬侯、鸣西往访梅生。耀卿来,谈许久。喻志韶同年来,谈许久。敬侯、鸣西偕梅生来,留早饭。午后,酌升往颂师处,梅生为人招去。酌升归,言在颂师处见张燮钧信,两宫又行幸西安。俄国有非回銮不开议之说,德国有非杀乱党不开议之说。合肥恐一时未能来京,所传日内到京者皆谣也。酌升往寿芝处,少顷,偕耀卿来,言寿芝未在寓,耀卿闻敬侯在寓,故又来谈。日夕,寿芝来,菊泉来。晚,谈算。微雨数点。

十五日(10月8日)

早,微雨。月舫、梦岩同来,谈许久。午后,雨渐大,檐滴有声。酌升、鸣西往书庵处,余与伯仁侄谈算。将暮,酌升、鸣西归。晚,仍谈算。夜将半,菊泉忽来,言其寓有土匪劫掠,欲由墙头到灵寿芝院,寿芝现为六段甲长。请其为洋人送信。即呼家人起,竖梯,尚未登,而怀子静来,言已掠物飏去。乃详言之。其始入也,将伊家人皆缚起,手持刀枪恐吓索银,以菊泉为文人暂缚即释,且云只借盘费,有银拿出,绝不伤人,隐匿不与,祸且不测。告以银物已为洋人掠尽,不听,仍肆搜括,攫去衣服、玉器各件乃已。菊泉已眠,衣未穿齐,子静为觅得,始穿好。谈许久去。天晴，月色极佳。

十六日（10月9日）

早，敬侯往铁匠胡同王宅。少选归，随又往，即由彼出城回寄寓。余与酌升、鸣西到菊泉院为其太夫人请安。并见子静，稍谈。酌升出城，鸣西到书庵处，余亦遂归。午前，鸣西归。午后，小憩。惠树之吏部森为酌升来信。鸣西、伯仁上街闲游。菊泉来，言访灵寿芝两次不遇，系往崑中堂处，本日恐未能归。并闻其已放口北道，又乘舆行至朔平府，召见知府某不到，奉旨着开缺，以军机章京候补员外郎来秀补授。谈间，寓有客至，请去。鸣西等归，令鸣西将绍贤所存伯茀处各件送去。梅生来，请鸣西归，谈许久。送梅生出，遇耀卿，立谈数语，言合肥已到通州。月舫遣人送来杜刑部庆元家信一件托寄。菊泉来，酌升归。支继师闻一叔有病故之说，遣人来慰问。傍晚，黄顺来，言沙土园室已腾空，只留一人看守，以待洋人居之。耀卿令伊为弼叔去信，告知内阁于十九日立公所办事，催其速来。伊明日赴定兴，嘱伊写信寄津，缘未知弼叔此时在定兴在津也。琉璃厂已有信局能送，因恐关城，匆匆去。晚，与菊泉、酌升谈至二更后写信，月色大佳。

十七日（10月10日）

早，绍贤来，言途遇裕筱鹏，云合肥已到京。李松生来。午后，酌升往北城。遣高福送信，家信，致秋叔祖、弼叔信，致性初信，共一函；鸣西家信一函。并送峻山与丽川信，高福带来者。又为丽川写信，烦其详询信局能寄各省信否。高秃、翁四为洋人攫去。敬侯为鸣西来信，言十九日来居书庵房，嘱预为收拾，并云传闻乘舆由陕而豫回京，九月半可到。鸣西到书庵处，旋携来八月十九日上谕，系调补各缺，鹿滋轩世叔入军机及贡饷解赴陕西行在各事。可见陕西之行，尚在王大臣未降罪以前，此时另有打算，亦未可知。看鸣西为敬侯写回信。张采南官劭，壬午同年，原名颉辅，北榜、陆少渊辅清两吏部来访酌升，余见之，谈许久，知议处王大臣已见公事。高福归，言琉璃厂信局未开，丽川将信留下，许为觅便寄去。梅生、秀卿同来，谈许久。高秃、翁四归，言为印度人攫去郑王府，拚除荒草。菊泉来，待酌升，至暮未归，乃饭。饭后，菊泉谈至二更后。鸣西以不豫早眠。与伯仁侄谈算。有向院中抛砖者。

十八日（10月11日）

早，陈润生来，言有便赴津，可以带信。告以信在有益堂，伊许为便道往取。谈时许，往访灵乐峰。喻志韶同年来。酌升来信，言启颖芝宗伯秀丁艰，本日接三，伊系门生，须代为照料，明日方能归。因昨与志韶约定今日必来，并嘱转致志韶。志韶得信，亦欲往吊，因其寓在城外，多费往返，留其早饭，以便饭后前往，伊亦以为然。已而又欲到寓取衣冠，遂去。午后，润生又来，言在乐峰处早饭，立谈数语去。镜孙送来家信托寄，即为润生写一说片，令原人送往。并为镜孙写信，嘱其为伯鹏写信。实甫来信，言伯鹏盼信甚切也。菊泉持来合肥所临《圣教序》册页同观。月舫、梦岩同来，言有人送信，合肥于本日午后到京是实。菊泉来，耀卿来，亦为合肥到京来告。张莲溪为酌升来信，代阅之，为伊丁艰报部事。晚，谈算。鸣西感冒，日间服石九龄方，均吐出，又为煎建曲服之，令其早眠。

十九日（10月12日）

早，鸣西起如厕，未能畅适。翁禄出，为洋人攫去。敬侯来，言全家已进城，到铁匠胡同。耀卿来，谈许久。饭后，翁禄归，言为洋人到东便门负重。敬侯往铁匠胡同。少选随石麟来，言家人已到书庵院新居，尚未早饭，家具皆不齐全，未能举火。即令人代炊送去，留石麟在寓食。酌升归。翁德训子甚怒，排解之。梅生来。月舫来，言松寿翁已与洋人言明，巷中公募勇，洋兵带领巡逻以防不测。送月舫出，与书庵立谈数语。菊泉来。石麟桥梓均宿于寓，晚谈甚畅。与伯仁侄谈算。鸣西仍服建曲。有抛砖者。

二十日（10月13日）

早，亦香家人黄玉来问亦香果在津否？子丹家人王明来，持来镜孙信一件，内有与伯鹏家信，托寄敬侯。敬侯令舅高策臣治安来。写租折交书庵。午后，菊泉来。秀卿来，索去银十两，带高福到伊铺，言明兑钱百二十竿，明日往取。李松生来，谈许久。晚，石麟与酌升对奕，余观局。与石麟畅谈。有抛砖者。翁德来禀，闻门外有人细语，恐非善类。鸣西服清宁丸，蜂蜜和水送下。夜起二次，大便皆不畅。微雨数点。

二十一日（10月14日）

早，梅生来，约同敬侯往东城访友。鸣西往就石九龄诊视，据云有瘟气方，用柴胡、白芷、葛根等药末服，旋大便一次，稍觉畅适。午后,梅生、敬侯归。鸣西往书庵处,谈时许归。梅生谈至日夕去。晚,观石麟、酌升奕,谈算。

二十二日(10月15日)

早,酌升、敬侯、伯仁上街闲游,旋归。灵馨古来。菊泉来。增伟人来。午后,月舫偕一估衣铺掌柜来访酌升,为徐颂师貂衣事。耀卿来。鸣西闻裕子善在书庵处,往就诊视,开一方,云证系秋燥,方尚平妥。酌升往松寿翁别墅着棋,日夕始归。沈金门家人吕顺自南皮来,言路过马家桥,行劫者甚多,伊几不免。晚,谈算,观奕。有抛砖者。

二十三日(10月16日)

早,酌升往颂师处,饭前归。午后,酌升偕石麟往梦岩、月舫各处。苏雨翁家人来,求为雨翁写信。姜宝轩来,谈许久。鸣西服药。晚,观奕。有抛砖者。

二十四日(10月17日)

早,酌升上街闲游,少时返。鸣西疾渐愈。接竹坪信,知已随合肥来京,因事忙不能分身前来。外卫哥信一件,家信数件,前所未接到者皆寄来。胡芰孙信一件,亦香致献夫信一件,鸣西家信一件,阅知家中平安,甚慰。午后,梦岩来。菊泉来。月舫来。王少棠来,烦书对联、条幅数事。陈润生烦少棠为之持来。将亦香信交少棠带出城,交献夫。酌升、梦岩、月舫偕石麟往松寿翁别墅角奕。耀卿来访石麟,不遇。梅生来,谈许久。耀卿又来，告知得阅上谕，一叔调补吏部右侍郎，颇讶，苏抚何未代递遗折，想折差到时，正在城陷，乘舆西行之时，不知失落何所矣。各国公法，公使被杀必屠其城，不屠城必入其宫以示意。本日午后，炮声连连，据梅生云，乃德人入紫禁城也。日夕，酌升归。遣人从兴宅借来上谕，阅知普昌盛京副都统、寿山黑龙江将军皆开缺听候查办，晋抚毓贤开缺，另候简用，三人皆庇纵拳匪者。馀升调有差，不详载。敬侯回其新居眠。晚，谈算。与石麟、酌升谈甚畅。

二十五日（10月18日）

早，为鸣西煮素挂面。写对联、条幅十数事，润生、月舫所烦者。镜孙寄来家信一件，嘱觅便寄津。即为润生写信，饬原送信人送往天利和。午后，秀卿来，谈许久。菊泉偕同其署延颂臣誉来访。酌升出城避乱，昨始归。前因吏部有交议事件，菊泉、酌升曾为去信，故回京来拜。丁酉拔贡同年延菊臣寿是其令弟，与余叙年谊，谈许久。秀卿又来，持所购含玉一块，与石麟观，立谈数语去。石麟回寓晚饭，饭后始来。敬侯来，旋去。菊泉来，谈许久。观奕，与酌升、石麟谈甚畅。自朝至夜时有微雨。各国公法，兵入都城三日，无人求和，其地即为己有，有总理章京朴仁山寿熟谙此例，于城初陷之时，挺身往见洋人领兵者。辞不见，强之，至再至三见矣。又以其官卑，易之，请限十日以兵护送往迎庆王，许之。即驰赴行在，并蒙召见一次。庆王之回京，仁山一人力也。

二十六日（10月19日）

早，酌升、伯仁上街闲游。少时，伯仁归，言被洋人攫去，至一处，辞以不能负苦，其一纵之，其一将其所持钱两千留下。询及酌升，云因伊被攫，往访敬侯、梅生设法。已而敬侯、酌升、梅生先后来，言分途寻觅不得，不料其已归也。午后，金门家人吕顺来，代七弟妇为其叔写信，交吕顺。绍贤来。菊泉来。为鸣西煮山查。晚，观奕，谈算。有抛砖者。大风，有雨点。

二十七日（10月20日）

早，大风极凉，雨点成雪。同酌升为灵寿芝贺放口北道之喜，未遇。馨占亦未在寓。遇暂居其寓之内阁供事刘俊卿，立谈数语归。写便面七。午后，苏雨翁家人来，持来雨翁令弟由烟台寄来家信，请代看，即留下，许为觅便寄津。绍贤来。增伟人来。秀卿来。于三来，言益斋侍说严年伯并携妻子由固安回京，暂寓哲臣处。鸣西疾颇见愈耳。晚，有抛砖者。观奕，谈算。天晴。闻本日合肥与各国开议，未知确否。

二十八日（10月21日）

早，绍贤来，谈许久。饭间，月舫、梦岩同来。月舫将前所托寄之信取回，言城外已有信局。秀卿来。酌升同梦岩、月舫到书庵处，少时归。郭琴石家声、梅生同来。菊泉来。子丹来信，即复。并有家信一件托寄，即饬原役送至润生处。梅生同琴石去后又来，留晚饭。晚，观奕，谈算。有抛砖者。

二十九日（10月22日）

酌升早购来皮袍一件，价银六两，敝极，嫌其吃亏，力劝之退却。月舫遣人来告，城外信局已开。并取去烦书对联、横幅。午后，王少棠来，取去润生烦书各件。言天津洋兵濒退，又搜括财物，刻尚未尽退，不知家中何如，甚不放心。晚，酌升为湄舟写信，余亦写一信，并一湄舟家信，前所寄来无便带往者，均拟随寿芝赴任之便带去。观奕，谈算。有抛砖者。

九　月

初一日（10 月 23 日）

灵寿芝来，谈许久。为实甫写信。有赵八者，自山东来，前曾在学署司旗伞，问有信带否。恐其不妥实，另写一条付之，只报平安而已，详信仍由信局寄。午后，酌升出城，旋返，言有人赴良乡，欲趁其便结伴到家一看。菊泉来。酌升出城宿，以便明日早起程。晚，与石麟谈算，闲话。伯仁侄学代数、句股各术皆毕。

初二日（10 月 24 日）

午后，绍贤来。月舫、梦岩同来。伟人来，谈甚久。菊泉来。晚，与石麟谈。谈算，写信。

初三日（10 月 25 日）

写家信。子丹由清河乘镜孙车来，暂居于寓。王明随来。车夫因为镜孙办事须留一日，遂将车卸在厩中。午后，遣高福出城送信，计致大哥、实甫信共一件交聚元锦信局，镜孙与伯鹏家信附焉；家信一件；致亦香信一件，苏雨翁家信附焉。雨翁信因未知其所在，故托亦香询交。乃将发信时其家人赵柱持来雨翁谕伊两信烦看，并有写好回信信皮一，住址详明，知已回津，住自已铺中。因与亦香信已写好，不便更改，仍托亦香转交。石麟家信一件，子丹带来；镜孙与陈润生信一件，均交润生汇寄。日夕，高福归，持来信票一纸，献夫在天利和写说片一纸，云闻新立留守公所，一则清查在京人员，一则清查殉难诸臣，已据所闻函致亦香矣。子丹处正欲发专差，闻其已来，甚妙。晚，与石麟、子丹谈。谈算。代七弟妇为沈金门写信。

初四日（10月26日）

早，王少棠来访子丹，言昨日镜孙与润生信，润生已阅，本日润生赴通州，不及写回信，有前由胜芳持来镜孙家信一件，内有银票百金，因无便未寄，特交子丹。稍坐，去。子丹借被褥各一、芰孙所存俸银十一两有馀，出城到哲臣寓，与益斋同住。午后，小憩。磨墨，添墨盒。增伟人来，谈许久。晚，与石麟谈，阅其《南游日记》，抄其所出算题。本日七弟生日。

初五日（10月27日）

早，书庵来，持来留守公所知会一纸，系由石九龄处传来。言在京人员须到安定门内柏林寺留守公所画到，并注明实缺、候补及各项差使。未限日期，亦未注明系何署知会何人者，不知何故。与书庵谈，欲去亦须觅车，书庵往月舫处。梅生来，留早饭。饭后，梅生同敬侯、鸣西上街闲游，先后归。菊泉来。伯茀处遣人送来落花生、梨。日夕，接梁巨川同年谢送润笔信。梅生、菊泉去。晚，与石麟谈算，甚畅。敬侯又来宿，以新居系砖炕，未曾藉草，觉凉也。

初六日(10月28日)

早,菊泉来,持来苏帖一张、小柳帖三张相送。灵馨古来,烦敬侯书护照。午后,月舫来。吕顺来。晚,与石麟谈算。有抛砖者。

初七日(10月29日)

早,为献夫、益斋、子丹写说片,令何贵持往,询问到公所画到事,并与益斋借车。饭后归,持回益斋回信,言本日子丹往崑师处,伊明日到公所,初九日遣车来备用。献夫未在天利和,将信留下。陈润生来,言明日回津,可以捎信,即写数语交润生。菊泉来。晚,与石麟、伯仁侄谈算。有抛砖者,不止一次。

初八日(10月30日)

鸣西疾痊。饭前,书庵来,谈至午后。遣翁禄到高策臣处,取来灯油,秤之,连器共六十四斤,石麟代购者,取其价稍廉也。翁福言广源已卖米,即令众家人往取,只取来老米五十斤。翁德言,米实是他人运来,托其代卖者。晚,谈算。有抛砖者。

初九日(10月31日)

早,梦岩来,知余本日赴留守公所,烦代为画到。献夫乘益斋车来,携来子丹说片,言留守公所无翰林院画到簿,须到崑师宅。昨已与石麟、书庵约定同车往,今多献夫一人,又无须到柏林寺,因请书庵来告之。并嘱代梦岩画到。书庵云,石九龄与毓聘之亦约定今日同车往,只可趁伊二人之车。菊泉来。石麟饭罢来。余与献夫同饭毕,三人同车出,见书庵三人之车亦驾矣。由大街北行,折而东过后门,至崑师宅。崑师未在,嘱门房代为请安。有本署长班谢全引入一室,室有簿,留馆者由首页向后书,庶常由后页向前书,书曰:某人,某省某县人,某科进士,某官,亲身画到,现寓某处。三人均如式书毕,计编检共六十人,庶常才二人耳。

出门南行,石麟到七条胡同访唐子奇天津人,现为日本翻译,余亦入见,献夫在车候。辞出,献夫到三条胡同对过代子丹送信于同顺号,烦寄清河交镜孙。毕,又折而北,由什锦花园西行。过枚岑故居,谈及枚岑从军死,唏嘘久之。过后门,由西安门城根南行,复折而西抵寓。所过各处,单牌楼如常,只市肆多关闭。甘石桥以北,触目荒凉,法界也。西四牌楼焚去西、南者二,民居、铺户亦多焚毁,然尚不似传闻之甚。再北则入日本界,人马往来,阛阓交易,一如平日。至东四牌楼,则人烟填溢,十倍寻常。售衣物者聚积如山,弦索鼓乐高唱而乞钱者聒人耳,巷口皆有报单某园演某部者不一处。凭轼而观,荒凉者固兵燹后景象,热闹者亦未尝非兵燹后景象。盖高唱乞钱者,并非其夙业,此聊借以糊口,售衣物者,皆搜攫而来,亦非权子母逐什一者比也。然都城地广,此辈独聚于一隅,可见各国之待华民不一例矣。闻德、俄界中亦极荒凉。德人公使被戕,尚有可说,俄、法何为自安于暴哉?

献夫到寓,又谈时许,言昨得范孙信,知天津知府现为陈序东夫子以培,知县为吕秋樵增祥。未知书庵归否,烦鸣西往视之。回云适归,已代梦岩画到,并持来初二日由临潼行在寄庆王、合肥谕旨,敬录之。上谕:"览奏均悉。前月刘坤一等合奏,欲请回銮，曾于二十二日明白宣示，此谕想尚未到。朕之暂住西安，惟盼该大臣迅速开议，和局有成，即当择日回銮。钦此。”又奉廷寄：“朕此次躬奉慈舆，从枪林炮雨中仓皇出走，备尝艰苦。现在洋兵分驻各门，官民往来尚多不便。若乘舆遽尔来京，未知作何景象。俟和议成后，即当择日回銮，必不久驻西安为偏安之计也。将此谕令知之。钦此。”晚，敬侯寻绿豆，言石麟患感冒，本日须回寓眠。绿豆无之，予以建曲一两。菊泉来，谈许久。谈算。

初十日（11月1日）

早，到书庵处视石麟疾，与书庵谈许久归。黄顺来，黄顺本日到柏林寺见耀卿，并到贤良寺。因写说片，令伊带交竹坪。言由定兴随弼叔到津，今同亦香家人黄玉来京，持来弼叔信，内有家信一件。阅之，知香吟师逝世，赵静山亦逝；四弟作小生意，五弟上钱铺；蓬仙五弟在胜芳续弦；剑青腮受枪弹伤，其夫人又卒；在津同人以余未在家皆极力照拂，甚为可感。小航表兄现在天津。午后，将芰孙银借与石麟二两，交书庵打扫费，其皂媪家来人，急需钱也。菊泉来，有人来为酌升送信，云有耽搁，亦说不清楚，终觉疑惑。已而酌升来，言家眷已移至衙门口安置妥帖，送信之时酌升尚未到家也。与酌升谈别后各事。伯仁侄由余在书庵院时同敬侯、梅生往东城，至暮始归。晚，与酌升谈。有抛砖者。

十一日（11月2日）

早，酌升出城。绍贤来。书庵来，已饭罢，谈至余饭后始去。

单伯宣世兄启藩来,谈时许。因闻一叔噩耗,来询问也。黄顺来,持来竹坪回信,言东三省及永平均被俄人占据,永平守被掳至旅顺口。西路洋兵已过保定,仍向西行,不知何意。和局尚无头绪。耀卿与弼叔信一纸,嘱为弼叔写信。子丹家人王明之兄来京,明后日回津,可寄往也。弼叔信已写少半,即足成之。又写家信一件,内有与小航表兄说片一纸。并鸣西、敬侯、伯仁信作一总函,交黄顺携去。本日为一叔百日,设祭遥奠。酌升始归。晚,为鸣西作山查羹。与酌升畅谈。有抛砖者。

十二日(11月3日)

早,李松生来。梅生来,谈许久。午后,月舫来,烦书册页一。同月舫、酌升、鸣西到菊泉处,视其疾。菊泉患黄病,昨未见,故视之。已愈,谈许久。中一峰兴来访酌升,谈许久。酌升出城,云本日不归矣。有酌升表弟张氏昆仲来访酌升,其兄名简青,字竹筠,未问其弟名号。余见之,稍谈去。伯曾祖母忌日,设供。晚,菊泉来谈。晚,演算。有抛砖者不止一次,有极大一枚,何贵怒詈之。本日已有送上谕者,月需钱一千。

十三日(11月4日)

早,馨古来访酌升,与余谈片刻去。梅生来。酌升归。午后,代酌升向广源米店借骡,向石九龄借辔头,翁禄为御。酌升往柏林寺画到,鸣西随去。菊泉来,谈许久。秀卿来。日夕,酌升、鸣西归。菊泉来,谈至余等饭后。晚,与敬侯谈算,抄《格致汇编》算题。有抛砖者。

十四日（11月5日）

早，抄算题。梅生留早饭。饭后，鸣西得家信，内有姑丈与实甫信，代阅之。广源米店人来，为存米事缓颊。得镜孙家信，即写说片，饬原人送子丹处，顺便寄清河。酌升出门。范鼎臣启铭，候补指挥，江宁人来访酌升，不遇，余见之，谈许久。郑秀卿来，购得木砚一方。昳时，酌升归。晚，抄算题，谈算。有抛砖者。

十五日（11月6日）

早，酌升出门。午后，秀卿来。李幼卿来，持来远镜一具，欲售与梅生，暂留于寓。霍德来。日夕，酌升归。晚，谈算，以远镜窥月。抛来一小砖头。

十六日（11月7日）

早，梅生同敬侯、鸣西往长安街试看远镜。少时，敬侯、鸣西持远镜归，言梅生他去，远镜与价七金。酌升出城。午后，牟树滋圻来访敬侯，其人通俄文而不善英文，烦敬侯代写英文护照若干纸。月舫来。菊泉来。李幼卿来，告以远镜与价少之，携去。顷之又携回，言卖主本非二十金不可，因有急需，不得已如梅生与价出售，立待索银。因适才敬侯、鸣西访梅生尚未归，期以明早。即令鸣西为梅生去信，告知秀卿来。酌升仆人来。伊共存钱五百二十六千，前曾索回银十两，今又交伊银三十四两，两清。画算图，有自创者，快甚。酌升未归。晚，与敬侯谈算。有抛砖者，翁禄前胸中其一。

十七日（11月8日）

早，酌升归，持来梁廷栋书竖幅一，裱好者，云三千五百购得。查《馆选录》，知梁为甲戌翰林。李幼卿来。酌升、鸣西同幼卿持远镜到梅生处。少时归，言已留用。午后，丁丽川来，持来范孙与余信一件，并有致耀卿信烦转送。伊新购得《比例汇通》一部，暂留一阅。谈许久，知伊铺时与洋人交易，洋人一日饭于伊铺，饭罢与洋一元。酌升、鸣西同丽川出城。魏玺亭世兄之老仆来，昨始自奉天回京，云东三省情形亦如京城，并非俄人独据。因道阻不便捎银，只带来黄金四两，京中无处可易。玺亭拟一半日往昌平州，向其戚之司铎于州者易银，借京蚨八千、暖冠一而去。日夕，酌升、鸣西归，购来《学算笔谈》一部。晚，谈算，画算图。有抛砖者。

十八日（11月9日）

早，李幼卿来，同酌升出门。少时，酌升归。饭间，菊泉来。得卫哥信，言初二日曾由竹坪处寄来一信，并未接到。又言仓门口房被洋人占据数日，内眷皆寄居戚友家，蓬仙五弟携子女赴胜芳，余家均平安。信内有鸣西家信，当即交付。午后，常向辰光斗同年来访，酌升、余同见之，谈许久。托其将范孙与耀卿信带往柏林寺。鸣西到伯弗处代其收拾遗书，携回诗稿、游历日本日记、算稿书本、《代数通艺录》一部。晚，谈算。有抛砖者，翁德怒詈之。大风终夜。

十九日(11月10日)

侵晓,梦一叔归,同桌而食,旋醒。仍大风。梅生来。午后,魏玺亭世兄老仆耿福来,言其主人已赴昌平,伊度日无资,借去钱四千。日夕,梅生又来,言见李启东欲请绅士办保护地面各事,嘱为想人。酌升与余代想前直隶藩司廷用宾大公祖杰及姜宝翁。晚饭间,忽七弟妇自内出,云菊泉院狗吠,房上有铁索声,似又有人行劫,神色仓皇。劝之入,侦之并无其事。晚,谈算。有抛砖者。三更风定,月色大明。本日始设炉生火。

二十日(11月11日)

早,酌升出门。世月舫来,稍谈,同鸣西到梦岩处。酌升归,梅生同来,留梅生早饭。遣人请鸣西,云在梦岩处,陪裕子善饮。午后,酌升同梅生出门。书庵来,谈许久。晚饭,待酌升不至,又宿城外矣。晚,谈算。有抛砖者甚多。

二十一日(11月12日)

早,与伯仁侄谈算。午后,月舫来。菊泉来。敬侯同伯仁上街闲游,代余购得同文馆《算学课艺》一部,甚佳。晚,谈算。有抛砖者。酌升未归。

二十二日(11月13日)

早,到书庵处,祝其生日,未遇。出,遇诸途。到梦岩处,因其太夫人有微恙,视之,已愈,梦岩已出门,归。魏仆来,言其主人仍未归,伊抱微恙,寻白米一小袋,借与钱两千。午后,得芰孙信。梅生来。绍贤来。酌升归。陈义廷表叔来。敬侯由城外取来书籍,以善化王晓夫鉴古,石麟算学门生所著《整数句股和较表》《句股和较加减图》及《格致课艺汇编》相赠,并持来算学各书同观。晚,谈算。有抛砖者。

二十三日(11月14日)

早,书庵来。梅生来。菊泉来。留梅生早饭。午后,梅生去。酌升同鸣西出门。日夕,梅生偕郭琴石来,令人请酌升回,云月舫处、却俗轩松寿翁别墅皆无之,不知何处去矣。暮,酌升、鸣西始归。言适在却俗轩观棋,翁禄往寻时,伊等尚未出月舫门,及到月舫处,伊等又在半途,故彼此相左。饭间,灵馨古来,谈许久。晚,谈算。有抛砖者,不多。

二十四日(11月15日)

早,演算。午后,绍贤来。酌升同鸣西出门。韩绍甫杜来访酌升,余见。遣人到却俗轩请酌升。绍甫为卫哥同署,言十五日希少堂到署查点人员,松际云烦其为余送信,商议卫哥、润生开缺事。酌升归,又谈时许,即为际云去信,烦其设法保全功名。鸣西从伯荞处借来算书,绍贤同来,留晚饭。晚饭间,梅生来。晚,谈算。有抛砖者。

二十五日(11月16日)

早,借米店骡来,驾车到支继师处,已移居城外南半截胡同,怅怅而返,遇梅生于门前。梅生知酌升、敬侯上街,往追之。少时,梅生、敬侯回。又久之,酌升始回。午后,魏仆又来,借去钱两竿。与酌升同车到贤良寺访竹坪。适有家信一件,拆阅之,内有卫哥、性初信各一。即前信言初二日所发者,到反在后。竹坪正与其同人黄小轩抄录上谕。借阅之,知周玉山师(馥)授直隶藩司,廷劭民(雍)死于难。端王已革爵,交宗人府圈禁,事平之日,再发往奉天圈禁。庄王亦然。毓贤已革职,后又发往极边充当苦差,永不释回。赵舒翘革职留任。刚毅已死,免其置议。董福祥因其为统重兵,姑且从缓惩办。闻杨莲府同年现在合肥幕府,偕酌升往访之。晤谈许久,并见其令兄味莼及陈子久、饶贞庭两同年,钱幹臣世叔,朱小汀,因其公事忙甚,辞出。仍到竹坪处,又谈许久。到号房上号,为合肥师请安。同酌升到敬祇斋冢宰处,酌升以其新授吏部正堂来上号贺喜也。有敬侯、鸣西所熟之洋人来访伊二人,不遇而去。

归时已暮,往来皆由前门,内外楼皆毁。大清门洞开,洋兵随意出入,御路任车行走。东交民巷、前门内东偏一带房屋,无存者。銮仪库门亦大开,洋兵占据,五辂等皆置之院中及门前。翰林院署一片瓦砾,止有“登瀛洲”屏门依稀可识。御河桥北城墙开一洞,直达南池子,人车皆由此行。他处华房、洋房均有毁者,洋房究不及华房之多。三月馀未行之路,较前又一气象,触目伤怀,不能已已。晚,为卫哥写信。抛砖极多极久,何贵等詈之愈甚,三更以后,大有累累贯珠之势。彼独不畏冷乎?真不可解。各国使臣:英,萨道义;俄,格尔思;法,毕盛;美,康格;德,穆默;日本,西德二郎;义,萨尔瓦格;奥,齐干;和,克罗伯;比,姚士登;日,葛络干。

二十六日(11月17日)

早,月舫来,同鸣西陪敬侯到馆。馆在继绍庭林,丁酉同年,前安徽藩司阿笑山克达春之公子处。绍庭专学洋语,不能屈在弟子之列。馀则景濬卿一子,于受轩一子,月舫两子一侄,附馆皆十馀岁,中西并学,月共束脩五金,亦不为小补。鸣西居闲,故陪往也。为阆仙二舅周贡珊写信。何贵因抛砖者将门窗打坏,请一人来修补,闻其语似同乡,询之良是,井其姓,得魁其名,占元其字,约五十馀岁,住津城内石桥胡同,后以工改木,为电灯处执役,已保至守备。午后,鸣西归。梦岩送回借出《津门诗抄》二本。信安来,云二十二日到京,暂寓天利和,谈极久。请石麟来谈。知益斋已移居绳匠胡同,子丹偕焉。绍贤来,致卫哥信即交信安带往城外。内有四伯母与卫哥信一件;鸣西致卫哥信一件;何贵与其外孙信一件,求卫哥遣人送者。送信安出,遇书庵于门首。阆舅、贡珊信共一函,随月舫家人回湖北之便带至河南交贡珊,缘刻不知阆舅在何处也。晚,谈算。抛砖较昨日甚少。

二十七日(11月18日)

早,菊泉来。书庵来招酌升、鸣西及余小饮,同往食羊肉火锅。饮毕,麟子鹤同年来访书庵,与谈许久归。酌升出城。为伯仁侄画测量图。月舫来,稍谈去。日夕,接实甫信及鞠人信,送信人即前实甫遣来专差李姓之叔,前与专差银三两,伊未持,云待其叔来取,今顺便取去,有条为凭,两信均未索酒资。杨穗生同年遣书吏持知会来,户部知会底:陕西司传准俸饷处传称,京师自遭兵燹,人民离散,所有现在京城官员,自应先行查明分别办理。除本处咨行八旗都统,将向来应行食俸之三品以下文武各员,查明各员名,有无事故,是否现在京城,分晰造册,送部核办外,其汉员应由陕西司自行查办等因前来。除通行各衙门查照,希将汉员文武各官,查明是否在京,有无事故,详细造册送部，以凭核办，万勿稽迟外，相应传知可也。问实甫与允叔应如何注册。即为穗生写信，言实甫已回避到刑部，又丁父忧，奔丧在外，应注与否，与应如何注法，请照例办理。允叔实未在京，如能宽限，当为去信促之来，否亦无可如何。据书吏云，明日即呈堂，去信恐来不及。阅上谕，学差已放：奉天、山东、安徽、浙江、陕西均留任，顺天陆宝忠、江苏李殿林、山西刘嘉琛、河南林开谟、甘肃吴纬炳、福建檀玑、江西吴士鉴、湖北蒋式芬、湖南载昌、四川吴郁生、广东溥良、广西刘家模、云南田智枚、贵州赵惟熙。酌升归，言刘岘庄制军、张香涛世叔筹款助赴行在者川费，已经截止，明日起程，先竟不知，深以为憾。晚，谈算。抛来一小砖头。

二十八日（11月19日）

早，绍贤代购来老米百斤。梅生来。遣人请俞吾山，实甫张姬患病也。午后，遣何贵到益斋处询问津贴消息。酌升昨日闻得江南、湖广两制军于助赴行在者川资外，又筹款二万金，津贴在京人员，御史得与其事，故询之也。增伟人来。黄顺来，嘱为弼叔写信。何贵归，言益斋出门，持来回信，子丹所书，言尚无准信。梅生代购来老米百斤。山东差人孔宪忠来问有信否，明日伊回山东，令其日夕来取。即为大哥、实甫各写一信，酌升亦为大哥写一信。暮时，孔宪忠来，交伊。晚，菊泉来，谈算。有抛砖者，只一二枚。

二十九日（11月20日）

早，酌升家来人送信，言其仆人被洋兵拿去，目为拳匪，须伊往救，即当前往。梅生来信，取去马褂、风帽，前所存也。午后，遣翁禄到天利和送信,致李润生信一件,致允、弼两叔信一件,家信一件,敬侯附寄信两件。并与信安说片,请其荐姚阶平于幼樵。魏仆来,言其少主在昌平来信招之往,无川资,借去钱六千。张姬服药呕吐自汗,遣高福持方往请,伊昨本云此方可服两剂,故未预请。恐其已出门,令速往。少时归,言吾山正欲出门,本日不进城,另改一方先服,明日来诊。翁禄归,持来信安回片。敬侯约鸣西饭于其寓。余与伯仁侄饭间,英人萨乐芬偕其翻译美人李佳白号启东来访酌升,余见之,延之客坐,谈许久,李优于中国语言。敬侯、鸣西亦来谈。晚,为伯仁讲《应酬汇选》各信稿。抛砖一二。

三十日(11月21日)

早,书庵来。遣高福请俞吾山,并为丁丽川带去说片,告知实甫为其家寄银十两,令其不必念家。增伟人来。书庵又来,与鸣西商议,售烟土获利,故频来也。午后,月舫来。绍贤来。俞吾山来,为张姬诊视,云较昨见好。日夕,梅生来,留晚饭。晚,谈算。有抛砖者。翁德忽云有人在院中行走,索之不得。

十月

初一日(11月22日)

早,霍德来,言颂阁师处有家人自天津来,不用伊矣。书庵来,有事赴东城,烦为借骡,并借翁禄为御。午后,韩绍甫来访酌升,余见之,稍谈去。菊泉来。梅生来。鸣西购得《策学备纂》四十八本。祀先。送梅生出,遇书庵,言适到嵩文恪师处见庶师母,其寓被掠,甚苦,几有断炊之势。手持猪肉,拟明日熟而送之。晚,谈算,抄《代数备旨》算题。有抛砖者,不多。

初二日(11月23日)

早,书庵来。酌升遣人送来所购之书三种,棉被一,知其已回京。午后,绍贤来。酌升归,言洋人因拿拳匪大师兄不获,故将其仆人拿去,嗣拿获大师兄,即将其仆释回。石麟来谈。梅生来。菊泉来。酌升因闻洋兵已到宣化,往访灵馨谷告之,晚饭始归。晚,书庵来,稍坐即去。谈算。有抛砖者,多于前日。陕西学政又放沈卫,不知何故。

初三日(11月24日)

早,酌升出门。午后,梅生来。接李润生信,系卫哥所写。灵馨古来访酌升,余见之,谈许久,知耀卿已回津。日夕,酌升归。书庵来。晚,谈算。有抛砖者,打碎七弟妇屋窗玻璃。

初四日(11月25日)

早,直隶长班来知会,刘岘庄、张香涛两制军,袁慰庭中丞筹款津贴,京员自三品以下至内阁中书止,国子监、光禄寺暨各项小京官不与焉,明日亲到恽薇孙处取。酌升之仆张发来,同酌升答拜美人李启东佳白、英人萨乐芬,并拜于受轩,均未在寓,归。酌升同鸣西、伯仁出门。石麟来。喻志韶同年来,谈许久。送出,遇鸣西、伯仁归,言酌升出,宿城外。菊泉来。晚,谈算。连日抛砖者日夕即有,四面纷至,登高视之并不见人。有疑为狐者,七弟妇焚香祷之,本日竟未抛。世间真如小说所云之事乎?未敢深信,试再验之。

初五日(11月26日)

早,书庵来,谈许久。午后,梅生来。同石麟到恽薇孙处取津贴,晤姜宝翁、潘问翁、陈星斋前辈,谢仲鲁及诸同乡,见齐禊亭说片,言其家口在良乡均为拳匪所戕,可惨之至。薇孙往开银帖,未回。益斋、刘仲鲁随到。因尚须久待,偕石麟先到益斋寓,看视年伯并子丹。谈间,吴肃堂来拜,子丹、石麟随年伯到后院,余乘间到支继师处,晤谈许久。世弟均幼,中馈无人,殊难为情,辞出。行至绳匠胡同后口,遇献夫、石麟同车往恽宅,嘱余与子丹待车,仍到益斋处,与年伯、子丹谈。车来,偕子丹复到薇孙寓,晤王少农年伯桥梓、聂献廷。薇孙已归,即将津贴银帖交付耀卿一分,经潘楙廷代收。酌升亦到,欲偕其回寓,以有事辞。又同益斋到其寓稍坐,归。中元后百馀日始一出宣武门,城被炮击数处,菜市口南横街卖物者甚多。并有酒馆、戏院。清秘阁一同事亦在南横街卖衣服。途中遇龙文老穆、曹再韩前辈,皆立谈数语,无非咨嗟太息之声。书庵来。绍贤来。晚,谈算。抛砖者寂然。

初六日(11月27日)

早,绍贤来。鸣西往访梅生。午后,伟人来。月舫来。绍贤来。接卫哥信,九月二十一日所写。菊泉来。韩绍甫来访酌升,留片而去。郑秀卿遣人送来卤虾油一瓶,系送敬侯者。晚,谈算。砖不抛者三日矣,大约不复抛矣。广东学政溥良升左都御史,浙江学政文治调广东,李荫銮放浙江学政。

初七日(11月28日)

先君忌日。早,李子深名复,直隶同乡,礼部来访酌升,余见之,谈许久去。后酌升归,又往访梅生。已而,偕梅生来,留梅生早饭。饭后,酌升又偕梅生、鸣西出游。秀卿来。鸣西归,言酌升又出城,不归矣。绍贤来,谈许久。晚,同伯仁侄观星至夜深。张竹筠简青为酌升来信。

初八日(11月29日)

早,鸣西购鸡一只。午后,绍贤来,为伯茀送纸,明日发引也。益斋来。菊泉来。请书庵来,谈许久。石麟来。酌升归。晚饭后,同酌升吊于伯茀昆仲,哭之恸。鸣西在伯茀处照料,因发引时早,即宿伯茀寓。余与酌升同归。伯茀从兄增伟人送出,遇书庵、石九龄于门首。晚,绍贤来,携去象棋子。与酌升、敬侯谈。

初九日(11月30日)

早,酌升出城。梦岩来,还前所借芰孙俸银十两有馀。午后,遣何贵往南横街两益平杲局取津贴银,并代石麟取银贴,注明本日付银也。秀卿送来莱菔九枚,极大。石麟来谈。何贵取银来,即易钱,补开男女家人中秋节赏。菊泉来。晚,与敬侯诸人谈。

初十日(12月1日)

早,买肉犒赏男女家人。午后,月舫来。丁丽川、王少棠同来。少棠持有杨心栽世叔与石麟银、信,请石麟来面交。丽川因购书用银,烦余设法,因津贴银无便寄津,暂假与伊二十二两,言明有便寄津即还。梅生来。鸣西所购之鸡为菊泉院犬咬死,因熟而请客,并趁余有肉,日夕,酌升归,与伯仁、鸣西出公分请月舫、梅生、书庵、敬侯,小饮极畅。肉熟,男女家人十三名,每人一斤,送书庵子女一斤,石麟一斤,内宅三斤,客主共食四斤。客去,与酌升、敬侯、鸣西、伯仁谈至夜深。石麟晚间来,与酌升对奕两局。

十一日(12月2日)

早,书庵来,绍贤来。代酌升写呈为襄臣被戕含冤事,请合肥代奏也。李松生来。午后,酌升偕松生出城。余同鸣西浴于头条胡同。先有一美人浴焉,待其浴毕,乃浴。浴后,鸣西先出,余由浴堂前门出,在长安街、二道街一带稍为留连,然后归。接津信一总函,内卫哥信、实甫信、家信及友人托寄信八件。又大哥信两件,其一系七月三十日所发,不知何故至今始到。鞠人信一件,遍阅知李升于初三日到津,因待火车,故先将信寄来。家信内言七弟现患黄病,甚为悬系。余前月二十一日又生一子,四日而殇,甚妙,盖定儿日见软弱,骤然离母怀抱,恐蹙其生,今又得乳,足资补遗,呱呱者固无足重轻也。有书庵令亲寄伊信一件,即为送去。遇鸣西归来,言有法人强买人烟筒,将卖烟筒者划伤,巡街美人见而逐之,并唤市人同逐,鸣西与焉,鸣西乘间而归。酌升至暮未回。晚，与伯仁侄谈算。又有抛砖者，只一二枚。

十二日（12月3日）

早，梅生来信，寻去各国告示一张，前同石麟从唐子奇处持来者，以无所用置之，不谓今竟用着。遣何贵往各处送实甫寄来戚友各信。午后，常向辰同年光斗携一人来访酌升，不遇而去，为余留片。月舫、梦岩同来。到书庵处，送其世兄一叔所写白折两篇，遇麟子鹤同年瑞。留敬侯晚饭。菊泉来。谈算。无抛砖者。

十三日（12月4日）

起甚晏。石麟来。仍遣何贵送信。午后，头微痛，小憩。晡时，何贵回，信均送到，惟徐相臣世叔不知去向，鞠人之信未报，仍持回。晚，与敬侯、鸣西、伯仁谈。

十四日（12月5日）

早，翁禄经酌升荐妥警务局巡丁事，须用铺保，求之不得，因为丽川去信，请其出保结。书庵来。竹坪来。子丹来。酌升归，持来所购算书、石板等。留竹坪、子丹早饭。午后，绍贤来。翁禄归，言丽川已为出保，并捎来丽川所送明年时宪书一本。郭琴石来访酌升。石麟来。伟人来。菊泉来。竹坪仍留晚饭。饭后，石麟来与酌升对奕。余与竹坪诸人谈，知寇雨江及梯云令弟于夏间均被拳匪贼害。竹坪前数日始得确耗，两家人尚不知也。夜，大雪。不久即止。写家信、卫哥信、芰孙信、阶平信，明日交竹坪携至东城,由包封寄津。鸣西家信附入余总函,伯仁侄信在卫哥函中。

十五日(12月6日)

早,翁禄赴警务局任事。竹坪持信回东城。午后,酌升、鸣西往却俗轩。菊泉来。日夕,酌升等归。晚,与酌升诸人谈。夜深,何贵起,云院中有人行走。

十六日(12月7日)

敬侯借地招月舫、梦岩、梅生饮。午前,伟人来,稍谈去。月舫诸人以次到,饮极畅。饮毕,酌升出门。月舫、梦岩先去。酌升归后梅生始去。大风终日。晚,与酌升、伯仁谈。

十七日(12月8日)

早,酌升出城。鸣西约书庵世兄早饭。子丹来信,送还前借芰孙俸银十一两有馀。午后,王少棠来,黄顺来,言内阁又查点人数,请为弼叔写信,即写一信交少棠带去。黄顺度日无资,与之钱十二千。知徐相臣世叔于洋人入城伊始,被德兵戕害,无怪鞠人之信不得投也。菊泉来。晚,与敬侯、鸣西、伯仁谈,极冷。

十八日(12月9日)

早,代李幼青翰雯,宝坻附生,为沈鹿翁叔岳行,与酌升最熟。写信上合肥相国,酌升所嘱也。午后,绍贤来。菊泉来。直隶馆长班侯升来,言值年远遁,工食久未发,度日无资,求赏,与之钱二千。暮时,书庵来,谈至晚饭后。敬侯还前借芰孙银二两。

十九日（12月10日）

早，月舫来。书庵来。午后，石麟来。梦岩来。郭琴石丁内艰，来为酌升送信，并有致酌升信一件，合肥送来酌升为襄臣求伸冤呈批，捎来竹坪昨借去鸣西风帽。晚，聚谈。

二十日（12月11日）

月舫、梦岩借地招敬侯、梅生、菊泉饮。饮间，耀卿来，新自津来京，来告家中一切情形也。稍谈去。饮毕，月舫、梦岩、梅生先去，送出，遇书庵于门首。回与菊泉谈。绍贤带领伯苐令郎来谢书庵，借去明年时宪书。晚，聚谈。

二十一日（12月12日）

早，绍贤来。午后，接姜少云信，知李润生丁内艰。日夕，菊泉来，谈至晚饭后。晚，谈算至深夜。

二十二日（12月13日）

早，与伯仁谈算。午后，王少棠来，前向伊通融，今送来银十一两一钱五分，余暂存，留为寓中日用之需。日夕，菊泉来，谈至饭后。抛来砖头二枚。晚，谈算。

二十三日（12月14日）

早，谈算。午后，收拾衣箱。晚，仍谈算。抛砖多于前日。敬侯赠海白菜一束。

二十四日(12月15日)

早,绍贤来。午后,酌升归,言家眷已到京,现住四川营。告伊近日各事,伊即往访郭琴石。少时返,并偕梅生来,途遇梅生,知琴石本日葬其太夫人,不在家,故返也。侯景岳来。天利和冯掌柜来,言王少棠明日回津,有银可由此便汇寄。为芰孙写信,并汇银二十二两有奇。问其能捎衣物否,答曰不能。酌升出城,已有家,不复留宿矣。接润生同年信,内有致松际云信一件,大约为报丁艰事,即遣人送去。暮时,敬侯由馆归,有与熟识洋人三随来,酒渴思饮,即为烹茶,与敬侯谈,语皆不能懂。其一醉甚大,有屡舞傞傞之意,许久始去。晚,有抛砖者。聚谈。道路不通,寒衣未到,入冬以来只衣一敝缊袍,近日寒甚,检点箱箧,得卫哥棉裤,又索出实甫弟羊裘,本日尽服之,暖如春也。

二十五日(12月16日)

早,李幼青取去代写上合肥书。信安来,留早饭。午后,酌升遣人来取所存书籍、衣物,捎来落花生、山查若干相赠。少时,酌升来,言在街头购画一张,借洋一元。遣翁禄往取赏众家人京蚨十二千。与信安对奕一局,未终石麟来。酌升又与石麟奕。余同信安访松际云同年,问润生如何报到籍,兰坡已经画到否?际云新有西河之痛,病体支离,其夫人现亦抱病,医家适到门,匆匆数语出。访姜宝翁,未遇。行至象房桥,与信安分途。遇敬侯于铁匠胡同口。抵寓,石麟、酌升已去。晚,聚谈。抛砖者甚多,何贵怒詈之,抛愈甚,夜深始寂。

二十六日（12月17日）

早，书庵来，已饭罢，谈至余等饭后，同鸣西、伯仁上街闲游。酌升来。昳时，鸣西、伯仁归。菊泉来。叔母忌日，设祭。晚，聚谈。有抛砖者。

二十七日（12月18日）

早，与伯仁侄谈算。午后，徐振来，言同剃头罗顺同到京，罗顺先到伊家，即遣其往唤罗顺。接家信并皮袍、棉裤、小夹袄。询送信人，知弼叔、亦香、范孙二令郎慈约均到京，弼叔现寓天利和，火车已能卖票至杨村。家信内云二哥因逃难，洋烟不能吸足，竟眇一目，真如西河丧明之痛矣。阅之，甚觉难过。罗顺来，言实甫初六日起身，伊随行至德州，实甫买舟而北，伊徒步行，并在他处耽延，以为实甫应先到矣，乃竟未到。闻之，殊不放心。晚，聚谈。有抛砖者，不多。

二十八日（12月19日）

早，为卫哥写信，请其遣李升沿河迎实甫船只，并代何贵为其外孙写信。万顺荷包铺陈品三来，即将信交伊带至城外，交信局。午后，遣何贵到弼叔处，并到有益堂取前与侯景岳言明通融之款。日夕归，持来银三十五两，言弼叔现寓哲臣处，已见面，云明早来寓。晚，聚谈。有抛砖者，何贵痛詈之，抛愈甚。

二十九日（12月20日）

早，酌升来，梅生来，均已饭罢。饭后，弼叔偕严慈约来，云明日遣人回津,可以带,即写家信一件。适梅生托向屈臣氏购药品,即请其开单附入信中。慈约往访石麟。石麟来,亦托带信。绍先来。菊泉来。弼叔因寓中费用不足,持来十两。石麟、酌升对奕一局。晚,聚谈。抛砖不多。

三十日(12月21日)

早,令何贵换银。高泽畬、与弼叔同来京。严慈约来,弼叔来,留三人早饭。午后,亦香来。请敬侯来谈。弼叔同慈约出,访姜宝翁。刘仲鲁来。弼叔先回。亦香、泽畬去后,泽畬言少乾升解州,诏衔署霍州,仁府署冀宁道。慈约偕其妻兄曹绶卿来,知王吟皆、赵子登、杨兰坡、陈润生、杨敬林、刘芋田均来京。火车可以由津买票至京,不能由京买票至津,票价须洋三元一角,较前殆将加倍。菊泉送来再造丸二丸、活络丸四丸,皆广东陈李济者。昨家中来信,因二哥有疾,须用此物,向伊索取者也。晚,聚谈至夜深。抛砖一二。

十一月

初一日(12月22日)

早,李二自其家来,言实甫初十后到南皮,因洋兵正到该处,暂与沈金门同居,俟道路平定,再行北来。申祥趁此无事到家一看,二十五日抵家,彼时李二尚未起身,故知之甚详。午后,陈润生来,捎来家信及卫哥信各一件。卫哥将赴武清,嘱将其棉裤、皮马褂、铺盖卷、小书箱随润生回津之便带回。润生以物多不易带，暂将铺盖卷留下，再有便再寄。言定明日送至城外，顺便取回伊由津带捎之定烟。卫哥信内有黄杏樵表叔托捎物单一纸，即交润生，托其代购。谈许久去。晚，聚谈。有抛砖者，三更后犹有声。写信。

初二日（12 月 23 日）

早，增伟人来，持来世桂堂魁被戕缘由一纸，烦交酌升由吏部汇案请旌。午后，遣高福父子到天利和送信，计卫哥信一件，书箱一只，皮马褂、棉裤各一，及伯仁侄寄家信件一小包，作一总包；家信及昨向菊泉寻来丸药共一包。取回润生代购定烟五十块，昨言明惠赠，不索价矣。酌升来，即交伊伟人持来之件。绍贤来。石麟来。酌升往访书庵，已而偕书庵来。陈庆自其家来。晚，翁福扮洋人戏弄陈庆，陈庆奉命惟谨，群起而笑之，伊竟不悟，可笑亦可怜矣。聚谈。有抛砖者，不多。

初三日（12 月 24 日）

晚，聚谈。有抛砖者，不多。

初四日（12 月 25 日）

终日看算书，演算。晚，聚谈。未抛砖。

初五日（12 月 26 日）

早，卫哥自津来，言昨已到京，下车时天已晚，未能进城，寓于万德店。同来者姚斛泉世叔、杨绍溪、王竹林、允叔，为盐务公事来见合肥也。赵子登同年、杨兰坡同来,知亦香、吟皆、泽畬均已回津。午后,菊泉来。晚,月舫来,谈许久。与卫哥谈至夜深。未抛砖。

初六日(12月27日)

早,卫哥出城,到公柜商办公事。如大家回津,即一同回去,不复来矣。如先不回津,明日再来寓小住。书庵来,谈至饭后。绘若汀兄《算草丛存》青出朱入"句股弦方图"。与伯仁谈算。晚饭间,伟人来,谈许久去。后实甫由津来,何清、张福随来,言前日到津,昨日住一日,本日由火车来。带来家信,芰孙、少波信各一件,知前寄之丸药已经捎到。与实甫谈别后家外各事,尚未详尽已夜深矣。未抛砖。

初七日(12月28日)

早,遣霍德到弼叔、酌升两处,告知实甫到京。午后,实甫偕鸣西到伯茀、书庵、梅生、菊泉各处,日夕归。书庵来。卫哥来,本日未回津,因见弼叔,知实甫到京,故又来也。晚,聚谈。至夜深,大家眠后,又与卫哥谈至黎明始眠。未抛转。

初八日(12月29日)

早,弼叔来,留早饭。梅生来,以城外有人招饮去。酌升来,已在家饭罢。午后,卫哥仍往公柜如前。约丁丽川来。龙光斋穆来,绍贤来,石麟来,菊泉来,畅谈极久。晚饭后,魏玺亭世兄来,言由昌平州始回,黄金四两为其乡人强借二两,其二两易银不及六十两。与实甫劝其速由火车到津,由津乘轮舟抵营口,再由陆路归里，伊以为然。谈许久。与实甫、敬侯诸人谈。未抛转。

初九日（12月30日）

早，张小江姻弟来，谈许久。午后，同实甫往琉璃厂，出门，遇益斋来，复折回谈。兰坡来。石麟来。筱泉来。实甫与益斋同车，余同筱泉到巷口，雇车到有益堂。献夫出门，与丽川谈许久，借其《尺牍两种》《续异书四种》。与实甫步归。缓步当车，到处流连，购点心、酥糖等，抵寓已暮。晚饭后，梦岩来，谈许久，借去《续异书四种》之二。张厨有事告假，明日回津，写家信交伊，并为训平侄带去马褂一件，卫哥昨日所嘱也。卫哥本日未来，想已回津矣。未抛砖。聚谈，甚畅。

初十日（12月31日）

早，魏玺亭来，言其老仆昨与房东看房人口角，本日经看房人到公所诬告，被巡丁锁去，烦为设法缓颊。鸣西即往访梅生。张厨回，言本日火车开甚早，到时已误。鸣西偕梅生来，详询一切。梅生往公所。书庵来，谈许久。梅生回，言已经托人。玺亭屡来探问消息，皆过门不入。午后，梅生、实甫、鸣西上街闲游。殷理斋育恩仙逝，来报丧。日夕，实甫、鸣西归，代余购得《代数难题》一部。晚，聚谈，甚畅。未抛砖。本日为洋人除夕，枪炮声连作，却与交战声不同，想亦如中国之守岁放炮作乐耳。体微不适，似有感冒。夜眠不安，腹时作楚。

十一日（1901年1月1日）

黎明起，大便一次，水泻，甚畅，又眠时许乃起。同鸣西到粥叔寓。本日为鸣西生日,前日约定弼叔做东,在宗显堂小酌也。宗显堂为阎厨所开,先为广东一品陞饭馆,因乱歇业,阎厨起而代之,更今名。弼叔已在彼相侯,见黄顺始知。至则弼叔另有人招饮,同饮者筱泉、兰坡,馀皆津人,不熟,未能悉记,主人为春华泰李君。待其饮毕,又约严慈约来,实甫亦到,并留筱泉、兰坡,不令去,乃复饮,饮甚畅,不觉陶然。兰坡乘间遁。酌升到,已饭罢,未入坐。饮毕,谈许久。同实甫、鸣西归,到处流连。实甫购书两种,余购《算学问答》一部。至巷口,遇协成德布店乜掌柜,立谈数语。将抵寓,遇月舫、梦岩,云适来寓,因未在寓而回,重邀入,谈许久。魏玺亭来,言其老仆已蒙释放回来,言明日回奉天,先由火车到津。为写津寓住址,令诸弟照料之。晚,聚谈。砖总未抛,想其怪,自此绝矣。本日接润生信,内有致松际云、朱芷清、周琴侣信各 件。

十二日(1月2日)

早,与伯仁侄谈算。午后,遣人为松际云送李润生所寄之信。朱、周两信并交际云,请其于赴署时携交。子丹来,谈许久。晚,聚谈。三更后,雪作,极大,簌簌有声。

十三日(1月3日)

早起,门外雪深一尺,而六出花仍纷纷乱落。与伯仁侄谈算。午后,卫哥冒雪来,言近数日未得来寓之故,甚悉。囊中有与人作叶子戏赢得番饼数枚,出其一为鸣西寿,市肉数斤,大嚼焉。晚,聚谈。雪止,天仍未晴。

十四日(1月4日)

早,梅生来,稍谈去。午后,绍贤来,持来伯茀《算草》数本,嘱为收拾。卫哥出城。到书庵处,谈许久。梦岩遣人送来前日借去之书二本。与伯仁侄谈算。日夕,梅生来,留晚饭,谈甚久。谈算至夜深。天晴,月色甚佳。读刘岘庄制军诸人电请回銮折,语语中肯动情,公忠之情溢于纸墨。折本八月所上,近始传钞到京,本日报房始送来也。本日为六弟生日,自丁酉起复到京,此日总未在家,六弟亦觅食他方,罕得聚首,患难之馀,渴思骨肉,怅触于怀,不能已已。

十五日(1月5日)

早,与伯仁侄谈算。午后,同实甫访梦岩、月舫,均不遇。到书庵处,谈许久。石麟出门,未得晤谈。霍德为实甫遣往有益堂,顺便向丁丽川借来《数学钥》一部,留为印证之用。菊泉来。晚,聚谈。本日接灵寿芝信,并有致酌升信及黄赞清与酌升信。

十六日(1月6日)

终日谈算。伯仁侄以代数演《益古演段》各题已过半,余为指示之。晚,聚谈。

十七日(1月7日)

早,谈算。俞云孙熙甫令郎来,留早饭。午后,绍贤来。弼叔来,持来家信一件,云信早到天利和,未曾遣送,适见之,遂携来。内有七弟与实甫一信。即写一信,交弼叔,明日随严慈约之便带津。菊泉来。晚,聚谈。伯仁侄以代数演《益古演段》六十四问皆毕,甚为快慰。

十八日(1月8日)

早,谈算。午后,遣霍德为酌升送去灵寿芝信及黄赞清信,便道到弼叔处取回前携去之日记一本。晚,聚谈。雪作,不甚大。

十九日(1月9日)

早,谈算。天晴。午后,兰坡来寓,为润生报丁须取结,结不易取,嘱访际云一商。即答以俟见际云一问,如必需结,手下存有酌升印结,无俟他求,请其放心。抄《益古演代》算式,与伯仁侄同演者也。晚,聚谈。

二十日(1月10日)

早,抄算式。书庵来,已饭罢,观我朵颐。午后,广源粮店掌柜来,谈许久,为存米事。向来俸米存伊铺,陆续取用。失城时尚存二千斤之数。伊铺已无米可取,其铺人来见余,言掌柜早已回家,俟其到京再议。今已来京,来见实甫,意以为先不能取,俟伊续本购米,然后再付。实甫以需用孔亟,与之反复争论,书庵从而排解之,始各欢笑,期以明日设法陆续付米。允叔来一说片。到松际云处交润生报丁艰印结一纸,谈许久。到姜宝翁处,谈极久,归途遇张玉叔、刘仲鲁同年同车对面来。玉叔现寓朱益斋同年处,要至其寓,谈许久,并见益斋。与仲鲁同车,车夫驱车西而北，余告以路径，仲鲁以为由此亦能行去，已而至劈〔辟〕材胡同西口，始知已经过界，遂下车问之，车夫并不知尚须到舍饭寺也。余在车与仲鲁频问其过舍饭寺否，伊答以未过，不知伊答言时以吾两人之言为何言，竟漫然答之，可谓浊极。步行由二龙坑归，踏雪有声，寒极。抵寓，知有天津人来拜，一曹汇川永源，一刘松泰竹坡，皆亲到。又名片二，一赵兴堂，一穆文荣，皆不识，据云系为办救荒局来见合肥者，拜同乡京官，欲收指臂之助也。晚，聚谈。

二十一日（1月11日）

早，天利和冯掌柜送来银一百两，实甫由山东汇津，经七弟手由津汇来者。外有兰坡信一件，告余送余家米一包，并有取来收到回片。又允叔结一纸，为润生报丁事。即复，言手下存有酌升印结，已为松际云送去矣。酌升来，已饭罢，观我朵颐。午后，书庵来。广源张掌柜来，持去口袋一，许为送米。书庵又来，言其老媪家人来，无卧处，拟寄宿余寓，允之。梦岩、月舫来，谈许久。晚，聚谈。抄《算草》。

二十二日（1月12日）

早，直隶馆长班来知会，张香涛世叔筹寄银五千两，分别正途、捐纳，按同乡人数差分，先将官阶、出身、住址注明，以便考核。并两馆皮衣赏单，即为详注，并代金筱泉注，前伊谆托者也。据长班云，丁忧在京者亦可得，并为实甫注。石麟来。酌升来。广源送来老米一袋。同石麟到元兴堂赴同乡之约，作主者，刘竹坡年伯、丁酉同年，刘樾臣承荫尊人，昨来拜时尚不知，今始知之。年约七旬以外，岸然道貌。穆荫堂、曹汇川、赵兴堂、赵晋三孝廉、宫雨臣茂才、王竹林、刘际清。竹林有他事未到。又有李向辰一人，不知是主是客。作客者允、弼两叔，献夫、芋田、子登、兰坡、心农、益斋、石麟及余，又有本京一人，不知姓字。子丹以目疾，实甫以有服，均辞。饮甚畅。饮毕，与石麟分手。在前门雇车，由正阳门直入大清门，外国虽不禁止，终属中国禁地，臣子何敢废礼，无如暂雇车夫不受约束，禁之不可，闭目低首，心犹惴焉。出西长安门后车夫与余谈，知其为西长安街叶子芳家车，以无事出而受雇，借为刍豆之资。其主人与于则久、张信臣同年交好，春间则久来京，曾住伊处。问其安否何如，甚悉，颇为关切。车夫金姓，抵寓与以钱，辞，强而后受。遣霍德即时为梅生送去药水两瓶，药一包。家信言魏玺亭到津，在家小住七日，以候火车故，塘沽至唐山一带，尚未修好也。并云有其姨母同行，不知为谁，从前总未言及。川资不足，七弟为之代借二十元，无意之中为其写一住址，竟然用着，不然殆矣。晚，聚谈。抄《算草》。

二十三日（1月13日）

早，到益斋处。与益斋、子丹谈许久，留早饭。饭后，与益斋同车到掌扇胡同答拜昨招领之各同乡，均出门，未见。又同到贤良寺晤竹坪昆仲，稍谈。到杨莲府同年屋，并晤味莼，谈许久。为同乡在合肥处递禀请振事，托其吹嘘。赵子登同年亦为此事来拜莲府。与子登分手，同益斋仍到竹坪屋小坐，然后归。行至西长安街头下车，同益斋在二道街闲游时遇唐昭卿同年。实甫、鸣西、益斋出城，余缓步归。遇月舫、梦岩于巷。晚，聚谈。抄《算草》。

二十四日(1月14日)

早,张玉叔、朱益斋同年来,谈许久。为众家人分银帐,赴福建途中所得,分与留京者也。午后,长班刘升来,持来兰坡所赠皮丝水烟一包。实甫、鸣西往照像馆。允叔来。菊泉来。暮时,实甫、鸣西归。敬侯亦来,并偕梅生来,谈许久。允叔留宿。晚,与允叔谈。写家信。

二十五日(1月15日)

早,遣何清到天利和送家信托寄,并取回信安捎来皮包。梅生来,留早饭。饭后,石麟来。实甫、梅生、敬侯、鸣西往照象馆。允叔出城。接姜少云同年信,知其丁外艰,嘱为承报。日夕,梅生诸人归,梅生仍留晚饭。晚,聚谈。

二十六日(1月16日)

早,润民大侄来。昨日到京,天晚未进城,随其同伴宿于客店。午后,广源张掌柜来。鸣西同润民、伯仁上街闲游,日夕归。晚,聚谈。抄《算草》。

二十七日(1月17日)

早,弼叔来,酌升来,均留早饭。饭后,李蓉舫来。署中来知会,二十九日未刻到柏林寺亲身领俸。石麟来。晚,聚谈。抄《算草》。本日同乡赵兴堂诸人送来信一件,言振事已蒙合肥批准,并抄来禀批一纸,甚慰。

二十八日(1月18日)

四伯母七十寿辰。早,刘仲鲁来,谈许久。问以姜少云事,据云请假在籍人员不能在京呈报丁艰。子登、兰坡同来。谈间,曹汇川、宫雨臣亦同来,并捎来弼叔说片一纸。丁丽川来,谈许久。午后,李蓉舫来。菊泉来。晚,聚谈。抄《算草》。

二十九日(1月19日)

早,长班来知会,直隶同乡京官初三日午后,在江苏会馆分津贴银两,须亲到。接姜少云同年信,即答一信。并为弼叔去信,请其发差到津,为未经告假回里诸君送信,皆因津贴之分,于濒行谆托,有日期,即为去信,以便前来,不误取银者也。广源张掌柜来,为借骡事。昨因本日须到柏林寺,令翁福传语有误,致令掌柜来问,殊抱不安。饭后,子丹来,谈许久。约石麟来。同石麟、子丹往柏林寺,入西安门,由金鳌玉蝀桥行走,记己卯、壬午,曾一乘车由此经过,彼时尚不禁人行走,屈指二十馀年矣。抵柏林寺,遇支继师、曹再韩前辈、吴子和同年,清秘堂诸君皆不识,段春严不知何亦充此选。领俸五成,怀之。遇王益孙,知其昨日到京。梯云亦到。同到内阁办事处访耀卿,谈许久,辞出。耀卿同出。周览庙貌者久之,三人仍同行。归已日夕,子丹稍坐即去。梯云送来实甫夹马褂一,家信一件,内有芰孙信。晚,聚谈。抄《算草》。

十二月

初一日（1月20日）

早，梯云来信，为领津贴到迟，烦见玉叔、仲鲁说项。实甫、鸣西、伯仁往有益堂便饭。丽川昨亦约余，以寓中无人，未往。午后，抄算稿。菊泉来。晚，聚谈。雪作。日间拟待实甫归，同访玉叔，乃归时已暮，竟未得往，殊觉无以对梯云。

初二日（1月21日）

梯云清早来，谈许久。鸣西昨在有益堂，见一日本儒士井上佐太郎，通华语，谈甚洽，实甫拟同鸣西往访之。余到玉叔处，与玉叔、朱益斋同年谈许久，徐子贞同年在焉。梯云、益孙津贴似不易得，缘为日太促也。玉叔已知梯云到京，并有交河苏同年守庆亦前日始到，欲分津贴尚未办妥，大约可归一律。归寓，实甫、鸣西已行，梯云尚未去，又谈片刻。益斋来，已饭罢，又与余同食。午后，同益斋到贤良寺访莲府同年，为同乡吹嘘批准振款。据云请款各绅均不熟识，现又有巨绅李子香昆仲及各商总共二十馀人，为振事递呈，合肥师意欲令二者合而为一，令其和衷共济，将来筹有款项，即不复分彼此，办法甚善。又到味莼室谈许久。到通商房晤筱坪、小轩、竹坪，未在。日夕归，在巷内遇书安。抵寓，实甫、鸣西亦才归，与井上佐太郎笔谈各语偕携回，请其教习东文，伊甚喜，不索资。晚，聚谈。抄《算草》。

初三日(1月22日)

早,抄《算草》。午后,益斋遣车,同石麟、实甫乘车到江苏馆。遇弼叔、信安、芋田、献夫、仁安、亦香、寅皆、泽畲、筱泉于门首,芋田随余入内,为伊补缺事,嘱为代访松际云一谈。酌升、益斋、玉叔、仲鲁均在,并晤枚岑世兄玉如,询知枚岑之丧仍未回籍。领津贴毕,正途四十金,正途捐者三十金,捐纳者二十金。实甫、石麟先往弼叔处。余谒支继师不遇,到弼叔处,诸人皆在,李蓉舫亦在座,谈许久。石麟有事先去,余与实甫仍乘益斋车访镜孙,遇之于途,同到其家,谈许久。抢掠一空,触目荒凉,甚难为情。鄂田及其世兄均在寓,日夕归。晚,聚谈。抄《算草》,《益古演段》六十四题皆毕,颇为详细。

初四日(1月23日)

早,长班刘升来送帖,同乡办振诸君明早在天和堂招饮。出城到有益堂小坐。献夫出门,丽川亦未在。问之侯景岳,知李喆生、仲祥叔侄到京,献夫约之小饮,丽川往陪也。到天利和晤允叔,芋田、马筱坪已到,前日在贤良寺约定在此相见也。刘升沿路送帖,随余至此,始自去。信安有事出门,仁安匆匆数语即赴署。余同允叔、筱坪、芋田饮于正阳楼,羊肉甚佳。食毕,闻有唤余者,则献夫、丽川也。伊等早到,因喆生为余弟子,每见执礼甚恭,恐其拘束,故于其去也始呼唤,谈许久。同允叔、筱坪闲游至天桥,遇缪铁山,云才自涿州来,眷口均平安。知冯筱云、敏之均丁内艰。言谈时许,约其到寓,期以明日到天利和,谈许久。晤孙少芗刑部文翰,山东人。筱坪先去,余步归。抵寓,知日本井上佐太郎来，镜孙来，均未晤。实甫、鸣西未在寓，遣人寻之不得，上灯始归，言在安民公所，已饭毕，余乃与两侄共晚饭。饭后，聚谈。校对《算草》。写家信。

初五日（1月24日）

早，候景岳来。绍贤来，为实甫送来伯弗所遗电学、化学各器。石麟来。万顺李掌柜来。同石麟到亦香寓访泽畬，不遇。到有益堂，梯云、益孙在焉。谈许久。同石麟、献夫赴同乡办振诸君之约于天和堂，同饮者允、弼两叔，信安叔侄、益斋、子丹、子登、兰坡、亦香、泽畬。交允叔家信，请带津，有意回津也。饮毕，同弼叔、子登访缪铁山于万隆店，未遇。子登有事自去。余同弼叔到天利和，冯掌柜交前汇银零四两有奇。适遇允叔、信安同入门，石麟、子丹先后至，谈许久。石麟仍有事，余遂先归。抵寓，月舫、梦岩来谈。一叔生日，设祭。年年此日同乡毕至。人之云亡，邦国殄瘁，断章取义，良用慨然。晚，聚谈。张厨自津来，捎来家信。

初六日（1月25日）

早，遣何贵往取津贴银，便道将还李蓉舫银送交弼叔。午后，梅生来。王玉如来。缪铁山来，留之宿，期以他日。何贵取银归，清理应还账目。绍贤送来信一件，托回津转寄宝坻。梅生又来。张厨捎来银鱼三十尾，甚不佳，以其名之美也。留梅生、敬侯共食。交梅生前欠米价三两六钱，代还继少庭煤价八两。晚，聚谈。刘湄舟令郎自山东来信，内有家信托寄怀来。

初七日(1月26日)

早,令何贵易银,为日用需。胡芰孙来信,即写回信,交大侄。大侄本日出城,明日旋津也。午后,同实甫访玉叔,不遇。朱益斋亦出门。又同访蔡鹭卿,有病不能见客。遂同到二道街闲游,许久归。石麟在焉。谈许久。梦岩送还《欧游杂录》。晚,画算图。伯仁侄有微恙。

初八日(1月27日)

早,梅生来信,索回前所存之手套。芋田、仁安偕来。顷之,曹汇川、兰坡偕来,约余同鸣西、芋田、仁安到宗显堂小饮。兰坡往招弼叔,不遇。饮毕,余同鸣西到益斋处,途遇子丹,少时还,谈许久,交余前所借《算学须知》一本。子丹邀鸣西往观剧。余到支继师处,谈许久归。鸣西已先归,云以无坐地,未观剧而归。知铁山偕其子来寓,酌升亦来寓,均留早饭。丁丽川送来《太平广记》六函。晚,代实甫、敬侯抄所谭之西法食谱。伯仁侄喉痛,早眠。

初九日(1月28日)

早,刘樾臣、宫雨臣同来。鸣西出城访子丹。芋田来,已饭罢。午后,广源张掌柜来。丽川来。到松际云处为芋田事托伊,谈许久。访姜宝翁,不遇。访玉叔,不遇,归。实甫已同丽川出城。与芋田谈许久。芋田赴国子监。增伟人来。敬侯偕继少庭来。日夕,实甫、鸣西先后归。晚饭后,书庵来。芋田从署回,留于寓。聚谈。画草图。

初十日(1月29日)

早,书庵来,同芋田出门。菊泉来,稍谈去。梅生来,酌升携酱羊肉来,铁山携其二令郎来,均留早饭。午后,微有雪意。芋田、书庵同回。广源张掌柜来,烦书匾额、对联等。铁山桥梓均留宿。晚饭后,姚阶平表弟自津来。石麟来。聚谈,极畅。夜深始眠。是日,玉叔来信,复答梯云津贴事,云一二日送来,未言数目。

十一日(1月30日)

早,曹汇川来。铁山桥梓出城。朱益斋同年、张玉叔同来。益斋交送锡世兄银五两。玉叔交梯云、益孙津贴三十两,以其来迟,只得此款,适符得半之数,并非容心,实无可增益也。此三十金本为卫哥所备,卫哥开缺,不应得此,知会单上竟有其名,不知何人代书,经手人不知其开缺也,仍以在京论。余因此颇怪长班不晓事,不谓因错见巧,不然梯云师生未免向隅矣。梦岩来。芋田来,稍谈,往访书庵。月舫来。梅生借寓中约梦岩。梦岩、月舫、酌升、敬侯及余等早饭。待之久,梅生不至。梦岩有事不能待,先去。又久之,梅生始至,聚饮,极畅。午后,石麟来。实甫出门,便道为梯云送银,至暮始归。晚,抄西法食谱。

十二日(1月31日)

早,缪铁山来信借车,车夫牵骡来套,即为寻找冬围等件,令其驾去。芋田来。午后,益斋来。与益斋同车到贤良寺,遇味莼出门。见莲府,谈许久。又到筱坪、竹坪昆仲处,谈许久。到号房上号,为合肥师请安。仍同车回,至西城又同益斋步游二道街,观旧书,遇叶鞠尚太史昌炽。归,遇月舫、梦岩于巷。抵寓,丽川在焉。阅报篇,知一叔得恤典;徐友梅补授青州府。晚,聚谈。抄西法食谱。

十三日(2月1日)

早,献夫来信,约同回津。曹汇川来。午后,实甫出门。菊泉来。达少甫、绍贤同来。伯茀之死也,所存西学各器皆毁弃,所存者电学器及画图器两分。电学器前已送实甫,画图器送余及少甫各一分。少甫未知用法,今偕绍贤来询于余,详告之,并为演试。书庵来。英人萨乐芬、美人李佳白遣人来请,期以明日。据云有事相商,请今日去。书庵诸人皆怂恿之,遂到铁匠胡同公所见萨、李二人。始知李佳白因前者酌升、实甫二人访伊未遇,今日得暇,欲见二人一谈。酌升前见李佳白时,尚与余同寓,李佳白前来寓时,实甫尚未回京,故伊以为访伊者必余与酌升,而来请也。谈许久,伊仍欲见酌升,实甫期以明日下午。晚,抄食谱。为酌升写信,遣高福早送去,约其来寓与实甫同访李佳白。伯仁侄疾愈,又演算至深夜。

十四日(2月2日)

早,梯云来信,送伯茀赙仪拾元,即为送去。酌升见信即来,留早饭。午后,与酌升谈。书庵来。酌升同实甫往访萨乐芬、李佳白,上灯后实甫始归,言酌升已出城矣。晚,聚谈。抄食谱。本日为四弟生日。署中来知会欲送御史否,注不欲送。

十五日(2月3日)

早,蒋杏甫来。午后,丁丽川来。张玉叔来。广源张掌柜来,烦写春联。月舫、梦岩、继少庭、于受轩借地为敬侯饯行,并约酌升。敬侯以火车早开,须今日宿于城外,未终席而去。酌升留宿。大家聚饮,甚畅。晚,聚谈。写匾额、春联数事。夜深始眠。

十六日(2月4日)

早,酌升出城。卸煤十四骆驼,共五千六百十斤。梅生之熟人也。新受梅生恩。过称间,提系中绝,暂假石九龄称用之,及称盛煤之袋,则曰每袋例作五斤,无须称,不知果通行否?及问以煤铺人,言卸骆驼煤,须加一称,则又曰无此例。其魁姓苏,跛一足,向称巨猾,今知其不谬也。还菊泉十一袋. 应重五千一百二十斤。自己留用两袋,应重三百五十斤。付抬煤人酒钱四千。梅生来,稍谈去。午后,月舫送来春联一卷,即为写之。月舫来。菊泉来。石麟来。晚,聚谈。

十七日(2月5日)

早,曹汇川、刘樾臣同来,谈许久。言莲府昨差号房知会,本日领振济银,益斋传语嘱余候伊同往。饭间,李五来,详陈失守后,三里河盐店数月情形,幸尚未大蹂躏。午后,益斋来,同车到贤良寺,汇川等尚未到,到竹坪处候之,许久始来。余同益斋先到莲府处,值其正办电奏,忙甚,不得晤谈。李蠡纯年伯在坐,遂与闲谈。言今日为第一次会议,洋人非将祸首置之死地不可,计共十三人,端王、庄王皆与焉。又云启秀、徐承煜为日本攫去,始则待以上宾之礼,置酒肴甚丰美,谓之曰:“两君中国之大臣也,小国若加刑焉,无乃亵甚,痛饮自裁可乎?”二人皆不应,则勃然撤酒肴曰:“吾重君等而不自重,待刑可耳。今而后勿怪吾无情也。”因并攫其衣带。又云合肥在广东时,各省督抚因政府信任拳匪,多有请命合肥以定从违者,合肥概以乱命不可从答之,因而东南各省皆获安全。谈极久,始见莲府。据云并未遣人知会,昨得泽畬信,有十六七日带同李子香处司事到京领款之说,拟待伊至明日,明日不到,再将款项交余二人,并将原信与看,然则此中又生枝节矣。即同益斋持信与汇川、樾臣一看,并嘱其在城外询问泽畬已到否,如但携李子香司事来领款,则吾两人即不复来矣。归寓已暮,由陈润生兄送来李润生信一件,芋田信一件,弼叔说片一纸。知陈润生到京。晚,聚谈。

十八日(2月6日)

收拾书籍终日,振事无消息。晚,为益斋写信,并为弼叔写信。将朱益斋及余送锡世兄年例银各五两交高福,令其明早送益斋处。

十九日(2月7日)

早,卸煤三骆驼,共净煤一千一百八十五斤,口袋亦按五斤一个算。还菊泉八百二十五斤,全清。自留三百六十斤。汇川、樾臣同来。梦岩来。高福尚未回。汇川、樾臣约余同到益斋处,云泽畬并未来京,往与益斋晤商,本日须同往领赈款,即同往。约同益斋、子丹饮于宗显,并约弼叔。余亦到弼叔处,陈润生在焉。同到宗显堂。饮毕，又到弼叔处稍坐，见哲臣与其家人信。同益斋、汇川、樾臣到贤良寺见莲府，领款五千两汇丰银行票。到通商房，竹坪交眼镜二副带津。知朝廷又行新政。见俄使来拜合肥。日夕归，遇月舫于巷口，知酌升来寓，已去。到书庵处，与书庵、石麟谈许久。始见益斋、弼叔回信。晚，写对联、条幅，收拾衣箱，聚谈。日间，李五送来十五叔马褂一件，请带京。

二十日（2月8日）

早，弼叔来。接卫哥与实甫信，收拾行李，同弼叔、实甫到正阳楼赴陈润生、芋田之约。同饮者十二人，识者萧迪生、李蓉舫、田树卿、益斋、子丹，馀皆不识。饮间，何贵送行李来。饮毕，同弼叔、润生、芋田、树卿到天利和。实甫往有益堂。待之久不至，携何贵到有益堂，晤献夫、丽川、景岳。献夫亦结伴明日回津，即遣何贵回寓，请阶平、鸣西。日夕，二人来有益堂，谈许久。观新收拾药房门面。阶平、鸣西在有益堂宿，余到庆义栈晤曹汇川、樾臣、兰坡，均出门。少顷，樾臣归。陈石麟来，谈时许，仍回天利和。仁安、绍芗均由署归。由有益堂持来地图二纸，交仁安。晚饭间，马晓屏来，亦昨约一同回津也。庆义栈遣人来请。饭后，有人来访。绍芗、芋田同出游，随三人便到庆义栈。兰坡、刘际青均归，畅谈许久。天利和遣人来接。归，又谈许久。荫浓叔亦归。芋田、仁安均有信件托寄，润生托为性初捎烟一提。与日间益斋、子丹信共置一处。丑刻始眠。

二十一日（2月9日）

黎明起，同晓屏、树卿到火车站。润生来送，至则庆义栈已来人占坐位。少顷,汇川、樾臣、兰坡亦到。又久之,献夫、阶平、鸣西始到。客座已满,献夫登焉。阶平、鸣西往登敞车。昨晚汇川言明,车票统归伊付,不便强邀阶平、鸣西二人,只可听之。客坐拥挤特甚,有不能坐者。车行甚慢,遇站必住。于路见烧毁火车只剩其轮,票房无不残破,铁路均已拆毁,洋人新修者只一条而已。惟杨村大桥未毁。拳匪真可恨哉!

申刻抵津,河东房舍只馀壁立,触目伤怀。支应局人驱车来接,鸣西乘洋车去。余与阶平乘马车行至浮桥,有洋人向前拦阻,余不解其意。有知者告余,伊因马羸桥陡,恐不胜载,令余等下车步行,过桥再乘,余始恍然。偕阶平下车,洋人乃去。甚矣,洋人之好事也。汇川、献夫车在前,伊绝不阻止,想因其骡强耳。东门内外一带尚完好,运署则成瓦砾场矣。鼓楼东西均有焚毁,镇署较运署尤甚。遇珍抚、孙墨缘丁巷口。抵寓,见母相对汍澜。诸母昆弟以次相见,悲喜交集,互述数月遭难各节,百不及一,语及五妹、四侄之死,尤令人痛绝也。到前院四弟小铺,百货骈罗,气象一新,又觉有别趣。子万来谈,尚不甚狼狈。晚饭后,谈至子刻。

二十二日(2月10日)

早,芰孙来。刘竹翁来。陈珍抚表兄来。鸾孙来。谈许久,留竹翁早饭。饭后,邵九弟来。鸾孙来,持来袁昶秋折稿三件。忠君爱国,语语中肯,乃竟为乱党诬论,受晁错之诛,令人发指。杨讱斋来,谈许久。遣李明到万有送信件,又为性初送烟,并询其在家否,回言已出门。到卫哥处,未遇。到四哥屋,交银四两,信一件。见生侄、三嫂,稍谈。到庆兴馆,赴振局诸公之约。鼓楼北至估衣街一带房舍所存无几,可惨之至。同饮者兰坡、莘农,馀皆振局同人,汇川、樾臣而外,赵兴堂、赵晋三、宫雨臣、李星北、徐慰如,馀皆通姓字,不能记忆。尚有数人有为都统署请去议事者,不然坐不能容矣。饮毕,以洋车送余归,一推一挽,二人持支应局灯前导。到家又谈许久。五弟尚未得见,欲遣人招之,竟未得暇。知李向辰明早招饮。

二十三日(2月11日)

早,兰坡来信,言向辰之局不可辞,因余与向辰不熟,恐不到也。五弟回家谈乱后事,不觉汍澜。午后,到庆兴馆赴向辰之约。遇陈敬侯。约一二日同往老德记代实甫购物。同饮者赵兴堂、曹汇川、马熊臣、兰坡、向辰昆仲。饮毕,知黄叔良亦在此小饮,见之,谈片刻。并晤郑松桥、姚菊孙。到中西大药房打听药物价值。到中兴恒,子铭表叔未在。晤张欣卿。到育婴堂晤范孙、体仁、梦臣、峻门、墨卿,交体仁仁安信一件,谈许久。到东院,蘋、秋两叔祖均未在。到陆宅晤菊垞,谈许久。到性初屋、丹林屋,均谈许久。日暮归。鸣西来,未遇。

二十四日(2月12日)

早,到卫哥院祝其生日,留早饭。允叔来。为杨莲府写信,因卫哥现办盐务事,托其照顾。到陆宅,菊垞未在,性初适欲出门,遂同出。到中兴恒,见子铭表叔,谈许久。到中西药房问各物有否及价值。到亦香处,留晚饭。请寅皆来,谈至亥刻归。

二十五日(2月13日)

早,接弼叔信,知张安圃寄银三千两,查荫阶寄洋一千五百元,定于二十八日亲领。敬侯来。同到老德记购各药物,有须向他处购办者约于明日备齐。与敬侯分手后到中兴恒与子铭表叔稍谈。到东院晤蘋叔祖,赵俊卿、杨子若、刘觐生、小琴叔皆在焉。到性初处,知允叔正待余商量赴京事,即同性初见允叔,约定二十七日北上。允叔欲觅地小饮,均已封灶,余遂在性初处早饭。饭后归,陈纪山、姚阶平、刘竹翁在焉,稍谈。到延生社访兰坡,不遇。到润生处,谈许久。少云未在家。由城阙入到亦香处,一看乃归。

二十六日(2月14日)

早,芰孙来。敬侯、鸣西来。同敬侯、鸣西到允叔处。晤蘋叔祖。并同性初同到庆兴馆。已止灶,遂到裕兴园小饮。遇献夫。饮毕,同到老德记购物,尚不齐,许为送寓。鸣西、允叔均先去,余同敬侯与性初分手。归寓,敬侯写家信,托带京。交敬侯银五十两,还药房。弼叔又来信,促大家到京。老德记送来所购各物。

二十七日(2月15日)

早,兰坡来,立谈数语去,云在火车相见。到火车站,允叔已到,并有宋云卿同行。少迟,梯云、少泉、亦香、兰坡、寅皆、心农均到。行至杨村下。货车被焚二两,故到寓甚晚。抵寓已亥刻,菊泉、石麟在焉。谈许久。交石麟家信。

二十八日(2月16日)

早,菊泉来。午后,同石麟、实甫到江苏馆。途遇姜宝轩,知只分一千五百元,其三千金须年后再分,每人得七元五角。石麟交洋三元,烦带寓交敬侯。到弼叔处,谈许久。同弼叔到亦香寓,晤瑞卿、包礼堂,作终夜谈。子丹在京过年,不同行。

二十九日(2月17日)

黎明,到火车站。同来者皆到,只兰坡以小恙暂留。申刻抵津,步行至浮桥,乃乘洋车到家。

三十日(2月18日)

早,姜少云来。芰孙来。敬侯来,余交敬侯洋三元。交还账单及馀银。鸣西来。午后,访梯云,借银二十两、洋十元。到鸣西处,交洋十元。访范孙,不遇。到亦香处,适弼叔到,稍谈,同弼叔出。到芰孙处,还银二十两归。晚,照例祀神,祀先,辞岁。弼叔遣人接余到东院与性初、秋叔祖作终夜谈。

光绪二十七年辛丑（1901）

正　月

初一日（2月19日）

日出后，归家拜年。早饭后与母亲作叶子戏。陈敬侯来，鸾孙、霨青同来，谈许久。晚饭甚早。早眠。

初二日（2月20日）

早，陈朴斋来。午后，鸣西来，弼叔来。同弼叔、鸣西到亦香处，亦香正欲出门，要归，谈许久。鸣西由城阙回家，余与弼叔谈至暮散归。晚，与母亲作叶子戏。

初三日（2月21日）

早，马晓坪来。午后，到弼叔处，晤赵俊卿。值其炸银鱼，为之帮忙毕，同弼叔到性初处，并请秋叔祖、允叔来，谈至暮归。晚，与母亲作叶子戏。

初四日（2月22日）

早，访芰孙不遇，交其令郎洋十元，去年春季米票所易，弼叔借用,昨缴还者也。坐待许久,芰孙未归。李明来,言陈润生约在其家早饭。即归。在家稍坐,到润生处。途遇芰孙,告之故。润生以馅饼相饷,只允、弼两叔,性初及余四人而已。饮毕,谈至暮归。知亦香遣人来招作竟夜谈,未赴。晚,与母亲作叶子戏。

初五日(2月23日)

早,收拾北书房书籍杂物。晴轩来,四弟留其早饭。午后,鸣西来,性初来,谈许久去。后子嘉来信相招,言性初在伊处候谈。弼叔来,同弼叔到亦香处,性初、翰臣、泽畬、尉少棠、刘辑五、李莲舫均在焉。少顷,泽畬、莲舫、少棠去。请寅皆来,均留晚饭。谈至子刻,寅皆去。馀人均作终夜谈。是日,接实甫信。

初六日(2月24日)

早,同弼叔、性初由亦香处出,回家小憩。赴芰孙之约于其家。同饮者,高雨山、刘镜仁、萧仰孙、赵禹言。饮毕,李小舫至,稍谈归。因昨接实甫信,仍须购买药物,托子万前去打听价目,并何有何无。晚,与母亲作叶子戏。冉槐来,言代实甫购地已成。

初七日(2月25日)

早,磨墨,添墨盒。为实甫写信。子万由中西大药房购得盐强水四瓶,老德记购妥海珀、桶纸,云日夕送来。盐强水有一瓶口不严,仍托子万往换。代实甫找夹衬衣、皮袖头。午后,弼叔来。同弼叔到延生社访曹汇川,不遇,晤李星北、徐伟如。又访之于庆长顺,仍不遇。又访之于崇福庵支应局,仍不遇。晤赵兴堂令弟仙洲,谈许久。仙洲遣人到其家视之,亦未在。知赵兴堂昨晚被德人刺伤股,幸不重,已赴都统署呈诉,丁加利许为惩办,且许于城内外极力整顿。仍同弼叔由城阙入,到亦香处,昆仲三人皆未在,稍坐归。晚,与母亲作叶子戏。老德记送来所购物。

初八日(2月26日)

芝孙同　山赴京,为实甫捎去纸一桶,海珀四磅,盐强水二瓶,其二瓶暂留家中,多则不易带也,信一件,为购地事。赴亦香昆仲之约于其家,同饮者东洋人五,大野舍吉,东文师也;江藤丰二、崛部直人、宫崎嘉市、辻幸吉四者,日本人之来敦庆隆为同事者也。允、弼两叔,彤阶昆仲、寅皆、筱泉、陈润生、性初、朱聘卿士珍、英文教习社刘觐生尚在位,纪锦斋、敦庆隆同事庞,尚有不识一二人,陆续到。最后,范孙、体仁携一日本人佐藤铁治郎来。共三席,饮颇畅。饮毕,在院中超距角力为乐。日夕,客皆去,子嘉酒犹未醒,留余与弼叔、寅皆、泽畲,不令去。已而泽畲潜逃,子嘉怒甚,追及其家。余三人乃与亦香、吉庭从容言笑,许久始散归。晚,与母亲作叶子戏。

初九日(2月27日)

早,出门,遇林墨卿于卫哥门首。卫哥偕训平侄观工人以砖砌大门。问其所以,据云日本人又来看房,恐其复住也。立谈数语。遇秋叔祖于日升当前,同到聚成德钱铺,雅南在焉。稍谈。到弼叔处,同弼叔到菊垞处,未在屋。到性初处,五嫂正在屋内收拾什物。到丹林处，未在屋，仍到性初屋，谈许久。又到菊垞屋，稍谈。观《直报》，知端王、澜公皆以懿亲故，发往新疆极边圈禁；庄王、英年、赵舒翘均赐自尽；毓贤、启秀、徐承煜均正法；刚毅、徐桐、李秉衡均身后革职，有恤典者撤销。此去年十二月十七日开议之第一款也。到庆和楼赴晓屏之约。同饮者，汇川、子铭、润生、允叔、晓屏昆仲。始食港虾。饮甚畅。饮毕，同子铭到高宅。十五叔初七日遣人招余在此相见，以有事耽搁，今日始得来也。十五叔适回家，遣刘发往请即至，笔谈至暮散归。晚，与母作叶子戏。

初十日（2月28日）

早，允叔来，本日在范孙处请东文教习大野舍吉，命往陪。性初来，同性初由城阙到范孙处。晤张百龄，百龄为梯云约去另一局。余与大野、体仁、亦香、性初、泽普〔畬〕、范孙、允叔、芷舲弟同饮。饮毕，观众学生在院中超距角力。知子丹昨来津，住一夜，已回青镇矣。梯云同百龄回，寅皆来。同允叔诸人辞出，遇赵兴堂遣其令郎来约范孙，并催请众人，众人皆以有事辞。余与允叔行至小伙巷，遇刘际清到支应局赴办振诸君之约，弼叔已先到，莘农在焉。小泉随到。先设两席，饮间，亦香、梯云、泽畬均到。并有南人二，一曹子澄，一为无锡人，忘其姓字。始识局中同人陈庆春。尚有多人，未能详识。饮毕，以洋车送归。晚，与母亲作叶子戏。

十一日（3月1日）

早，阅视代实甫所购作活计织绦子机器。午后，东院四哥来，其子相之。陈朴斋来。与母作叶子戏。晚，亦然。

十二日（3月2日）

早，秋叔祖、弼叔同来，约到孙少堂处为其令堂补行点主，去岁乱离时逝世，未曾举行者也。礼毕，阅《直报》，皇上下诏罪己，不能备记。朱聘卿在坐。少堂约一同到万福园小饮。饮毕，同秋叔祖、弼叔到东院，晤曹荣轩，稍谈。性初自外来，云正遣人招余，即到其屋谈许久。日本人大桥富藏来访，与弼叔、菊坨同见之，笔谈许久。烦余书诸葛先生前、后《出师表》，至暮散归。晚，与母作叶子戏。接实甫信，初七日所发。

十三日（3月3日）

早，到弼叔处，持去年日记二本，请叔祖秋吟一阅。同弼叔、性初吊于下樾亭。遇吉亭昆仲、筱泉、卫哥及诸同人。卫哥心似有事，默无一语，作片刻即去。余同弼叔、性初回性初处谈。申刻，同弼叔、菊坨访大桥于经司胡同杨省臣旧宅，谈许久，辞出。仍到性初处，并见允叔，谈至暮归。晚，与母作叶子戏。

十四日（3月4日）

早，到陈润生处。允、弼两叔，性初、亦香先后到。允叔市肉，余为煮之。筱泉到。允叔、性初、润生吊于下樾亭。余同弼叔、亦香饮于聚兴园。筱泉饭毕亦同往。饮毕，仍回润生处，作终日谈。筱泉有事自去。寅皆日夕来二次。晚饭食自煮之肉，并性初所市港虾。余与亦香皆宿于润生处。亥刻，东北火光烛天，询悉庆善银号不戒于火。寅刻始眠。

十五日（3月5日）

早，与亦香同行归。为大桥写《前出师表》毕。到庆兴馆，赴刘际清之约。同饮者，允、弼两叔，泽畬、晋三、汇川、莘农、王治平、赵朗亭、李□□。饮毕，李令甫到，从人持来皮丝烟十五包送弼叔及余。汇川、际青分三包去，余得五包，弼叔得七包，命馆中人分送到家。同诸人闲游，遇陈润生。同弼叔到亦香处，翰臣、性初、王辅廷、侯子贞、李莲舫、尉少棠均在焉。稍谈归。子万七弟购来玻璃瓶甚多。晚，与母作叶子戏。

十六日（3月6日）

早，大桥来，笔谈许久，问李润生、姜心从、于则久诸人住址甚悉。并问十五叔，答以耳聋多病，伊即烦余转求书法，允之始去。为十五叔去信，请为大桥作书。又为书《后出师表》毕，持至弼叔处，交黄顺，约定今午到弼叔处索取也。弼叔诸人均已出门，遂到聚盛成，赴菊垞之约。途遇李子明。同饮者廉、秋两叔祖，弼、鲁两叔，子明、芰香、宋光笏、赵善庭。未终席，同弼叔到庆兴馆，赴李令甫之约。同饮者仍昨日同席之人，又添数人另为一席。杯盘狼藉，错综离合，果为某某，无从记忆矣。饮毕，弼叔同陈润生有事先去，余同允叔小作勾留。到中兴恒，遇高子深由城阙入。余到弼叔处，弼叔已归。同到菊垞、性初各屋少谈。性初日夕始由亦香处归，倦困之极。传闻近三日火车有不载华人之说，弼叔拟明日赴京，恐未果行，遣人询问。日夕归，得亦香信，言京中又查点人员。伊明日赴京，必是谣言。惜天晚不能到彼一阻其行。晚,仍作叶子戏。

十七日(3月7日)

早,弼叔由火车遣人来送信,言镜孙云京中来专差唤伊,为差点人员事,欲余即刻登车,否则自明日起火车十日不载华人,恐赶不上。阶平二令郎来,言其父昨又赴京,家有断炊之虞,持阶平信来告贷。余亦在窘乡,只与洋二元。酌升家人史升持其手书来索银。去岁大哥因闻酌升被抢甚苦,送其三十金,因道阻难寄,嘱实甫代办。酌升欲将此款接济其嫂,实甫适正拮据,又嘱余由津代办,故酌升有信来也。芰孙、一山同来,持来实甫信、洋三十元,昨日始归。信仍以购货为亟亟,即烦子万代为寻觅。饭罢,性初来招,即往。途遇子明。西洋人驱数十华人西行,皆以铁链缚两腿间,以长绳结发辫于一处,途人云是犯轻罪者。同子明到栖古斋小坐,购洋规一,价六百文。到性初处,遇于门首。同到毓庆丰,允、荫两叔在焉。招余亦为赴京事。允叔问计于余,余以谣言二字答之,一笑而罢。性初尚未早饭,随其到聚兴园,观朵颐焉。出东门,途遇五弟,交其洋规,令捎回家。到育婴堂访范孙通融,伊亦拮据,许办一半,明日到其家交付。与体仁、蔚孙、墨卿谈许久。大桥在焉。观其为体仁书便面。其友山本来,烦余书"堪忍"二字横幅。书毕待干,持回盖图章。到中兴恒,苑杏江在焉。子铭表叔约同杏江到德育堂,约刘小岩饮于河滨之同兴园。饮毕归。晚,仍作叶子戏。

十八日(3月8日)

早,史升来催银。到十五叔处,笔谈许久。同十五叔到聚兴园，招允叔、润生、性初来小饮。饮毕，同到润生处，书斗方十八张。归，热极，脱裘易棉。史升又来问银，令其在家待。到范孙处，晤小航表兄，谈许久，借银十五两归。日间与润生通融之十五金尚未送来。幸有竹翁送一叔奠分十金，昨日送来，并有信。先以救急。当付伊二十五金。晚，与母作叶子戏。购得海特克伦四合、四寸干片三打。见六弟信。

十九日（3月9日）

早，陈润生送来银十五两。到李信夫处，视絜村姻伯疾，谈许久。到竹坪处，与鸾孙、霨青谈许久。知陈润生招饮于庆兴馆，即归。随到庆兴，猷夫、亦香、性初、汇川、允叔均在焉。见弼叔与允叔信，知查点人员果为谣言。亦香本欲赴京，为泽畬所阻止。饮间，述斋昆仲三人、耿鹤岩昆仲、刘觐生、子若亦来饮，谈甚畅。昳时归。老德记送来干片数打，筒纸须日夕往取。为实甫写信，为六弟写信。暮时，子万由老德记取来筒纸三筒。洋元不足，由四弟处用十元，尚欠其二十四元。晚，与母作叶子戏。日间，竹翁来，未遇。十五叔送来为大桥所书绢幅。

二十日（3月10日）

早，寄京信物均送润生处。范孙来招，到杨心裁世叔处，遇李裔卿表舅，谈许久。到范孙处，大桥在焉。交其十五叔所书绢幅并盖好图章之横额。与范孙、百龄、李莲溪〔舫〕谈。留早饭。饭后，王梦臣到。大野、大桥等在院中角力。有张凤斋者，携一日本人来，稍谈去。晡时，到鉴泉姑丈处，谈许久归。晚，与母作叶子戏。

二十一日(3月11日)

早,老德记来索货价,答以二三日付。四弟代实甫购地顷馀,冉环经手,均已立契,地主群来索银。前为去信,回信云,二十后来津。至今无信,不知何故。允叔来,性初来。同允叔、性初到亦香处,祝其生日。王小铁,泽畬、寅皆、润生、尉少棠、侯子贞均在焉。留早饭。谈至暮。韩芰洲、阎耀卿、刘觐生均到。觐生为余诊视,开一丸药方。性初与诸人作四木之戏,须留宿。余自归。晚,与母作叶子戏。

二十二日(3月12日)

早,到庆和楼。允叔、性初,同为亦香补祝。泽畬、寅皆亦来入局。亦香、汇川、润生、献夫、兰坡、昨日回津。范孙及余皆为客。饮间,陈秉璋来,亦香大醉,以洋车送归。余同范孙闲步,途遇樊小舫〔航〕、宋慰农。到小航处谈许久。小航患牙痛,颐大肿。到中兴恒,子铭表叔未在,耿竹生在焉。归,晚,与母作叶子戏。

二十三日(3月13日)

早,到栖古斋,还其洋规价六百。到性初处,送其皮丝水烟一包。还菊坨古文一本。稍谈,同性初到庆和楼,赴汇川之约。同饮者仍昨日之人,只兰坡以有事未到,献夫尚有两局,稍坐即去。饮毕,同范孙、亦香、泽畬、寅皆步出归贾巷口。范孙乘车去。亦香、泽畬于途中购信纸、帽、檠等物。到文美斋小坐。泽畬自去。余与亦香、寅皆到芰洲处,谈许久。芰洲为拆房事甚不快。都统来印文云拆丈余,工程局又云须拆两丈余,借寓之日本人以为都统印文可据,竟触工程局之怒。都统来,一味模稜,并不能为左右袒。可见中外习气未尝不同,谓外国人办事认真者,特举一例百耳。陈蔚孙到,稍谈。同亦香、寅皆辞出。分身后,余欲访述斋,东门有水不能入。由天齐庙旁城阙入。至冰窖胡同口,遇大桥欲与余谈,而苦未携笔,相将到耶稣堂门首,以指画门而谈。观者如堵,大桥怒而逐之。阍者恐人多滋事,劝余携之去,而伊若罔闻,强而后可。欲余同伊往访十五叔,随之行。到马景韩处,未在。与其令侄辈稍谈。访十五叔于高宅,未在。令刘发往请,少时来。笔谈至上灯。仍烦十五叔写字,并烦余再书大字前、后《出师表》。同行至鼓楼,因天晚欲送余归,辞之乃去。余自笼烛归。知桥本贯山来访并留纸烦书。晚,仍作叶子戏。

二十四日(3月14日)

早,陈敬侯来,约余同到亦香处,出门遇晴轩来,未陪。阎耀卿在焉。谈间,闻后院笑声大作,乃大野先生与众学生在院中角力。每日文字课毕,即作此功夫也。角力毕,留泽畬、寅皆同谈。亦香尚有饭局。子嘉在家,谈至昳时,亦香归。日夕,敬侯去。兰坡来,谈时许。持亦香诸人烦书对联归。得四侄伯仁信,十七日所写。晚,仍与母作叶子戏。

二十五日(3月15日)

早,孟士林来,谈许久。午后,访李子明,不遇。到述斋处,昆仲均未在,少顷,先后归,谈至暮归。晚,仍与母作叶子戏。日间,杨心栽〔裁〕世叔来,未遇。

二十六日(3月16日)

早,鸾孙来,谈许久。午后,小憩。晚,与母作叶子戏。

二十七日(3月17日)

母生日。早起叩祝。鸣西、敬侯、述斋、鸾孙、霨青、卫哥均来。卫哥、鸾孙、霨青有事去,馀人皆留早饭,柱舅、晴轩因人多,在母屋同饭。并有子万。饭后,前院来一东洋人。敬侯与之英语不懂,笔谈亦不懂。攫鸡卵三枚、敬侯洋烟袋一而去。与大桥诸君相去,何啻天渊,人类不齐,到处皆然。性初、竹翁,芰孙、瑞生、小江、信夫、朴斋训平侄、岷东哥均来,以礼拜日有戒心,均辞去。为桥本书《前赤壁赋》一通。晚,与子万共饭。饭后,鸾孙来,谈时许。仍与母作叶子戏。日间,雨帆四哥来,说书半日。

二十八日(3月18日)

早,敬侯来言,有事明日赴京。交烟一盒,俟余赴京捎去。珍抚表兄来,为大桥书前、后《出师表》。午后,鸣西来。为实甫写信,交鸣西,烦其持交敬侯。雨帆四哥又来说书。暮时,鸾孙来,谈时许。晚,与母作叶子戏。

二十九日(3月19日)

早,写对联数事。性初来信言,石蓬仙来城,已为代询书院束修。本日伊约吉庭在城外小聚,即不到其家矣。并云昨见献夫,嘱约余明早到伊处,同为实甫看房。献夫仆人来问唐玉廷住址,为赵二嫂患疮,请其医治;并言亦香已赴都。到乔宅为吉庭祝生日，知亦香赴京有小事，与大野结伴，数日即回。留早饭。刘辑五、刘云孙、尉少棠、侯子贞、李莲舫、王雪渔、小铁、泽畬先后到。大风吹垢，天日为昏。知寅皆家人昨晚为洋兵刺死街头，日夕归。晚，与母作叶子戏。

二　月

初一日（3月20日）

早，践献夫之约。伊已出门。据其家人云，房必须过十二日方能看，怅怅然归。阶平二令郎来。午后，鸣西来。邵九弟来，谈许久。到姚斛泉世叔处，晤卫哥、蘋叔祖、王竹林、实甫石桥胡同旧居，其主人有意出售，竹林知之，因与一谈。王少莲、杨绍溪，谈许久。到帐房与品侯昆仲叔侄又谈许久。与王荫棠表兄同出门归。桥本来，未遇。晚，与母作叶子戏。

初二日（3月21日）

早，杨兰坡来言，子登已来，住魏晴波处。同往访子登，未遇，见其说条，言在义和成候饮。即同兰坡前往。晤王世亭、晴波令侄及张、杨二君。子登沐浴未毕，少待始至。晴波、李向辰亦到。饮毕，有法人来窥。同子登访寅皆，陶小仙在焉。谈许久，子登去。余到子嘉处，亦香未归，向子嘉借图章持归。晚，仍作叶子戏。接粥叔信言，有信分津贴；并云芋田回津，捎来实甫信及汇票。

初三日(3月22日)

早,兰坡来,约同往天利和贺新市之喜。写送天利和对联。同兰坡到魏晴波处,曹汇川在焉。同汇川、子登、兰坡行至慈航院,遇秋叔祖、性初亦往天利和,遂同行。变后初次到海大道马家口一带,临河房屋,尽行拆去,非复旧时景象,直有迷途之虑。到天利和,见芋田,交实甫致四弟信一件,内有由仁昌汇来银四百馀金。来贺者纷纷,不能悉记。留早饭。饭后,详观机磨,工巧适用,笔难缕述。日本人大野亦来贺。有法人来窥,言语不通,大家以手相语,颇解人意,以纸包烟遍让坐客,良久乃去。写对联数副。到竹翁处,谈许久。由东南城角入,到述斋处小坐,归。晚,作叶子戏。

初四日(3月23日)

早,鸾孙来,谈许久。午后,携为桥本、大桥所书字幅到育婴堂,烦转交。与体仁、范孙谈许久,大野在焉。到耀卿处,晤曙东、铭阁诸昆仲,耀〈卿〉尚在杨柳青镇,患耳疾未归。谈至暮。同曙东过河,适值开桥放船。洋人新例,每开桥则悬巨球一,远望即知;桥两端各一巨绠,拦阻行人。放船毕,乃去球。迨桥既合,然后解去巨绠,将行人分南北,此来彼往,绝无拥挤之弊,诚善法也。既过河,与曙东分手,遇斛泉世叔、王竹林于途,竹林云石桥胡同房一二日听信。由城阙归。知大桥来索字幅。上灯时,菊垞遣人来言,大桥到菊垞处寻余,促余速将字幅为伊送去。告以已送育婴堂矣。晚,与母作叶子戏。寅皆来信,言分津贴有消息。

初五日（3月24日）

终日未出门。为大成侄写《九归歌诀》。鸣西来，为大成侄改正日记讹字。晚，与母作叶子戏。

初六日（3月25日）

早，接大哥信，内言年前曾寄三信，末一信由伯鹏处汇银五十两。均未接到。即写回信。母云，汇银之信，年前二十八日接到，彼时余适赴都，母因余好为人垫钱，恐将银随便用去，致度日无资，嘱七弟勿告余知，其回信已经七弟由寄六弟信便寄去矣。前两信则实未接到。因将前后情节，详写一信。终日未出门。晚，与母作叶子戏。是日，李明告假回家。

初七日（3月26日）

早，鸾孙、训平、因王竹林不易见，令训平告卫哥，见面时代问石桥胡同房价。卫哥刻与竹林同办洋界盐事也。霨青来。邵师竹来。鸾孙烦为东洋人书“行军纪念”四字横幅。子登初四日赴京，烦为东洋人书对联两副，倩魏晴波家人来取，即为书之。兰坡来信问行期，即复。午后，持亦香前所烦书送李子山令郎完姻喜联到其家，因亦香以候分津贴在京未归，恐过喜期也。晤吉庭，石蓬仙、王辅廷、王雪渔、俨如、性初、翰臣均在焉。谈许久。往从母范处，适遇汪云衢表兄于巷口，同到其家谈时许，乃到后面从母范屋坐许久。访陈瑞生不遇，晤姻伯母。到表妹施处稍坐，少农未在家。到曲店街询问德升恒，为大哥寄信，来信即由此寄来，云二三日内有便。询问许久始得之，在大沟头路北油局也。见二人,老者姓赵,少者姓阎,交信毕遂归。途遇岷东哥。行至三圣庵,遇翰臣由吉庭处回寓,知性初诸人尚未散,约又为长夜之谈矣。晚,与母作叶子戏。

初八日(3月27日)

狂风怒吼,终夜不息。四弟夜起一次,前院见有火亮,约有梁上君子。早,阶平二令郎来。午后,小憩。训平侄来。据云卫哥已代问房价,索津蚨一万二千贯,可谓昂极。从前一叔出售时才三千贯耳,大家皆以为贵。今只添房三间,而价竟增三倍,以房间数算之,每间价亦增两倍有馀。晚,与母作叶子戏。

初九日(3月28日)

早,兰坡送来莘农与伊信,言十二日分张安圃漕帅津贴银三千两,并有吕镜宇星使一千两,促在津同人北上。即持到芰孙处,赵禹言在焉。明日为芰孙生日,禹言携韭肉来作不饦,为之预祝,因留余共食。芰孙之弟敬臣到,亦留之,强而后可。熟甚迟。饭罢谈间,高一山到。芰孙正欲访伊,伊适来,亦巧矣。二人商定明日即北上,稍谈归。得弼叔信,亦为津贴事。王丽泉送来仁安衣服一包,烦带京,即令七弟送到芰孙处。又接兰坡信,言议赈局申刻招饮,不可不到。以为时尚早,到东院。知介清来津,在菊垞室,与谈许久。见秋叔祖,商为遹叔元配书主事;故于去年避难之际,柩寄安州,未曾书主,故拟补书,订于明日。归家,竹翁、鸾孙均在焉。稍谈,竹翁去。到崇福庵赈局赴约。途遇崧生,立谈数语。在赈局晤田砚农世伯,言赵兴堂为其弟子,自去年避乱来依,久未归家。同饮者兰坡、汇川、与兰坡、汇川约定十一日北上。刘际清,尚有多人均不识。允叔、献夫尚未到,余即乘车归。允叔送来信一件,言先不赴京。晚,与母作叶子戏。雨帆四哥送来寄京物一包。冉环来言,王庆病死。

初十日(3月29日)

早,柱舅来。鸾孙、训平、霱青来。鸾孙亦明日赴京,正好结伴。写对联数副。到缪子云老伯处谈许久。到从姑赵处谈许久。归与柱舅同饭。午后,兰坡来信,言赈局报销册未齐,汇川明日不行。接实甫信,言前寄货物并未接到。信为正月二十六写,信皮后面注有“此信二月初六日交信局”字样,不胜骇异。货物于正月二十日交润生处,据云一二日内有便。以后见面询问,云已捎去。初三日见芋田携来实甫与四弟信,仍以前货未见相询。当即质之润生,据云因未遇便捎去,诚为不速。然此时未有不到者,请勿虑。何以初六发信时尚未接到,即到润生处一问。伊未在家,告其家人。到秋叔祖处书主毕,到菊垞室,与介清、菊垞谈许久。寻性初未在,欲归。遇性初于途,要余回,又谈许久归。日本人桥本贯山来访,相差一刻,竟又未见。访余三次,未得一见,何不巧若是。桥本又携纸来代其国人烦书,即为书就。随即清理笔债。献夫家人持来电报一纸,由京发来,内云,十二日亲身领俸,并令告余知。献夫不知何往,范孙代为拆看,故先送余阅。当即为子丹写一信,令其顺寻献夫之便送交万有,烦速递青镇。暮时,献夫家人又送来说片,已寻着献夫,以有事不能赴京,托余代领,应之。晚,清理笔墨债毕,与母作叶子戏。

十一日(3月30日)

早,鸾孙来。冉环、大侄、二侄送余二人赴火车站。便道访润生,尚未起,云货物实已捎去。辞出,又遣其家人要回交致魏子良信一件,并嘱告信安,伊二十一日到京。至浮桥,值放船。由渡船过河至火车站。自往买票,子丹在焉。问何迅速,答言昨晚得信,今日黎明乘车来,竟到在余先。票房甚拥挤。洋人令鱼贯而买,不从者鞭之。见余静立以俟,则招之使前。买票毕,登车。兰坡已到,献夫亦在焉。献夫告余陶仲铭亲家昨日病故,不胜伤悼。并有其令舅于则久先生同行。问其故,则曰本不欲往,舅敦促之。同车又有杨砚农、黄小轩二人。巳正开行,申正抵京。雇车到寓,见阶平、实甫、菊泉在焉。四侄往接余尚未归,不知何故竟未遇,至暮始归。晚,石麟桥梓来谈。知何贵赴津为子丹送信。

十二日(3月31日)

早,浴于头条胡同。见四伯母、七弟媳。实甫同石麟往黄孝伯处商办学堂事。饭后,丁丽川来。往益斋处。途遇子丹,云先到江苏馆。即同往晤酌升及各同乡,分津贴银票十八两。同子丹、酌升到益斋处,耀卿在焉。稍谈,黄顺来,交其允叔致弼叔信一件。与耀卿、子丹同车到柏林寺。途遇献夫,到本署公所,晤仲鲁诸人。领俸毕,到耀卿处畅谈。食点心甚多。辞出,适遇石麟由公所出,遂与同车回寓。子丹下车谈许久。到书庵处。晤毓聘之,谈许久。归,实甫才归。晚,敬侯来谈。菊泉来。敬侯、菊泉每日必来,以后省书。

十三日(4月1日)

早,芰孙、交芰孙俸银一包,烦带津。一山来。书庵来。同芰孙、一山出城。芰孙欲到便宜坊小饮。先到弼叔处,知在宗显堂。芰孙、一山往便宜坊,余到宗显堂,晤弼叔、亦香、子登、冯果卿同年。稍谈,到便宜坊。芰孙、一山遣人往约益斋、子丹。少时,弼叔、亦香来赴王杏田之约。李稚芰、叔瑾昆仲、寅皆、小泉、泽畲、包礼堂均在焉。彼此来往互谈。知子丹本日欲回津,以火车不卖二等车票而止。现又出门烦亦香家人黄玉往促益斋来同饮。饮毕,芰孙、一山自去。余同益斋到宗显堂。弼叔、亦香尚未终席。先到弼叔处,朱伯勋在焉。少待,弼叔、亦香携一同署来谈。亦香酣眠。待其醒,同乘益斋车到大街取津贴银。至麻线胡同北口,亦香下车。余乘车归。晚,敬侯来谈。何贵由津回,知六弟昨日到家。

十四日(4月2日)

早,月舫来。风霾,冷甚。写家信与四侄家信,共一函,为鸣西寄衣袜数事。午后,遣人送亦香处。为亦香诸人写片,言本欲自往,为风所阻。访梦岩未遇,遇月舫,同到其寓谈许久。访伟人,谈许久归。

十五日(4月3日)

早,献夫来,谈许久。午后,绍先来,言其寓被二美人、数中国人于昨夜明火抢掠。伊为巡捕送信,竟将其人捉住,已送案究办。同实甫到继少庭处,晤于受轩、景濬卿、书子岩,谈许久,到敬侯书房一看。霍德来请,言铁山在寓,遂归。谈至暮,同铁山、阶平、实甫、仁侄、石麟桥梓饮于英美楼。饮毕,均回寓。铁山留宿。敬侯亦来宿。报言昨日天津亦风霾,兼有雪甚大。

十六日(4月4日)

早,铁山约饮于艳芳楼,为津之宴芳馆人所开,在增合楼旧址,半为酒馆,半为女妓唱歌地。同铁山、阶平、实甫、伯仁侄、石麟桥梓步行出城。到有益堂稍歇。丽川为献夫约去小饮。至艳芳楼,子登已到,铁山先遣役往约也。并约酌升。少顷,酌升亦到。饮甚。饮间,竹坪偕金赞周诸人亦来。饮台上鼓乐大作,颇聒人耳。饮毕,到天利和,晤信安、仁安、绍芗、弼叔及兰坡均在焉。少时,金小泉亦到。同门郑辅亭前辈炳麟现官侍御,来访绍芗,与谈许久。铁山、子登、兰坡入城闲游,并有晚饭局,约到余寓宿。日夕归,便道到绍先寓小坐。行至绒线胡同,见有贴条收买四恒银票者,在帘子胡同。实甫房师韩子峤同年遗有千馀金,皆四恒票,正拟设法代取,见条即同实甫往,至一小门,应门者一聋妪,与之言不解,呼主者出,则一大鸦片瘾之旗下少妇也。价只与三四成,太少。归,待铁山等三人不至。敬侯宿于鸣西之榻。抄算题。

十七日(4月5日)

清早,兰坡来,净面,食点心。少时,铁山、子登来,言昨以太晚故未敢夜行,宿于妓馆,实借地焉。石麟来,谈许久。梅生来,留早饭。午后,梦岩来。酌升偕丁酉同年何锡之联恩,戊戌庶常来,余姚人。与酌升、实甫办为子峤取银事,三人同车去。暮时,实甫归,言银票以六成五售去。晚,抄算题。敬侯仍回寓宿。

十八日(4月6日)

早,曹汇川来,言昨日到京,适到弼叔处,知哲臣亦于昨日来,约余出城。同汇川到弼叔处,晤哲臣,兰坡、砚农在焉。同饮于宗显堂。朱小汀后至。益斋现得街道差,本日到任,故未约伊。饮毕,同到弼叔处,弼叔同小汀往访友。余与兰坡小憩时许,写公请汇川诸人客单一。谒支继师不遇。归,途遇李蓉舫,交余对联一副烦书。知增伟人将军来访。晚,抄算题。

十九日(4月7日)

早,同实甫、敬侯到有益堂稍坐。知献夫、子丹均本日回津。同到艳芳楼赴梅生之约。同饮者尚有酌升、于受轩。饮未半,即同实甫赴汇川诸人之约于宗显堂。至则同人已有饮毕而去者。与雨臣、伟如同食毕,同实甫到弼叔处,益斋、信安、仁安均在焉。朱小汀来,片刻即去。实甫有事先去,余至暮始归。知十五叔日间来。晚,抄算题。

二十日(4月8日)

早,十五叔来,谈许久。同石麟、实甫到宗显堂,公请汇川、雨臣、伟如。作主人者尚有信安、仁安、弼叔、哲臣、子登、益斋、兰坡、铁山,共十一人。信安、仁安以赴署故,先食毕去。饮间,酌升至,谈许久。饮毕,同益斋、汇川到贤良寺交报销册。弼叔访阮叔麐,铁山谒周玉山师,均同行,共三车。先到通商房,晤晓坪、竹坪、赞周、鸾孙,稍谈。访味莼不遇,晤莲府,李蠡臣年伯、唐晖庭前辈、刘正卿同年均在焉。持汇川等上傅相禀与莲府看,伊嘱仍由号房转递。谈许久。见各国共举信宠拳匪大小臣工一百四十馀人,请分别惩办。总单有发极边充军永不释回者,有革职永不叙用者,只郑文钦一员非斩立决不可,闻已照办矣。再到通商房。弼叔已由叔鏖处来。将禀交汇川。待铁山久不至,遣人侦之,云尚未见,为留一车,余四人仍回弼叔处。与哲臣谈,嗣香至,知其昨日到京,寓益斋处。暮归。

二十一日(4月9日)

早,实甫往天利和,为韩子峤汇银事。午后,余亦到天利和,在有益堂稍歇,见峻山信。又献夫为余留信,言阅玉堂谱,余名在第十五。当此时势,亟须得人,如余不才,高官何益。见实甫正与何锡之谈。少顷,锡之去。余同实甫到该馆访铁山,不遇。询之刘升,云同子登、兰坡在天和馆观剧。即到天和馆,人多于鲫,天大风霾,白日为昏,视而不见,遂出。过天寿堂,以为或在此中,入视之,人甚少,遍觅亦无此三人。冒风而行,至艳芳楼,入而食点心,陈瑞书表兄在焉。约与同食,饮微醺。遇黄小轩偕其弟礼堂,更有一人同饮。稍谈,仍同实甫到天利和,信安、仁安已归。润生由津来,稍谈。实甫拟宿于城外,待见铁山,缘铁山明日回涿,昨订阶平随伊到涿,再由伊送至固安,运子峤之柩到津浮厝也。日夕归,大风扬沙,目为之眯。为冯敏之写信,托其照顾阶平,即交阶平,并为买车。

二十二日(4月10日)

黎明,阶平登车到前门火车站。辰刻实甫归,言昨晚见铁山，即宿于试馆。本日子登亦回津。实甫送铁山至火车站，见阶平，将开车始归。午后，张玉叔来，谈许久。石麟来。李小帆来。敬侯为奎子香招饮，晚饭后踉跄而来，醉不知人，失去腿带，霍德为沿街觅得之。意其不能归寓，留宿于鸣西之榻，呕吐遍南北屋，味甚恶，思以香薰之，记鸣西藏有安息香，觅得一残段，向灯上然之，轰然作响，灯灭手炙，乃炮药也，不知何人所置，幸未大伤。本日得献夫信。

二十三日（4月11日）

黄顺来，送来路春浓带来家信一件，盐强水一瓶，鸾孙代烦绢幅八。阅信知十三日夜间房后不戒于火，焚去杂货铺一间，幸未延烧。实甫为酌升写信，令黄顺带出城。知允叔、性初均于二十二日到京，令黄顺告知弼叔，余明早前去。晚，敬侯仍回寓宿。

二十四日（4月12日）

早，李小帆遣人持片来，嘱余及实甫在寓候伊，十点钟晤谈。待至十钟后仍不至，嘱实甫候伊，余出城到弼叔处，则已往宗显堂矣。到宗显堂，见阮叔麐、哲臣、信安、性初、润生、允叔，尚有叔麐同乡一人，同饮。饮毕，同哲臣、信安、性初、弼叔到弼叔处聚谈。少时，益斋亦到，谈至暮，仁安至日夕去。仍在宗显堂晚饭。饭后，益斋归，余与性初、信安皆留宿，夜深始眠。

二十五日（4月13日）

早起到哲臣卧室，与哲臣、信安谈。冯果卿同年至，谈许久。

荣文刻字铺高掌柜至。谈间，接曹汇川信，招饮于艳芳楼，弼叔诸人及益斋皆与焉。待益斋来，乃同到艳芳楼。允叔、兰坡已先食，仁安已食毕赴署矣。与润生、汇川同饮毕，大家皆到天利和畅谈。哲臣、弼叔、益斋先归，并携信安去。余待仁安归，又谈许久，到有益堂小坐归。天阴欲雨。冉环由津来，持来家信及四弟与实甫信，药瓶数个。问实甫，知李少帆来询问慕皋年伯处分事，洋人勒令革职永不叙用，传者误以为发往极边也。

二十六日（4月14日）

午后，实甫携冉环出门。书安来。丽川来，持来酌升与实甫信。贡珊之家人刘顺送来绍文信一件，言贡珊赴省，未得写信，故伊代书正月事也。刘顺请假回家，顺便捎来，今始来京投递。内有武伯特唁信一件，奠敬二两。日夕，实甫归，携性初来，留宿于寓，谈至夜分。

二十七日（4月15日）

早，同性初到弼叔处，知已在宗显堂，即同往。遇哲臣、兰坡。弼叔已食毕而出，要回。待余二人食毕，乃同到弼叔处，朱伯勋在焉。遣人往请益斋，据云已往与洋人谈公事。益斋新得管理街道差，与洋人有交涉事件也。朱小汀、钱幹臣世叔先后到。少时，益斋亦到。谈至暮散归。行至单牌楼，遇于受轩、景濬卿二人。是日，冉环回津。

二十八日（4月16日）

早，将棉袍二件交伯仁侄带津。午后，有益堂伙计来。性初来信，取去前所存棉袍。日夕，实甫、伯仁侄出城宿，以便明日由火车回津。晚，为贡珊写信，为阆舅写信。

二十九日（4 月 17 日）

午后，鸾孙来。日夕，石麟来，书安来。鸾孙留宿。晚，请敬侯来，谈许久。亥刻，东北火光冲天，似有炮声，有如爆竹。据何清云，恐是西什库教民与民战，且云已战数次，又云初三日有火险，又云伊有熟识教民，令伊多备米、面、煤，京师不久又大乱。种种谰言，不知起自何人，殊堪痛恨，惟有置之不理而已。若实甫闻之必大骂，骂死亦不能明白，徒结怨恨而已。丑刻，火光稍杀，然犹熊熊也，遂眠。不知熄于何时。

三十日（4 月 18 日）

早，书鸾孙代烦绢幅八，蓉舫对联一。午后，刘顺来取回信，面交伊信一件，致阆舅信在其中焉。酌升来言，昨日仪鸾殿洋人不戒于火，焚死德兵官一。书安来，鸾孙回贤良寺。丽川来，持来烟土一包。晚，与菊泉谈。

三　月

初一日（4 月 19 日）

早，到天利和，晤允叔，信安、性初、仁安、吴瀛三定兴人在焉。已饭罢，重为余作具。知润生回津，芋田昨来京，本日赴署，亦香昨亦来京，本日往柏林寺投供。同信安、性初到弼叔处，弼叔、哲臣均未在,询之黄顺,言早已出门。待之久而不至,遣黄顺往请益斋,回云已赴署。已而弼叔、哲臣回,言在艳芳楼约人小酌,去时尚到天利和柜房见允叔焉,饮毕,又到天利和,亦无人言及,仁安睡起始道及,乃买车急归。允叔见余等之去而不告弼叔已来,见弼叔、哲臣之再来而不告余三人已去,何其善忘若此,岂心有他属,遂色相俱空耶?随后亦香、益斋均到,谈至暮步归,遇单伯宣世兄于途。晚,与菊泉谈。

初二日(4月20日)

早,到弼叔处,弼叔已同哲臣、信安、性初、亦香由市购零星各物回。兰坡在焉。谈许久,益斋至,亦香以有事去,余与信安诸人均留早饭。饭后,蓉舫来。日夕,信安、性初、兰坡去。亦香又来。谈至暮归。晚,与菊泉、敬侯谈。

初三日(4月21日)

早,疏雨数点。到弼叔处。亦香购得青峰碑一。谈间,蓉舫、益斋、信安、仁安先后至。交蓉舫嘱书对一付。本日为性初生日,大家在宗显堂公祝。嗣香、哲臣、芋田、信安、益斋、仁安、兰坡、亦香、蓉舫,允、弼两叔及余,共十二主人。谈饮极畅。遇吴子和、松际云两同年于宗显堂。饮毕,同嗣香、亦香、信安、益斋、性初、哲臣、弼叔到弼叔处聚谈。日夕,朱伯勋至。亦香忽然不见。早间兰坡云伊欲回津,想回寓收拾行李去矣。恐亲人尼其行,故不辞而去。然当畅聚之时,言明不散,无端踽踽而去,殊形恝然。或余酒后失检,有所开罪耶?惆怅至暮,快快而归。

初四日（4月22日）

早，接刘濬〔湄〕舟信，致实甫者。实甫回津，因代拆阅。送信人张斗南，在怀来县矾山堡开药铺，立待回信。即为详写一信，约两千馀言，交斗南持去。午后，署中为芰孙、一山送俸银来。二人正月初十后销假，故俸银至今始行补送。若开印后销假，则春季俸银即不发矣。小憩。读算书。晚，敬侯来，下鸣西之榻，自本日始。

初五日（4月23日）

早，到亦香寓，询知亦香未回津，适往弼叔处。到有益堂稍坐。遇龙文穆掌柜于途。到天利和，诸人俱在，留早饭。饭间，廷筱伯在艳芳楼来约大家。信安欲赴署，不往。允叔赴约，已而又遣人来约。余及芋田腹已果矣，情不可却，乃同芋田前往，饮且食焉。将散，性初遣人来告，知亦香在天利和候谈，即回天利和，谈许久。亦香有观剧之约，同行至西柳树井分手。余行至虎坊桥西，遇兰坡，云由弼叔处来。仍要兰坡到弼叔处。哲臣以洋二元八角购得远镜一，尚齐全。谈至暮。益斋到，稍谈归。由天利和借来京足银十两。与菊泉、敬侯谈。

初六日（4月24日）

早，令何贵易银，得钱一百五十五千，送后面。敬侯往粮食店访友。同出宣武门，指示道途分手。余到弼叔处，芋田、竹林、亦香、性初均在焉。芋田回天利和。性初进城访娄秩五。弼叔、亦香赴同署孙西生书城之约于宗显堂。益斋来。待性初回，与哲臣、信安、益斋同早饭。饭后,性初去。弼叔、亦香携孙酉生来,谈许久。到支继师处,本年初次得见,师新升右赞善,本日生日,贺且祝也。谈间,微雨,辞出。仍到弼叔处,借伞持归。夜雨,不大亦不久。

初七日(4月25日)

早,绍先来,言其令祖灵輀于十二日回里,美人许为护送,以言语不通,拟请敬侯同往,以便传语。许为转达。午后,署中来知会,本年各省举行辛丑科并补庚子恩科乡试,不复考差。凡合例人员各具详明履历,汇题请简,即书履历一纸持去。

初八日(4月26日)

早,写匾字一分,丽川所代烦也。性初来。丽川来,送来煤油一箱,立待写便面三个持去。午后,玉叔来,谈许久。晚,书庵来,谈许久。

初九日(4月27日)

早,书庵来,由其熟人送来煤末六袋,称之共千百七十斤。石麟由弼叔处持来亦香烦书折箑一柄。午后,到弼叔处,哲臣、弼叔均未在。待许久,哲臣归,言早间亦香、信安均在此,润生昨到京,亦来。因到阳春居小饮。饮毕,各有事散。哲臣以为云甫写信归。余为黄顺书便面二。哲臣写信毕,仍欲出门,向其借银九两有奇。与哲臣同出门。余到益斋处谈,嗣香未在,少待始归。谈至暮归。晚,石麟来,言绍先令祖明日开吊,约余同往。

初十日（4月28日）

早，遣人到弼叔处，送还雨伞并信，告本日欲出吊，不能前往，以昨曾与益斋、哲臣约，本日来聚谈也。午后，检点衣冠。自去年六月二十三日到官学画到衣冠后，至今未御，顶珠生锈，黯然无光，对之曷胜怏悒。石麟来，以衣冠不齐，又不愿往吊，遂皆未往。畅谈。

十一日（4月29日）

早，到弼叔处，性初、芋田、润生在焉。益斋将欲去，留之写对联一副。弼叔、性初、芋田、润生与信安公请李蓉舫、杨兰坡、纪会川于艳芳楼，约余与哲臣、益斋往陪。益斋有事须后到。余同哲臣诸人到艳芳楼，遇巢季仙，稍谈。信安、仁安、兰坡、蓉舫先后来，亦香亦同来，以另有约去。饮毕，纪会川始至，言已饭罢。大家同到天利和，见通久门面已收拾齐备，光艳耀目。通久者，蓉舫集本新开之金店也，分天利和门面三间之一，门以内仍相通焉。谈间，石麟亦到。润生检出屏联、便面若干，大家更迭书之，墨尽数瓯。日夕，同石麟到绍先处，因昨未往吊，今特送行。询知美欲撤兵，护送者改日本人，敬侯省却一番跋涉矣。见其行色匆匆，无暇久谈，遂同归。晚，与四伯母闲话时许。

十二日（4月30日）

早，书便面二，一为亦香代烦包礼堂尊人款，一为有益堂所烦。到书庵，交其煤价三两七钱，谈许久归。丽川来。同石麟出城。在途以京蚨二百购得炭精二，其人云，家中尚存许多，详告住址,命其明日送寓。到有益堂小坐。到天利和、通久,贺两号同日悬额新张之喜,诸同人均在。知兰坡已潜回天津。留早饭。饭后,酌升到,言实甫与石麟、黄岫北创立学堂,十八日入学;已为实甫去信。知初十日由京往津火车行至落垡左近,将桥压塌,车陷下,人有死者,有伤者。同哲臣、嗣香、亦香、益斋到哲臣处,谈至暮归。知署中来知会公请回銮折列名。

十三日(5月1日)

早,到弼叔处,信安、性初在焉。亦香才回寓。伊约巢季仙饮于阳春居,嘱大家往陪。午前,同弼叔、性初、信安到阳春居。稍待,亦香、季仙来。饮毕,到亦香寓,晤瑞卿、包礼堂、王杏臣诸人。梯云由保定到京,言与铁山同车。铁山到余寓小住,现已奉札调署顺天府教授也。暮归,与铁山、敬侯谈。

十四日(5月2日)

又送来煤六袋,称之一千二百九十斤。在门首遇梅生乘车来,云其业师常向辰同年光斗卒于京,伊往为棺敛。立谈数语匆匆去。石麟亦在门首,闻铁山来,来谈。书庵来。午后,芋田来。卖炭精者送来大小四十枚,以钱四千购之。同铁山上街闲游时许。到英美楼小酌,遇文静如户部,梦岩之宗人也。饮毕归。来去皆遇书庵。晚,月舫偕奎绍芗世兄濂,丁卯世兄弟来,皆有醉意,绍芗尤甚。为哲臣、酌升、益斋、弼叔作信,遣人明日清早送往,铁山约大家在艳芳楼小酌也。

十五日(5月3日)

早,高秃送信回,言益斋因嗣香在其寓宴客,不克到,哲臣、弼叔亦赴嗣香之约,到不能早。铁山先到东城,随其车到前门。到天利和,润生未在,芋田已赴署,信安、仁安、绍芗将赴署,并未云本日公请李蓉舫。允叔不赴铁山之约,性初昨宿于米市胡同,本日亦赴嗣香之约。余到万顺现移鲜鱼口,改字号兴记。购辫绳一,仍回天利和。敬侯到。允叔与吴瀛三早饭,适腹馁,共食少许。亦香到,因约焉。同亦香、敬侯到艳芳楼,石麟在焉。待许久,铁山到。已而润生偕蓉舫、张辅周来,另为一局,并约敬侯去。亦香本为润生诸人所约,亦去。久之,余到天利和,适信安、仁安自署归,约之来。信安与润生同作主人先去,仁安留。又久之,酌升始至,遂同饮。润生局散后,亦香、信安亦来同饮。欲食海蟹,无之。无何,火车到,戴〔载〕来海蟹一包。芋田亦由署归。哲臣、性初、弼叔又到,饮极畅。饮毕,同到天利和,问性初能捎物否。曰能。交其芰孙、一山俸银两包;铁山所赠烟膏一盒,烟斗一个;即写家信一件并交。谈及王慰霖同年归骨事,酌升、铁山约同往视。恐停柩之庙有英人,约敬侯同往。先到试馆问刘升,据云已由庙移出,厝于庙旁,无须往视。令刘升知会慰霖令叔。铁山往拜客,酌升亦有事,余同敬侯回天利和,谈至暮,亦香去而复回,收拾行李毕,明日由天利和登车回津也。瑾臣叔由津来。待铁山久不至,立门前望之,遇周辅平,谈数语。遂与敬侯步入城,行至长安街,闻后有呼余者,则铁山乘车来也。遂同车归。晚,书庵来。

十六日(5月4日)

早,马葑溪来。铁山往东城。午后,刘升来,言慰霖令叔现回津,俟伊归来再办。日夕,铁山归。晚,雨三点两点,至于终夜。

十七日(5月5日)

早,代铁山书履历。伊往谒兼尹丞宪,饭前归。午后,卖炭精者又送来大小五十枚,以钱四千八百购之。丽川来。高福代铁山家人送信,便道购来对联二副。又代铁山书履历,铁山赴署,明日接印也。借羽缨冠、元青褂去,为侍尹宪求雨用。有益堂送来《唐宋文醇》一部,铁山所要者。晚,石麟来,谈许久。

十八日(5月6日)

早,铁山来信,取去《文醇》,并所有拜垫。哲臣来。午后,蓉舫来。写喜联送梦岩,其令侄明日毕姻也。石麟亦写一联。到后面寻旧存酒、烛等帖,计送梦岩联一,酒、烛票各一。为送礼用。伯仁侄自津来,捎来实甫信、七弟信,并前托润生所捎之信未得捎来者。阅知六弟已回景州。晚,与伯仁侄谈家事。

十九日(5月7日)

早,同敬侯到梦岩处贺喜。晤伟人、月舫、绍湘,留早饭。饭毕,往为迎亲。新亲以道远须过法界,恐有阻难,借松寿翁花园为遣嫁地。园甚宏敞,豁人心目。迎亲毕,见梦岩太夫人、夫人及其令嫂。归小憩。酌升来,未遇。月舫、绍湘来,谈许久。同月舫、绍湘上街闲游,绍湘购图章二方。行至月舫门首,其阍人告知梦岩约大家在彼晚饭。即到梦岩处,以为时尚早,同月舫、绍湘到绍湘处谈时许。绍庭至,言人已到齐。即到梦岩处。同饮者尚有伟人、于受轩、景俊卿、敬侯。饮间雨作。饮毕,除梦岩、绍湘外,大家皆冒雨到绍庭处,谈至二更,晤薄锦斋。高福持伞灯来接,归。雨终夜不甚大。

二十日(5月8日)

仍雨。早,接陈朴斋信。敬侯移帐于菊泉院,自本日始。午后,同敬侯到菊泉院,谈许久。伯仁侄冒雨往有益堂。雨终日,夜仍雨,均不甚大。

二十一日(5月9日)

晴。早,伯仁侄回津。午后,信安来。信安十九日曾来一次,途遇酌升,告以余未在家,遂未到门。卖炭精者又送来二十馀枚,并有残破者若干,以二千七百购之。敬侯购其洋书一种。同信安到弼叔处,朱伯勋、裘续臣在焉。谈间,益斋亦到。知南横街一带,美兵退出,归德人管理,自明日为始。日夕归。途遇何锡之、袁集云。月舫来,未遇。

二十二日(5月10日)

大风寒甚。午后,梦岩来。晡时,同敬侯到街闲游。晚,代人拟复奏新政折稿,性安所烦也。夜间,微似有警,老何起,在院中行走。

二十三日（5月11日）

早，启门。见门房东墙砖堕地两块，是夜间有人踏落无疑。侯景岳来。午后，天利和遣人来索印好图章，顺便带去拟好折稿，交信安。梦岩、绍湘来。为绍湘写折簟一、册页一。同梦岩、绍湘到敬侯书房，约同敬侯上街闲游。绍湘约饮于兴隆轩。遣人请月舫，赴公所未归。饮毕，月舫始到，又独酌焉。俟月舫饭罢，同到绍湘寓，谈许久归。忽闻炮声隆隆，洋号聒耳，不知何故。菊泉来询，颇有惊疑之色。时许始寂。三更后，洋号又作，终夜有声。

二十四日（5月12日）

早，到弼叔处，弼叔已同哲臣上街，坐以待之。信安偕其亲家王甫山来。少时，弼叔、哲臣归。嗣香来谈，至午刻去。余与信安留早饭。饭后，益斋来，知幼香来京，住益斋寓。小汀来，谈至晡时。知南横街换德人管理后，如常安谧。弼叔、信安、益斋有宴鸣居之约。遂同哲臣皆上街闲游，瞻瞩之顷，哲臣竟不知去向。行至宴鸣居门首，与弼叔等分手。归寓，见绍湘信，知伊来两次，并偕伟人来。铁山来，谈许久。

二十五日（5月13日）

早，绍湘来，携去《算草》一本。午后，易银十两三钱，昨从益斋处借来者。书庵来，谈许久。卖炭精者送不整炭精数十块，以无用却之，伊苦求，与以四百文。遣高福为仲鲁去信，因献夫未在京，嘱将伊履历补入，请简试差单。取来回信，言已经列入矣。同敬侯访绍湘不遇。访梦岩,谈许久。借其《车鉴》一书归。晚,阅《车鉴》毕,始眠。

二十六日(5月14日)

早,月舫、绍湘来,观余早饭。饭后,丽川来。立待写源顺杂货店匾额、对联,并宣纸对联一。日夕,同敬侯访绍湘、梦岩、月舫,皆不遇,知伊三人同上街。亦同敬侯上街,迤逦北行,未遇伊等。即到梅生处,亦不遇。归途仍到绍湘处,尚未归。拟仍上街迎之。遇伟人,立谈之顷,绍湘诸人缓步而来,手持食物甚夥,即约同伟人均到绍湘寓饮酒。伟人已饭罢,未入席。杜云帆太守庆元,贵州人,庚辰庶常前辈,新放广西思恩府来,亦留饮,并有沈掌柜。饮微醉,亥刻散归。有益堂遣人送来黄纸,言源顺祥改通顺祥,须另写。夜雨一阵,不大亦不久。

二十七日(5月15日)

早,绍湘来,谈许久。午后,代增伟人作信稿。晚,大雷电,以风夜雨大作,窗纸皆湿。

二十八日(5月16日)

早,有益堂来人取匾,即为书之,并另作联语。铁山来,言昨酌升访伊,本拟一同来寓,因在竹坪处久谈,天晚不果来,期以本日;并言陈小石同年授河南方伯,鞠人已在行在,入新政局办事。伟人来。留铁山、敬侯早饭。午后,遣何贵到花市购作寓钱铁模,四弟所要者。晡时,酌升来。石麟来。伟人来。月舫来。

酌升为苏雨翁去信,并请薛寿田来商办雨翁投供事。铁山、酌升均留晚饭,敬侯亦与焉。写家信,并铁模二送交石麟,石麟明日回津也。约石麟来与酌升对奕。铁山、酌升均留宿,谈至夜分。

二十九日(5月17日)

早,敬侯送其尊人往火车站。酌升往访梅生。绍湘来,谈许久。遣人请酌升回。同铁山、酌升出城,拟同饮于广和居。行至江苏馆南,见对面来者似熟人。追视之,嗣香昆仲、哲臣、信安、弼叔也。相与大笑。把臂同入,待益斋、伯勋来同饮。饮毕,同到益斋处,知其新延西席沈吟舫祖培,乡茂才也。晤谈许久。酌升、铁山先去。交铁山致竹坪信一件,顺便饬送。秦袖蘅同年来访益斋,新自河南来京起复,余亦见之,谈许久。本日为梦岩生口,曾与月舫、绍湘、敬侯约在绍湘寓公祝之,遂早归。到寓一视,即到绍湘处。同人均到,叶子芳普春在焉。并约沈掌柜为陪,饮甚畅。亥时散归。

四 月

初一日(5月18日)

早,敬侯仍往火车站,缘昨日石麟为金门家人吕顺耽搁,到站火车已开,未成行也。仁安来,言二十七日到京,持折箑一柄属书,即为书之;并约余到其族人家,为其族祖成主。即同到菊儿胡同,晤其耀卿、荫田两族叔,留早饭。成主毕,归。西安门南城墙开一豁口,来去皆由之。西安门内,街柳两行,泛洒无埃,西什库洋楼依然高耸，而崇文山太夫子之居则瓦砾场焉。谁为为之，谁令致之，秉国钧者不得归咎于气运也。抵寓，鸾孙在焉。袖蘅同年来，未遇。知信安、子丹均以御史记名。铁山昨带去之信已收到。书庵托询之胥峻斋名明德总戎，到京不久，寓西河沿逆旅，谈至暮。晚，到书庵处，告知胥君住址，谈至亥刻归。静坐忽闻扣门声，骇而出视，则何清笼烛归也。

初二日（5月19日）

早，到弼叔处，梦岩约弼叔初四日早饭同和堂，趁便烦写字，并约酌升嘱代知会，即为酌升作书送去。告知子丹、信安皆得御史。据云，从刑部友人处得信，子光得而信安未得。少时，朱润生至。又时许，嗣香遣人送来《直报》，得御史者，有信安名，足见竹坪处信息不误。其未及子光者，竹坪本不知子光送御史，各报或讹其名为誧，为诵，电报亦必有误，竹坪未悟及也。即遣来人为信安送信，并捎去敬侯家信，交天利和顺便寄津，昨鸾孙忘却捎去者也。朱伯勋、吴子和同来，均留早饭。饭后，益斋来。晡时，微雨。信安冒雨来谈，至暮雨未止，乘益斋车归。晚饭后，同敬侯访梦岩，知在绍湘处，即到绍湘寓，月舫亦在焉。观三人饮酒。雨作有声，较日间为大。亥刻冒雨归。终夜雨。

初三日（5月20日）

早，雨止，道未泥泞。到弼叔处。信安昨留宿未去，本日约饮于宗显堂，以志御史之喜。午前，嗣香昆仲、益斋、伯勋曾到弼叔处。一同前往。饮甚畅。饮毕，均到益斋处聚谈。长芦运司杨来访幼香，谈许久。日夕归。晚，磨墨，备明日弼叔写字之用。

日间,丽川来,未遇。

初四日(5月21日)

早,弼叔带笔来,酌升来,月舫来,绍湘来,遣人请梦岩来,各持纸墨来索弼叔书。午前书毕,同到同和堂。主客为杜云帆太守,伊初六日出都。梅生亦欲为伊饯行,因为时太迫,与梦岩作公局焉。同饮者云帆、弼叔、酌升、叶子芳、敬侯、绍湘、月舫;并有继绍庭,以吸烟故,不能早到,未候。酒半,绍庭始到,云已饭罢,少坐即去。大家饮酒甚多。酒为梦岩自带,味极醇美,不觉皆陶然矣。晡时始散。弼叔、酌升、梦岩、绍湘又到余寓谈许久。买车送弼叔、酌升出城,乃各散。申祥来求寻护照,伊家被教民欺也。酣眠至亥刻,始食晚饭。

初五日(5月22日)

早饭后,龙文斋穆掌柜来。到弼叔处,子丹、寅皆均在焉。询知皆昨日到京。谈许久。蓉舫到,稍谈去。钱幹臣、姚伯绳、益斋先后到,谈至暮归。丽川来,未遇。申祥询得欺伊教民为张永茂。晚,书折簏数事。

初六日(5月23日)

早,同敬侯访梅生,谈许久,为申祥事,据云须知其人为何会之人,乃能为力。归,知绍湘来,将弼叔所书各件持去。午后,小憩。晡时,同敬侯到绍湘处,不遇。同到有益堂,谈许久归。知子丹来,已去。同敬侯到绍湘处,与梦岩、月舫、沈掌柜痛饮,失手覆杯于地,碎焉。亥刻归。

初七日(5月24日)

早饭后,到月舫处谈许久。到弼叔处,弼叔本日同信安回津。与哲臣稍谈。到益斋处,子丹出门,幼香亦回津,朱古微前辈在焉。谈许久。借嗣香银二十两有奇。请哲臣来,谈至暮,持银及弼叔图章归。敬侯在绍湘处待余,即到绍湘处与梦岩、月舫痛饮。饮未毕而伟人至,已饭罢。谈至亥刻归。接大哥信,内有庄纫卿致实甫信。蓉舫送来烦书条幅一。

初八日(5月25日)

早,绍湘来。梦岩来,借去米袋五个,取回弼叔所书各件,盖印章。月舫来,丽川来,谈许久。午后,令何贵易银。晡时,申祥来告张永茂系美以美会人。同敬侯访梅生不遇。见其西席王子安,为梅生留字,烦转致焉。归途遇兴石海先生于其门首。

初九日(5月26日)

早,绍湘来,谈许久,携去崇文勤太夫子年谱并《学算笔谈》一本。午后,小憩。写折簿一。梦岩取回前盛墨来茶杯。天气甚热。

初十日(5月27日)

黄顺来,取去弼叔联笔图章。

十一日(5月28日)

早饭间,伟人来烦书字号匾额一。晡时,到绍湘处,与绍湘、梦岩、敬侯为月舫预祝,月舫十六日生日也。并约伟人、沈掌柜为陪。饮甚畅。敬侯有酒意,先归。余谈至亥刻散归。

十二日(5月29日)

早,梁巨川同年来,谈许久。绍湘来。月舫来。午后,铁山送还凉帽、外褂。并代常向辰瑾芬烦书折箑一,约日来取。晚,书折箑一。

十三日(5月30日)

早,同敬侯访梅生,谈许久,见其尊人子延老伯。午后,刘升来,持来子登烦书便面、条幅等,并信一件,言初四日到京,适以有事回津,二十前后仍来京。写对联、条幅、匾额十馀事。为大哥写信,以备送信人来取。

十四日(5月31日)

早,实甫归,系昨日到京,因火车有耽搁,到甚晚,不能进城,在有益堂借宿,今早得晤酌升焉。捎来家信并芰孙信,知实甫买房无成,现已租妥仓门口路南宅一区。绍湘来。午后,梦岩送还米袋。实甫携来药料,作荷兰水饮之。晚,与实甫谈别后京、津各事。夜微雨。

十五日(6月1日)

午后,卖炭精者来二次,购炭精百馀枚。铁山来,宿于寓。晚,雨。与铁山作终夜谈。

十六日(6月2日)

铁山仍未去。丽川来。天阴,有雨意。夜,大雨。与铁山夜谈。

十七日(6月3日)

铁山仍未去。仍雨。丽川遣人为铁山送洋元,昨托伊换者也。日夕,大雨。留敬侯共晚饭,夜谈。

十八日(6月4日)

铁山仍未去。卖炭精者又送来炭精七十馀条,购之。忽阴忽晴,仍有雨意。拟作旗亭之饮,未果。急雷大震,继以暴雨。晚间,东北火光熊熊,似在西苑。雨又大作,终夜有声。夜谈。

十九日(6月5日)

铁山之价来言,府尹催问学堂事。铁山买车匆匆去。绍湘来。月舫来。天仍欲雨,乃各去。午后,小憩。微雨时作,殊为闷损。与实甫谈家事。实甫、敬侯欲访梅生不果。晚间,实甫往访书庵。夜雨又作。代实甫抄所译食谱。

二十日(6月6日)

天晴。午后,实甫往访蓉舫,随便将蓉舫所烦对联、条幅捎去。日夕,实甫归,言芋田来京未得见,弼叔来京已见面,且同到有益堂。晚,抄食谱。

二十一日(6月7日)

早,实甫、敬侯往访梅生。绍湘来,还《算草》一本,烦写寿联一副、册页数篇。午后,小憩。留敬侯晚饭。晚,抄食谱。知瞿子玖前辈入军机。十八夜间之火系武英殿灾。

二十二日(6月8日)

早,到弼叔处,行至菜市口,见搭有席棚,似欲刑人。询知系抢劫者十人出决。将铁山昨留致酌升之信,令黄顺送去。与哲臣、弼叔谈。留早饭。饭后,钱幹臣世叔、朱伯勋、顾绍墀均到,谈至晡时。到兵马司中街访嗣香昆仲,即观其新租之宅。幼香在家,谈许久,遇同仁堂乐君,少年也。从幼香借银二十一两四钱二分,家无平,同大西堂马掌柜到街平准者。途遇嗣香载书一车归,立谈数语,归已暮矣。晚,抄食谱。

二十三日(6月9日)

早,鸣西为实甫来信,内有七弟信数语,亦与实甫者,言及家中用度缺乏,嘱告余知。阅之不胜焦灼。韩子峤同年之妻弟邵菊香传勋遣人来言,到津询知实甫已回京,特来京商办接子峤灵柩事,昨日到,住姚江别墅。午后,实甫往访姚君,并访李蓉舫。日夕归,读上谕,回銮之期已定于七月十九日,曷胜庆幸。晚,抄食谱。

二十四日(6月10日)

代绍湘写寿联一,即遣人送去。直隶同乡来知会,因赔款无着,公折吁恩列名。伟人送来前借去书数本。阅报，江南乡试缓至明年举行。代伯仁侄画便面一个，写条幅四，子登代烦便面八。暮时，仲子凤伟仪，山东人来访实甫，余亦见之，谈许久。书庵来，谈许久。晚，抄食谱。雨数点。与敬侯谈至夜深，知伊得津信，已与杨兰坡结冰玉矣。

二十五日（6月11日）

早，马葑溪来。午后，鸾孙来信，借去纱袍、纱马褂各一，并问何日回津。即复。晚，抄食谱。雷雨一阵，继之以风，隐隐闻洋人鼓乐声。

二十六日（6月12日）

早，酌升来，知亦香已到京。亦香遣人送来献夫与实甫说片。伟人来。邵菊香来。酌升留早饭。午后，龙文穆掌柜来。接鸣西与实甫信，内有献夫与余信一纸。代酌升写客单，伊二十九日在同和堂宴客。日夕，酌升去。晚天阴，落雨数点。

二十七日（6月13日）

早，到弼叔处，亦香在焉。同乡刘绶珊中翰来访弼叔，余见之。绶珊名晋荣。知信安已于二十四日到京，遣人往请，回信云现看秋审册，午后来谈。同哲臣、哲臣知余家中度日无资，将伊存津之项贷余十金，信致吉亭拨付。发信后，哲臣得云甫信，内有送余二十元之说。余与云甫别三年矣，彼此未尝通信，乃乱离之馀远蒙注念，感何如也！亦香、弼叔饮于宗显堂。饮毕，仍在弼叔处谈。钱幹臣世叔到。酌升到。

信安到。日夕,益斋到。信安交余家信一件,胡三哥信一件。暮归。见继绍庭信,并所烦书折箑一。晚,在门前买酪食之。

二十八日(6月14日)

购牛乳一器,实甫作各种酪试手。午后,高阳之幼公子来访实甫。有益堂人来,持去《同文韵统》。石麟由津回。伯祖母生日,设祭。

二十九日(6月15日)

早,到粥叔处,亦香在焉。少顷,益斋来,均留早饭。午后,益斋因在广和居宴客,先去。余有酌升同和堂之约,畏热,借益斋车乘之到同和堂,酌升已到,言本日患吐泻,甚委顿。谈许久。实甫、灵星谷、伟人、梦岩、敬侯、月舫、菊泉、梅生以次到。饮甚畅。饮毕已暮。酌升不能出城,约同伟人、梅生到寓谈。石麟亦来谈。散后,余与酌升、敬侯谈终夜。

五　月

初一日(6月16日)

黎明,粥叔遣黄顺来招,言信安昨到米市胡同宿,有事与余相商。未得眠即往。至则哲臣、信安、粥叔均上街,少待始归。信安告余代实甫通融事有成,其数四百金,其息一分七厘,昨托信安代办者也。嘱余回寓通知实甫,定于午后,到天利和晤面立券。代信安写送人喜联一副。留早饭。写家信一件,将哲臣前拨之十金改为二十元，并哲臣致吉庭信同缄，交信安，明日芋田回津也。饭毕欲归，忽钱幹臣世叔在宗显堂来约弼叔，弼叔去而又回，言幹臣阅报，余承简命放贵州副考官。即到宗显堂，见幹臣、朱小汀、顾绍墀，询知正考官为吕筱苏前辈珮芬，云南则吴肃堂鲁、冯伯岩恩崐也。立谈数语归，酌升尚未去，喜报已到。于海帆同年、汪心如世兄竹溪同年令郎在焉。心如为效苏前辈东床，因效苏前辈有小事出京，须一二日方回，介海帆来告余。实甫往天利和。石麟来。亦香、梯云来。又写报喜家信一件，交梯云，烦饬送天利和。亦香荐其家人黄玉，当即应允，乃黄玉尚在家中，须去信招之。书庵来。菊泉来。益斋遣人送来《格物测算》一部，价七千，前托伊代购者也。阎厨子送来一品锅。署中送来印领一纸，付银三两，报喜人付钱三十千，外饭钱四千，其余持禀来贺者甚多，各与钱数百。得差诚喜事，然当此国事、家事不堪回首之际，得之非惟不觉可喜，反觉触境心酸，凄然泪下，岂余性情之独异乎？日夕，实甫归，言券已立，息银归作一分八厘。鸣西来信，言实甫所购荷兰水机器已到，促之回津。晚，菊泉来。

初二日（6月17日）

早，伟人来。走馆人来取领俸执照，试馆长班刘升来，乙酉长班陈福来。梦岩来。酌升来信云，通融之款有成。实甫即往访酌升。兰坡来。嗣香来。绍庭来。丽川来。托丽川代刻图章，购《缙绅》，告龙文斋印名片、封条。午后，到支继师处，谈许久。到弼叔处，亦香、伯勋、兰坡均在焉。少时，益斋亦到，稍谈。访聂献廷，询谢恩事。据云，礼部尚未见放差公事，不知何故。到贤良寺，见竹坪诸人。谒合肥师，周玉山师，均未见。谒张幼樵师，谈许久。

见杨莲府同年,据云伯岩由火车赴定州,然后再乘肩舆,因近京一带驿站无人供亿之故,皆由莲府代为料理。余亦烦莲府依样办理,莲府许之。又因实甫携眷赴津,火车不便,亦托莲府设法,亦允。到崑师处,适出门未得见,归。实甫早归,云酌升已代借六百金,息银一分二厘。晚饭后,梅生来。菊泉来。与实甫谈行路事。日间信安来,未晤。

初三日(6月18日)

早,菊泉荐来估衣铺,衣皆不合式,且价昂。绍菊香来。午后,铁山偕其长男与其婿王鹤筹来。本日在松筠庵分津贴,余以事忙未往,实甫代领。仁安来。伯茀处西席吉公来。熙小舫前辈来,谈极久。实甫归,领来津贴五元外,钱二千已为两馆长班索去作节赏矣,每分皆如此。石麟院备酌,为七弟妇等饯行,因留石麟桥梓在寓晚饭。晚,敬侯出城代购来水笔十支。为诏衔写信芰孙,烦为朱鹤臣名兰芳,字香谷令兄说项也。并为芰孙写一信,附去菱孙、一山二人津贴各五元。又为大哥写信,并前写好未发之信,并交实甫明日带津转寄。事毕,天已明矣。

初四日(6月19日)

早,实甫携张厨回津。冯伯岩来,谈许久,拟结伴同行。到海帆处,知筱苏前辈已来回电,初十前必可到京,其东床汪心如已往余寓送信矣。十五日起程。到支继师处贺节。到嗣香处,晤幼香,借银五十两。晤大西堂书铺马良辅。晤李少舫。到弼叔处,弼叔、哲臣均未在,归。丁丽川、马葑溪均在寓。饭后,开单托葑溪代买应用物件。刘升送来朝冠服各一,兰坡令其送来者。为范孙写信，借其《视学贵州日记》，交葑溪觅便寄往。乃葑溪甫去，而范孙偕七弟来京。捎来芰孙信、性初信、大哥信、阶平信。范孙捎来《视学贵州日记》十本，并有抄录丁伯厚前辈《使黔日记》一本。李明亦来。范孙带一家人王贵，喜极。畅谈许久。黄顺送来兰坡、弼叔信。与范孙同车到前门。范孙自去。余答拜伯岩未遇。谒徐颂师、胡云师，访宝鼎臣昆仲，均未遇。东城划归洋界处，衙署房屋均拆毁，一片空阔，弥望无际。到天利和，晤孙绍芗、李蓉舫、王致堂。知范孙同仁安往弼叔处，即往，益斋亦在焉。询兰坡，则方去。〈与〉亦香、信安观剧。谈至暮，仍与范孙同车归。知汪心如世兄又来一次。晚，谈贵州一切情形。夜雨。

初五日（6月20日）

早，与范孙谈。丽川来。海帆偕心如来，谈许久。烦海帆写纨扇一柄。心如持来银二十馀两，恐代筱苏前辈安置一切待用也。同范孙到弼叔处，信安、亦香、仁安、益斋、梯云、兰坡均在焉。托兰坡为孙麟伯大公祖写〈信〉，询问能否在保定代为安置行舆。大家备酌过节，即寓为余饯行之意。饮甚畅。饮毕，小憩。借益斋车，又买一车，同范孙、仁安、梯云到成兴斋购扇对。又同到有益堂购铜章一。检点应带书籍。范孙往梯云处宿，余乘益斋车归。留赏对百联馀，就车俱载往弼叔处，并写一信，言明价目，请与松华斋比较，为再添购之计。日间铁山来，未晤，留一说片而去。万兴送帽来。龙文斋送名片来。晚，与敬侯作终夜谈。

初六日（6月21日）

早，弼叔来，知哲臣因洋人有于鼓楼四周各拆十丈之说，今早回津。

购来白罗帽一,两截罗大褂一。范孙、梯云、亦香来。亦香已得家信,可以通融,问数于余,答以二百金。万典帽铺来,商购领帽。弼叔带来兰坡致孙麟伯信,哲臣致保定府尊信、严觐侍同年信,皆为托购行舆及马鞍等事。余持信往贤良寺,车上捎范孙主仆行李,余寄家蚊子香。托莲府附寄。在莲府处晤李蠡莼年伯、李季高世兄、莲府令弟号杏城。据莲府云,伯岩早来一次,云兵部勘合执定驰驿之说,不可通融。伊晚半天仍来商办,看光景如何再定。因将信持回。谒周玉山师,见雷雨大作,与玉山师谈许久。冒雨至通商房,交竹坪昨七弟捎来小包。竹坪交余前借去马褂纱袍。天晴,到梯云处,范孙、亦香、益斋、仁安、信安、弼叔均在焉。交范孙行李并蚊子香,托带津。聚饮甚畅。大家同到松华斋。余便道访酌升,不遇。早间曾致伊一信,为月舫诸人招饮事。到时伊已出门,未得见。到松华斋,梯云已去。谈许久。定礼对、礼扇、赏对等。信安、仁安回寓。范孙与益斋骖乘赴其寓。余与弼叔、亦香访朱伯勋,不遇,分道各归。知酌升来,已赴同和堂。令七弟到弼叔处宿,以便明早购物。到同和堂,赴月舫、梦岩、绍湘、菊泉、敬侯之约。酌升小食已毕,略谈数语,以有事出城。余与伟人陪诸主人饮,甚畅,暮归。油布铺送来各件。性初荐其阍人朱成之子朱顺持信来,信内云前后共来三信,只得其二,其一信不知沉滞何处也。

初七日(6月22日)

早,葑溪来。丽川来。支继师来,以梳辫散发,未敢请见。万兴帽铺来。七弟由城外归,购来大衫一件。丽川言峻山昨日到京。午后,伯岩来信,言勘合已领出,嘱余拜承兵部瀛,号春州。

酌升来。丁次轩来。到伯岩处，谈许久，定准由火车赴保定，伊初十日起程。到天利和，晤信安、仁安、绍湘、蓉舫。拟代实甫取银十两。据蓉舫云，实甫已无存银，所存者只拨余名下之百七十两，不知何故，只得将余名下者取十两，代实甫弥补门口零欠。到贤良寺，托莲府向保定寄信，仍昨日之两信。在通商房与筱坪诸人谈许久归。接性初信，系初四所发，在朱顺起身以前。晚，为性初、实甫写信。朱顺明日回津取行李，顺便带去。张厨子回京。十五叔来，未晤，昨始到京。

初八日（6月23日）

早，兵部送来勘合。拜承春洲兵部瀛，晤谈许久，乃知春洲为辛亥、壬子世兄弟，盖景秋坪年伯廉之犹子也。情意甚殷，许将效苏前辈勘合送余处。到汪竹溪同年处，并晤心如世兄，告之。竹溪留余小食。归。葑溪送来箱子、夹板、灯笼等物。七弟购来单袍等物。估衣铺送来棉褂等物。午后，遣李明到弼叔处，送还拣馀之衣，并取赏对。梁巨川同年送来赏对二百付。李五来，持来十五叔写好赏对二十付。李明归言，弼叔出门，赏对未取来。少时，弼叔来，谈许久。令李五随弼叔到米市胡同取赏对，持往三里河，请十五叔写。晚，代伯岩抄路程单。为伯岩写信。日间龙文斋送来名片等，付银六两。

初九日（6月24日）

早，七弟出城。遣高福为伯岩送信，并到葑溪处，成兴斋令其将礼对送弼叔处。同敬侯浴于头条胡同。浴毕归，遇绍湘、月舫，偕丁奎野名惟鲁，乙酉同年兄弟庶常于巷口，要同到兴隆轩。敬侯归,取烟袋回,言鸾孙在寓。饮毕归,与鸾孙谈。高福持归伯岩回信,言孙麟伯廉访到京,已代托嘱往拜。幼香来,谈许久。华子宣世兄来,送其银十两。蓉舫来。蓉舫言实甫尚有存银,伊先未知。峻山来。同峻山有益堂购眼镜两副。拜麟伯,谈许久,遇天津分府沈叔瞻金鉴于座。访兰坡不遇。到十五叔处,谈许久,并见十九弟、武保堂表叔。到弼叔处,七弟才进城购得大衫纱袍等,弼叔正写赏对。暮,持大笔四支、未书赏对五十副归。李五送来朝服一身,皮靴一双赏对五十副。四侄到京,鸾孙留宿。四侄捎来夏布衣一包。玉叔来,未遇。

初十日(6月25日)

早,沈吟舫来。孙麟伯来。兰坡来。伟人来,知寿芝到京。益斋来。周玉山师来,访书庵不遇。并见益斋,谈许久,以头晕,乘洋车而行。汪竹溪同年来。益斋、兰坡均留早饭。饭后,舫〔访〕书庵,谈许久。酌升来,与石麟对奕。鸾孙、敬侯轮流写赏对。代酌升写转烦斗扇一柄。估衣铺送来皮马褂。七弟开衣单。鸾孙之仆张顺来,携来芰孙信一件,内有致湄舟信,即交酌升转寄。晚,为芰孙、实甫各写一信,遣高福明早送去。兰孙留宿。

十一日(6月26日)

早,葑溪来。七弟、四侄、敬侯出城。刘升随慰霖同年之世兄来。吕筱苏前辈来,心如从焉,言昨始到京,谈许久。敬侯、四侄归,言七弟留弼叔处,帮忙写礼对。李曙东偕其妹丈程杏林来。姜宝翁来,谈许久。午后,敬侯、鸾孙写赏对。余写邵菊香所烦对联、酌升所烦条幅数事。与曙东同车出城,交其信一件,烦送天利和，告实甫十五日准起身，促其速来也。答拜筱苏前辈未遇。乙酉同门吕郁堂（贤堃）为筱苏堂侄，而其嫡堂兄名文梓者，又乙酉南榜举人，其尊人乡榜又道光癸卯，年世谊多，惟有论其近者，用年世侍生帖拜筱苏焉。见竹溪，还前心如持来之银二十两，馀无用处也。到支继师处辞行，谈许久。到弼叔处。见亦香，黄玉至今未到，亦香甚为着急，不令余待伊矣。七弟已归。稍谈，到海帆处，取回烦书纨扇归。朱顺回京，捎来性初信、实甫信，知实甫十三回京。菊泉院家人互殴，其势汹汹，老何从而排解之。张顺持来竹坪保信，因黄玉到京无期，恐误事，即留张顺。前七弟妻兄荐一仆，亦旧人，以人满辞之，彼时以为黄玉不久即到也。不意先来者不见用，后来者反见收，真饮啄莫非前定也。晚，在院中闲谈。鸾孙留宿。出门时伟人来，送余自画折箑一柄。

十二日（6月27日）

早，微雨数点。兰坡来。持来代购药物。帽铺来。出门遇子丹于途。见崑师、合肥师、张幼师、周玉师、徐颂师、胡云师各处辞行，均未晤。访莲府亦不晤。知莲府已托铁路总办郑观察（清濂）招呼余等登车，观察回信已遣人送往筱苏前辈及余寓矣。晤味莼，谈许久。到福隆堂，赴继绍庭之约。同饮者景濬卿、月舫令弟、薄锦斋，馀六人皆不识，一一道姓字，不能悉记，只记庆祝三、庆博如、博如名庆珍，书农中丞（嵩崑）之喆嗣，丁卯年伯祝三官赞（嵩峋）之犹子也。同仁堂乐三人而已。饮毕，到有益堂稍谈。到筱苏前辈处，云在便宜坊小饮，嘱余来时，亦请前往。即到便宜坊，海帆、朱益斋两同年，汪竹溪、淮生、心如桥梓、叔侄均在焉。谈饮甚畅。详谈结伴各事，据云马鞍必须在京办。日夕归，弼叔、亦香、酌升、酌升持来大毛马褂一,代人出售。子丹均在。子丹晨去而午又来,不见面不已,情意可戚。仁安本家前约余点主者,送来果一桌、酒二瓶、纨扇一柄、旧墨一块、茶食两匣,已经收下。鸾孙回贤良寺。晚,留敬侯小酌。晚,写信,令朱顺明早送兰坡,还其朝衣冠,并烦见麟伯,请知照清苑县,十五准由火车赴保定。又为蓉舫写信,取前所存银,令高福明早往购马鞍。本日又届放差之期,竟无信息,不知何故。广、闽并无停科之说。

十三日(6月28日)

早,雨数点。七弟出城。书庵来。写纨扇、便面数事,联幅数事。华子宣世兄送礼来,留一半,其家人坚不持回,遂全收之。朱顺取回银两。侯景岳偕峻山令弟来代装箱。万兴帽铺胡掌柜来收拾帽盒。七弟归,持来由幼香处所贷百五十金并所购各物。兰坡又来信,并送来宝丹六囊。葑溪来。高福归言马鞍已定,支去银九两。峻山来。估衣铺来,还伊银二十九两。遣张顺催取《缙绅》。张顺先归,《缙绅》随后由有益堂送来。酌升来,与石麟对奕。实甫由津来,言与允叔、哲臣、莘农、黄玉同车,并携李升来,为实甫携眷回津帮忙,捎来小衫二,范孙许假短褂五。留其三,已有者还之。弼叔来。黄玉来,持来吉庭许假之二百金。黄玉实无可位置,然心欲用之,因〈令〉其到效苏前辈处一询,如伊只带五人,则无如之何,若伊带六人,余亦何妨多带一人,然亦万一之想矣。良乡县照例来问起程日期。诸仆在院中包箱。大雷而风。梅生来,欲于明日饯余,辞之。交弼叔银七十两,烦为易洋元。以车送弼叔、酌升归。晚,雨时作。与李升闲话甚久。与实甫稍谈。

十四日(6月29日)

早,黄玉来,言筱苏前辈只带五人,余实不能多带。只得遣之去。信安来。梦岩、绍湘来。芋田、润生来。允叔来。哲臣来。弼叔来,持来所易洋百元。本日为哲臣五旬正寿,同乡公祝,兼饯余行。余辞不赴,大家谆约,因赴焉。与弼叔、实甫同车到宗显堂,同饮者哲臣、信安、亦香、梯云、兰坡、益斋、润生、蓉舫、芋田、幼香,允、弼两叔,实甫共十四人。饮间,酌升亦到,饮极畅。饮毕,酌升、实甫往访邵菊香,余到有益堂待之。途遇峻山。在有益堂小坐时许,酌升、实甫随到,遣人购柠檬酸等物。酌升往前门。余与实甫谈至日夕,取《缙绅》八部归,铁珊在焉。绍庭、子丹来,均未晤。收拾行装。酌升来,宿于寓。

十五日(6月30日)

卯初起。雨一大阵,虹见。石麟桥梓、酌升,实、汲两弟,伯仁侄送余到前门火车站。至则梯云、兰坡均来,丁丽川亦来送。兰坡送乌梅一包。弼叔遣人送面包等,并信一件,嘱交定兴车站转送盐店。筱苏前辈早到,在车站室内小坐,约余同坐以待头等火车,实甫偕往,淮生、莘儒三昆仲在焉。郑景溪观察清濂,闽人遣家人二名照料一切。购头等票二一仆随侍、二等票四、行李票一,共用三十元。赏运行李者二元。赏郑仆一元。辰初登车。孙麟伯大公祖遣差官来伺候。与筱苏前辈共一包房,房甚清洁。辰正开车,从西便门北城阙出。十二里十福园。又十五里芦沟桥。又五里长辛店。又二十五里良乡县。又四十五里琉璃河。又三十里涿州。又四十里高碑店。又二十里定兴县,遣人送信。又十里过北河大桥。又三十里固城。又二十里安肃县。又二十五里漕河。每到一处,停片时。车中人甚勤谨,酸梅汤、荷兰水供给不绝,时进巾濯。与筱苏前辈共赏一元。自漕河二十五里至保定省城。藩、臬、府、县、武营均差帖来迎。严觐侍同年以盛,浙江临安人。直隶候补县,现当铁路差登车,告以备车来迓,皇华馆为洋人所踞,借西门外之祥茂客栈为行馆。即与筱苏前辈乘车到祥茂栈,东上房三间,两人分住耳房,中为会客共食地,虽不宽敞,尚洁净。少时行李到。齐觐侍同年来,商备轿事,谈许久。托觐侍代办良乡、涿州、定兴、安肃四县印结,送京交弼叔,许可。即遣人招轿铺来,言定价值三十三两,明日报齐送到。与筱苏前辈商定,两人共一席,其一席亦不折价,一路皆照此例,招办差人来告之。遣人购轿灯。伯岩留信一件,由清苑县送来,知伊因三人同行,车马不便,已于本日起程驰驿前去;先曾寄余一信,在京时并未接到,料亦无甚要语。晚,与筱苏前辈谈。

十六日(7月1日)

黎明,雨一阵。轿铺来商令旗、包杆价目。令旗一两五钱,包杆每副一元二角。遣人持帖到各处谢步。到清苑县告知车马数,并取印结,计二包,一引,骑马五,大车二两。午后,雇驮子每个索银六十两,价太昂,改雇双套车一辆,价四十两。送至樊城。余所带之银皆松江,此地不通行,甚吃亏,闻南去更须亏损。因与效苏前辈商议,以松江易足银,较之京中每两多贴一分。又,南去只贵英元,余所带多"立人"者,亦不合式。筱苏前辈言,近数站先共用余所带者,以后再共用其所带英洋。代余筹画周至,甚为可感。满城县郭大令文翥遣人来告明日尖宿处。购轿灯一对,价二千五百。傍晚装车,诸暂就绪,然后晚饭。本日不设全席,只供便饭,点心两次,均尚不恶。晚间谈。月色颇佳。写致实、汲两弟信,告知驰驿前去日期。

十七日(7月2日)

卯时起。清苑县遣夫马来。并派兵八名护送。轿铺送轿来。饬仆人装车。覲侍同年馈一品锅,以刻即起程,无所用之,璧返。覲侍又亲来送,谈许久,并留名片,嘱到新乐送薛德斋翻译启昌处,伊必照料,以彼处尚多洋人也。交其京信一件,托寄。卯正行。二十里至大□店,舆夫少歇。筱苏前辈轿之肩杠中裂,余轿夫脱肩,轿跌一次。四十五里,至满城县泾阳驿客店尖。距泾阳驿十五里,经一集镇为方顺桥,又三十里乃至望郡。时方巳初一刻。询问差役,道途甚安静。因将护送兵遣回,共赏洋二元。饭毕,稍坐复行四十五里。申初至望都县南关外客店住宿。较午前行甚迟,舆夫畏热屡歇故也。屋甚狭小。而声炮鼓吹,颇具虚文。雨作,旋晴。已而雷声大作,雨一大阵。张大令锦绂差帖来请安,云现请病假,故未出迎。晚,晴见月。

十八日(7月3日)

寅正行三十里,至清风店。途有积潦,舆夫踸踔颇苦,因停舆稍歇。复行三十里,巳初三刻到定州。去定州十里,渡一河,名清水河。深处四五尺,浅处不过一二尺。惟轿用船渡,车马则徒涉焉。入自北门。门凡四重四门皆然,城周四十里。北门以内多田地,依然村野风景。将近南门,方见街市。城中一塔矗立,系备敌者,已残破不可登矣。借绅士张笙阶兆镛,浙江候补人员家为行馆。刺史王荩承忠荫,常州人本日始接印,差帖来。差役云,去岁洋兵到时,刺史为金道坚永,极力集资十万为偿款。有挟嫌者谮于法兵官,谓其集赀尚多,皆入己囊。法人信之,刺史几被戕。其后乃白,交卸去。来代者为郑君,亦因与洋人龃龉,自请卸任,乃易王君。闻偿款共须十二万,其二万则须王君筹画矣。午初,出定州南门。行二十五里至明月店。又十二里至十三里营。又十三里西初至新乐县。县城周不及四里。途中舆夫凡歇三次,轿又跌一次。大令恒阶平泰,奉天旗人,壬午举人,与黄星桥同门。遣役持帖迎于城外。假盐店为行馆。店名复亨,宿处东屋五楹,尚轩爽。到行馆后,阶平来见,谈许久。盐店在东门外左近,见法人甚多。盐务为本地人薛君认办,总司其事者为邵筱云瑞增,天津人来谈,并馈茶食二盒。晚饭后,至筱云屋谈许久。

十九日(7月4日)

寅正起。行四十五里,距新乐城里许过圯桥,甚长,下为沙河。三十里过芒牛河,河水已竭,踏沙而行。辰正至正定县属之伏城驿,尖于伏号帐房。路遇法人三,运铁轨车甚多。尖毕,又行四十五里,至正定府城。余之舆夫疲弱,行不能相及。筱苏前辈屡停舆道左以待。伏城驿马不足用,仆从皆乘蓬〔篷〕车。乘马者,前站外只一人,随轿而已。府城周四十里,只四门。入自北门,太守江,名槐序;大令戴,名作楫,均差帖迎于城外。门凡三重。瓮城内有石刻"古常山郡"字,一新一旧。又有石题"南粤王赵佗故里"字。迤逦向东南行,街市荒凉,人家寥落。行馆在东门内大佛寺,寺西北有塔一。抵寺才过午正。寺僧号意定本地人,年三十许,俗姓王,自京师法源寺来,住持于是。来见,颇能谈。所居室即其方丈。北屋五楹，精洁异常，枕倚什物皆良。木前覆芦棚，凉爽宜人，额曰“尘飞不到”，信然。东西厢房各五楹，仆从居之。视望都宿站之上房，且胜十倍。僧言寺建于隋，本名龙藏，后改龙兴，又改隆兴，大佛寺者，俗名也。小憩时许，僧来导游各殿。第一层为天王殿。进而为大觉六师殿，俗名七佛殿，以殿供三世佛及四菩萨也。又进而为摩尼殿。皆极高大。又进为戒台，台上供有两面铜佛。又进为韦驮殿，甚狭。再进则大佛殿矣，殿前广五楹，中广七楹，凡三层，共高十三丈五尺。名曰佛香阁，上有额曰“调御丈夫”，不知何解。佛铜质，高七丈三尺，立而合掌。左壁塑九华、峨嵋二山，右壁塑五台、落伽二山。后壁塑千佛像。殿之左右各有楼五楹，左为御书楼，右为集庆阁。其配殿左为慈氏阁，中有佛高三丈，独木所雕，右为转轮殿，中有六面殿阁一，上下有轮有关，捩推之则转。院有碑亭，亭右为康熙年重修御制碑文。其馀碑尚多，最著者为隋龙兴寺碑，世多拓本。次则宋端拱二年碑。次则赵承旨碑。更有宋碑一，不纪年号，似被人磨去者。慈氏阁内有元碑一，上有蒙古文。东偏小院又有碑亭，系高宗纯皇帝礼大佛所题长句，碑阳、碑阴各一首，韵同。寺东有关帝殿，另有大门。题曰“关帝庙”，实在寺中，不临街也。再东则为方丈，为客堂，为司房，为厨，为厕，为僧徒读书室。馀屋甚多，不能悉数，亦未皆到也。七佛殿、大佛殿亦残破不堪，像多露坐，蓬蒿满屋。闻大佛殿后尚有殿一层，以残破太甚，未往观。寺西与洋教堂邻。去年拳匪倡乱，僧曾保护教士。及联军入境，教士又保护寺僧，故寺未经大创，然已为甘军蹂躏许多矣。向来轺车戾止，另有行馆。自陈太守庆滋爱其地幽洁，假用之，遂为例。自新乐至此，号称九十里，其里甚小，实不过六十馀里。昨与筱苏前辈言,明日驻轺甚早,何以消遣,能游大佛寺乎。不谓竟假馆焉,亦奇遇也。大令戴冠英为濂溪大前辈公子,安徽人,以乡谊遣人持纸墨来,请筱苏前辈书楹联。筱苏前辈以受凉不快,方服药,笔兴不佳,辞。余怂恿之,为书四联持去。晚饭在廊下。早眠,夜闻梵音。

二十日(7月5日)

丑正起。县中派兵八名来送行。出南门。筱苏前辈轿跌一次。十里渡滹沱河,水甚浅,渡毕天已明。遣兵队回。又十里至二十里铺。舆夫早食,余在轿中食点心。天阴有风,微雨数点,凉爽之至。又二十里至水河铺,舆夫又歇。又二十里至乐城县,已巳初三刻矣。舆夫云,此六十里甚长,足有八十里之远。城甚小。入北门,至南门内,南北门外皆有石坊,甚大。去坊不远,各有一阁。尖于复庆魁钱店。大令黄介臣祖戴,乙亥浙江举人遣役持帖来。因兵差络绎,车马不足,饭罢待之许久乃齐。去岁洋兵只至滹沱河滨。自此以往,皆无洋兵。声炮鼓吹,迎送如仪焉。午初一刻,行二十里至贾店。又二十里至赵州。去城十里时,雨忽作,停舆,罩油布,闷热异常,幸雨不久即止。张顺马脱缰,前奔追之,不及。至城西门,忽大风,轿顶张落。赵州城周二十馀里,只西南一带有街市,馀俱冷落。入自西门,瓮城额曰“西郊水利”,城门额曰“澄波门”,城楼额曰“爽挹恒山”,并有款识,目力不及矣。城内有小石桥。旧例,行馆在城外五里之大石桥,即相传为古迹者。今因为马军驻扎,因借城内之花厂宿焉。到时未正三刻。所宿室似一蒙馆,壁贴应敬避庙讳,居然大书特书,并不缺笔。刺史窦以筠因公赴都,遣人持帖来。余到许久,张顺始步行而至。盐店主人为黄仲篪，送菜四器，肉馒首两盘，随亲来谈许久，烦书楹联五副。余尚存松江银五十两，以前路用之不便，托其易足银。晚饭后，遣人到盐店持片谢步。少时，盐店同人孟丹林来，送来所易之银，稍谈去。书楹联，并写家信一件，送盐店托寄津。

二十一日(7月6日)

天阴。丑初二刻起。行五里，出赵州南门。又五里大石桥，即曩设行馆之处。相传桥为古迹，今见之，亦无甚奇处。三十三里至王莽城，古鄗城地也。舆夫在此早餐。雨微作。市中往来者多贩布线之辈，以地产棉花也。又冒雨行二十二里，辰正抵柏乡县尖时，柏乡县南门外有阁一，上覆黄玻璃瓦，额曰"冲衢锁钥"。有马提督兵五营驻此，客舍皆满，因假天兴布店为行馆焉。饭毕，俟印结及易车马，迟至巳正三刻始行。大雨滂沱，舆夫行泥淖中，踵屡决，身首又无雨具，自发至踵，无不沾濡。幸今日两县均添派舆夫四名，八人轮班更替，四舁四扶，然犹颠蹶五次焉。行三十三里，尹村小憩。又二里南沙河，深不及尺，涉水而过。七里至马峰冈，虽不甚高，而雨后登降，时虞倾跌。行三里而冈始尽。南行数日，未见寸山，今日始见远山。是冈为何山之麓，尚不知也。又八里至七里桥。未至桥时，余轿之肩扛〔杠〕忽折，遣人进内邱县城易扛〔杠〕。舆夫八人，以肩荷轿而行。行数武辄止。过桥后，城中送肩扛〔杠〕来。又行七里，抵内邱县。入自北门，天已暮，筱苏前辈早到，遣人笼烛来迎。出南门，宿广兴客店，已过戌正矣。柏乡令戚朝卿、内邱县令李运昌均差帖来，未亲到。柏乡城内外石坊约有十馀座。舆过其下，匆匆不及辨识。但见“三世司徒”“四世总宪”“父子中丞”三坊,亦不知为何人,惟司徒坊知是吕姓而已。南门外二里许,又有坟茔数处。翁仲、华表、神道碑之属,无一不具。惟知其一为国初魏文毅公裔介坟而已,馀不知也。广兴店屋甚狭,两人共宿一房。壁上题咏甚多,有不成说者,有痛赞义和拳者,不能悉记。惟北壁大书曰“华秋吟解饷入都经此”,想是癸巳年事也。窗与厕近,秽气时时触鼻。今日共行一百二十里:赵州至柏乡六十里,柏乡至内邱六十里。而柏乡舆夫恰逢大雨,其苦数倍于赵州。筱苏怜之,特破常例,与余共赏洋一元,车马夫则仍旧也。常例每人赏轿夫制钱一百,马夫五十,茶夫五十而已。到馆后雨止,天亦旋晴。

二十二日(7月7日)

卯初三刻起。行三十里,辰初三刻至良缘店。昨饬驿纪在此备一茶尖,只用茶水,馀概不必,该纪应诺。及至,并未预备,情殊可恶。乃觅小店小憩,略用茶点。又行三十里,巳正三刻至顺德府邢台县。本拟宿此,闻有方统领明日拔队赴河南,与余等同程,恐沿途难于供亿,乃改此为尖站。未初三刻复行。三十五里,过沙河县。甫出南门,高堤横亘,登堤一望,平沙如雪,十馀里中不见居人,盖沙河也。水涨时,必渡以舟。今则踏沙而行,如陆地然。本索舆夫十二人,伊等以人少可多得钱也,只来八人。行之久而疲惫不堪,皆思逃遁,不许,则蹒跚而行,步不及尺。与筱苏轿相失,望尘不及矣。日暮,尚有十里,乃篝烛行。筱苏到馆后,遣人来迎。渡洺河,河水甚浅,无所用舟。亥初始至永年县属之临洺关宿焉。关去沙河县三十五里,去永年县城五十里。有同知驻此。入关之北门,见有碑志,天晚不能辨识。早邢台令王锡光，晚永年令方汝霖，均差帖来。顺德府城凡四门，门皆四重。城中市廛稠密，人烟阗溢，为所〈经〉郡县之冠。在城中行时，观者如堵，或且伛偻向轿中详视。城中有书院二，不知何名。

二十三日（7月8日）

卯初二刻起行。出临洺南关。舆夫较昨尤惫，行未数武，即有喘者。一二里后，已望不见筱苏之舆矣。去邯郸县二十四里地名黄梁〔粱〕梦，舆夫早餐。余出舆闲步，见路东有庙，门前大书曰"邯郓古观"。门外有重建祠碑文，略云：李唐好怪妄，以聃耳自神，一时方士簧鼓其说，固风气使然，而邺侯以佐命功，忧谗畏讥，至托于神仙以自全。《枕中记》所谓卢者，吾也；吕者，余也，隐然寓其自伤之意，后人附会以成其谬，抑已过矣。虽然茫茫大造真幻无常，已有此祠，固当修其倾圮，以为览古之一助云耳。惜不记撰者名氏。信步而入，大门在北，门对长垣，上刻"蓬莱仙境"四字，俗传吕仙所书者。入门有一池，池上有八角亭一。过亭而北，殿三楹，祀汉钟离仙。又进而北，殿三楹，祀纯阳。又北为卢生殿，卢生像作卧形，以石为之。道士迎出，并请饮茶。余以急欲行辞之。卢生殿题咏甚多，不能遍阅，惟去年李鉴堂新题一诗阅之，亦不复记。其馀殿匾联亦多可观，与他庙之但悬"有求必应"者迥殊，惜无暇备录一通也。曩闻邯郸有卢生庙，以为在城内，不意竟在此处。设非舆夫疲惫，几乎交臂失之。然犹以未得详览题咏为憾。

复行数里，舆后肩扛〔杠〕忽折，八人荷大扛〔杠〕前行。张福策马入前村，购得榆木一条代扛〔杠〕，乃复行。舆夫每行十馀里一歇，欲逃者屡矣，勉强至邯郸县城。城中有积潦，绕城而行。

未至西门,舆夫之喘者实不能再舁,雇一人代之。午初始至南门外行馆,共行四十五里。筱苏到已一时之久矣。邯郸令廖紫垣同年以帖来,廖名炳枢。饭后尚有七十里,颇有戒心,严饬仆人选择舆夫,并索班车一。驿纪以上站未备此车,抗不与。其实前两日皆有班车,今早以道路无多,恐舆夫因有车任意前行,不复顾轿,故未索,非本无而添设也。详与言明。又待许久,乃以车来。午正二刻复行。一路舆夫振刷精神,颇形迅速。小憩二次。五十里,过杜村坡,似一山麓,石子满途,升降颇苦。又二十里至磁州南关。州牧许之轼差帖迎于道左。戌初同到行馆,晚饭初有黄叔良旧仆冯升,现在磁州署内执役者来见,请书楹联三副,即为书之。磁州城北十数里间,双流夹道,广皆不过数武,狭处仅四五尺,其中芦苇摇翠,菡萏合苞,饶有逸趣。城中街市亦尚整齐。

二十四日(7月9日)

黎明,雷雨一大阵。卯初二刻起行。天阴如墨,而西南独晴。道旁德政碑为刺史许仰坡所立。刺史前曾守此土,去后民思其政,立碑志之,今则二次来知州事也。出南门,有石桥一,名曰利涉桥,长十馀丈。其栏每间五尺馀,有一石柱,共三十柱焉。桥东石坊一,字曰"滏水留香",盖桥下即滏水,桥为许刺史所造,坊则隐有颂美词焉。二十五里至漳河滨。河水浅涸,近北岸十馀丈皆泥沙,舆及舆夫皆渡人荷而登舟,车马则径涉焉。直隶境至北岸止,既渡,则履河南彰德府安阳县界矣。一路闻雷声在东北,时落雨数点。去漳河不一里,至丰乐镇。尖于行馆,时巳初二刻,饭罢复行。距彰德府城数里,风雷大作,促舆夫急行。太守善守斋承、大令周应麟均差帖迎于城外。城外沙堤横亘,舆夫登降颇苦。堤下有河，土人云为卫河之支流。四十五里，未正三刻入北门，至行馆。方降舆，雷雨大作，时许乃少息。行馆与丰乐镇行馆规模相等，而院宇闳敞过之。街心有楼一，院中能望见之，额曰“瞻天尺五”。日夕，雨止。善太守来拜，谈许久。晚，太守又差帖来送行，亦差帖答之。天晴。

二十五日（7月10日）

卯初一刻起行。经“瞻天尺五”楼下，上悬一巨钟，下有四门，如天津之鼓楼然。又数十武，又有一楼，经过其下。出南门三十里遇雨。冒雨行十五里，巳正一刻至汤阴。道旁树有岳忠武王故里碑。县大令褚辉祖差帖来迎，尖于西街之行馆。降舆后天晴。饭罢未初二刻复行。经过岳庙，与筱苏同入瞻仰。街头对庙门而跪者秦桧夫妇、万俟卨、张俊、王雕儿铁像五。庙门三，楹门以内有墙，墙三门，中门与御碑亭相连。碑为高庙御制诗。御碑后有傅文忠题“惟忠惟孝”额。又有石刻陶文毅公澍句云：“隔代君臣犹有泪，去时父子竟无情。”沉痛之至。庙外别有一祠，专祀施将军，而隗义附焉。两旁碑甚多，不能遍阅。只记有王题《满江红》词及《送张紫岩北伐》诗及王曰“文臣不爱钱”数语三石刻。又进为正殿，王像金身，秉圭正坐，旁有侍者二人张宪、施全。殿左偏屋三楹，祀王之孙名珂者。右偏亦有门，以砖闭之不得入。正殿后为寝殿。王便服与楚国李夫人列坐。王所书诸葛先生《出师》两表石刻庋焉。并有明太祖书“书如其人”“纯正不曲”二石。东庑祀王长子云，西庑祀王众子雷、霖、震、霆。寝殿左院屋三楹，祀王父母，只设木牌无像。赠太师隋国公，讳和；秦国太夫人，姚氏。额曰“英烈孝娥”。右院亦屋三楹，祀王女，匾额对联甚多。留连时许复行。晴明有风，凉爽宜人。

二十五里,申初三刻至宜沟地。有土围,入寨门,宿于行馆。晚饭后,大雷雨有风。雨不久即止,雷声不断者时许。

二十六日(7月11日)

寅初起行。经镇市一,有寨门,额曰“古大赉渡”。淇河河水潺湲,如京中之闸河然。上有石桥,无须舟楫。渡河即淇县界,亦有寨门,额曰“淇澳菉竹”。巳初抵淇县,尖于城内之行馆。大令张翊辰以帖来。共七十里,实不过六十里耳。淇县城门只一重,无瓮城。城中街市尚整齐。北城外有关,额曰“义民里”。因夫马不齐,待至午正二刻乃复行。五十里,酉正二刻至汲县,城外宿。借合顺客店为行馆。路间微雨数点,天气极热。未至汲县八里许,路旁有石碑,题曰“殷少师比干庙墓”。汲县令谢绪纲号芗初,川人,乙酉同年差帖迎于城外。到馆后,卫辉府于海帆沧澜差帖来,即顺便以片答之;因府署去行馆甚远,天色已晚,遣人往返不便也。谢芗初烦筱苏书楹联二副,代其令弟炳臣烦余书折箑一柄,当即为书就。购肩扛〔杠〕二。

二十七日(7月12日)

寅正起行。舆夫小歇一次,在距新乡二十里之临兴店。五十里,巳初至新乡县。大令张学愚力堂,直隶保定府人,乙亥举人,大挑一等亲率执事鼓吹来迎,降舆答礼。入城,尖于古鄘书院。大令又来见,并持来朗舅由省城托伊交余信一件,谈许久。询知科分,遣人以年愚侄帖往谢步,以与少兰叔同年也。知帖大舅母寄居此处,遣李明询明住址,往代余请安,并禀明不能亲到之故。少时李明回言,即住在书院后小东街,已请安详禀毕。饭后,益斋、蕴斋两表弟来谈许久。去后，午初二刻复行。大令又亲送至郊。出入城门行馆皆声炮，入河南境来，此为第一次。二十里至一庙，舆夫稍歇。与筱苏出舆，去袍带，入庙门下乘凉。庙名“定教寺”。又二十里至小冀镇。镇有土城。入寨门至天成店茶尖，始食西瓜。是日，下午天极热，歇时许乃复行。镇中街市尚整齐，有杜氏宗祠一所，规模甚大。五里又入一土城，门榜曰“信庄寨”。又十五里，酉正二刻至获嘉县属之亢城驿行馆宿焉。于路又见土城二，皆未入，亦不知何名。抵馆后与筱苏共食西瓜一个，甚畅。驿在县城南三十五里。大令邵祖奭山西人，已丑举人，大挑一等以帖来。自汲县而南颇有旱象，土人云已五十馀日不雨矣。

二十八日（7月13日）

寅初二刻起行。二十里至广武镇，稍歇。在轿中食点心。又二十五里，过马庄。又十八里巳初一刻，至荥泽口黄河北岸。在河岸二里许，见一人，约二十上下，徒跣，流血被足，以手抚足哭且詈。询知是人误践田禾，田者以镰刀刺之，遂负重伤。夫蹊田夺牛，古之喻言，不谓今之所见，殆有甚焉。是处人情之强狠，可概见矣。岸上席棚数间，卖食物者居焉。黄沙苍莽，别无人烟。据云水涨时，此地亦在河中。渡舟二，一载行李车，一载轿马仆从。余等以轿中甚热，出轿坐于舟上之短凳。马之惯渡，牵而登舟；其不惯者，牵之不上，缚以大绳，前曳而后鞭之，往往人立而跃乃得上，或不得上陷于泥中。久之，始皆登舟。行船，水浅处用篙，深处则以巨绠系铁锚，置河中，绠之一端贯于滑车，上连于桅，众人用力曳锚，起则复投之，复曳之，观其意似用以代棹者，然其理尚未明晓。午初三刻抵南岸。天阴有风,中流波浪甚大。此处河广才十馀里,若孟津渡口,广且三倍不止焉。南岸席棚亦如北岸。下舟小坐,待舆马皆下,乃复行。十五里,未初三刻馀抵荥泽。大令陈皃卿毓藻,山东曲阜人,现署荥泽亲身迎于郊外。距县城二里许,土山高耸数丈,中通小径,一线不容方轨。城在山上,入城假人龙书院为行馆宿焉。大令又来见,谈许久,据云此处山名广武,即《史》所谓"临广武间而语"者。县旧城本在山北,因被河患,复建新城于山中,仄径亦嘉庆年间建新城时所开者。自此至新郑,尚有如此仄径数十里。若山水卒至,无法可御,如天欲雨,则不可行焉。晡时,微雨。晚饭食黄河鲤鱼甚美。饭后,县中幕宾张峙山岳烦筱苏书楹联二副,烦余书折箑一柄,即为书之。写家信报知已过黄河,托县中递津。遣人持帖到县署谢步。

二十九日(7月14日)

卯初二刻起行。大令亲送于城外。行二十里。至老鸦城,舆夫稍歇。买酥瓜一,食之,即津中所谓酥菜瓜也。嫩而多水,较乡味为美。又二十里,巳正二刻抵郑州。刺史李元桢因捕蝗下乡,遣人持帖来迎。馆于试院,知冯伯岩二十七日渡河,即宿于此。吴肃堂由行在来,先伯岩二日由此经过。余等因下站道途甚长,不欲兼程,即宿于此。饬差纪将一席分为早晚两餐。午后,小憩。终日阴。路上遇微雨,偶见日光,日夕有霞。与筱苏闲步流览各学使所题对联匾额。上灯后,室中虫蚁甚多。

三十日(7月15日)

丑初起。朱顺因行李遗失,痛鞭听差人,呵之,伊若以为不然。已而详细查点行李，并未遗失，实伊睡眼模糊，未看清楚。诬人为盗，罪应反坐，幸是听差人，不敢谁何，否则必大有口舌。小人无知，恃势欺人，可恨之至。因待夫马，寅初二刻始行。三十里至三十里铺。又二十里，辰正一刻至郭店。此处本应新郑县预备尖站，因昨日郑州差信送晚，新郑探马亦未来，故未预备，只得自投旅店早餐。舆夫、车辆均不能易，只易马匹。巳正二刻复行。四十里一路多土山，甚高，中一仄径，如荥泽然。未初一刻抵新郑。大令王溥因抱恙，只差执事来迎，假城外旅店为行馆宿焉。终日天阴，郭店尖时微雨，到新郑后又雨，终夜不止。

六　月

初一日（7月16日）

卯初起，天仍阴，已而雨又作。卯正一刻，冒雨入新郑东门，出南门。城内石坡甚多，高四五尺至七八尺不等，约略计之，东门之地且高于南门之堞焉。南门外即溱洧水，列船为桥而渡。行三十里，巳正一刻至会河镇。入旅店买烧饼食之。巳正三刻复行。渡会河，河有石桥，无须舟楫。终日上雨下泥，舆夫不胜其苦，两轿皆倾跌数次。又三十里，申初二刻至长葛县属之石固驿在县城西南五十里。驿有土城，去城里许，有练勇及张盖持竹板者来迎，入东关，假旅店为行馆宿焉。大令王锡晋以帖来，雨仍未止。

初二日（7月17日）

寅正起，雨始住。卯初二刻行。五十里渡颍水，水涸殆尽，但见白沙一片，有土桥不及河广之半，只桥下有水而已。道途虽多泥潦，然较昨日易行。惟舆夫疲惫特甚，幸长葛县派壮丁四名，遣去时援例两家共赏制钱四百。每轿二人扶掖，余轿犹跌三次焉。午初二刻尖于颍桥。地有颍考叔祠墓，在西街，未经过。颍桥属襄城县，假逆旅为行馆，屋老将倾。饭甫毕，忽訇訇一声，房上土落，破承纸而下，狼藉满案。若方食时，必至遍洒杯盘焉。午后，天晴微风。午正二刻又复行。四十里，襄城县大令孔玉如繁洁，山东曲阜人，仲光、幼云之堂兄遣人来言，行馆向在南门外，隔一汝水，此处连日阴雨，汝水陡涨，过桥渡必以舟，恐因过渡到行馆太晚，即在县署预备下榻地焉。去城不远，大令同典史孟博泉溥，大兴籍，原籍浙江以帖来迎，并有执事、鼓乐、民壮、轿夫同来。入自北门，城中条石砌路，南北条长三里许。市肆颇整齐。道旁观者甚众。酉初二刻抵县署。大令、典史均来见，谈许久。去后，遣人持帖答拜，均辞不见。晚饭，约大令来同饮，谈甚畅。大令得省报，知广东主考为裴维侒、夏孙桐，广西主考为李傅元、伍铨萃，皆去年曾得差而现在□行在者。

初三日（7月18日）

卯初起。以帖往大令处辞行。大令、典史均来送行，据云，渡舟无多，须令车辆先渡，待其渡毕再行，省得到河干久待也。迟至辰初二刻，有人来报车已毕渡，乃行。大令亦派壮丁四名扶轿。出南门，即登舟渡汝水。行四十里路过首山，道途仍多积潦，舆夫择路而〈行〉，不免纡回登降之苦。午初三刻抵汝坟桥叶县属，尖于旅店汝坟桥榜曰“遵彼汝坟”，在寨门上方。饭罢，行李车仍未到齐。久之，自雇二车到，言筱苏押行李之仆与车尚在二十里外，其车仆夫非熟于御者，驾车之骡又不任驱策，因而陷入于泥，解自雇车骡助之，其本骡不惟不用力，且倒曳以减助者之力，鞭之愈甚，因而先来报信。急遣朱顺率两轿之班车迎之。未正二刻始至。据云迎之五里以外，筱苏之仆已弃车用人负物而来矣。申初复行。又渡一河，土人呼为沙河，不知果为何水。渡河行数里，道旁有碑，大书“孔子使子路问津处”。有山榜曰“卧羊山”。共行二十里，酉初二刻抵叶县。大令余竹生钺，安徽绩溪人列仗鼓乐来迎。入城宿于昆阳书院。大令迎于堂前。已而又来见，谈许久。筱苏与之同乡，且旧识其尊人，因约其来共晚饭，以有公事辞。晚饭后，又来谈许久。凡地方官之亲身来迎者，皆遣人持帖谢步答拜，后不复赘。余竹生云，卧羊山上有黄文节公祠，惜未得到。

初四日（7月19日）

卯初起。因待夫马，卯正二刻始行。大令亦派民壮四名扶轿。亲送升舆。三十里渡澧水，澧水应在湖南，不知何故此处亦有澧水。遣仆询之本地读书人，并请将水名写出，确为“澧水”二字，手下无书，不能考核，姑存疑。至叶县旧城。城北门外有王莽台，有庙祀光武，并有王莽跪像，仆人有见之者。丁伯厚前辈《使黔日记》云城内一坊一碑皆刻“止子路宿处”，均未得见。入北门，尖于旅店，时巳正一刻。自首途以来，以今日酒席为最坏，色皆恶劣，且以面筋代鸭，甜菜用甜瓜，上覆数片西瓜瓤，而微洒蔗糖。饭时天阴如墨。

饭罢,午正二刻复行。频过河沟。有一桥,桥下有闸,流水潺湲作声,如通州之响闸然。十八里至柳庄,降舆去袍,在张殿明饭铺稍歇。自叶县旧城至此,道路滑汰之极。据柳庄人云,午间此处方大雨也。又行十二里,过河沟数处。一路碎石甚多,如碗、如拳、如卵,细者成沙,间有一二大块者。酉初二刻至保安,宿于行馆。张福之马疲不能行,伊弃马随行李车来,日暮始至。驿纪云,此处午间亦大雨,若非大雨,则所过河沟皆无水也。历一时之久。吴肃堂以患腹疾,在此住三日,昨日伯岩亦到,今早二人同行而去。保安仍属叶县,两尖两宿皆 县办理,亦良不易矣。民壮未辞去,明日仍送往前途也。

初五日(7月20日)

卯初二刻起行。三十里,巳初二刻至扳倒井尖。路过一镇,曰龙泉镇,街市甚盛。寨门外有土房一所,门悬竖牌,曰“翰林院”。地属裕州,不知为何人,穷乡僻壤,功名之足重如此,物希为贵,理固然也。扳倒井者,汉光武帝扳石得泉处,后人因即其地立光武庙,殿三楹,中供光武像,冕旒秉圭。两壁绘二十八将,各详封爵姓名。龛两旁立像四,则后补之窦融等四人也窦融、卓茂、王常、李通。楹悬何铁生前辈一联云:“旧说本无稽,想四百年火德承家,福受王明,或应占井勿幕耳;中兴今再见,看廿八将云台画像,生逢景运,可但作壁上观乎。”为同治壬申年所题。殿前古柏三株,直干干云,均高二丈馀,数百年物也。道士李元忠云殿后尚有一株,围二丈,未得见。殿左有门,榜曰“调鹤轩”,字势飞舞,约是其室已圮,移额于是者;不然,岂有门而强名以轩者乎?与门平列室三楹,左偏有额曰“平泉风月”。再进则为道士所居，榜曰“一尘不染”。又左则为花园，池水满焉。牡丹、翠竹及他杂花，随意种植，阶除几遍。婆罗树、玉兰各一株，皆高二丈许，实所罕见。惜玉兰已半槁矣。室四楹，额曰“玉照堂”，甚修洁，为冠盖往来息肩之所，余等即驻足于是。井在庙门外右偏，其形方，上覆以亭。前尚有一圆形池，与方池相通，花园之池亦通焉。庙前土塍一道，通往来，两旁皆潴泉水，种荷花，时方开放，其白如雪。时值微雨，益著其洁。与筱苏流览一过，然后小饮，肴中有鲜莲子焉。道士年三十上下，人甚朴野，不似正定大佛寺僧之善应酬。命之坐，不坐，乞余等对联各一而去。今早道路仍多泥淖，行李车到甚迟。午初二刻复行。阴云密布，遥见山顶为云所遮，纷披下垂，真如絮帽。又见远处白雾迷漫，上连天际，约是雨景。前行未几，忽骤雨一阵。急行过界，幸未沾濡。俗语有所谓六月车辙雨者，信不诬也。三十里至裕州。刺史王肖谷鼎严，直隶清苑人亲身来迎，并派轿夫来换班。未正二刻抵城外之旅店宿焉。此三十里道较平坦，故行甚速。到店后，刺史来见，谈许久。一路皆与筱苏同堂各室而居，甚有同居一室时。今旅店房多，二人各居三楹，反觉不便，以食必同席，且每日必谈至夜分也。因差纪已分布妥帖，不便移易。在筱苏室中饭罢，谈至亥初归寝，实不如每日之畅。夜雨。

初六日（7月21日）

寅正起。见承尘有屋漏痕，幸只湿葛袍一件。净面毕，即到筱苏室。雨又作，雷声隐隐，车夫皆不欲前进。饬差纪为每车加一骡以助力，乃无辞。卯正始行。入裕州东门，出西门，刺史亲送于西门外，幸雨渐止，降舆为礼，尚未沾濡。行十八里至廓封寨，门榜曰“豫扬管钥”。又十八里涉赵河。河不难涉，涉河后有高坡狭而陡，舁夫解带代纤，众力挽之，舆始得上。经汉廷尉张公祠墓。午初二刻至赵河镇仍裕州属，尖于旅店。天已放晴。未初复行。天气炎热，只著大衫。行十馀里，阴云又布，兼有雷声。舆夫置舆道左觅饮，促之急行，恐遇雨也。乃去宿处五里许，暴雨骤至。冒雨而行，不胜其苦。至申正二刻至博望，共行二十四里。二十四里乃土人所云，其实三十里也。宿于行馆。博望属南阳府南阳县。东寨门榜曰“查客肇封”。行馆在西寨门内。到馆后，天亦晴。晚食有火腿，甚美，筱苏以为味似云南宣威所出者。亥刻雨又作，旋止。

初七日（7月22日）

寅正起，卯初行。泥深没髁，舆夫不胜其苦。十馀里十里夏晌铺渐就坦平，虽为沙地，亦雨小故也。三十里辰正至新店，尖于旅店。街市壁上多用白灰，大书“好大雨”等字，如京师之祈雨书纸悬门者然，足征此地之少雨矣。饭罢，巳初二刻复行。路上偶有积水，不多。将近白河，白河即光武发祥之白水河，不甚宽，而浪甚大，有风故也。沙土甚深，陷没人足。白河只一渡舟，余等到时，前站仍未过河，坐舆中待之。今日天虽热而风甚大，遥见对岸土高数尺。方渡间，南阳总戎蓝朗亭号遣人持帖来迎。筱苏昨日触发脚气，不良于行，恐到南阳府城，众官来迎，下舆周旋不便，令余先行，如见众官以情告，请各回城，无庸迎迓。余遂前行。至南阳关门外，总戎蓝斯明名、游击马凤全、都司朱庚明、南阳府傅凤扬、南阳县潘守廉号洁泉，壬午举人，己丑进士均亲来迎。蓝，湖北人；傅，号竹农，山东人；马，号桐生，河南人；潘，山东人。下舆答礼慰劳，并告以筱苏不能为礼之故。升舆复行，入东门，至南街迤西之试院宿焉。路程只三十里，因白河有沙滩，不能径渡，绕道而行，多行十里，又待渡耽搁，到试院时，已未刻矣。各官均未来见。蓝总戎曾云，照例不到公馆，想此地规矩相沿如此。城内市肆甚密，而街道甚仄。街之两旁，皆有高台，中间只容一车而已。今日轿夫派班未允，于路屡有口舌。一少年负气独扛，不受人代，计行十馀里而力未少衰。问其姓，曰裴，问其年，曰二十六。尚有一健者，不知其姓，亦独扛十馀里无人代，然甘心服劳，不似裴之负气也。差帖到各署请安谢步，自都司以下，千把、外委虽亲接，亦不谢步。小憩时许。晚饭在院中，仍汗流不止。

初八日（7月23日）

因云南考官与余等相去只一日之程，将来到樊城去车易抬扛，必须耽搁时日。若仍按日前进，则到樊城时，伊等未去，余等又至，一切夫马、抬扛、居室等，必至使地方官应接不暇。预为之计，先在此处息足一日，让伊等先二日到樊城，则余等到时，伊等已行，庶诸事可从容就绪。昨已知照南阳县，令其只备便饭。今日无事，卯正始起。饬仆人将应洗衣服洗之，轿上损坏什物收拾之。与筱苏谈算许久。午后，小憩。晡时，周览试院。二门内为号舍，长十二间，宽三间者，东西各两层，可坐二千人。大堂暖阁额曰“敬敷堂”，对联共五副，悬甚高，而字已模糊不能尽辨识，只记费延厘一联，与郑州试院所悬者同。大堂后，东西屋各三楹。北为屏门。门内北屋五楹，极宽大，额曰“乐育堂”，为余等住宿之所。东西游廊，廊有门。东偏南东皆游廊。北屋五楹额曰“阆风堂”，堂后有小园，花木丛杂。园西小室二楹，与阆风堂通，阆风堂与乐育堂亦有门通焉。乐育堂额为何铁生前辈书;阆风堂额为浙西傅寿彤书,字作大草。自此以南,烛跋皆削竹为之,长数寸,台盘皆有细孔,以跋投之。余所购纱灯等皆置丁,两牡竟不相入,用时或以绳束或以铁绾,易烛一次,耽搁良久,行此路者不可不知而预防也。西偏北屋三楹,西南屋各三楹。北屋亦与乐育堂通。乐育堂后为文昌祠,匾联甚多,似常有人祈祷者。只记前南阳府鞠捷昌联云:"为天上识字神仙,位业灵图开紫府;喜人间读书种子,科名锡福护青云。"祠两旁各有室二楹,门窗严扃,未得入视。因天热,拟夜半即行。晚饭后未眠。

初九日(7月24日)

子初,饬催夫马。各官均差帖来送。丑初行。甫出南门,又渡白河,盖其水自郡东折而南行,遂经于此。若不息足一日,则初七日宿栗河店,不到南阳城内,即不须再渡矣。吴、冯二公即未到城既渡行。三十里,寅正三刻,抵三十里屯,仍南阳县属。寨门榜曰"永安寨"。假绅士阎学之家尖焉。其家有书馆二,师生均已到馆,诵声琅然,何其早也。卯正复行。三十里巳初三刻,宿林水驿,仍南阳县境。午正就寝。此处客店极恶劣,不亚于内邱。蛩甚多,卧不安席,久之方睡,酉正始兴。并命仆从皆眠,仍为夜行计也。天气甚热,本各据一室,因为夜谈计,移与筱苏对榻,且眠且谈。

初十日(7月25日)

子初即饬催夫马。远处时有电光。丑初一刻,行十馀里外,电光渐近,且有雷声。已而风起,烛有灭者,雨数点。觅一小村落，爇烛重行。三十里，卯初一刻至骆庄尖新野县属。此处有行馆，虽不宽阔，却极精洁。到馆后，风雨交作，不久即止。饭罢，辰初一刻复行。雨初过，道有泥，行不如早起之速，两轿相去甚远。促之急行，倾跌一次。三十里抵新野县。大令钱小修亲身率仪仗、民壮鼓吹来迎。筱苏以足疾辞，遂皆未见。入北门，出南门。午初至行馆宿焉。城内外街市整齐，人烟稠密。行馆规模亦极宏敞。行馆甚宏敞。有大堂，额曰“襜帷暂驻”。堂后门一重，入门乃卧室，五楹，中三楹，为厅事，额曰“柳往雪来”，跋云：“新野为南北通衢，冠盖络绎，旧有行馆，毁于兵火，今购地而重新之，庶行旅之往来，稍纾困乏耳。同治九年岁次庚午八月溧阳潘钟瀚并识。”左右夹室为下榻之所，两厢各三楹，以居仆从，屋后墙一堵，有门，以席蔽之。如厕时闻有人语，约是省馆人所居也。到馆后，小修来见，小修名绳祖，浙之仁和人，为钱昕甫同年远族，谈许久。筱苏因连日患腹泻，嘱其代请医家。伊荐本县学官陶巽卿应逵，甲子举人，祥符人来诊。筱苏送其楹联一副。小修又为筱苏送来万应膏，又送来近日省抄电旨一本，又送余等西瓜一枚。暑蒸郁，睡起汗透枕簟焉。晚饭在院中，热气较屋中稍杀。闻明日路多濒河，且有山坡，拟起身稍迟。遣人将省抄一本送还小修。本日表上玻面忽裂，眼镜玳瑁边忽折，不知何故。

十一日（7月26日）

丑初起，饬仆从催夫马。丑初二刻，请筱苏起。丑正二刻行。钱小修大令偶有微恙，未来送，而仪仗鼓吹如昨，所备火炬较他处独多，天已曙，火光犹熊熊也。三十里渡白河。卯初二刻至新店铺新野属，尖于高氏之花圃。室小如舟，却甚洁净。差纪谓余等至不如是之早也,酒筵尚未备,方将杀鸡。余等告以不必成席,随便饭菜充饥即可,乃犹迟至辰正始食。食罢,巳初一刻复行。十五里外,地名黄泥河,有两石桥相距不远。北桥之南有河南南界碑。南桥之南有湖北北界碑。入湖北界后又二十五里,未初一刻至襄阳县属之吕堰镇。宿于吕堰巡检兀寿榕家。缘此地旅店皆逼仄之至,故借官宅。乃官宅亦不宽绰,余等下榻于东西两厢房,甚小,其上房即主人内寝,出入殊多不便。而仆从车轿仍在旅店,呼应亦嫌不灵。余因大便到店,其逼仄凋敝,不堪言状。且店家亦有内眷,而店内并无厕所,求一大便之地不可得,乃就空室遗焉。小憩时许,蚤甚多,令张顺歼之。晚饭在室中,闷热异常。饭后,命差役与兀君内眷通融,请其暂住后院。余等始得在院中乘凉。微风徐动,体颇适,惟院甚小,风吹不到室中。就枕则闷热如故。转侧良久,闻店中有人攫物,仆从群起追之,幸未遗失。高福与贾成口角,因贾成为余服役,形彼之短也。余与筱苏不分畛域,诸仆来前辄驱使之,未尝问为谁也。高福亦曾为筱苏执役矣,乃今忽怨及贾成,是必已有形人短之心始疑人,亦有是心也。此种恶习最可恨。

十二日(7月27日)

子正起,催齐夫马。丑初一刻行。凉风习习,神气爽适。三十里,卯初至叶店。此处未设尖站,略食茶点。卯初三刻复行。十五里渡清河。又十五里至樊城,入自寨之定中门。巳初至行馆宿焉。自此而南,行李一切,均须舁行,无所用车。自雇之车亦须遣去。抬扛人夫,一时未能遽备,差纪请明日行,留一日,许之。午后,小憩。襄阳县距此只隔一河。大令周熙台继昌,南京人来见,谈许久。购西瓜一,食之甚佳。西瓜几无一日不食,然皆不如此之佳。自入湖北界,房屋皆作南式,土人语音亦大异河南,舆夫之前呼后应者亦与北方不同。范孙日记载北方舁夫前呼后应语甚详,而南方者舁夫呼应多作韵语,且有以曼声度之者,后应之语只求有韵,与行路绝不相干,可笑之至。画疆分界,只就形势言之,乃竟如此限人耶,真不可解矣。写第四号家信。沐浴。

十三日(7月28日)

卯正起。开箱,检出礼封,礼为荷包、刀、箸各件,为送人赏人之用。由信局发信一件,取有回条,注明月馀。到岸购油布七块。午后,小憩。购竹榻一,以便在院中乘凉。长日无聊,借象棋来与筱苏对局消遣,两局皆负。终局,筱苏颇苦气涨。傍晚,天阴有风。将晚饭,筱苏忽两手厥冷,自谓恐将发痧,取红灵丹嗅之,又服痧药。唤一剃头者来按摩时许,不愈。伊欲针,余禁之。欲刮,余又禁之。以筱苏虽懒作声,而心中绝不难过,当非发痧。即真发痧亦不可针,不可刮。少顷,请一杨姓医来诊脉许久,据云非痧,而亦不能言为何证,勉立一方而去。雨数点。筱苏不服其药,亦诚不服也。睡时许,乃自霍然。以其未晚饭也,饬纪煮豆汤饮之,余饭未饱,亦同食焉。谈至子刻乃眠。本日抬杠已备齐,计红杠十,白杠十六,马不足,备二人小轿二,以舁随扛仆人。下站须到宜城住宿,九十里实有百馀里,必须早行。因筱苏体不适,劝再息养一日。筱苏不欲,强之后可。夜间极凉爽。本日早晚皆便饭,有豆腐极佳,较津中豆腐尤嫩。

十四日(7月29日)

辰初起。无事,与筱苏谈算许久。因此后行李皆人抬,用夫七十馀名,原派二人恐不足招呼,与筱苏商添派一人,单日用筱苏贾仆,双日用余高仆,并呼原派二人来,详论照料之法,尤要者,不准鞭打人,各应诺而去。晡时,装抬杠。红杠以二杠夹一箱,箱有盖、有底,四旁有遮盖可以封锁,其杠上红油,四人舁之,中只容皮箱一。余止四箱,用其四;筱苏六箱,用其六焉。白杠亦以两杠夹一箱,上无盖,底及四旁略有匡栏,用时先置苇席于中,然后置物,仆从之物载焉。余等不甚要紧之物,亦置其中。二人舁之,其杠用原木色,不上红油,故曰白杠。装时配搭斤两,勿有轻重。配搭斤两,勿有轻重,不过大致不差耳。谁其细心较量者,且无权,亦无从较量,即真较量亦不足信,及舁夫舁时依然争试。点数者、记号者人声鼎沸,似不如用车之便。自雇之车昨已各与酒钱、制钱五百文遣去,今仍未行,待回载也。来求名片,为避差之计,未与。晚饭在院中。即坐竹榻乘凉,不睡以待起行。亥刻即饬前站包马先行。

十五日(7月30日)

子初二刻行。街上灯火尚未熄。街头横三竖四皆卧榻,群就眠焉。亦有坐立闲谈尚未眠者。出南寨门,即渡湘江,湘江应作襄江,亦曰汉江。江阔二里许。每轿以一舟载之,仆从夫马,共用二舟。四舟竞渡,但觉凉风习习,吹入襟袖。远望波荡月光,金光万道,向舟而来。行近南岸,遥见远山一角,询之,即岘山。雉堞高耸,盖襄阳府城也。江两岸皆以石为阶级,高数十级。既登岸,入自小北门,行经鼓楼,出南门。街上设榻,而眠者一如樊城。大约南方天气多热,街头高卧,到处皆然。去襄阳南门不二里,道左有八蜡庙,规模极宏敞。行三十馀里天方明。共四十五里卯初至欧家庙,借泰丰当铺尖焉。酒席皆昨日所备,迟行一日仍用之,多不可食,余等向不计较,况此次多住一日,又非意料所及,其曲固不尽在彼也,然而仆从有怨言矣。朱顺以菜不可食,向差纪索钱二千,相去甚近,语无不闻,实令人难堪。无论其不与也,即如数与之,大家均分,人二百耳,而一人独受恶名,不亦愚哉?卯正三刻复行。十五里辰正,宜城县备茶尖于小河。稍食西瓜,殊不见佳。住足之处为粮店。院中闲人来观者甚多,麾之不去。坐二刻许复行。十五里舆夫稍歇。又十里又歇。行李各扛,或先之,或后之。去宜城三里许,有练勇役卒来迎。去城不远,大令薛炳善亲身率仪仗来迎。入东门,至南门内之志峰书院宿焉。时午正二刻,共行四十五里。到书院后,大令来见,询知字次云,湖南人,为已卯世兄弟。适询问差纪,云系戊子举人,甲午进士,误已卯为戊子,设非面询尚不知有世谊也。谈许久,问一叔近况,详告之,盖去年病故常州,伊尚不知也。其人年逾四旬,到省八年,依然七品服色,于今罕见。晡时,小憩。晚饭在院中。饭后,设竹榻对月乘凉。

十六日(7月31日)

丑初二刻起。见室中椅上有鸡一。椅上适置大衫,遗矢者二焉。急驱之去,易大衫着之。即催夫马差纪,不知避往何处。昨襄阳差纪即如此,今宜城袭其故智,何狡也。良久夫马始齐。寅初三刻行。次云世兄到行馆来,未见。亲送于南门外,降舆慰劳。四十五里,卯正二刻至新店尖。新店仍属宜城。饭罢,辰初三刻复行。出新店即渡一小河。土人谓之堰河,究不知为何字。二十五里至快活铺,舆夫稍歇。又二十里,午正至丽阳驿,宿于行馆。驿属钟祥县。县城在驿东偏南九十里。大令为徐性臣世叔,天津同乡,乙亥举人,为鞠人之嫡堂叔。前曾通函,素未谋面,今过其治境,仍以道路隔远,不能一见,何无缘也。行馆室面东,骄阳满室,热不可耐。小憩时许即起。晚饭后,呼一差纪来,其人姓陈,年约五十上下,在署服役多年。询知叔雨世叔在江,现署馀干县。少生已经续弦,系娶贵州节路访严观察之女。观察为鞠人姑丈,以中表而结丝萝焉。少生现在鞠人处。鞠人、友梅两处,时有信来。问向辰世叔在京被洋人戕害事,主人知否,答云,知不甚真,因详告之。并告其现在眷口甚苦,可接济之。又为写一条,言其家现已移居,如有信,可寄刘益斋处转交不误。

十七日(8月1日)

子正二刻起。丑正行。四十里,卯初至乐乡关茶尖。略用茶点复行。二十里,辰初二刻至石桥驿,驿及乐乡关皆荆门州属。丁伯厚前辈由丽阳驿赴荆门州,即一日而至。借旧典铺为行馆。室二楹,前后有窗,东西向,早晚满受日光,且狭矮异常,地无砖,瓦多缺,坐室中可以观天焉。皮板门两扇以代床榻,尘垢寸积。为时尚早,大可趱行,惟此地易马不易夫,恐抬夫疲惫不堪,不得已聊息足焉。卧具皆未设,惟各据一竹榻,或眠,或坐,或卧,以消永日而已。午后,微雨。瓦缺处雨点落焉。终日汗流浃背,热不可耐。月出后即打点起行,乃差纪只早间一面以后,杳如黄鹤。路用之烛不足,自购之。戌正三刻升舆行。

十八日(8月2日)

子初二刻已行。二十五里至南桥,假天顺号丁家饭店茶尖,食鸡卵数枚。丑初复行,山路崎岖,登降颇苦,舆夫频歇。昨日天气甚热,深夜仍不稍减,每至一村,皆有男女露坐乘凉。卯初三刻,共行三十五里,抵荆门州。州牧李绍远差帖列仗来迎入城,筱苏舆前仪仗尚齐整,余前只有锣二,着短衣者,二人手提而乱击之。两舆接武而行,仪仗一分已足,添二锣转嫌蛇足,他处未有似此者。至试院宿焉。试院甚闳敞,然惟大堂后之采玉堂五楹洁净可居。其馀院宇房屋虽多,皆为蓬蒿塞满,几于无下足处。"采玉堂"为学使冯誉骥题,堂后"藻监堂"为州牧方卓然题,皆咸丰丁巳年重修试院时所悬额也。采玉堂中梁记道光、咸丰两次重修年月、首事人名。午间,大风雷雨,时许乃止。风之所至,堂中对联为落,披襟当之爽甚。小憩两时许。薄暮,阴云未散,与筱苏列坐窗外乘凉。自入湖北境即有稻田,然仍多蓺、粱、稷者。今日所见,稻田多于粱、稷。弥望葱茜,且时闻水声潺潺,又一景象矣。

十九日(8月3日)

子正二刻起,即催夫马。许久未备,差纪不知何往。昨有茶夫伺候殷勤,求赏对联,允之,今亦不知何往。丑正扛仍未发讫,押扛二人往州署催夫,余等坐以待之。许久,扛发讫,乃升舆行。出试院数武,见押扛者驱夫二十馀人来,盖扛之发讫者夫头恐余等不耐久待,令众夫将舁出之杠置路旁,重入舁之也。至是,夫始足额行。出南门,持灯前引者四人忽驻足不前,齐向一铺家争吵。询之,知州署粮房向在此处发夫价,伊等非得价不行也。争吵许久乃复行。余等恐后索之夫尚未发价,余等行后更靳不与,因停舆道旁,待扛行后乃行,已寅初矣。四十里,辰初二刻至团林铺尖。在团林铺朱顺与贾成因押扛事口角良久。夫头逸去,扛夫亦逃去一名。朱顺来禀,请将扶轿民壮拨二名照料,扛夫许之。重觅夫补额,巳初乃复行。濒行,张福之缨帽不见,遍觅不获,乃舍之。三十五里,至一市镇,舆夫稍歇。又十五里,至建阳驿仍荆门州属。未初,宿于龙蟠书院。地临旷野,足供瞻眺。终日大风怒号,有如深秋。有时逆风而行,舆夫颇觉吃力。北方夏日亦无此大风,今竟于南方遇之,亦奇矣。小憩时许起。筱苏以押扛仆人皆不甚得力,有舆夫头从樊城随行至此,欲将其充作扛夫头,随至贵州,庶几扛夫有所约束。余恐其恃有名目,到处肆扰,且自派之夫头仍须向各驿夫头共事,若遂舍各驿夫头而不用,则愈行愈远,彼亦人地生疏,扛夫有逃去者,仍无从着落,岂非头上安头乎?尼之。惟有严饬押扛家人,谨防各驿所派夫头逃匿而已。傍晚,同筱苏出书院门,闲眺时许。见稻田为风所吹,参差起浪,无异麦苗,何麦浪诗人多及之,而稻独不闻有浪耶?可见南方之不常有此大风矣。入夜,风仍不息。时阴时晴,云行如烟。此驿有巡检分司。

二十日(8月4日)

寅初起。贾成以朱顺夺其马来告,喝令朱顺还之。夫马尚未齐,而茶夫已将椅垫、桌围等物概行收去。问之,则曰今日尖站仍荆门州预备,须先送往也。夫马齐时,天已大明。卯初行。四十里,四十里据差纪口称,实不过三十五里耳。辰正二刻至四方铺,并无人预备尖站。荆门州境内应备四尖三宿,俱甚草草,差纪皆一面之后遂不复见，今末一尖站竟不预备，尤出情理之外。只得自购油果、蚕首、鸡蛋等物食之。细雨如丝，俄顷即止。巳初二刻复行。路见水车，系人以足踏轮，与北方者大同小异。道旁有收获高梁者，较北方早一月有馀，亦地气偏暖之证。五十里至荆州府城。大风如昨，每一驻足，肩舆摇撼不定，舆夫苦之，置舆而歇者屡矣。江陵县大令以请病假，遣人持帖，并率应役、民壮各四人来迎。北门外已有街市，而近城木桥二，皆朽烂不堪。行其上者，无不惴惴，稍一不慎，即有坠落之虞。此间满有将军、都统，汉有道、府、县各官，何一舆梁之细皆未计及耶？抑别有故耶？入北门，曲折行数里。市肆栉比，人烟稠密，路上行人颇有秀而文者。未正二刻抵试院宿焉。试院大堂后无广厦，可居之室皆在东偏西向，余等所居向西室三楹，额曰“景韩堂”。限于地也。大令杨葆初寿昌，四川人，庚午举人遣纪持帖来，请明日小住一日，备齐船只再行，许之。有舆夫柴姓者，北京人；刘姓者，樊城人，自樊城一路肩舆至此，意欲直送余等至贵州。今忽舍陆而舟，无所用，争欲附载而行，又向无此例，乃俱鞅鞅而去。荆州府舒畅亭惠，满洲人、荆宜施道濮紫诠前辈子潼，庚午举人，丁丑进士，庶常前辈均以帖来，即以帖答之。筱苏之戚范水部迪襄，庚寅送信来。晚饭又送来一品锅、不饦等四盘。今日县中备席甚丰，并有烧烤，为首途以来所未有。乃又有人格外馈食，何早晚两餐丰俭之悬殊若此耶？晚，闻风仍未息，着夏布衫觉凉，大非中伏天气。路见稻茎多偃者，时令不正，与农事大有关系。

二十一日（8月5日）

辰初起。风已息，嫩凉沁骨，有若深秋，夏布衫不足以御之。

写第五号家信,附筱苏信中,由芜湖转寄。约计此信须到在第四号信前。昨日之一品锅,火候未到,不可食,命张福重蒸之,作今日早饭,熟烂已极,甚美。午后,小憩。晡时,即饬仆从发杠登舟。余等本拟明早再行,因恐有误开船,改于月出后行。已而大令遣人来,云荆州府城门启闭,将军主之,若不待明早,莫如今晚即行,否则须费周折。于是即饭,饭罢即升舆。二里出南门。又四五里上大堤,又二里至玉路口。天将暮登舟,余二人各据一舟,前站一舟,轿二乘共一舟,红白各杠共二舟,统计六舟,大小不一。余所乘者为麻阳船,筱苏之舟规模小异,不知其名。舟皆有眷口。余舟中只留高福、张顺二人服役,馀皆在他舟。筱苏舟中只留一人而已。安排什物已定,二更许矣。过筱苏舟中闲谈,月出后始归寝。夜梦在京寓眠,忽闻床头有大声,起觅之,不得其处。已而梦觉,乃江水奔流之声入梦中也。

二十二日(8月6日)

辰初,闻舟人击锣声即起。江陵县派火食船并差纪乘舟随行,进小食焉。昨因多住一日,援范孙例,与筱苏各馈大令联扇,曾差人持帖来谢,今日特派差纪远送,较荆门州有加礼焉。舟中远望见一塔高峙,舟人云,地为沙市,轮舟停泊之所。俄见浓烟横亘,知为轮舟开行。对岸树木贴地如荠,江阔约三里许。辰正鸣钲开行,盖必鸣钲三次乃行,定例也。在荆江中逆行数里停泊。过筱苏船共早饭。饭后归舟,仍逆水行。又数里至太平口。太平口即虎渡口也。小憩时许,起而视之,已由江入河,顺流而下矣。惟风不顺,仍须用纤。共行三十里,酉初至弥陀寺泊焉。地仍属江陵县。余之舟人操术不精,初行,缆忽中断,舟掉尾而下,流行极力，撑曳，良久始定。至太平口，舟忽旋转数四，舟中小儿为倾。晚泊时忽又掉转不灵，久之始就岸。筱苏之舟停而待者屡矣。谚云南人使舟如马，亦不尽然，抑此舟亦如劣马之不堪驱策耶？晚，仍过筱苏舟同饭。饭后，露坐船头，乘凉许久。登岸而遗，几陷泥中，水涨初退，地尚未干足也。麻阳船长五丈许，桅前一舱，榜人据之。第二舱两旁皆有门，中列桌椅茶几，为会客饮食之所。第三舱两榻对陈，中为来往之路，余夜卧焉。第四、五、六三舱亦如之。四舱庋杂物，五舱高福、张顺二人居之，六舱亦属榜人。第六舱后隙地数尺。最后船尾尚有一舱，则榜人妇居焉。第二舱长将及丈，馀皆如人，是不过六尺耳。筱苏所乘者名鸭梢船，桅前无舱，而船头甚长，凡设搅轴一，系缆柱二。自桅以后至尾凡五舱，第一舱长丈馀，第二舱不过六七尺，馀三舱或置炉灶，或居榜人家眷。就计船长亦五丈许，而较麻阳船为宽。前站亦麻阳船，而较余船稍小，只六舱。馀则皆如北方之小艕船耳。

二十三日（8月7日）

卯初开船。辰初二刻初始起。四十五里辰正二刻至孱陵驿，停舟小食，地仍属江陵。又三十里，午初二刻至公安县属之夹竹园。停舟早饭。两县差纪更换物件良久。未初复行。十五里至公安县城东南之孙黄驿泊。东岸上设有布棚，悬灯彩，仪仗以小舟载之，鸣钲声炮。大令成槐湖南人差帖来迎。晡时，登岸大遗。岸上有庙一，厘金分局一，房皆一层，房后地极空阔，洼下有水，荷叶田田。远处有烟缕起，据云是煮盐者。河流自北而南，至此向西有一岔，如津之三岔河形。县城在河之西北。暮时，大风一阵,微雨数点。余自至孱陵驿小食,即过筱苏舟坐谈终日,向榜人借骨牌为消遣之具,时而谈算。晚,在船头乘凉。亥刻始归舟。蚊甚多,帐中亦有之,不堪其扰。中夜闻榜人争吵声,朱顺呵谴榜人声,不知何故。

二十四日(8月8日)

卯正起。询问昨晚何人争吵,知舟人为发价事。盖自公安至澧州界,例发一站舟价,按七五折,实给制钱九千。而舟子坚请加发半站之价,差纪不许,复请倾全价不扣,又不许。至今早议仍未定。司帐者以舟子倔强,欲缚惩之,乃听命。将进小食,余舟忽独自开行,张顺令其折回。小食毕,辰初乃同行。四十里,巳初至东滆口。过筱苏舟早饭。此处河之西为公安境,东为澧州境,是为湖南北交界之所。饭后,午正复行,一路河曲甚多。五十里,酉正至汇口泊焉湖南澧州境。公安、澧州两处供给,向在此处更替,不料停舟时澧州差船仍未至,公安则差纪随来,而火食船不知何往。因令张福等过河购食物,将自治晚餐。乃未几而公安火食船到,言在路购物耽搁。迨张福等回,言河南岸并无可购之物,空手而归,幸公安火食船未曾潜逃,如趁势逃去,则今晚有断炊之虞矣。仍由公安备晚餐,仓卒举炊,亥正始食。澧州差船夜半始至。问其故,则云得公安信太迟也。此处河分两道,西南趋常德,为余等所由之道,西趋澧州,去州城水程九十五里。州牧郭赓平江西万载人,庚辰,庶常前辈以道远未至。余自早饭过筱苏舟,至夜晚方归。日间谈算,商酌策题,时以骨牌为戏具。归舟后,大风一阵,天阴欲雨。灯下蝗多如雨,飞入舟中,乃灭烛而坐。昨蚊甚多,而今日并无一蚊,眠甚安。舟子夜赌甚久。

二十五日(8月9日)

卯正二刻起。与筱苏隔舟对语,盖两舟泊必相并,以绳维之,如不隔也。呼澧州差纪来,令其偿公安昨日晚膳之价。舟子以领价耽搁,辰正二刻始开行。二十五里,午正至石桂山泊。余过筱苏舟早饭,饭罢归舟。范孙《使黔日记》共九本,在京时只阅两本,出京后即借与筱苏阅之,现已阅毕,因携归舟中补阅。未初二刻复行。约四十馀里酉正至罗家湖泊焉。或谓杜家湖,或谓涂家湖,未知孰是。自汇口以南,港汊甚多,湾亦甚大,舟行时时改向,前后船相去不远,即为堤岸所障,但见桅颠。如是者不可悉数。至此则波光万顷,一望无际,暮霭苍茫之中,遥见有贴地若荠者,知为岸树而已。水浅碧色,染帛有所谓湖色者似之。湖中偶有小洲,亦无居人,约是近日水落始见,若水涨时,当亦在水中也。遥见小舟一,舟中人甚多,约是渡舟。已而近前谛视之,所谓人者鱼鹰耳,舟之两旁,植立殆满,其舟乃渔舟也。鱼只鳜、鳊二种,甚大。舟人购之,斤二十八文。余等以有人供亿,未购。晚饭后,坐船头乘凉,遥见远处有电,而未闻雷声。夜眠无蚊。

二十六日(8月10日)

卯初开船,卯正起,辰正停舟。小食毕,复行。看范孙日纪。舟行一节,三日以后尖宿泊处,名多不同。范〈孙〉一共行七日,余等若明日到常德共六日,相差不过一日。据舟子云,顺风可到,逆风则不能,然则亦须七日矣。地有正名,有俗名。南人土音不易辩识,而伊等又不识字,不能笔之于书,故所传多舛午,手下无书,不能考察,范孙当日多证之《胡图》及《水经注》,当不误也。巳正泊涂家坡。里数多少,其说不一,或曰二十五,或曰三十,故不记焉。舟子啖饭。差纪来禀早餐已具,遂过筱苏舟同饭。有售梨者,购数枚,味不佳。饭罢归舟。午正后复行。小憩时许。张顺浣衣,曝之船头,忽为帆樯所掠落河中。舟遇顺风行甚驶,衣虽顺流而下,而去船渐远,取之无术。乃跃入水中捉之。舟子从而入水者二人,浮沉良久,仅获一大衫而归,其布裤则真脱了矣。凫水甚吃力,登舟后,三人皆大汗淋漓焉。张顺云,久不凫水,初入水,水入口者二,几不能支。噫,若因而丧命,太不直矣。是可为因小失大者戒。仍看范记。晡时,对面来舟二,旗书"云南主考"字,知系送吴、冯两使之回舟。闻两人虽十六登舟,而十八、十九、二十三日大风,舟不得行,竟在河中淹留三日,二十一日始畅行。以回舟日期计之,良是。今日所行是河,两岸相去,如吾津之海河然,而水则仍碧色也。运木舟甚多,舟在中,两旁置木阔各丈许,如张两翼,十馀人纤而行,日不过二三十里。亦有不用舟但编木为筏者,筏上则以席为屋,高大如居室,不似在北方所见之筏,筏上以席作穹庐,仅足坐卧也。酉正至柳花口泊焉。舟子云是刘花口,更不可解,当俟考之。与筱苏登岸散步。岸上有田,皆莳芝麻,苗才出土。田外有村。遥见村外水光一片,河曲耶?积潦耶?不得而知矣。晚饭后,仍坐船头乘凉。闻对岸有钲鼓声,似有作喜事者。据云,此处去牛鼻滩二十里。夜眠无蚊,惟觉热甚。醒而转侧,见残月一钩,与参、毕辉映。已将曙矣,复眠。

二十七日(8月11日)

卯初闻开船声。卯正起。辰正泊牛鼻滩。过筱苏舟小食。

食毕留谈。午正又泊而早饭。饭后,归舟小憩。舟复行。今日所行河面较宽,而舟则左边受日时多,知西行而偏向北矣。晡时,过一处,岸上有小塔,上嵌石刻,不可辩识,惟上方有"字藏"二字可识。对岸山顶上亦有一塔,遥望而已。据舟人云,此处去常德十馀里,已有市廛光景,且有善堂两处。酉正二刻抵常德,遥见帆樯林立,庐舍栉比,大有天津东北各浮桥气象。船直无地可泊,容舆许久至下南门外,武陵县差役在此伺候,须留隙地,乃泊。常德府汤伯温似瑄,清苑同乡以帖来。武陵县傅雨香滋梅,湖北人先以帖来,复亲到。因船上地仄,不能会客,谢之。明日武陵县试,试院不能住,以县署为行馆焉。天色已晚,行李不能下舟,轿已去杠,收拾需时,由县备两轿来。余等只各携仆从二人赴县署,馀人仍留舟中,以待明日搬运行李。乃入下南门,街道皆用石铺,而滑汰如雨后。街甚窄,两旁层楼高耸,商肆相接,上视天光,只如一线,且有以竹席为过街棚者,密不通风,市中人热可知矣。由南街折而西,至县署。雨香迎于堂,随又来见。谈许久,知前数日此处大雨,连日水陡涨,城不没者尺馀,亦险极矣。晚饭设燕席,有烧烤焉。晚沐浴。天气极热,据竹床乘凉,至丑乃眠。

二十八日(8月12日)

卯初醒,欲起而易袜,以行李尚未至,卧以待之。已而报汤伯温太守似瑄,清苑同乡,原籍江苏武进。咸丰壬子、己未,由刑部于丙申年出守常德。来拜,急起延见,谈许久,年七十馀矣。各送雨香联一,扇一。署中家人见余等作书,因各以纸来乞书。墨不足,令之磨。饭后墨浓,乃各为书就持去。最后有本地绅士现当厘局差之徐继鸿求书名片,请筱苏书六朝体者付之。昨晚到署,天已昏暮,暗无所见。今日乃见余等所居之室有额,曰“嘉荫轩”,在大堂后,其后门通内宅,扃焉。左偏有院,亦通内宅。右偏有院,院有北屋三楹,幕宾居之,地皆极潮湿。晡时,仆从检点红白各杠。晚间,有筱苏之旧仆,现事赵芝珊学使惟熙。去年芝珊出京,伊为看家,既视学贵州,今年招伊到黔,并送京寓所有各物。伊于五月初间由京起身,买舟南下,前两日始至常德,有芝珊凭信向县中索夫扛。闻余等现亦到此,来见筱苏,求附同行,许之。而与约曰,如夫不足,则须让余等先行,以伊无限期也。乘凉至亥刻始眠。

二十九日(8月13日)

寅初二刻起。催齐夫马,卯正行。出西门,五里馀街市始尽。典史崇楙遣人持帖候于道左,云备有茶尖,领之去。已而至一处,门有悬彩,而无人门焉。前视筱苏之舆直趋而过,则亦过之,遂失之矣。缘河而行,堤高路仄,流苏屡挂于木。路见棕树有高于檐者。竹林甚多,人家筑室于中,四围种竹,间以杂花木枝柯交纠。稍施横木,即为垣墙,殊有画意。似此之小村市不一而足。三十里,巳初至桃源县属之陬市,亦名居眷村。入关帝庙茶尖。差纪进小食,以洋粉代燕菜焉。巳正复行。经一河而渡三次,仍前数日舟行之河也。隔岸山亘数里,皆作绿色,不似北方之童山也。四十里,未正一刻至桃源县。大令汤味梅汝和,广西人,戊子、己丑,即用偕典史饶义成率执事来迎,降舆慰劳。此处街市繁盛,不减武陵。二里许至试院宿焉。试院号舍甚多,约可容二千馀人。味梅大令来见,谈许久。询知此地无城,无怪未见城门已到试院也。四月间已经县试,文童二千馀人,武童三千馀人,非设试院则无地可容也。晚饭设燕席,有烧烤,一如武陵。今日早起天阴,甚凉爽,着袍不汗。午后,晴,行路尚不觉热。到后则觉热极,有挥汗如雨之势。且蚊多而大,乘间而噬,防不胜防。筱苏之旧仆来诉,失去油布九张,并有零物,拟请筱苏片到县请追问。筱苏以为非分内事,未与片,令持其主人片自往,乃去。

七 月

初一日(8 月 14 日)

寅正起,打坐尖。卯正复行。张顺之马不受控驭,鞭之则人立而左右奔,将道旁水夫两筲踏翻,水流满地,张顺亦踣焉,短褂破裂,幸人未受伤。汤味梅亲送于郊,答之如礼。热不可耐,停舆去袍。二十里至白马渡,渡河。又十里,巳初一刻至桃源洞行馆茶尖。行馆在山麓,门额曰"古桃花源",堂额曰"延致馆"。阶较门高十馀级。旧为山寺奉关帝处,前桃源令余良栋即其地改为之。初到,有道士数辈迎于阶前。少歇,命差纪呼一道士来导游。道士姓熊,名宗武,导余等由延致馆左偏小门入,修篁夹道,细草铺茵。初经一六角亭,以砖为之,外傅白石灰,每边各有一门,其一面门之上方墨书曰"此中人语"云,不知作何解。亭内外碑甚多,皆剥蚀不可辩识。可识者,明万历年碑二,本朝嘉庆年碑一而已。进则循石磴而上,径曲而仄,转折约二百馀步,则流水潺潺,一桥横跨,以通往来。桥之左右有栏,上有覆宇,额曰“穷林桥”。凭栏小立片刻。过桥则进而益上,气促汗流。努力前行又数百步,至水源亭止焉。亭亦六角,构木为之,每边约七八尺,一边为门,馀边皆有栏,高不及肩者数寸。亭内设石几一,阔约二尺,长约三尺,面厚五六寸,下则以石为四柱而承之。几之四旁各有一石柱,形如碌碡,圆径七寸许,高倍之,可为坐具。亭左右两峰夹峙,竹树阴森。其后山势稍平,去山亦稍远,微透日光焉。清泉汩汩,自亭后山头下注,近亭凹处,蓄为小池,盈科后进经穷林桥,沛然就下,莫可究极矣。时正苦渴,命人取杯于山下,承泉水饮之,清甘微冷。与筱苏共尽六杯。泉流之旁有横石二,一刻“秦人古涧”,一刻“古桃花潭”。询洞所在,道士向亭后左偏指曰,即在此池水之下,从前人所能到,惟洞中地甚狭隘,前令余良栋欲穷所至,穿而深之,至丈许,而获此亭中之石几石柱等。已而水泉涌出,取之不竭,遂成此池,而洞门为水所漫,不能再问津矣。询山后何有,则曰乱山杂树,无可观,且石径高滑,登陟不易,请到其道院小坐,从之。由亭右行数武,转而更上,羊肠小径,仅容一人,睨而下视穷林桥之顶,低在数十丈以下,平地可知矣。登陟许久,至白云山馆。小室三楹,中间之右方一门,由神祠左壁通入,道士六七辈居之。其老者为丁至善,年已七十有九,馀皆未问姓名。茶果供奉,情意甚殷。请筱苏书对联,壁间所悬多来游者所留笔墨也。道士云,山中产茶及稻,以供岁修之需。稻田有拨归书院者。坐许久,由神祠出。祠对面室三楹,后壁绘山之全图,入室则四壁皆嵌石刻,吴清卿前辈大澂篆书陶记、行书自撰之记两石在焉。室前则崇阶百级,下临无际。诸道士送至此止。仍熊道士前导,行至阶级穷处,折而左,又有阶,将直趋而下,忽舍阶而崖,则集贤堂在焉。堂中奉陶靖节、王摩诘、苏长公三木主，尚宽敞。小立片刻，复降阶，约共数百级，始至平地。仍由延致馆小门入，已午正后矣。所至之处，对联甚多，匆匆不能记忆。所有匾额，皆前令余良栋所题，其字非篆非隶，极为别致。道士云，令，四川人，癸巳年经营此山，缺者建之，残者新之，各题额焉。惟石刻“古桃花潭”四字，李太白诗所谓“桃花潭水深千尺”是也。筱苏云，桃花潭为安徽宁国府胜迹，与此无涉，似为未妥，不如前人所题“秦人古涧”四字之善。午正二刻复行。二里至水溪，渡小河。十八里至沈溪，再渡小河。又六七里，肩杠忽折，停舆道左。筱苏徐仆急驰而前，待筱苏到后，借其舆杠来接。因下舆，闲步至树下借坐，乘凉良久。徐仆持杠来，肩行李者所用，据云筱苏尚未到，不及待也。复行三四里，申初至郑家驿行馆。巡检李子香祚长，湖北监利人候迎。筱苏已见毕，余复见之。谈间大雨一阵，若再迟一刻，难免沾濡矣。晚间子香馈余等桃源茶各二合，乞筱苏书联一，余书联一，并代其幕宾乞余书纨扇一。差役见余等之举笔也，各以纸来求书，或联或幅。子香之教读老夫子亦来求书。与筱苏分书以应之，良久始毕，并送子香对联各一。雨后甚凉爽。与筱苏对坐，追忆日间所游。筱苏闻之李子香云，桃源洞旧有刘梦得所题“桃源佳致”四字石碑，字已漫泐，余令磨去，易己名重书而刻之，可谓大煞风景，较诸“桃花潭”之误题尤为可笑矣。时将丑初，乃各归寝。始闻蛩。

初二日（8月15日）

辨色而兴，时将卯初。打坐尖毕，卯正二刻行。李子香堂送如仪。不一里即入山，峭壁对峙，相去不过数丈。中皆稻田，仄径一条，或缘山足，或属田塍，溪则以略约通焉，弯环曲屈，初入时不知去路所在，行之既久，来路亦迷，但见四围皆山而已。宿雨初霁，岚翠欲滴，爽气袭人，尘襟顿涤，虽着重葛，犹觉凉侵肌骨。三十里过一桥，旁栏上宇如桃源洞之穷林桥，然筱苏谓即古之所谓阁道。下桥即街市，地名杨溪桥。借叶福泰堂茶尖，时才巳初，少坐复行。地势逐渐空阔，两边之山相去约二三里，而面前之横峰侧岭则依然如故。近山人家借水运磨，旋转如风声，隆隆然不让机器。巡检陈云程登峻，福建汀州府人迎于道左。午正二刻抵行馆。云程复来见，谈许久。已而又馈茶一合，余等各以扇一报之。行馆后面，地极空阔，远山森列如屏，豁人心目。小憩时许。晚，沐浴，乘凉。

初三日（8月16日）

寅正起，打坐尖，卯初二刻行。因山路难行，每轿加纤夫八名。法以绳缚轿底铁环，环于购轿时预置。斜行至杠头系住，然后引而长之，再系纤板，左右各四人曳之以行。今日山多堑坂，步步向上。有曳者则肩者易于进步，然升后陬〔骤〕降，降时则无所用纤。据云尚有倒纤，今尚未用。二十五里，辰初二刻至太平铺茶尖。辰正一刻复行，渡一小溪，桃源县境至溪而止，过溪则沅陵界矣。二十里，巳正至黄土铺。沅陵县于此亦备茶尖两处，皆借铺家地，面街而坐，观者如堵。小坐即行。约二十里强，至辰龙关。关在高崖之上，崖势斗绝，石磴数十级，仄仅容足。关门甚小，直有一夫当关万夫莫开之势，逆藩吴三桂所设第一关也。过关里许，沅陵县丞曾竹崖澳，江西人、把总杨春阶凌汉，常德人同迎于道左。又二里许，经大石桥，桥有三洞，水已浅涸，舆夫径由桥洞过焉，省升降之劳也。过桥至界亭驿行馆时才未初。曾、杨两君复来见，谈许久。据云，辰龙关为陆路入黔所必经，此外更无他途。沅陵县境纵横各三百里，而岁税所入无多，地多山故耳。行馆地甚狭隘，不如郑家新店之高敞。行馆堂中悬朱拓八言对，上下联皆“名香始纵，大月还来”八字。有老差纪如承蜩丈人者，手指其对笑向余等作得意状，语在可解不可解之间，大意言吾特悬此对，以为二位大人喜兆，至此八字所兆何喜，则不得而知，亦无暇向伊详究也。而屋后逼近山岭，茂林阴翳，上干青云，庭铺松针为茵，软绿微香，亦饶别趣。差纪以界亭雨前茶四纸筒分饷余等。小憩约两时。日来所经竹林渐少，树多松桧，间有茶树，树绝小，山势渐雄，亘石巉巉，凌空危立，攀跻其颠，恐非易易。

初四日（8月17日）

寅初二刻起。打坐尖。卯初二刻行。曾、杨二君郊送如仪。晓日初出，白云满山，峰颠或隐或现，偶陟高坂，云气反在足下。今日石路较昨难行，碎石满路，礰确碍足，舁夫喘呼，汗涔涔下。三十八里，巳初二刻至师子铺茶尖。驿马甚劣，仆从多落后，良久始集。巳正复行。循崖山径，阔者逾丈，狭者仅二三尺，高则数仞，崖边多茶果树，茶果可作油，油极清，以之燃灯，明亮而无烟，南方多有之，价亦廉，惟不可食耳。其果形似枇杷而小，未曾摘视。浓阴横布，不能直观下方，故不觉险。正登陟间，舆夫失足而踣，肩脱舆倾，适当崖缺，幸有纤夫曳住，否则跌落崖下，纵无性命之虞，必致筋骨之伤，真可畏哉。三十里至马底驿。巡检曾克庵启昌，四川人差帖来迎。未初二刻抵行馆宿焉。巡检来见，以已更衣，谢之。行馆轩爽修洁，胜于昨日，而去山较远，垣墙遮蔽，则不如前两处之足供眺望也。小憩时许。晚饭后,曾克庵便衣来,谈许久。知其为恰庄太守树椿堂弟,其胞兄前在直隶候补,现任山东青州府知府名启勋。其胞侄现任直隶沙河县知县。自武陵首途以来无卖西瓜者,据云往年皆有之,今年独无。南方无冰,已属恨事,乃并西瓜而亦无之,何余所遭之不偶耶?幸濒行时,实甫弟为余购荷兰水料数瓶,详告作法,每晚作二瓶,为日间解暑之用。饮时先以新汲井水浸之,尚足以祛烦燥。惟自昨日行入万山,到处清泉流注人家,就饮甚便,鲜凿井者,恐此后井水亦不可得耳。

初五日(8月18日)

丑初醒。以时尚早复眠,闻筱苏唤乃起,已寅正矣。坐尖毕,卯初三刻行。曾克庵堂送如仪。今日坡坂益多,最高者二,盘旋而上,数里始跻其颠,则又盘旋而下。前后相顾,若层累然。四十里,巳正至桃饭铺茶尖。巳正二刻复行。火伞高张,汗流浃背,时而风来,又凉侵襟袖,一时之间,而气候不齐。三十里至辰州府。沅陵县列仗迎于五里外。未正二刻抵河西河即沅水,上通贵州,下通常德。之行馆宿焉。与府城只隔一水,遥望河东,庐舍栉比,市廛稠密,虽不如常德之盛,亦足称剧郡矣。行馆在河南,府城在河北,云河西、河东者,误也。时正府试,太守吴春山积玺不克亲到,以帖来。吴在直隶州县多年,曾署理天津府事,以"治愚弟"帖答之。大令万伯任兆莘,江西南昌人来见,谈许久。报帖时,并呈履历,璧不敢当。大令云,辰州关只赖云贵木税,本地土产惟有桐油而已。府城依山而筑,舍宇层累而高,远望似甚繁盛,其实街市只一条耳。都司周明标以帖来候,并派亲兵八名,明日护送。行馆庭中柚树二,丁日记言,船溪驿行馆庭有柚树,误也。船溪行馆堂前左与分司署邻，土墙半圮，直欲窥见室家；右有板壁，壁后即差纪黄之眷口所居，非惟无柚树，即他树亦未尝有之，岂伯厚前辈来时柚树尚存，今始濯濯耶？垂实累累，差纪摘四枚，陈之几上盘中。与筱苏剖其一尝之，酸涩不可食，尚未熟也。购葡萄若干食之。小憩时许。晚饭翅席，而有烧烤。差纪以全形烧猪陈之席上，无从下箸，彻而复进，皮有碎纹而已，仍全形也。略食即辍。自桃源至此，所见街头妇女皆跣足操作，一洗脂粉之习。

初六日（8月19日）

寅正起。坐尖毕，卯正二刻行。舆夫小歇一次。三十三里，巳正茶尖仰溪堡。巳正二刻复行。七里过麻溪铺。又四十里，舆夫凡歇二次，酉初三刻至船溪驿行馆仍沅陵县属宿焉。巡检毛君因抱恙，未来见。今日仍山行，而高坂不多，只过两处，惟坑坎甚多，似石砌之路为水冲断者。舆夫艰于举足，且时有汜滥之水在途，不能绕越，泥滑滑焉。渡小河二，一舟一涉。天气早微阴，尚凉爽。午后，则赤日当空，热不可耐。到馆后，差纪来见，黄姓，与筱苏旧识，甚殷勤，进鲜藕一器。据云，去岁界臣同年智枚赴云南学政任，行至石桥，因用夫太多，一时未备，亲手打死差纪一人，其从者打死役人二名，经荆门州揭禀张香帅参奏，已于四月闻奉旨处分，是否革职，伊亦说不真，然则彼时余等尚未出京，何毫不知觉也。打死差纪事诚有之，被参则未有确尽，已用银数百了结也。持来集右军书《圣教序帖》，请筱苏题跋。帖不见佳。余等所居屋后有小室一，中祀神，额题“紫荆娘娘”，晚间燃灯，至晓不息。黄姓携眷居此，专管驿站事，想日日香灯供养也。沐浴。连日蚊甚多，挥扇不停，尚未所噬，夏布所不能御也。今日大遗时尤苦。

初七日(8月20日)

黎明起。自常德府至此,每日午间只有茶尖,因所过乡村皆无行馆,不能备饭,聊假市肆小歇而已,故皆先饭后行。本日辰溪县备有饭尖,虽此处仍备炒饭,未尝饱食。辰初行。天阴而闷热。行不数里,筱苏舆夫忽少一人。适当更代之际,群立而待,皆不肯代劳,呵之如不闻,许以钱乃可。本日所行之径甚仄,两旁草木枝叶相交,舆行其中,但闻簌簌作响,若非纱窗为障,面目必被刺伤。三十里,未初至辰溪属之十里塘茶尖,小坐复行。十里,未正二刻天晴而远处有雷声。至辰溪县,尖于行馆。县无城,行馆与文庙邻。大令陈诠甹禧年,福建人,庚寅进士下乡有事未来,列仗迎焉。饬差补雇舆夫,而所少之人适至。饭罢,申初二刻复行。渡辰河,辰河关不数丈,而县治适在其曲处,由此岸斜向彼岸,良久始逮。天朗风清,波澄见底,容与中流,遥见群山竞秀,万木垂阴,岩腰危楼,一角壁嵌"寰海镜清"四字,真置身在画图中矣。沅水之上流也。经山洞三,流泉满焉。仆从与舆夫争以碗勺取饮。张顺以一碗进,而入腹后,则凉时较在北方饮冰为久。知其性寒不再饮。凡过高坂二,皆不甚长。缘河行时,岸之仄者不容举足,舆夫每侧身跛足而过。田间时闻打稻之声,所用器曰斛桶,正方形,上侈而下收,上四尺有馀,下四尺不足,高约尺有半。男妇老少持束稻向桶内击之,则粒落桶中,粒尽复易一束,桶盈则取置他器,担荷而去,击者仍击,尽所获而止。又有门前置圆木盆者,大异寻常,径约五六尺,高约二三尺,往往而有。筱苏云,山溪水浅,不能容舟,则以此盆置水中,载人载物均可,名曰划盆。道旁之树叶深绿而大,尖不歧出,结实似桃形而光,大如核挑〔桃〕之在树者。舆夫云是名桐树，其子作油，即所谓桐油也。摘四枚置舆中。三十里，戌初二刻至山塘驿行馆宿焉。行馆堂有额曰“棠阴小憩”，同年黄仙璈国琼宰是邑时所题。亥刻始晚饭，自出直隶境到宿所，未有如此之晚者，山路之难行可知。且本日所行虽曰七十里，实不止也。行馆地甚湿。差纪云，午后，此处有雨。室中蚊多，潮气触鼻不可耐。

初八日（8月21日）

寅正起。小食毕，卯正二刻行。此处凡舁夫皆饭之，余等止处，阶级甚高，当门一望，见院列桌十馀，桌设盘碗，当是水席，数巨桶米饭满中，夫役群以器就而盛之，风卷残云，顷刻而尽，亦足观也。沿途舁夫或食或否，似皆有例，不知何以到处不同，此中曲折未易了然，宜乎弊端百出矣。天阴，微雨数点，有风。山路稍平，只过一高坂。四十里，午初尖于中大铺之留云寺，寺僧求赏对一副。寺已残破无可观览。饭罢复行，升舆觉闷热异常，已而天晴日出。二十里，至苗江县属之大山铺，备有茶尖，小坐复行。十馀里，有毅字旗哨官千总邓克勤金田，湖南人驻扎此地，统所部声炮迎于道左，答如礼。又数里，共二十里酉初二刻，至怀化驿行馆宿焉。巡检潘怡吾澍霖，湖北江夏人迎于庭，已而同哨官来见，因已更衣，谢之，约晚间便衣来谈。购葡萄食，色深紫，似已熟者，而皮厚肉老，汁浆绝少，咀嚼移时，尚馀渣滓，非佳品也。将昨所摘桐子割其一，内有二子，割处汁液浓厚，黏手着刀作黑色，子未破。不知作油时用子耶，用肉耶，尚待询问。舆夫向姓者，自马底至此，已舁三站，本日又为筱苏肩舆，行不数里，仍来余舆前。又一梁姓舆夫谓之曰，尔今好运哉，领头轿赀而抬二轿也。因其言异，问之，则曰，舆夫每名五百文，抬头轿者则加七十,自湖南一路至云南皆如此,且到处与食,不若北方舆夫之须自食也。晚间,潘怡吾来,以舆夫言质之,曰价亦无定,农时则贵,闲时则贱,今正值农时耳。以后询诸差纪,又云头轿、二轿并无分别。不知何故到处与食,或轿夫然耳,舁扛之夫未必也。邓克勤与潘同来,明日定欲派兵护送,辞之不获,只可听之。

初九日(8月22日)

寅正二刻起。打坐尖,仍食炒饭,如前数日之例,卯正二刻行。纤夫多童子,仆从欲易之,余等以今日路少而易行,换大须耽搁时刻,且因昨日纤夫虽非童子,而吸洋药者多,瘾发则行走不动,反不如童子之捷健也,嘱不必易。巡检送于庭,哨官送于郊,并派兵八名随行。道路甚平。四十里,巳正至榆市,茶尖于万寿宫,江西之会馆也,地甚闳敞。到处凡江西会馆皆名万寿宫,吾津亦然。小坐复行。二十里,未初一刻抵公平驿行馆宿焉。行馆尚雅洁,庭有松树二株,高数丈。西偏一院甚大,中有一池,浮萍满中。池四旁多杂树,树下种瓜,瓜蔓缘树上升,结瓜斗大,悬于树杪。垣墙甚短,遥见街市鳞瓦参差,远山如屏。街上有剧馆,正演剧,鼓乐之声聒耳,然不辨何腔也,路中时见短碑,刻曰“指路碑”,注曰“上至某若干里,下至某若干里”,行者不至迷途,此法甚善。又有刻曰“当箭碑者”,所注皆“吉祥”,约为祈禳之用,无足重轻。

初十日(8月23日)

寅正二刻起。打坐尖。卯正行二十里,过罗旧驿。今日道路甚平，舆夫贪近，趋小路，路如之字形，每一转折，则舆悬空际。数里后渐就平坦，不料舁夫一时呼应不灵，忽闻砰訇一声，轿跌于地，随即翻入道旁田中。余随轿而倒，左手自纱窗中破纱而出，陷入于泥。轿中书籍、茶壶等物，纷纷坠落。余身横卧轿中，转侧良久，始蛇形而出，衫裤皆湿。就山冈饭店少歇。筱苏闻信，降舆来视。众仆齐来，将水中各物以次捡出。轿之左窗破碎不可复用，油帘亦破，幸坐具尚未湿。稍坐，易大衫复行。三里至火烧铺又名胡索铺茶尖，时才巳正，共行四十里，茶罢复行。二十里至沅州府芷江县。毅字二旗列队郊迎。大令杜蓉湖鼎元，贵州清镇人，丙子举人，云帆前辈令弟、府经历刘藜士丙照，福建人亦来迎，并设茶座。入谈数语复行。由正东门入，转北街，过府署，午正二刻抵试院宿焉。本日忌辰，虽列仪杖而不鸣锣，不声炮，鼓乐皆设而不作。到后，太守朱纯卿前辈益濬，江西莲花厅人，为艾卿同年令兄，丁丑庶常、典史张芷佩绍青，江西人、统领毅字全旗记名总兵颜茂园武林，湖南人及大令、经历均来见，分两次见之。小憩时许。遣人持帖答拜太守以下各官如例。大令遣人来言，舁夫已经责处，枷号三名。随令李明持帖到县署，言予以薄责，不过惩一儆百之意，此失本出无心，伊等苦人，久羁无所得食，请即开释。晚饭后，蓉湖大令便衣来谈许久。饬差纪从速收拾肩舆，以便明早起程。此处试院规模闳敞，由大门入，再进乃入龙门，大堂后三进乃至后厅。其龙门外点名处，中设公座，树屏于后，小具大堂规制。应试者皆由两掖而入其前，左右有廊可蔽风雨。后厅五楹亦轩豁，惟号舍不多。据太守云，府辖三县，统计应试者不过三千人耳。

十一日(8月24日)

寅正二刻起。打坐尖。卯正行。出南门里许,过江西桥,桥长里馀,上有覆宇,两旁列肆鳞次,如街市然,偶于隙处一见河流而已。以其为江西商人所造,故名曰江西桥。过桥不一里,大令、经历、典史亲送如仪。去城五里至一亭,曰新凉亭,毅字旗亦列队郊送。二十里,辰正三刻茶尖裴家店。小坐复行。循沅水之浒,坡路较早间为多,屡升屡降。过关一,与辰龙关相似。过关后,毅字一旗哨官候补参将叶发清统所部列队郊迎,俯伏道左,急下舆答礼。二品衔参将,虽非实缺,亦大员也,余等并无统辖之权,而长跪以迎未免足恭。共行五十里,未正抵便水驿行馆宿焉。行馆地甚狭隘,红白杠皆置关帝庙中。今日天气甚热。毅字旗统领颜茂园仍派亲兵八名随行,遇难行处,辄来扶掖。夜,大雷雨。

十二日(8月25日)

黎明起。打坐尖。卯正二刻行。天渐晴。出行馆即渡便水河,渡河而南,即登高坂。过柳林桥,桥长二十馀丈,上有覆宇,中间高出如楼形,两头石阶各十八级。过桥后,哨官列队郊送如仪。二十里,辰正二刻至对河铺茶尖。道中舆夫遁去二名,又一名力不能胜,均于此处补雇之。尖罢复行。天晴仍热。好在时有归云往来,日光尚不甚浓。三十五里至晃州。毅字旗哨官徐辉庭登云,湖南人,候补都司列队郊迎。别驾葛心南怡年,福建人先遣仪仗来迎,已而又亲至,并设茶座。入而小坐复行。此地无城,里许即抵行馆,时才未正。葛、徐二君先后来见。因晃州驿,《缙绅》据旧《会典》载,属芷江,不知何时设直隶厅,询之葛君,据云嘉庆年间始设厅，所辖之地甚小，东西长可八十里，南北只六里耳，与贵州境犬牙相错。未至晃州十馀里，有地曰曹家溪，即属贵州，地有厘局，亦贵州之分设也。葛君年六十一，本系直隶州，因无力到省，注销直隶州改通判焉。徐君去年隶武卫中军，拳匪之变，伊正在京，七月随荣相到西安，十月请假回湖南，毅字旗统领颜茂园委以斯差。晡时，天大晴，日光直射入室。今日路多平坦，惟循河行处，岸高而仄，且有曲折，颇觉咄咄逼人。

十三日（8月26日）

黎明起。别驾葛心南来，谈时许。卯正三刻行。出行馆即渡河，河之南有坊，曰晃州塘。别驾葛君亲送，并设茶座，余等未入而行。哨官徐君又来送，答之如仪。十里过酒店塘。又十里过大鱼塘。早起天阴，至是晴微热。又十里，午初至鲇鱼堡亦曰鲇鱼塘，入贵州玉屏境，借饭店尖焉。玉屏县差纪来禀，得晃州差信甚晚，预备未齐。余等告以不必设席，但有便饭即得。已而进菜四簋，一品锅一具，鸡鸭皆未烂热，诚急就章也。午正后复行。十里经南宁塘。又二十里至玉屏县。大令孔鲁峰广垚，云南人，己卯举人，己丑大挑一等、守备刘克臣绍勋，贵州人、镇远镇标左哨哨长姚崑山占先、右哨哨司把总万炳南得胜备仪仗，列队伍，迎于郊。申初三刻入玉屏东门，抵行馆宿焉。大令等四君又来见，谈许久。行馆后院有柏树二，紫薇一，堂额曰"翠柏红薇之馆"。蚊甚多，有客在座即出噬人。今日道路平坦处多，惟酒店塘一带左山右河，径仄而高，令人目眩。夜凉如水，非拥棉衾不可。月色甚佳，惜行馆北向，光不能到床前。

十四日(8月27日)

黎明起。卯正二刻孔鲁峰来,谈片刻。鲁峰亲自携来二十四金,分赏两边家人,想本省境内例应如此。伊辞去即起行。出西门而南。天阴,遥望远山,皆在云雾中。昨见之诸君皆亲送于郊,惟守备刘克臣以帖来。行数里后,天晴日出。二十里秋溪塘。又十里羊坪塘青溪县属。巳正尖于饭店,地甚逼仄。午初二刻复行。缘河数里,河水灌田,机轮甚多,大者径丈许,小者亦七八尺,辐两层,夹木板于其端。河中堆积石块,惟于近轮处空尺许,束流使急水激轮转,则木板荡水而上。轮旁以木作沟,承水而注于田。不用人力,稍变水车之制,而便利过之。十里漫坡塘。又十里渡河,河水深碧色。营兵列队迎于彼岸。既渡河,不半里,青溪大令李谢廷家兰,江苏新阳人、典史谢彤廷蔼卿,四川人、千总张治廷树德、把总杨荫亭如璋,迎于道左。与谢廷详谈,余等用夫如〔若〕干,为学珊学使送物之仆用夫如〔若〕干。谢廷云,闻有舁轿之长夫数名,告之曰,并非长夫,不过一路肩舆至此,未更易者数人耳。及濒行升舆,而自马底随来之舆夫一人不见。闻之则曰,因此处昨日未与晚饭,故皆散去。然则伊等一路随行,或托为自雇长夫,到处索食,今为谢廷道破,始遣之乎?抑到处例食轿夫,谢廷以去旧用新可省一饭,故靳不与,听其去乎?不可得知也。沿途舆夫有一站而易者,有数站不易者,亦有易数人留数人者,不独舆夫,扛夫亦然,马匹亦然,皆托为余等自雇者,以求食欤,或自食,如有伪托,不去之不可也。长夫往往而有,且有非此不可之处,必去之又不能也。欲求无弊,其在家人精明而不欺者欤,有几?入东门,未正抵行馆宿焉。郊迎诸君复来见,谈许久。大令言此地瘠苦,较玉屏尤甚。行馆在县属大门内西偏,堂有额曰“天池星聚”。屋后空地甚大,草树满焉。有竹筒接连数丈,从山上引泉水下注,以供署中之用。哺时,文巡捕二人来接,一葛虞臣夔,一李范吾诚渠,皆候补从九品,葛年六十三,安徽绩溪人;李年二十九,福建长乐人。闻向来巡捕皆派同乡,必直隶候补佐杂无人也。持来抚、藩、臬、道、府帖五份,监临封条十数张,为封轿、封门之用。接见,呈递履历。坐谈许久。伊等从此随行,不复回省矣。晚饭约李谢廷来同饮。谈间,始知其胞弟名家瑞,为乙酉拔贡,同年李鞠农傅元乃其嫡堂叔也。此处虽亦有蚊,而以与玉屏较,不啻一与十之比焉。镇远哨官世袭云骑尉宋家宾遣人持帖送来明日护送兵丁八人名单。自怀化驿始,每日皆有兵丁护送,惟本日只四人,手执令字大旗,在舆前导引。舆之登降或有倾侧,绝不与闻,且至尖所即受代而去,毫不得力,因亦未予赏钱。入本省境,迎送者较多,舆前人不敷用。与筱苏商,每到一县,请其派家人一二名,帮同押杠,自樊城每日添派轮班之贾、高二人,仍令随舆,自本日始。夜凉。

十五日(8月28日)

黎明起。卯正二刻行。出西门,昨见之诸君皆亲送于郊。八里过鸡鸣关,关有联曰:"应无狗盗鸡鸣客,聊作抱板击柝人。"前青溪令饶君所题也。又四十二里,渡河至蕉溪。蕉溪属镇远县。路过铺田塘、小溪塘,平蛮塘,舆夫凡歇二次,不记里数。午正尖于客店。巡捕二人,一为前驱,到尖宿所,立待降舆,一立待升舆,然后随行以为常。尖罢复行。早间左河右山,午后,左山右河。径仄而多曲,时高时下,崖际草树丛生,纷披四垂,舆行其中,时虞阻碍。去蕉溪未十里,大雨骤至,约一时许,舆夫、仆从皆淋漓沾濡。遥望远山远树皆在烟雾中,模糊不可辨识。雨后万壑争流,声如雷震,浪花翻处,其白如银。行三十五里强,酉初至镇远府镇远县。入东关,过大石桥,桥凡七洞,中建一亭,凡三层,额曰"河山柱石"。亭联曰:"净扫五溪烟,汉使乘槎撑斗出;劈开重驿路,缅人骑象过桥来。"下桥不半里,抵行馆宿焉。检点行李,有沾湿者,日记本、范孙日记皆泾,鞋湿不可着,借筱苏者着之。总兵、府、县以下咸差帖迎候,未来见。镇远至省城只七站,馀日尚多,拟淹留一二日。而大令谭柏龄希杜无由得见,乃令巡捕往与商议。据云,施秉、清平皆瘠缺,不可久驻,请驻镇远二日,黄平二日,平越二日,贵定二日,龙里一日,从之。晚间又雨,不久即止。早间尚有微热,自大雨后,天气甚凉。今日练兵八名,四执旗,四执枪,为前导,无用一如昨日。

十六日(8月29日)

卯正后起,天阴。巡捕来请官衔,寄省制牌。余衔牌六对,曰乙酉科举人、丙戌科进士、翰林院编修、国史馆纂修、功臣馆纂修、钦命贵州副考官。筱苏衔牌八,曰癸酉科举人、庚辰科进士、翰林院编修、国史馆协修、戊子科福建乡试副考官、己丑恩科顺天乡试同考官、壬辰科会试同考官、钦命贵州正考官。询以何不将答拜抚、藩、臬、道、府之帖一同寄去,则云黔省向无此例,到省时再答帖可也。闻各省例派文、武巡捕各二人,二文巡捕留,二武巡捕则赍回帖及官衔牌底,预先回省。今贵州既不派武巡捕,似回帖可不必预寄,亦从简之一道也。雨时作,不大亦不久。日间无事,与筱苏斟酌策题。筱苏嘱莘儒拟二题,余嘱石麟拟五题。石麟所拟字数太多,且系时务,多有不由獭祭者,与莘儒所拟笔墨亦不一律,请筱苏稍加删润,脱稿凡两道焉。今日喉痛头重,身体不爽,惟思睡卧,想系受凉。

晚饭后早眠。终夜梦魂颠倒，昏昏如醉，而知味觉饥，无大病也。

十七日（8月30日）

辰初起。喉仍痛，而神气较昨为清。天晴，将昨所沾湿之书籍、衣物抖晾。收拾红白杠。抄策题四道，其一道亦经筱苏删润，未及抄，早眠。

十八日（8月31日）

黎明起。仆从均未起，唤起问之，则曰昨晚眠后，县中来信，夫未募足，请再留一日，故未早起。乃复眠。辰正始兴。喉仍微痛。筱苏言早间先余而起，因不能成行复眠，彼时余尚酣睡，竟不知也。命李明向巡捕李范吾索直隶同乡官贵州名、号、科分单，抄来一纸，自云不详，请到省后详查再呈，允之。大宛籍之佐杂甚多，皆图直隶结费较省而冒捐者。终日无事，闲谈之外，偶看算书数页，格格不入。终日晴明，微有热意，然尚可着夏布衫焉。

十九日（9月1日）

寅正起。喉痛愈。此处厩马不足，四包只以二马驮之。人驱仆从只随轿六人乘马，前站押杠四人皆乘三人丁拐小轿。又添丁拐红杠一二人，红杠一以舁余等畏潮各零物，而以馀出之白杠舁乘轿仆人马鞍、被套等，不足又加一焉。统计红杠十二，共夫四十五，白杠十八，共夫三十六，大轿夫二十四，纤夫十六，小轿夫十二，外有挑官衔灯、轿灯，负肩扛，支杆随轿行者二人，总共用夫百三十五名，护杠民壮四，马夫数人尚不在内。又镇标练军八名来护送，与约，如仍持旗械前导以为美观，可以不必，须于登降时在轿两旁扶掖乃可,伊等应命。部署良久,天明,而大雾迷漫矣。卯正三刻行。赵芝珊学使之家人押送各物,以人夫不足,尚留镇远,未同行。此地无城,到时所入之东关,雉堞数堵,聊作屏蔽而已。北山南河,自东而西,长街一条,约三里许,不一其名。每二百步内外,则有粉墙一,下有如城门者,以通往来,上榜曰某街。如是者不一而足,其名均不复记忆。西头有一亭,榜曰"解鞍亭"。过亭有石桥。总戎、大令差帖在此候送,仪仗亦至此而止,过桥即郊外矣。万山环抱,胥为雾气所遮,近者不知其高几许,远者直不知有山,惟见白茫茫一片而已。于雾气中,遥见高峰矗立天半,色白而晶,以为山而色不类,以为云而良久无变形,万古积雪耶?山在雾中幻此奇形耶?不得而知之,亦无从而问之。不数里,即登大坡。石磴数百级,盘纡曲折,幸为大路,其径甚宽,尚不至令人心悸,而舁夫则苦矣。升舆之始,夫头含糊报齐。至是乃知舁夫十二名,只有七名,问之舁夫,佥云夫头作弊。然他时如缺一名,则换班时宁立而待,不肯代舁,呵之亦不听,今则争吵数语则复前行。或谓舁夫贪利,以七人而领十二人之资,理或然与?二十里至相见塘,盘曲愈甚,望仆从之在后者,如从对面而来。俄见雄关高峙,据云是文德关。度关又十里至刘家庄,尖于行馆,时巳正一刻,早已雾散天晴矣。刘家庄为施秉县属,先得信时,只知余等留镇远二日,酒食昨日已备,今仍用之,色臭皆恶不可食。余等向不苛求,啖饭而饱。仆从有作怨声者,推食食之,乃各无辞。饭罢,午初三刻复行。二十里至望城塘,停舆小歇。舁夫忽有一人呕吐,与以红灵丹使嗅且饮。于路有营兵唱名跪接者,有声炮跪接者,凡五六处,皆颔而过之,扶舆练军代喝起去,乃退。共行三十五里,过高坡二,皆数里无仄径。渡河至施秉县。河旧有桥，已残破，乃舟载而渡。据云桥名蜈蚣桥，正对之山名鸡公山。蜈蚣畏鸡，故桥建辄圮，遂不复建，无稽之谈也。哨官即补把总李中林持帖来迎。自镇远来，官无亲迎者，谓之回避。闻从前并不如此，不知此例始于何时，何玉屏、青溪两令独不然耶？筱苏舆行速，到行馆后，又遣仪仗特来迎余，并有役执大令杨升舟煜，四川人帖来。入北门，街道甚宽，如吾津然，惟市肆不甚繁盛。申正二刻抵行馆。筱苏谓余曰，适闻巡捕葛虞臣言一异事，冯伯岩行至贵定，得信已被议处，废然而返。余欲往见伯岩，筱苏曰："去则须同去，吾两人素未谋面，似嫌突然，且我辈有关防，不宜公然出门拜客，不如且住之为佳也。"从之。本日至施秉，先住行馆。知余等之至也，乃移居县署。闻之骇然，不知以何事被劾，劾者何人须询问。晚饭后，延见二巡捕，谈片刻。施秉城墙西面在山上，于行馆后院可望见之。

二十日（9月2日）

卯初起。镇远夫头昨晚追至，仆从责令将轿夫补足额数。因昨日前站二人乘丁拐轿到，仍多索马一匹，其一轿则用两班夫，令二人交易而乘，每日必有一人先到。以由镇远至省城，例用长夫，易于足数，故起迟。照例用长夫，则伪托自雇之弊，吾知免矣。惟余等留住，则夫亦留，计到省城须留六日，此六日若令自食，则所得夫价直不足用，即地方官与食，而以食力之人空闲六日，该夫等亦必不愿，乃竟相随不去送至省城，不知何故，真令人索解不得。或者留一日，官即多发一日夫价欤？然则州县真不胜其扰矣。余等以馀日太多留住，非风雨患病猝不可及防者可比，预先有信知照各县，虽无夫行未尝不可从容，远募乡夫，官又何乐多发夫价乎？是又不然，或者威以官势，虽不发价，不敢不待欤？然则该夫等苦矣。该夫等甚狡黠,每行非先付价则不舁其行也。家人监之,数夫头领之,各州县又派人送之,往往中途弃之而遁,无从追索,每到一处,并非有总所禁锢之也。三三两两分投烟馆、饭店,官亦无所稽察,又何惮不逃而静以待之乎?是更不然也,阙疑待问可耳。乃若辈多嗜洋药,早起各就烟室吸食,非催促不至。差纪又疲玩异常,应用马匹亦未预备。其黠者揭冠混迹于众人之中,作壁上观,以为笑乐。经仆从看出,呵之则又遁去。严催数四,舁夫始三三两两手携烟具而至。马则仍以镇远来者充数。昨虑及此,令其刍秣,则曰厩自有马,今乃依然用之,不食以其食,而责以其事,忍哉。迟至辰正,仍未成行。自出京来,未有如此之晚者。怒呼其差总,匿不敢见,而夫马亦遂齐。辰正三刻行。仍有兵丁八名护送。出行馆不远,即陟高坡。城之西门在坡上。出城循墙而南。遥见城墙迤逦随山而高,目力不能穷也。折而西,陟大岭,层累曲折而上,至极高处,下视稻田,町畛纵横,如示诸掌,黑点蠕蠕而动者人也。田地之外,高下远近,万峰攒聚,此断彼连,左环右抱,如江海遇风,波浪起伏,如城市列屋,檐脊参差。欲肖其形,《山经》所不能图,欲释其名,《尔雅》所不能悉也。亘数里许渐平远,已而复然。如是者凡数经,已行三十里矣。午初三刻至蓝桥塘施秉属,尖于行馆,未初复行。七里至飞云洞为施秉、黄平交界处,洞之胜详见《鸿雪因缘图记》,因罹兵燹,非复旧观。近年黄平州牧瞿君鸿锡重建寺宇,粗具规模。入而流览,迎门长廊数间,左右山如列屏。进则石磴数折,盘旋而上。五十馀级,过一小亭。又十馀级,左室而右亭,室中设有坐具,未入。又二十馀级,共百级,上为平台,纵横各数丈。上有悬岩如覆幄。岩际草树皆离披下垂。柏一株,大数围,枝干斜挺,浓阴遮蔽。岩高三丈许,中设巨龛,祀千手观音立像,高与岩齐。岩石形似钟乳,流积所成,孔隙甚多,有旁出孤悬如狮象者。台前巨石矗立,道士云是童子拜观音之像。龛左流泉涌出,凿小池蓄之,满而溢出,循台旁斜坡而下,取而饮之,清凉适口。因其性寒,未敢多饮。斜坡旁数武,有洞口,道士云不甚深。其中地甚潮湿,不可入,仆从等下探之,良是。岩下石上,刻字甚多,有曰"天然圣境"者,有曰"归云"者,不可悉记,且皆高处款字,不可辨识。惟吊石题"海上飞来"四字,一字一石,尚记是果勇侯杨芳所题;"飞"字一石中断,只剩其半矣。短碑二,未及卒读。小坐刻许,凉气袭裾,乃起而出。道士须发皓然,命坐不坐,迎送时俯伏道左,未免足恭,不如桃源道士远甚。升舆复行。忽见人烟阛溢,道旁筐担堆积,舆行其中,动辄阻碍,盖趁墟之期也。十三里过一巨桥,是为十里桥。未至十里桥时过一山村,忽闻声炮者三,以为有人郊迎,及至,只一兵唱名跪接而已。终日天气微阴,至此日出。旋有微雨数点飘来。又十里至黄平州。中途有过一桥。刺史熊洁轩士清,湖南人、吏目周希九锜,四川人、千总杨瑞廷鸣发,平越人率兵丁仪仗来迎。入东门。酉初一刻抵行馆。刺史以下三君均来见,谈许久。谈及冯伯岩,洁轩云礼部咨黔抚但云七月某日奉电谕,云南副考官冯恩崑着革职,无论行抵何处,饬令撤回。钦此云云,不知究为何事。未入城时,见一苗妇,项围银圈,挂银锁链,馀亦与常人无异。洁轩在贵州三十年,语作贵州土音,人甚老练。晚饭酒食甚精洁。到行馆后,天又浓阴。晚饭时雨作,至夜半连作数次,皆不大。卧后尚闻雨声。

二十一日(9月3日)

辰正后起。天阴而凉,易洋布裤衫。午后,熊刺史便衣来谈,据云此地巨绅无在籍者,即在籍亦不干预公事,他府州县亦然,惟微末绅士不免来扰,然尚易与。苗民甚多,其衣则圆领无扣,襟下似百褶之裙,而与上相连一。州城本在四十里外,为与苗近,易于控制,乃移治于此,而旧州治则设巡检焉。苗民无田税,而应差徭。自岑襄勤公抚黔时,令其岁缴钱八百千,津贴驿站,而免其差徭。如用其人,则发夫价,与民人等。其人皆有家业,用以舁物,不必有人督率,而无逃遁之弊,物件亦丝毫无失。回时必到官署销差,各与米一升,欢然而去。读书者与民人一同应试,不另设籍。每院试时,刺史必谆求视学者于其卷中择优者进一二名以羁縻之,毋令脱,致积羞成忿,故甚相安。黔省惟遵义一府规制与他省同,以由四川改隶贵州也。其他虽名曰府,实与直隶州无异。无首县者固然,即有首县者,知府仍自有土地人民之责。学额自有府属应试者取进,不由县拨。故贵州府缺无如他省之极苦瘠者,特未到贵州者不知耳。谈良久乃去。余等各以联扇遗之。晡时无事,筱苏出一题目,取前人七绝一首,就其中所有之字,凑一五绝,不许两字连用。构思良久乃就。彼此互视,哑然而笑,虽不至索解无从,实不足言诗,聊以消遣而已。其语为何不必记,原诗为何更不必记矣。晚饭后,谈许久。二更后彻雨一霎时。夜梦伯茀在树林下指示其投缳时情形,并云戚友劝阻,心动者屡矣,幸蓄志甚坚,未败于转念。余详告以近日时局,深埋怨其死,作恨声而醒。呜呼,伯茀之死,去年此时也。今年此时竟入余梦,且不于其家,而于树林之下,是不远数千里而来就余,其英灵为不泯矣。虽然,吾知伯茀之知交甚多,独厚于余耶?一一于梦中相见耶?尚宜质之。

二十二日(9月4日)

巳初起。天仍阴,甚凉,加大衫焉。午后,与筱苏各凑诗一首,如昨例。闻后院有呕吐声,推窗视之,张顺也。想因骤凉未加防范之故。行馆右偏山上,有榴一株,高逾丈,结实累累。因忆昨见街头有卖榴者,饬人购来数枚,与筱苏共食之,似未熟足,不甚甘美。到此三日,饮馔精洁,询知厨役李姓,范孙视学时,伊曾在署中司炊,其恪恭将事,有自来也。洁轩特遣人到重安江购鱼来充馔,主人情重,庖人又不辱命,饮食焉有不佳者乎?日夕,天晴。晚,令高福为张顺以姜煮午时茶,加苏叶饮之。营官送来护送兵丁四人名单,云自此直送至省城,不复更易矣。

二十三日(9月5日)

寅正起。夫马催齐,待印结久不至。卯正三刻始行。出行馆即陟高坡,城在坡上,出西门,昨迎之诸君皆来送,又添游击陈敬修一人。三十里,巳正三刻至重安江黄平州属,尖于行台。饭罢,午正一刻复行。去行馆不一里渡河。四十里抵清平县。大令黄采九凤祥,云南建水人,己丑举人、典史周鼐、把总钱国升、外委谢仁厚率仪仗迎于郊。入自北门额曰"承恩门",申正二刻抵行馆,大令来见,谈许久。知其会试五次,戊戌挑二等,加捐通判到黔,曾署龙里县一次,去年八月又来署清平,皆瘠区也。云贵人会试皆有火牌,到处可索夫三名。嗣因夫少,每名折银一钱。他省有每名折钱百文、百馀文者。北省则与车一辆,多不堪乘坐者。伊会试时,由保安附越南兵船至其东京,再随货船至香港,而上海,而天津,不足一月可以到京,所需尚非二百金不可。边省赴试良不易,无怪每科人数不多也。越南兵船,孤客尚可搭附,挈眷则不便,皆采九云。今日阴暗不定,甚凉爽。仍行万山中,时升时降,幸径宽而不险,惟时有坑坎,如由沅陵到船溪路然。所见山有极高者,巨岭摩天,森然可畏。自入黔境,未见茂林修竹,偶有树不过数株,满山清翠,无非蓬茆蔽翳而已。今日乃见密树,行行排列,尽是松杉,惟皆拱把之材耳。行馆右偏有隙地,野草闲花丛生杂莳,有果一种,似金灯而色碧,遣人持问巡捕,据云名为洋柿,亦曰洋茄,熟时则红,可以入馔。薯蓣色正白,形似芥头,啖之嫩而不甜,不如北方所产。此薯蓣当另是一种,只可牛啖。街头亦有熟而售者,形色皆与北方同。

二十四日(9月6日)

黎明起。天晴而寒,着夹衣犹不支,口中嘘气有形。扛夫齐甚速,惟缺马一匹。待之久而不至,差纪亦避去。忽有长跪哭诉者,民马夫也。黄平雇其马送余等至此,伊另有议定生意,急须折回,而此处强留其马,令其再送,且不与价,因而来诉求放回。余等因其情状可怜,果如所言,真是恃势欺人,良有司不应出此,饬巡捕同仆人持刺到县署询问。乃去而复回,云到县署,除散役外,不见一人,无从问起,大令在内宅,不出,印结亦未送到。忽见有便帽绸衫者,云是听差人,饬令往问其主,语多支吾,只请余等先行,随后即为催齐。筱苏怒而喝骂之。无法可施,惟有不行,而包杠已发,遣人乘马追之。大令闻余等之将不行也,始踉跄而至,云早起出城待送,一切均不知情。问民马何不给价,马夫云八马应给二两四钱,只给一两,又潮恶,只可易钱七百馀,情愿退价还马。差纪则云价已发足,其马食人刍豆,被人扣价去,尚馀一两耳。互相争论,未知孰是。大令急令再为加银。余等令将银取来,眼同交付,差纪则拥马夫而去。仆从来禀,民马八匹,其一匹脊背磨伤不可用,先牵来之厩马又为追杠人骑去,仍缺二匹。适张顺窥其厩马所匿之处,牵一匹来,仍缺一匹。大令以厩马无多,恐有紧急公文需用,不肯再与。与言此马不过暂借,途间蹑及追杠之马,则用彼而舍此,令马夫驱归,决不食言。再三言之乃允。问印结,差纪云已交,仆从则云未见,良久始持来,已将巳初矣。大令欲出城送,止之。出行馆,过孙文恭公祠,孙文恭,明人也。出东门,折而南,曲折登降。四十里,未初二刻抵平越州属之杨老驿,尖于行台。有哨官候选都司周文麟率所部声炮迎于道左。已而送来练军四名,供扶轿之用,以已有长送至省者,谢之。饭罢,未正二刻复行。二十五里抵马场坪,张顺牵来厩马,为马夫以劣者来易去。地去州治二十里。刺史瞿子濬鸿锡,湖南善化人,子玖前辈令兄亲来迎迓。酉初至行馆。刺史来见,谈许久,据云主考到省必须八月,并非成例,湖南曾有七月二十七日到省者,怂恿余等前行。余等以日期预定,不易更改,伊许即为贵定及省城发信,又许今晚即将夫马备齐。余等本愿早到省城即一劳永逸,闻言立许之。伊又言已得确信,回銮改于八月二十四日。余等约其便衣来共晚饭,漫应之,饭时往请,则以已饭辞,似有嗜好。晚间,呼巡捕来,令其叮咛瞿刺史,夫马齐否,信发否,则俱已办妥,自清平来之民马均遣回,其老吏也。民马夫又来,诉此处亦欲留其马,令仆从与差总言之,务令释还。黄采九能如此君,不至有早间之一番口舌矣。闻筱苏早间喝骂之人乃采九令弟,恐未确。行馆屋后小院,蓬茅满中,筱苏往遗,见蛇与蜈蚣各一。

二十五日(9月7日)

黎明起。易粗布裤加套裤。夜睡着凉,腹忽泻。马不足,铺盖衣包亦用夫舁。卯正二刻行。刺史郊送。高坡甚多,石磴残破,履之则动。山径逼仄,时有流水漫溢,滑不受足。对面时有舆马相摩而过,隔街下窥,心为之悸。而到处桂花怒放,舁夫等折而插帽,仆从置数枝于舆中,浓香扑鼻,又足乐也。二十二里,巳正至黄丝塘仍平越州属,尖于饭店。饭罢,午初二刻复行。两山夹峙,其高极天,飞瀑悬空,如拖匹练,片云飘过,山势欲奔,白日初斜,岩壑若幕,其佳景也。三十八里,遥见雉堞参差,层楼高耸,已抵贵定县城矣。城在山上,随山高低。城中屋宇,隔城可见。大令石郑卿同年作栋,乙酉、丙戌联捷,己丑补殿试,甘肃人迎于城外。入自东门,门曰熙春楼,有额曰"滇黔锁钥"。门之南城上有三层高阁一,名朝阳阁。街极宽,铺石为路。经过万寿宫、闽粤会馆,申正二刻至行馆。郑卿来见,谈许久,知甘肃试差已放人,不记为谁。去后送来一单,正则饶士端,副则郑沅也。因腹泻,早晚饭皆未多食。晚,与筱苏对榻而谈,不觉俱入睡乡,醒已子初。雨大作,偶有雷电,彻夜不止。

二十六日(9月8日)

黎明雨暂止,已而又作,似不能行。大令又遣人来谆留,遂酣眠。辰正始起。雨仍断续作,午后始止,而天仍未晴。郑卿同年便衣来谈许久,代其令侄、幕友乞书联扇、条幅数事,余等分而书之,郑卿馈余等本地水烟四包,细如皮丝,而味则如净丝。本日腹泻痊愈。

二十七日(9月9日)

黎明起。仍有雨意。大令遣人来问能行否,筱苏答以必行。大令旋来谈片刻。卯正行。过两湖会馆,规模甚闳敞。出西门,大令送于郊。十五里过牟珠洞,洞在庙内,未入游。庙外两山夹峙,其高极天,中只仄涧一条。循涧而行,但觉苍翠四合,阴森之气逼人。悬岩下有刻字曰"听瀑窝"。瀑流甚微,而涧水则奔腾澎湃,滚雪溅珠。约半里许,地渐宽阔,溪流亦平。又五里至一长桥,桥五洞,上有覆宇,计十七楹。过桥为瓮城塘。又十七里,巳正三刻至新安塘仍贵定属,尖于行馆。于路频见纤夫摘道旁果食之,不知何名,其形状亦未能一目了然,惟见木本小叶,贴地而生,果作黄色而已。到行馆问之差纪,始知为刺梨。令其取数枚来,形似石榴,大小则如海棠果,细刺满焉。以指甲刮去其刺擘之,中有细子如黍而坚,倾之即出。初入口,酸似山查,咀嚼之,极似谏果,但馀味少耳。食品昨日所备,多不堪下箸,惟茭白一器尚不恶。饭罢,午正复行。数十武,忽有一兵声炮,似相送者,而并不言送。初到时,余舆在后,遥闻炮声,以为有人来迎,促舁夫急行。至则寂然,问之筱苏,言有持哨官邓明仁帖来者,今则并帖而无之矣。二十三里过麻子塘。又十里至龙里县。终日微雨。午间偶见日光,旋隐如故。石径滑汰,土坡则泥泞如北地,良不易行。幸本日未陟大坂。龙里典史叶绍壬、把总有疾,只以帖来。哨官杨通富迎于郊。以雨地不便周旋,谢之。城在山上,街道甚宽,一如贵定,而荒凉则过之。申正一刻至行馆。询知大令陈价云南人,壬午举人已调廉,现只典史护篆。已而典史、哨官均请见,谢之。行馆地狭,屋为两厢所遮,暗不见物。巡捕来言,贵筑昨日即差人来探清息，明日行否请示之。余等告以如遇倾盆大雨，则无如之何，否则虽雨亦行。晚，杨哨官送来护运兵丁四名名单，云是抚标营兵，不可不留、留之。仍有微雨。

二十八日（9月10日）

黎明起。天阴而凉。卯正二刻行。出西门。典史、哨官送于郊。把总仍以帖来。典史须眉浩然，年约六旬以外。三十里至谷脚塘仍龙里属，尖于行馆，时恰巳正。饭罢，午初一刻复行。巡捕以监临封条封轿门，例也。偶有微雨数点。约二十七八里，至一处，道旁有碑，刻“图云关”三大字，左右有跋语两行，字小而行急，未能辨识。又七八里，共三十五里，抵省城。仪仗二分，舁夫八名，着蓝布长衫，竹编缨帽来迎。他处仪仗新旧不一，衔牌则以红纸书“钦命贵州大主考”贴之牌上而已。至此则焕然一新，衔牌皆按余等所开，刻字施金而朱，其外舆后各有短童十馀人，皆十岁上下者，执枪刀之属，时作呵殿声为拥护。不数武，有持帖来者，统领徐、中丞邓、监试道蒋、善后局胡也。又有以帖来者，学使赵也。又有来者，藩、臬、道、府、县也。遵回避例，皆不亲迎，与镇远同。市廛栉比，遥望不见城垣。入南门，申初二刻抵行馆。首县来请安，未请见。昨李巡捕云，到省城时，凡以帖来者，向不以帖答礼，今又来禀须有回帖。李，癸巳年曾充主考巡捕一次，因其言可信，故未预先备帖，今需用，而杠未到齐，无从得帖。杠到齐，头门即照例封锁，以示关防严密。巡捕亦辞去。然旁有便门，差纪由此出入，巡捕亦日来一二次。惟我辈仆从不准外出头门，非初六不启耳。至夕始写好，交号房，嘱其明早速送，称谓则按号房开来出身科分清单，以有无渊源为断。中丞邓筱赤华熙、首道黄让卿元善皆辛亥举人，称年愚侄；方伯邵实孚积诚，戊辰翰林，为七科上前辈，称年家眷晚生；廉访曹竹铭鸿勋，乙亥举人，曾与一叔结盟，称年世愚侄；学使赵芝珊惟熙，壬午举人，庚寅进士，舍远论近，称年愚弟，馀则皆称愚弟焉。晚饭肴馔甚精，惟烧猪则以全形进，令其彻而碎之。自湖南沅陵至此，共食烧猪数次，无不以全形进者，岂风气然耶？晚间，忽有杨兆麟以世愚侄帖来拜余二人，云是果勇侯杨芳之孙，号星源，曾从黎莼斋、曾袭侯出使外洋，保举三品衔道员，分发广东，现调往云南，路过本籍，值余等之至也，以有世谊，特来请安。余以为必与筱苏有旧，乃筱苏亦复茫然。遣人问有何世谊，则云其叔曾为刑部主事，于戊子年已经改外。然则所谓世谊者，以余等曾与其叔同官京师欤？榜前例不见本地绅士，惟有谢之，明日差人以帖答拜而已。伊云初二日即赴云南，榜后亦无从见面矣。此世谊恐终未能询问真切也。自五月十五日由京起身至此，除月小外，共七十三日。沿途到处淹留者十二日，实行六十一日。而由京到保定五日之程，坐火车一日而到，省却四日。若由京师驰驿而行，一日不耽搁，则须六十五日始到。惟乘船一节，不知陆路须几日耳。大约黔使鲜不乘船，然则迟至五月二十起身，不为晚也。

二十九日（9月11日）

巳初始起天仍阴。发电报十三字，曰“天津镇署西华叔明廿八到俱安”。总管电报潘君光照，江苏人，候补知府未收报资。京友托寄滇信二件，令巡捕交首县由驿递寄去。差纪备办朝冠、朝靴，来问尺寸，据云此处着朝衣，非用朝靴不可。写第六号家信，附筱苏信中，由信局寄去，取有回条，言一月可到芜湖，然则到津须四十馀日矣。午后，细雨如丝，一霎时。筱苏开箱，取出戊子典试福建阅卷簿视之。十二房，每房数页，首列房官姓名、行号、籍贯、科分，现为某官，分房几次；次列所荐卷某字若干号，中与不中，共若干本，卷之优劣，即分别默记于下方；后则详列批语。中式者在前，并注姓名、名次，落卷在后。爽若列眉，洵可法也。自五月在京沐浴时修脚一次，今将三月，足甲已长，与筱苏约到省同修治之。乃贵州省城竟无修脚匠，此亦不可不知之事。晚饭有豌豆苗一品，甚佳，为他处此时所无，地气之不同如此。今日有营兵支帐房宿于门外，以为护衙，闻角声焉。体不适，有如甲午之冬，想湿气触发也。

三十日（9月12日）

早，巡捕李范吾来，送来借得电传谕旨、行在钞报、《申报》等，与筱苏□阅之。知叶铎人世叔大遒、卢秉政曹星槎房师均为两广督陶参劾去职。盛萍旨同年沅为山西抚岑参劾去职。天津高峻峰前辈凌霄则膺保荐。蔡燕生同年金台以皖抚王保荐，交军机处存记。今工部尚书、前总宪张整顿台纲，郑炳麟继师癸未门生去职。冯伯岩亦张附片所参，谓其身列词林，不知自爱，并有肆意妄为，鱼肉平民情事。甘少南同年大璋开去军机差使。又铸造银元，上谕以广东、湖北两省成色较准，沿江沿海均已通行，即就该两省多筹银款，源源铸造，并铸小银元，以便民用；报解京饷，征收钱粮税厘，各州县解司道等库，概准以三成搭用，他省并可拨款托铸，不必另行设局，其搭用三成之处亦如之；支发俸饷等项亦按三成搭用，并禁胥吏刁难挑剔，务使收发一律，以期逐渐畅行。又武乡、会试一律永远停止。武举人、进士均令投标，武生童准其入伍，俟各省建立武备学堂后再行酌定挑选考试。上谕又变通科举：上谕：自明年为始，嗣后乡、会试头场，中国政治史事论五篇，二场各国政治艺学策五道，三场四书义一篇，五经义一篇，考官取士，合校三场以定去取，不得偏重一场；生童岁、科两考，仍先试经、古二场，专试中国政治史事及各国政治艺学策论，正场试四书五经义各一篇；考差、散馆均用论一篇，策一道；殿试策问、朝考论疏，均以中国政治、各国政治艺学命题，凡四书五经义均不准用八股文章式，策论均应切实敷陈，不得仍前空衍剿袭。又陕西本年乡试改至十月举行。上谕其馀尚多，不备录。《申报》无甚可观，略一检阅即置之。终日天阴，时有微雨。遣人以孙兰舟方配丸药，并购附片、干姜、防己三味，泡以代茶，缘手足举动不适，恐湿寒太重也。闱中例派官医，遣人请其明早来诊。夜眠多梦，五更时汗出，闻雨声。

八　月

初一日（9月13日）

早，巡捕来贺朔。李范吾请假一日。监试道蒋蓬史珣带官医从九品赵柳臣逢春，浙人来，为余等诊视，谓余脾有痰湿，用二陈汤加味；法夏三钱、云苓四钱、广皮二钱、薏仁六钱、于术（生）四钱、竹茹三钱、枳实（矾）一钱五分、炙草一钱。谓筱苏有寒，用理中汤加味，甚有见解。余先在后面诊脉时，筱苏陪蓬史谈，询知其嫡堂侄为癸卯广西解元、壬子翰林。余未诊视毕，蓬史已去，随即以世再侄帖答拜之。其人已六十馀，鬓发浩然矣。柳臣立方毕，例须送至供给所,转交巡捕,呈之首府,递呈至中丞,均阅过,然后发回。漆匠来漆皮箱,裱画者来取对联,上轴作盒,并作扇盒,各四十五分。晡时,服初煎药。天晴日出。晚,服二煎药。雨又作。三更后大雨如注,彻夜不止。

初二日(9月14日)

巳初起。大雨仍未止,今日脖及两膀稍愈,而左足着地痠极,大有不良于行之势。监临送来咨文三十五件,分为两角,彼此互视,无相同者,皆循例事也。巡捕送来调帘人名清单。午后,雨止。申初天晴日出,已而复阴。晚,雨又作。本日仍服昨方,煎二次。三更后,又雨,终夜有声。

初三日(9月15日)

黎明闻筱苏唤人声。辰正后起问之,则夜眠受凉,大吐不止,情形甚委顿。本日赵柳臣应来诊视,即遣人往请。少时偕首县衣冠来。余足酸少差,衣冠延见,惟嘱不必行礼。先到室中为筱苏诊视,拟藿香正气汤加味。后在外间为余诊视,据云病已十去六七,再服两剂,即可痊愈,方与前日相似,略有更改。桂枝二钱、云苓四钱、于术(生)四钱、薏仁八钱、法夏三钱、广皮二钱、杭芍二钱、炙草十五分。趁柳臣书两方之时,与首县杨君廷杰谈,知其字仲山,甘肃人,戊子年到黔候补,前范孙视学时,曾署首县事,今又摄是篆,尚未补缺,年约五旬以外。据云,此处奉、直、八旗、山左右、河南、陕、甘共一会馆,皆论乡谊,云南亦如之,与他省不同。盖地愈远则愈少,乡谊亦愈宽而愈切。此处统计数省,并无多人也。并问范孙现在何处,去年光景何如,详告之。并代范孙致意。谈良久乃去。随即以乡愚弟帖答之。午后，服药，小憩时许。闻筱苏起，问其所苦，云服药甚好，仍有倦意，乃出。天仍终日阴，时有微雨。晚间风起。服二煎药。夜，雨又作。两腿涨痛，眠甚不安。醒则闻雨声淅沥，殊为闷损。

初四日（9月16日）

辰初起。自两股以下仍涨痛，行一步只移数寸。由善后局取来散阴膏，仍请赵柳臣诊视。午后，仍首县杨仲山偕来，筱苏衣冠见之。余未衣冠，在屋中候诊。今日方剂加重加味，于术（生）四钱、泽泻二钱、云苓四钱、薏仁一两、防已三钱、法夏四钱、广皮二钱、附片二钱、桂枝一钱五分、杭芍三钱、竹沥半杯、姜汁半杯。并令以吴茱萸半斤炒而熨之。问散阴膏能用否，曰可用。遂于两股各贴数张。筱苏方今日用神曲。巡捕李范〈吾〉以建曲一合相赠，并送余一合，亦拘矣哉。筱苏呼葛巡捕来，问初六入闱一切礼节事宜，并开单令收拾行舆，嘱令两乘一样，且令为余舆易大杠。因余不良于行，时来余室闲话，以释余闷，恐余倦而思卧也。谈不许时辄去，其情甚殷。服药后，小睡时许。晚，服二煎药，熨吴茱萸。仍终日阴。

初五日（9月17日）

辰初起。足行微胜于昨，两股虽不涨而仍重滞。仍请赵柳臣，仲山偕来。方与昨日所差无几。苍术四钱、泽泻三钱、云苓四钱、薏仁二两、防已四钱、茵陈五钱、知母三钱、杭芍三钱、附片三钱、桂枝三钱、秦艽四钱。午后，会同茶帖来，大如吾乡二号金启，一中丞署名，一两监试、两提调、四司道署名。帖名各有一条，书“八月初六日会同宴恭请文驾"字样。已而又送刻本《内帘事宜》一本,又送礼节单来。李巡捕送来实缺府、厅、州、县籍贯科分单来。看诸仆装箱。服药后小睡。漆匠来索漆箱凭条,以便领价,书与之,并盖图章。凉朝冠、罗帽各一,皆盛以皮合送来,其罗甚劣。晚,送朝靴来。筱苏之靴上靿甚仄,不能下。晚,服二煎药,熨吴茱萸。天仍终日阴。偶然见月。拜垫送来,嘱其加厚。

初六日(9月18日)

早,天晴日出,豁然开朗。足见轻,能自逾阈,不用手助。筱苏已知照监临,行礼时,余以病足,需人扶掖。诸仆先发行李。新蓝呢轿二乘,扛来罪衣箱二个,送来拜垫,收拾好送来,约尺馀厚,试之,有一人于起跪时稍一助力,即可拜叩如仪。巡捕李来言,天时尚有两次帖未到,此处去学署甚近,三次帖到后,俟闻学署声炮后再行不迟。已而二次帖来。与筱苏共早饭。饭罢许久,三次帖始来。初,余等未知此帖应璧与否,嘱巡捕询问,至是知无庸璧。乃易朝衣午正二刻,着常冠,升舆。只留李明一人运行李,馀皆乘马随行。一路观者如堵,两旁市肆之中,万头攒聚,男女杂沓。过大十字街口,则旗枪林立,兵勇踵接,约二里许至抚署。先投抚、学两帖,后投司道四帖。开门降舆,易朝冠,东向行拜阙礼。以北为上,筱苏之北为中丞,其南则余,余之南为学使,第二排则四司道,第三排则首府及监试、府赞。自中丞以次无一着朝靴者,乃知非朝靴不可之说诚不足信,彼盖欲借以开销耳。行三跪九叩首礼毕,入座饮会同茶。堂上南向者四席,席用桌二,前面翦纸为花,如门然。余二人居中,抚左而学右,司、道、府则阶下东西向席,亦如之。茶三献,剧三阕,司、道、府先行。两旁观者蜂拥而上，桌椅掀翻，花枝粉碎，名曰抢宴。禁之不可，余与学使起身避之。中丞请再坐，坐则不复敢来抢。已而学使易衣冠先行。余与筱苏仍朝衣升头舆。头舆者，大椅一张，蒙以虎皮，前有踏板，上置两木狮以托足，八人舁之，其抬杠皆以彩绸包裹。后面一人持日罩罩头上。各省入闱皆乘之，由抚署出，仍由原路行。至大十字街口，学使停舆以待，彼此拱揖。由十字街而西，遥见有“明经取士”“为国求贤”两坊，与京师同，即贡院之东西门也。其门与街同宽。入门而北，至至公堂降舆。至监临堂易冠，去披肩。待中丞至，略谈数语，然后入内帘。至交界处，与中丞、司、道一揖而别。至衡鉴堂，堂五楹，左右各二楹，又中分为四，余二人分居之。仆从则居后层。堂之上有楼，曰玉尺楼。余卧室之后一间为楼梯，占去大半，馀地只可庋箱。仆人有居楼上者，筱苏之徐仆亦于楼上居焉。堂前东西厢为八房，为内收掌房，各一间，皆有楼，以居仆人。而西厢则空一间，无主名，与两厢平列，而规模稍亚者。东为分经房，书办居之。西为内办差房，差纪居之。堂后有隙地，茶炉、厕所在焉。入内帘后，闻有祀奎之礼，待之久而无信，遣人持帖问内监试赵秀升前辈时俊，辛未翰林，现任安顺府，云南人应何服色，乃来请花衣补褂祭祀奎。行二跪六叩礼毕，乃升孝廉船公座，掣房官签。孝廉船者，自衡鉴堂达监临堂，长五楹有奇，上覆以宇，两旁置窗如船形，只前后有门以通往来。两堂两厢之基皆甚高，孝廉船基高亦如之，只前后有路可通，两旁则属耳不及焉。凡有关防严密之事皆于此处为之。掣签固不在此例，然取其地势闳阔，且舍此亦别无他处也。第一房定番州知州赵一鹤友琴，乙酉举人，云南浪穹人，第二房大挑知县唐保典少卿，丙子举人，广西郁林直隶州人，第三房即用知县戴永清镜湖,壬午举人,甲午进士,云南通海人,第四房试用知县朱潮琛淮清,癸巳举人,云南建水人,第五房即用知县方正守之,丁酉举人,戊戌进士,四川涪州人,第六房镇远县知县喻鸿钧清丞,乙酉举人,丙戌进士,湖北黄冈人,第七房截取同知李之实岑秋,戊子举人,己丑考班中书,四川新繁人,第八房即用知县詹恺介亭,甲午举人,乙未进士,湖北恩施人,内收掌则都匀县知县承先述之,癸酉举人,癸未进士,正黄旗满州人,山西驻防。八房所居之室皆有悬牌。在孝廉船坐次亦皆有一定。未掣签时,什物堆积廊下,人亦无所归宿。签既掣,乃各就坐位。余二人南向,八房单数者西向,双数者东向。内监试、收掌则北向而略斜向。东西八房、收掌各方桌一,茶几一,上置笔墨、冠擎等。余等及监试则各据长案一,上置签筒、红研、朱笔,印敕架一,置印敕,大长椅一。稍坐与辞,各归其室。余等以监试为前辈,先往拜之,在衡鉴堂西偏,降阶数十级乃至。余不能行礼,长揖而已。已而监试、收掌偕八房来。筱苏先见之,余后见之,亦一揖为礼。谈时许。晚,闻厨房备有上席两桌,照例请监试、收掌、八房同饮,饮甚畅。谈间,知李岑秋精于医,晚间请其来诊,为余等各立一方而去。余方云:左寸濡微数,左关大石重按濡,左尺濡短,合三部有弦象,右寸实大浮数,右关濡滞,右尺小弱。湿痹之验,上实下虚,是为流注,宜由肝家治其筋络,拟澹渗温法,药味详上方。云茯苓四钱、木防已三钱、宣木瓜三钱、桂枝三钱、木通三钱、白芍三钱、生知母二钱、炙草二钱、独活三钱。时已更深,不及取药矣。藩署来移文一件,移来颁发书籍二十二种,内有五种残佚不完,余等皆携有石印者,室中又无位置之处,乃命分经房书吏,敬谨收贮,毋庸呈送。衡鉴堂三字额,犹康熙朝刘荫枢所题颜体书也。堂外有楹联云:"此中有循吏名臣,况当侧席求贤,梦萦岩野；何字非笔耕心织，记否携朋观榜，泪满儒衫。”不知何人所撰，为癸卯年贺耦耕先生长龄抚黔时重书者。言婉而讽，司文柄者宜鉴焉。筱苏云，若改“儒衫”字为“秋衫”，则尤浑成，味之良然。贡院虽狭小，而余等居室尚闳敞。惟庭中满张布幕，为八房障日而设，案头未免少晴。各房供给鸡鸭，皆畜之庭中，昕夕长鸣，殊觉聒耳。室中陈设尚不简率，惟木器粗恶，于方杌后置一木板即谓之椅。身重者坐之，几有不胜之势。几案亦然，不堪隐伏也。本日周旋时久，颇觉疲倦，不敢贪凉，着棉衣焉。张顺、张福以小事争吵，呵之。

初七日（9月19日）

辰正起。天气时阴时晴。印图记一纸，送与内监试，以为取物之据，且藏图记于密所，防盗冒也。午后，岑秋方药始随供给递进，即煎服之。与筱苏商定头场题目。供给所例送食用等物二十馀种。分经房吏呈题纸中添注涂改格式，为之核正数处。又循例请发头场诗题所限韵字付刻，余等以恐泄题，未许。晚，约内收掌承述之来共饭。饭后，约岑秋来诊视，仍用原方。并约喻济丞同年与岑秋明日相助监刻题纸。二更后，内监试赵秀升前辈亦来面商刻题关防一切事宜。分经房吏在孝廉船钤印题纸各关防。人声庞杂终夜。卧后闻秀升前辈又来，与筱苏谈许久，不知何事。病中懒起，若平日则必起而询之矣。夜眠多梦。李明患痢，不思饮食。

初八日（9月20日）

卯刻即起。天气大晴。足仍不能轻举。问筱苏昨夜秀升前辈何事重来,则以昨晚发去诗韵,系限三江科场不准限险窄之韵如江、佳、咸之类,例有明文,请易之,故已易限十四寒韵矣。旧例,刻题于玉尺楼上。楼近民居,往往漏泄于外。自戊子科监试府邹元吉移刻于孝廉船,关防始密,后皆因之。昨与秀升前辈约辰正齐集。至时,余等各携二仆,公服至孝廉船,监试、收掌、房官诸人继至。监试亲锁前门,门外复以绳周遮之,防人于门隙窥伺也。部署未毕,外帘继进。头场供给,须监试亲往监视,直至巳正,始复来。斯时遥闻外帘点名,号炮隆隆不绝矣。于是呼刻字匠十三人立于孝廉船后门外,门用栅栏,距衡鉴堂门仅三尺许耳。名单呈之案上。筱苏命余点名,乃执朱笔,每呼一人入则点之。既入,闭门而不加锁。自是,除主试、监试外,无论何人,只许入不许出矣。贵州题纸,例用宋字,无须自书。乃令匠人先书诗韵。既毕,筱苏乃出自书题目令书,久之书毕,然后一并上板。题纸向刻三板,题与诗韵宜各写三纸,命三人分书之,则易集事。余以病故不能作楷,诸事多筱苏偏劳。匆遽之中,只书得一纸与之,故书就甚缓也。命庖人备肴数品,与监试诸人共早饭。昨供给所送者有四川渝酒一坛,取而饮之。岑秋饮甚豪,济丞亦不多让。午正二刻,题板刻竣,命刻工退处一隅。呼刷印匠十人来,亦唱名而入,又命分经房吏五人,抱题纸入。匠三人共一板,以高二尺横三尺之贵皮纸印之。先各印一纸呈验,中有误字脱画,饬令刊正。未初二刻始刷印。房吏从旁点数收叠,并命仆辈佐助之。破碎模糊者剔出,置于余等座侧。漏印关防者另置,以待补印。每盈百纸则以绳束之。监视之际,又请岑秋诊视,另立一方,言须缓缓图功,痊愈非旦夕所能。余亦深自知之,未敢求速效也。日夕倦甚。大家劝余少歇,因入房睡片刻。起时已暮。见堂上设有烟具,盖述之、济丞二人皆吸洋药,因关防严密,不能随便归房,筱苏恐其瘾发不支,故令设具于此。时述之已吸毕,济丞正在吸食,遂出与谈。济丞力劝余吸,谓与病有大益,情意甚殷,不忍却,吸数口焉。戌正一刻,题纸印毕。共皮纸者四千一百馀张,红纸者百张。印工艺有高下分,纸同而印之迟速不同。然先竣者决不肯为未竣者之助,虽监试促之不听。监试亦不强之,恐其后相率而为缓怠也。晚膳仍余等备。饭罢,监试先往通知外帘,使迎题纸。是时诸匠犹未放出。久之,监试命开孝廉船前门,始各散去。已而监试遣人请余等花衣补服出送题纸。房吏已将题纸改以红纸束之,置于桌上,舁之前行。余等随其后,送内帘门,坐而俟。少顷,门外击云板,门内答以梆。门开,监临、提调、监试、两道与余等隔板互揖,立谈数语。然后将题纸一一点数送出。又与监临等一揖而退,已亥正二刻矣。四书题:"子曰事父母几谏"一章,"贱而好自专"一句,"和为天下得人难"一句。诗题:"寒山远水江村暮"。得寒字五言八韵,宋喻汝砺《咏锦屏山》,诗见《贵州通志》七绝诗类。是日,关防甚严,工匠饮食只许送至门外,由仆辈代为传进。围芦席于堂隅为便溺之所。有吸洋药者,任其纵横高卧不禁,惟不许出门一步。是以毫无漏泄,来监刻之各房官均未能预知为何题也。晚,仍服岑秋药。本日所易之方随题纸送出,药未能送进。

初九日(9月21日)

辰刻起。病不见减。饮食不畅,见肥腻辄厌之。饮姜附水,忽然作呕,吐水斗馀,且有涎沫。泡乌梅水饮之。口中似生厚膜,频频思饮。五经题筱苏已经拟定,折角示余,嘱加斟酌。观其所拟,皆有深意,极为妥善,无须更易。且余为病魔所扰,苦于用心,妄为更易,转恐贻误。因将拟就五题楷书三纸,为二场刊题之用,送交筱苏收藏。筱苏语多谦让,而不知余书此三纸,已有筋疲力竭之势,焉能细加思索改动题目耶?午后,右手忽痛,食指、中指之间有肿意,似凝结在此,他处皆因此牵引作痛者,欲握管作字直不可得。请岑秋诊视,据云,曾有友人疾与余同,服药而愈,尚记其方,即为录出,令照方服,昨立之方不必服矣。本日外帘扃门,不进供给,昨日方药尚未运进,今日之方更未能送出,只可俟诸明日矣。天气终日阴暗不定。夜眠不安,梦境迷离,汗出甚多。李明病不见减,亦求岑秋诊视。

初十日(9月22日)

辰刻起。大雨逾刻而止。右手仍肿痛,行步微觉轻松。因岑秋善饮,馈之渝酒一器,约十斤。岑秋送余肉桂一块,重五钱馀,以药方中有此品也。饭后,与筱苏在孝廉船闲步。筱苏登玉尺楼,余未能也。待其下而问之,乃知堂五楹,而楼仅四楹。堂之最西一室,上无楼,楼之东西北三面皆墙,惟南面置窗槅。楼之正中有“玉壶冰鉴”额,贺长龄书。前额乃雍正年间沈敬宗题“玉尺楼”三字分书。旁有联云:“称从天授人双玉,眼并秋高月一楼。”李象鹍题。楼上未贮他物,惟朱顺、张福、老徐三人居于西偏,余室之上。孝廉船前门外西偏置巨缸一,缸上有木沟,穿墙而出,达于外帘。时有流水涓涓而来,足供内帘之用。内帘无井,而水未尝缺乏,以此之故。闻水自龙井汲来,其甘美为省城之最云。服岑秋初九方药。岑秋送来拟作一篇,筱苏圈点加批,余亦批数语。手痛未能多写,且欹斜不成字。监临送余等上席各一，滕以家人等中席各一，循故事也。席皆书券，可以随便由厨房取用。房吏、工匠因刻印头场题纸来讨例赏，分经房吏十四人，每人肉三斤、酒二斤；书手四人，每人肉三斤，酒三斤；刻工十八人，印工十五人，每人肉一斤，酒一斤。此本监试之事。然非余等书条，则供给所不发也，不知何故。二、三场赏亦如之，但无须再书条耳。其人数未免以少报多，历科皆然，任之可也。《乡试录后序》在京即烦仁安拟就，起处即由去岁变乱说入，筱苏以为不必如此。余病中未能为文，且一二日内即须阅卷，甚为着急。筱苏曰，试烦岑秋为之，不允，则余代为捉刀。晚，请岑秋来，烦之，慨然应允。因将《贵州通志》《癸巳贵州乡试录》及仁安拟稿，一并交岑秋携去。夜眠仍多汗。日间检出首题、三题陈文数篇，令房吏另誊一通以爽目。次题无陈文。

十一日（9月23日）

卯刻起。病仍如昨。天气大晴。岑秋将昨日携去之书缴回，云夜间感冒风寒，大吐不止，颇觉委顿，不能构思，《后序》请另倩人代拟。因请济丞来，烦其代作。济丞允诺，携书而去。辰正莅船厅，刻二场题纸。改约戴镜湖、朱淮卿监刻。是日，忌辰，常服不挂珠。巳正发题命书，午初付刻，未初刻毕付印，戌初二刻印毕。共四千四百纸，关防一如头场。亥正常服出送题，亦如头场之仪。《易》题："通其变"至"使民宜之"。《书》题："元首明哉"三句。《诗》题："于铄王师"四句。《春秋》题："晋荀林父帅师及楚子战于邲，晋师败绩"。《礼记》题："皆有安居、和味、宜服、备用、利器"。送题时，监临袖出行在电报与观，报言两宫圣体大安，特传知各省将军督抚，以慰天下臣民之心云云。前此两宫并无不豫之事,今忽传此电音,闻者无不惑之。晚仍服前方药。秀升前辈云,外监试传监临之命,今科如有拟墨者,一概不许刻入闱墨,亦省事之一端也。提调、监试、两司公送余等上、中席券各二,与监临同,亦循故事也。夜眠仍多汗。食物口中常留馀味,噙缩砂以解之。

十二日(9月24日)

辰刻起。右手痛肿稍轻,左手又有痛意。天阴。方守之、詹介亭各送来拟作一篇,筱苏圈点,余只加批数语。午后,微雨,未几而止。遣人问岑秋疾,言已痊愈。济丞送来拟就《后序》并携去各书。已而岑秋亦送来一篇。与筱苏同观斟酌之。岑秋所作有才气而不如济丞之平稳无可吹求,因用济丞所作,筱苏又代为删润焉。请岑秋来谈,就便诊视。伊因验方不验,又改用仲景法。岑秋言,见头场后八房皆欲拟作,因监临不许发刻,遂有中止者。惟四房有拟作耳。然余等只见其三,济丞一篇尚未得见也。本日方出,药不得入,仍服前方。

十三日(9月25日)

辰刻起。雨作逾刻而止。右手痛减,可以勉强执笔,裁批条数纸。筱苏见余奏刀费力,代裁十数纸,约足用乃已。学筱苏法,立阅卷簿八本,每房一本,本五十页,页载一卷,首书某字某号某日荐,次书荐批,又次书堂批。簿外面贴红格纸五行,行二十格,每两格载荐卷字号一,作为目录,以便检查。左方大书第几房字,内面载房官衔名、籍贯。经营甫毕,监试遣人来请升堂分卷。往科皆十二日分卷,今科独迟。巳正,外帘始进卷。午初三刻，余等公服莅船厅，监试、收掌、八房均至，分卷，一如分房之仪。筱苏掣房签，余掣第几束签，掣讫，然后对号盖戳。未初始毕。由书吏分送各房官案前。旧例，房官必于堂上阅荐一、二卷，然后退归私室。今余等于分卷之后，即令携回，惟嘱令今日必须荐卷，不可再缓。各房官皆欣然而退，盖至此尚未早餐也。三场题，筱苏因余不能作书，已于初九日重加斟酌，正书一通收藏。分卷后，监试请发策题，携回监试堂命书手书之，当即发交。喻济丞同年送来拟作一篇，甚佳，足为拟作四艺之冠，加批数语。本日各房共荐卷十五本，陆续而来。来有监试来条，一并收下，付以收条而去，以便核对。条以厚皮纸印就，第空格房空格字空二格号空格场卷空格本，平列三行，上下两层，后列月日及东西院收条字样。闱中以正主考为东院，副主考为西院，东西二字，另刻小戳，置之案头。用时则以印色印之。余与筱苏于前两日暇时，已预印好数十张备用。收卷时只填写房分字号以及月日而已。收卷后，令高福、李明二人将字号批语按房登簿。堂批则余于簿上书就，覆视无误，然后再书批条，恐病中精神不足，或有讹误，致遗笑柄也。李明病痢多日，甚为惫倦，书不数行，辄思偃卧。告以此等病不宜久卧，强起作事，即可减轻。在家时曾患此疾，依然终日忙碌，所以速愈，是其验也。伊闻之不甚入耳。本日只阅三卷而止。服岑秋第四方，以黄芩太凉，检出未用。夜眠仍汗。三更后雨作。

十四日（9月26日）

辰刻起。右手较昨见轻，而左手肿痛矣。昨晚策题书就，已送来校对无误，今仍刻于船厅，未正而毕，余等以阅卷未往监视，只秀升前辈一人督之。申初付印,共印四千三百纸。亥初二刻,公服送出,亦如头场之仪。策题:一问天文算学,二问农政,三问矿务,四问军械,五问贵州地理水道。前四问均及西法。送题时,监临以云南头场题见示,四书题:"子路问政"一章,"道前定则不穷"一句,"人有不为也"二句;《诗》题:"别裁伪体追风雅"。内提调、监试、两道公送余等上席券各一,与监临两司同,供给所送节礼十六色,俱收。本日共来卷四十本,阅二十四本,共馀二十八本。仍服昨方,并黄芩亦服焉。李明又服岑秋之药,仍不见愈。终日天阴,殊觉闷人。

十五日(9月27日)

辰刻起。疾如故。右手以作字多,故时觉痛楚。左手痛减轻,阅卷时以左手加点焉。监试以下皆来贺节,谢未见。旋衣冠往答之。筱苏与余商,晚间令厨房备两席,约监试以下十人小酌。乃薄暮时,筱苏忽然胸膈张闷,噫气不止,竟和衣而寝,不能入席。述之、岑秋亦以疾故,辞不到。两席只宾主九人,殊觉寂寞,饮亦不畅。天气沉阴,无月可赏,草草终席而已。入视筱苏,方起坐,令发工推摩。问所苦,则方大吐一次,皆午餐所食,似有未尽,时臆间犹格格作痛耳。本日未服药。来卷三十三本,阅三十本,共馀三十一本。进供给时,监临以下皆以帖来贺,亦以帖答之。

十六日(9月28日)

辰刻起。疾仍如故。筱苏亦苦气痛,延岑秋诊视。余亦顺便请其一诊,未改方。筱苏促余选文发刻。文无完璧者,须另纸誊出，交本房删润。而仆从中无善书者。商之监试，拨分经房书吏一人，携卧具来，居于玉尺楼上，专司誊文，饮食一切皆供之，不许外出一步，防漏泄也。余欲刻文，必质之筱苏，以为可，则发交房吏誊写；以为否，则置之另选。余向不敢自作聪明，今在病中，更恐失神贻误，筱苏亦绝不世故，无不尽之言，令人感佩不置。本日仍服前方。来卷三十本，阅二十三卷，共馀三十八本。终日阴。

十七日（9月29日）

辰刻起。左手痛甚，置之案上，不能自举动，必以右手曳之乃可。终日危坐，疲倦特甚。不敢就卧，恐耽误阅卷功夫，时而曲肱作枕，伏案假寐片刻而已。本日来卷二十四本，阅三十本，共馀三十二本。筱苏请岑秋诊视，余亦就诊。岑秋云，非用通利之剂不可，然此时正在阅卷紧要之际，不敢下手。余亦因此次病不似乙未年之甚，尚可勉强动作，不敢妄服方药，深恐稍有错误，致如前次之卧床不起，动辄需人，于公私皆有未便。遂不强其立方，仍服前方。天气早晴晚阴。夜眠仍不适。

十八日（9月30日）

辰刻起。天气大晴。左手痛减，两股之痛有加。分经房吏请发《乡试录》付刻，余等各将序稿付之，已而持回，并有监临手书一纸，因前序中有“地近夷疆”句，以为不可用“夷”字，请易之。岑秋所拟，此老亦未必谓然。语甚委婉。幸而余之《后序》另倩人作，若竟用仁安所拟，此老必多饶舌，益服筱苏之有先见矣。本日来卷六十本，阅三十一本，共馀六十一本。筱苏因服药无效,遂不服药,日服洋参数钱。劝余亦且止药,以炒薏苡与生者等分泡水代茶以解湿,久或有效。余从之。

十九日(10月1日)

辰刻起。病如昨。筱苏将《乡试录前序》改好,仍发分经房。已而监临来字,盛称改笔之佳,有"点窜《尧典》《舜典》字,涂改《清庙》《生民》诗"二语,可谓工于颂扬矣。岑秋来谈,告以停药,只饮薏苡水,岑秋以为然。余每口燥,饮杭菊则津润。质之岑秋,亦以为可。本日来卷四十一本,阅三十本,共馀七十二本。阅卷数日,虽发刻数篇,实无足以冠多士者。筱苏之卷亦然。因相约无论谁得元文,当置酒以贺。二更后,请监试赵老前辈来谈,问历科何日止荐。监试云,贵州向无止荐之说,发榜前一二日尚有荐者。余等以为不可,请监试传语各房,于二十二日止荐。如后得有佳卷,可合二、三场补荐,以示限制。两日未服药,病亦未加剧。天终日晴。

二十日(10月2日)

辰刻起。两手均不甚痛,而未能用力。束腿束腰,皆张顺代为之。本日来卷十二本,阅三十卷,共馀五十四本。监临以三场朱卷一律进毕,明日返署,遣人持柬告辞。余等报言,明日临门送之。监临固辞。晚间,监试来言,监临出闱甚早,恐不及送,不如遂从其辞。余等曰诺。天气早阴午晴。李明痢仍如故。

二十一日(10月3日)

辰刻起。疾如故。早饭,张福以水角进,食一枚忽然作呕,并先所食之饭全行吐出。吐后,腹中绝不难过,不知何故。问之张福,其水角则以羊肉与韭作馅也。二者皆热性,胃不能受,呕吐或由此兴。本日来卷三十五本,阅三十四本,共馀五十五本。终日天晴。

二十二日(10月4日)

辰刻起。疾如故。房吏开呈三场试卷实收数目,头场收三千八百七十三卷,二场收三千八百六卷不到者六十七,三场收三千七百七十九卷不到者二十七。本日来卷十八本,阅三十六本,共馀三十七本。荐卷以今晚截止,统计所荐卷数,一房三十八卷,二房三十卷,三房四十二卷,四房三十五卷,五房四十三卷,六房五十三卷,七房四十卷,八房二十七卷,共三百八卷。

二十三日(10月5日)

辰刻起。疾如故。头场之卷均阅毕。除录旧雷同外,次题无陈文,竟有雷同者。其剿袭陈文词意,移步换形,大同小异者,几于十居八九。三艺俱佳者固不可得,即就一艺而求其字句斟酌,惬心贵当者,亦属寥寥。筱苏取第六房礼字九十一号卷为解首,然其中疵累甚多,尚须删润。夜请俞济丞来,以其文授之,且指以应改之处,嘱加笔削焉。众仆以余疾久不见愈,力劝余吸洋药,云此物最能去湿,每日少吸些须,自能见效,亦不至成瘾。重拂其诚意,乃稍吸数口,自今夜始。仆人朱顺向吸此物,即用其烟具。余手尚未能自烧,李明代烧之,吸毕已将丑正。方就寝,忽闻人声喧杂,已而履声橐橐,仆从皆起。询之,则贡院之东火起。病中起坐维艰,未知火势如何,且静卧以俟。无何,闻筱苏已起。

监试来与筱苏商,欲开内帘门。知火势甚烈,方徐徐而起。筱苏又来呼唤。幸自抱病以来,往往和衣而卧,起尚不需多时。命仆扶余下床出视。则见火光烛天,其焰熊熊,照目如电。正在贡院东墙外,相去不过数十步,其南北之长,则自衡鉴堂后,直达外帘焉。幸此刻无风,火不横扑,墙内又皆号舍,屋矮于墙,可免殃及,不然则贡院危矣。然事不可知,仍命诸仆将卷箱扃锁以待。余等频在船厅前后观望,夜气甚凉,特加衣焉。良久,见火势稍杀。外帘传语墙外已拆出火路,水龙均到,足保无虞,请放心。乃归眠,已卯初矣。

二十四日(10月6日)

辰刻起。疾如故。询问茶夫,知火至天明始熄。进供给时,又询知共焚五十馀家。起火之家大小男女七人均烧毙。方延烧时,贡院门开,街人争入而避之。人物杂沓,庭院几满。若再开内帘门,则此出彼入,必更纷乱,且恐奸宄混入其中,乘间攫夺,无从查究。于是乃恍然于提调、监试两道之坚不开内帘门者,不为无见也。

本日将所取之卷按房排列,覆加删汰,粗定前后,暂取如额。自十七日即刻闱墨,每誊出一篇,先发本房删改。而各房改笔,往往敷衍了事,仍须自加修饰。内监试赵秀升前辈六十馀矣,而文兴勃然,每于发刻之文删改一二语,思笔迥非凡手所能谈及,陈文背诵如流,是于此道三折肱者。余在病中,不能用心为文,甚为着急。筱苏窥之,谓余曰:“今而后,改文之事,余独任之。”于是各房改过之文皆送筱苏覆阅。筱苏一一改之,或数十字,或一二百字,且有改至半篇者,笔不停挥,每至丙夜。一人独劳,而余坐享其成,心滋愧矣。计惟有不多发刻,庶省筱苏之事。所以头场文余只发刻十篇,二场文只刻一篇而已。并劝筱苏亦不必多刻。明岁即不考制艺,此次为八股末运,不能不刻闱墨以存名目,谁其如从前之悉心揣摩哉?筱苏颇以为然。二场卷有送来者,本日阅二十卷。

二十五日(10月7日)

辰刻起。两腿运动,稍觉轻爽,两手仍不能用力。监试来问揭晓之期。在行台时,余与筱苏阅时宪书,以九月初四日为寅日,又系黄道良辰,已拟于是日发榜。缘贵州为小省,《科场条例》有小省揭晓不得过初五日之说也。惟未定时刻。今值监试来问,与筱苏商酌,本月小建,为日已迫,若初四后半日发榜,可于初四早间写榜,则宽裕一日;若初四前半日发榜,则须于初三日写榜。然发榜时刻似不宜太晚,统计尚有五六日,头场卷已阅毕,二、三场卷易于葳事,闱墨亦刻毕一半,大家努力为之,可不争此一日。遂定于初四日子时揭晓,达知监试。筱苏又改文四篇发刻。计头场共刻首艺十八篇,次艺九篇,三艺五篇,凡三十二篇。二场卷陆续而来。本日阅四十卷。终日阴。

二十六日(10月8日)

辰刻起。疾仍如昨。阅二场卷。一、二、五、七、八五房之卷皆毕,一房有一卷已录取矣,而二场卷竟未到,犯规被贴耶?患病未入场耶?殊为可惜。七房补荐二卷,其一卷前两场俱平平无奇,三场第一策谓代数有真数、假数之分,误以对数为代数,是从钞胥而来,非知算学者。其一卷第一策亦然,而二场《易》艺多习见语,《诗》艺不切武王,泛论用兵,头场次艺有犯下字,均未录取。先是,筱苏与余约,每人取中正榜五十名,副榜八名。余以佳卷未必如此适均,余久病,精神不足,万一致头脑冬烘之诮,则吾两人共之,请无分畛域,佳卷多不妨溢额而取,定草榜时合而校之。筱苏不愿。今七房补荐余等各两卷。筱苏取其一卷无可剔换,来问余有不惬意之卷否。余因一房有取定一卷,二场未到,尚未得足以补缺者,即请筱苏多取此一卷以足额。盖筱苏非有意见,故分彼此,诚以无所限制,彼此必皆多取。兄弟文章居多,将来合校,徒费工夫,未必毫无遗憾。若一、二卷之间则固不妨参差也。筱苏戊子科曾典闽试,故深悉此中况味,余初次衡文,只知虚心,未尝细加思索耳。筱苏发刻经文四篇,诸卷诗皆不佳,曾令八房各拟作一诗以备刻,陆续送来,今日始齐。七房李岑秋独拟作二首,二房诗有应改处,筱苏就余商改,改定一并发刻,共九首。终日天阴。

二十七日(10月9日)

辰刻起。疾如故。阅二场卷,三、四、六三房皆毕。先是,传知各房,凡二、三场卷有出色者,将批条高贴,令露于卷外,以为识别,阅时先阅。拟中之卷如无疵类不须摈斥者,则不加点,待房官于磨勘时加圈。落卷则阅过后点五个小讲而止。首场雷同、录旧、有大疵之不可救药者,二场即不复阅。其高贴批条者则细阅一过。妙在高贴批条者头场多已拟中,未经拟中者,虽高贴批条,不过篇幅稍长,词句饱满,不率而已,并无奇特异常可惊可喜之作可以挽回头场因此命中者。所以二场卷阅毕,而拟中之卷并无更动。第七房三场卷已送齐,随即阅毕。其馀各房三场卷均未送来。筱苏发刻经文三篇,并《礼记》一艺。本非出岑秋房，筱苏因岑秋笔下有才气，特命改之。原文摹《选》体用韵而未能一律工丽，经岑秋删改，则光怪陆离，蔚然可观，篇长九百字，到底不懈，亦难得矣。岑秋来时，问何以阅卷如此神速，则以病故，恐致误事，特请分经房一人帮忙，其人，丁忧廪生也。闻向来外省分房人员多有携带文人充作家丁入闱襄事者，岑秋名士，又作吏不久，当不出此。所谓倩分经房人帮忙者，真欤，抑托词欤？不敢断也。然既自任有人帮忙矣，则分经房人与自带之人又何以异耶。岑秋之言谅非诬也。

二十八日（10月10日）

辰刻起。近数日，痛处仍如前之移动而较轻，饮食亦稍见增，不甚厌肥腻矣。催各房三场卷，令无须每本加批，随即陆续送来，惟三房最迟。筱苏书条，先取拟中之卷，余亦如之，随后亦即送齐。穷日之力一律阅讫。有一卷三场未到，是未经录取者。阅三场卷，如二场之例，其无可以因此命中者，亦与二场同。盖高贴批条者不过未尝直书策题而已，看似详明，实则答非所问，但钞书耳。有一卷照策题而书，并口气未改，大有你问我，我亦问你之意，特批之。筱苏发刻经文一篇，即余所选之《礼记》文，八房詹介亭改后，经筱苏覆阅者。统计二场共刻《易》《诗》《礼》艺各二篇，《书》《春秋》艺各一篇，凡八篇。二房补荐余二人一卷，筱苏阅而未取。天气早阴晚晴。

二十九日（10月11日）

辰刻起。疾如昨。次第各房中卷：一房、三房、五房、七房、八房均六正一副，二房七正一副，六房六正二副，四房六正，共正榜四十九名,副榜八名。一房有一正榜卷,头场三艺录陈文数语,殊不惬意,备卷皆有疵类无可易者,姑仍之,而心终不安。筱苏卷亦中定:一房、四房、五房皆五正一副,八房六正一副,三房七正一副,七房九正二副,六房十一正一副,二房三正,共正榜五十一名,副榜八名。卷虽中定,未曾互阅,恐不免雷同者。筱苏因改《乡试录》应刻五策无暇,余乃取其卷而覆勘之。头二场遍阅一过,尚无与余卷雷同者,似曾相识之语在所不免,然而落卷甚多,难于核对,亦不敢苛求,苛求则不能足额矣。筱苏选第十名五策,刻入《乡试录》中,先发本房李岑秋删改,仍不惬意,遂自改之,令余改第一策。余为改八线、代数、微积三条,微积之学余向未通,虽勉强改之,终觉隔膜,未知有误否也。五房补荐余二人一卷,筱苏阅而未取。已而又补荐余二人一卷,余加点而筱苏加批,亦未取。筱苏选刻《乡试录》经文书艺,苦无佳者。元之《书》艺虽已刻入闱墨,而嫌其冷淡。因七房补荐未取之卷《书》艺尚富丽,欲取中而用之。即补余一房有陈文语卷之缺。又因自己取中太多,未免偏枯,令余批补荐之卷,而批余落卷一本。彼此互易,以符卷数。余从之。已将余处岑秋补荐未取之卷送去,易来欲取之卷,批定矣。晚间筱苏仍将余卷送回,索去欲取之卷。问其故,则曰刻《乡试录》之文,名次不能太低,必须在前十名内,其卷书艺虽可取,其馀疵类甚多,不能前列,仍以用元文为是。此卷既不用以刻《乡试录》,则不必取中,盖七房中卷,为数已不少矣。余以为然,遂定议。此卷失而得,得而复失凡两次,不知冥冥中主之者谁也。功名之有命其信然矣。天气早阴午晴。夜雷雹大雨。

九　月

初一日（10月12日）

辰刻起。疾仍如昨。一房补荐余二人一卷，余加点而筱苏批之。头场次艺甚佳，经艺亦胜，取中之，而将余一房有陈文语之卷撤下。午后，与筱苏公定中卷，十名以内筱苏得六元、二、四、八、九、十，余得四三、五、六、七，十名以外，则各依所排之次，参互定之。筱苏得奇数，余得偶数，副榜亦然。房吏呈红折一扣，折内预书名数，惟空某字某号，以便填写，即所谓"草榜"也。筱苏令范和代书。余以近两日作行草字不免吃力，置笔墨于面前自书之。李明欲代余书，筱苏以其疾不宜劳，代为遣去。高福时正监视刻匠修补闱墨板，余仆则均未能搁管。每定一名，于折内填写字处，不令外人见之。每卷一套，以红纸作圈束之，圈上预书第几名，亦房吏所呈也。约时许乃毕，其卷贮满三箱，统存筱苏处。草榜既定，乃请监试及喻济丞来，询以填榜之前一切章程，以济丞曾两充房考，诸事谙熟，故兼问之。草榜除余等各执一纸外，尚须二十二分，俟填榜日，分致监临以下各官，乃命誊写朱卷之房吏仍在玉尺楼书之，并命高福、老徐二人监视，防红号之预泄于外也。天气阴晴不定。夜大雨。

初二日（10月13日）

辰刻起。疾仍如昨。筱苏拟就磨勘中卷章程七条，持来问余尚有未想到者否。视之，详细周密，毫无遗憾，遂令各房传观，各录一纸，以便照办。饭后，请济丞来核对默写小讲。岑秋来书红卷中定名数,并请监试、收掌公同监视。述之久未晤谈,今见面,谓余气色光彩不似从前暗淡,是病愈之征。余问其日来作何消遣,代人捉刀否,则亦抱病多日,近一二日始就痊可也。济丞阅得第十五名成字六十五号卷,三场默写二场首艺小讲,一字不符。若图省事,惟有撤下不中,另以备卷补之。然未知咎属何人,实未敢冒昧从事。且此卷为筱苏得意之卷,首艺已经发刻,更不肯轻于割爱。首艺起二比,经筱苏墨笔浓圈,为他卷所无。乃请监试从外帘调取墨卷核之,如墨卷与红卷同,则撤下不中,在该生咎由自取,余等亦理得而心安也。无何,墨卷调至,与筱苏共阅之。小讲并无不符,再阅五策,则与红卷大异,乃知是外帘于红卷盖号戳时,将此卷与他卷互误,于考生固无干也。于是照旧取中,俟榜后再行详查。济丞又阅得两卷,均漏默二场小讲,其为誊录之失,显而易见。若墨卷漏默,早登紫榜矣。惟有记其名数,俟填榜时,取墨卷核之。余卷皆无错误,偶有字句不符者,固无害也。两人一对一写,戌初始毕。余等校阅一过,然后将中卷五本一束,自第六名至一百名为十九束居前,前五名逆数而上为一束次之,副榜为三束又次之,共二十三束,依次纳入卷箱,以便写榜时依次取付榜吏也。略备酒肴,留四人共晚饭,亥初始散。草榜二十二分,一人书之,恐有迟误,又添召房吏一人助之。至晚始毕。写榜之先,须发中卷字号于外帘,令将墨卷按号查出。墨卷甚夥,检查非咄嗟所能办。余等以本年中额加倍,写榜宜早,拟今夜预发字号而不书名次,请监试商之外帘。而提调、监试、两道以为外帘已撤关防,闲人出入无禁,字号一出,则不待揭晓而通国皆知矣;监临位尊威重,足以镇遏闲人,当俟其至而后发,必不得已,亦须俟两司齐集再发,余等断不敢任其责也。余等闻其言，乃改于明晨径发草榜。随取草榜一分固缄之，面交监试，请其于明晨相时而发。闱墨每刻成一艺，先以朱印一纸，并板送来请校。修板时必派一人监视之。盖刻闱墨在监试所，监试董之，来船厅修补，则余等之责也。校有讹误，即召刻工来船厅修改，改好即将板索来，藏之余等室中。杜盗印也。十馀日来，随送随校，至今夜只刻成文三十七篇，诗九首，馀文三篇未刻。房吏忽来禀请付印。问其未刻之文，则曰俟榜后补刻。刻成者有一艺，筱苏嫌其篇幅太长，且有不妥处已经删改，令其将板修削，亦曰俟榜后。盖写榜之时，自主考、监临、学政以及内外帘各官之入座者面前须各置闱墨一本，谓之"铺堂卷"，共须二十四本，与草榜同，必须于今夜印成，迟则无及，缺欠数篇，固无妨也。因将已刻成之板发付之。房吏呈揭晓及鹿鸣宴礼节单。终日阴，三更后雨少顷而止。卧后闻筱苏唤从人，仿佛有事，又闻其与人谈，且同声相应，似有所核对者，良久乃寂。余疾虽较减，动转犹未轻便，故未起询。若在平时，岂肯闷此半夜哉？

初三日（10月14日）

卯刻起。疾仍如昨。本日写榜，须于墨卷填写名次。久不作楷，恐不能成字，取纸墨试之，尚勉强能写，始放心。见筱苏，问昨夜何事，则以草榜发出太早，非慎重关防之意，因将红号另录一通，隐其名次，以字为类，核对无误，固缄送与监试，仍将草榜索回，故呼唤从人，部署良久。今早无事，取印成闱墨阅之，仍多讹误，校出数处，以告筱苏。乃筱苏校出之错较余尤多。早饭前，房吏于船厅查点落卷。与筱苏步出，取数本视之，则皆四字泛批，如"平正通达""词意明顺"之类，无作斥绝语者。文则以蓝笔清点，无勒帛者，各房一律深得远怨之道。时厅奥卧有一人,见余等出,即起而长跪,入则复卧,问之则刷印匠也。昨晚印闱墨时,伊于额外多印,思窃出以获利,秀升前辈廉得之,笞其臀数百,锁于此以警众。凡示众犯人,见长官例应起跪,盖恪遵令甲也。然令甲未尝许人窃印闱墨,伊何以竟不遵哉?利令智昏,大率类此,刷印匠其不足责备者也。巳正即早饭,昨约定午刻登堂写榜也,不谓外帘坚欲俟监临既至,方领红号,虽屡促之,终不肯应。待至午正,监临至,始发红号,并将草榜一纸交监视转呈监临,以监临亦自有关防,固不虞其漏泄也。自午至申,寂然无信。已而外帘送入开榜宴两席,云俟宴毕,然后写榜。乃请监试、收掌、八房至船厅同饮。问济丞,昨询写榜日事宜,何以不言及此。则曰,向来此席设于写榜毕后,彼时人多疲倦,往往设而不饮,有名无实,今科移于写榜之前,实并举也。时将申正,草草终席。内帘门启,乃花衣补服而出。监临、学使、内外提调、监试均迎于门外,葛、李两巡捕亦来站班。至至公堂入座。堂上南向四座,筱苏与余居中,监临在左,学使在右,东西向各二座,两司、两道以次列坐,馀皆坐于堂下。堂基故不宏敞,侍立之从官、执事之吏役及各官随侍之仆从已不止数十人,而闲人闯入观榜者更不能以数计。堂之上下几无容足之地。贵州积习,历科皆然,而今科尤甚。故堂下列坐各官,不知在何处,亦不知内帘官外更有何人也。入座未几,书吏请发红卷对号,往取墨卷。拆视之后,不送本房磨勘,榜条亦不由房官自书,别有官六员,设长案坐于余等之前,每拆一卷,伊等朗诵小讲,互对无讹,即有吏以阔寸许、长半尺许之小白纸写榜条,由旁侍之巡捕小官等呈于案上,朱、墨卷亦随至。筱苏于朱卷第几名之下书举人姓名,余于墨卷右上方书名次。每书一名,即于草榜将姓名、籍贯、某生注明。书毕,即有一人在侧将朱、墨卷以纸绳束之，纳于卷箱。写至漏默起讲之卷，翻墨卷视之，均未漏写，果誊录之失也。戌刻写至百名，不复停息，写榜之顷，庖人进小食数次，循例也。接写前五名。丁日记云将写五魁时每人设酒为贺，本科无之。但见烛光照耀，布满阶庭，皆照五魁以求利市者。不料观榜闲人争起夺之，夺烛不得，遂夺书榜者之笔。榜吏良久不能成一字，而照魁之烛亦一时俱熄矣。前五名甫书毕，闲人又争趋余等案前，欲夺笔墨及案上陈设之物。众役以竹棰痛击之乃稍却，而余案上之牛角风灯已碎其一。于是杂役围护，勉强将副榜名次书毕，笔墨等物皆收起。闲人无所觊覦，乃稍稍散去。榜既写毕，榜吏恐有错误，又从头朗诵一过，视榜条一一相符乃已。副榜亦如之。讫事时才戌正三刻。丁伯厚前辈辛卯科典黔试日记云，戌刻写榜，寅刻始毕。今年两科并行，中额加倍，发榜又定于子时，就伯厚日记推算，至迟不得过午时写榜，方可从容蒇事，至申刻毫无消息，余等已满拟今日须坐堂终夜矣，孰料竟如是之速哉？此时距子刻尚有两小时之久，势须静以待之。不意监临预嘱鼓吏，促传更点。此时已交五鼓，监临曰："时已五鼓，榜可出矣。"榜出后，更筹依然二更耳。众遂拥榜而出。此与掩耳盗钟何异，殊可笑也。榜既出，余等遂返。监临、学使、司道诸人又送入内帘门，隔阈一揖，然后别去。正副两榜之朱、墨卷共盛五箱送进，乃藏筱苏室，以便明日发房磨勘，并写批语。八房来贺得人之喜，谢未见，寻差帖至各房贺喜以报之。首县杨仲三来谈片刻，送来筱苏家信一件，询知寓中均安吉，惟五月闻宁国府淫雨，河水盛涨，寓中水深尺馀，然不过逾日即退云。又筱苏于六月朔得外孙，即汪竹溪同年之孙也，喜而告余，余揖贺之。供给官曹致堂大令履中，湖北人，辛亥年伯曹公贻诚之世兄。曹年伯，癸丑进士，与筱苏尊人同年，致堂与筱苏亦世兄弟也。来见，言科场供给，历科皆由首县承办，以吏役夫皆其所辖，事事不敢违命故也。此亦致堂之诳言。闱中供给与沿途办差不同，州县到任置铺垫等物一分，有差则用之，任满则携去，后来者再置，是有主之物不宜取也。闱中供给每科皆有领款，需用各物按直报销，供给何人即何人所有，其人不取，必致群起而分之，有不罄尽者乎？即使终无人取，试问此物何归？留待下科，下科另发款项另派人员，无所用之。且三年之久，何人监管，亦必损失。归之致堂，致堂以已经报销之物入己名，亦不正也。能将原直缴出而后取乎？必无之事也。去岁庚子科，伊适摄首县事，承办供给，百物俱备，寻以停试中止。今年伊改摄清镇县篆，而上宪欲以伊始终其事，遂仍调办供给，则事事棘手，迥不如前矣。他不具论，即如监临去后，其室中什物无一存者，甚至窗纱亦为人窃取罄尽，各号号板，三场后亦无一片存者。此等情弊历科不免，然无如今科之甚者也。天终日晴。

初四日（10月15日）

辰刻起。疾仍如昨。将落卷分发各房，均取有收条。寻又将正副榜朱、墨卷分发各房磨勘，加墨圈，并拟例批焉。惟第十五名之第三场卷嘱介亭勿加墨。午已过，尚未早饭。问之，则曰供给所本日未送供给，厨房一无所有。令差役催取之，至未正始得食，而肴馔殊草草。下午邓中丞来拜，谈许久。中丞言，两宫八月二十四日由西安启銮，现在已过潼关。监试赵秀升前辈事毕出闱，以帖来辞行，余等亦以帖送其行。房官仍须磨勘试卷，虽晚间有回寓者，而每早必来，终日不去，须俟磨勘事毕乃已。余等则仍居闱中，不复移至行台，盖沿旧例也。与筱苏共阅《题名录》，检查各属取中人数：计贵阳府属共中正榜三十八人，副榜五人；府学正十五人，副二人；贵筑县正十三人，副三人；修文县正九人；贵定县正一人。思州府属正榜二人；玉屏县一人；青溪县一人。思南府属正榜十人，副榜四人；府学正五人；安化县正三人，副三人；婺川县正一人，副一人；印江县正一人。安顺府属正榜十二人；府学五人；普定县一人；清镇县四人；安平县二人。都匀府属正榜九人，副榜二人；府学副一人；都匀县正二人，副一人；麻哈州正一人；独山州正三人；清平县正三人。大定府属正榜五人，副榜二人；府学正二人；平远州副一人；黔西州正一人；毕节县正二人，副一人。遵义府属正榜十三人，副榜三人，府学正三人，副三人；遵义县正八人；绥阳县正二人。解首余沅芬即遵义县学廪生也；镇远府属正榜三人；府学二人；黄平州一人。黎平府属正榜一人古州厅；兴义府学正榜一人；石阡府学正榜一人；平越直隶州正榜二人；普安直隶厅正榜二人；松桃直隶厅正榜一人。贵州知府除遵义府外，皆如他省之直隶州，自有所辖之地。居其地者，籍贯即书某府人。岁、科两试，学官先试之，一如县试，然后与各县共应府试，其学额即由府人取入，各县无所谓拨府之说。《题名录》但注府学者，即府人也。遵义府先隶四川，后改隶贵州，故独异然。其府学诸生应乡试，卷面亦不注为何县人，为一律也。《题名录》照卷面刊刻，故只知为府学生而已，无从区别也。铜仁府属虽未中人，而松桃厅则附铜仁棚考试，以学使按临之处计之，无脱科者。其中兄弟同榜者三家：十三名陈廷棻，乃二十四名陈廷策之弟；六十二名王宗彝，乃六十七名王怀彝之弟；三十八名蔡锦，乃九十一名蔡铣之弟。三家皆弟先兄后，名次一奇一偶，为余两人所分中，亦一奇也。修文县靳光璠，壬午科副榜，其后又两中副车，均于写榜时撤下，另补他人，今始获隽。贵阳府石祖培，终场后不数日即病故，虽中式不及知矣。误印字号之第十五名成字六十五号胡宗仑一卷,昨已饬房吏于落卷中详查。今已查得,系与成字六十四号卷互误,其卷为第五房未荐之卷,乃发交介亭,嘱其将两卷外皮互易焉。淮卿来言,其房有周鸿滨一卷,第三场真草不符,其人已经来谒,告之,故伊愿换卷另誊,乞俯如所请。余等以真草不符,考生独任其咎,于主试房官均无干,从其请,绝无私心,不从其请,则有乖恕道,已成功名他人尚思保全之,况师生耶? 从之。真草不符,固违式,然草稿可以涂改,独其卷四书首艺似曾相识,所以急欲换卷也。余所阅卷,似之者不止一本,均以习见摈斥。伊乃竟为筱苏所取,覆核时见而疑之,遍察诸卷,偶有一二语与同者,其极相似者,卒不可得。质之筱苏,则曰不得。的确蓝本未可轻易,佳卷已尽,舍此取彼,又何以异途仍之,是殆昕所谓命欤。葛、李二巡捕自本日来此住宿,以待差遣。李明痢仍未愈,不知从何处诊视,持方来请余阅。余向不知医,抱病以来,服药无效,因止不服,所以病虽未痊,亦未加剧,劝其以余为法。不听,竟服之。天终日阴。晚,有人于船厅查点落卷,叫呼之声不绝于耳。夜半卧后,忽闻争斗之声,若数十人相哄者。贾成呵之不听,曹致堂来禁之亦不听,致堂大怒,欲笞之,乃止。未知何事。

初五日(10月16日)

辰刻起。疾如故。询问昨晚之事,则道署房吏来取落卷,索卷箱不足,相率闯入差纪室中,击毁什物,殴打差纪,差纪不甘受,故争吵也。又有一人蹲筱苏窗下良久不去,贾成见而问之,亦该吏之属,疑其行窃,以告致堂,记其名姓拘之供给所中。适致堂来问所拘之人若何处分,筱苏曰:“彼无行窃实迹,不必深究,可释之,惟该吏等以需索不遂,擅敢纠众滋闹,抗不受命,则不可恕，宜告粮道使惩治之。”致堂以为然。开拜客单，并注应用何帖，交号房。午后，出门拜客十馀处，见抚、学、藩、臬、粮道、监视道、首府严绍光隽熙，江苏吴县人，余均未见。至抚署见正、副两榜高张照壁，纸之长阔、字之大小，较顺天榜不啻过之。舆中遥望，罗罗清疏。昨揭晓时，榜吏席地而书，距公座甚远，中间人多，目为之障，固未及见也。藩署大门联云："咸则三壤成赋，敬敷五教在宽。"集语工切。归时已逾申正矣。严绍光太守来答拜，又谈许久。绍光年已六十五岁，精神矍铄，声音洪亮，口若悬河，滔滔不绝，俱有条理，范孙视学时即任首府，范孙设立学堂书局，一切绍光与有力焉。谈间频问范孙近况，余详告之，并代范孙致意。范孙在贵州刻有《先正读书诀》，板存书局，又携归《輶轩语》《书目答问》两种赠人，其板亦在书局。本日见藩台邵实孚前辈谈及之，请代印。实孚以告绍光，今绍光来问需印若干。余二人每种各需百部，绍光允诺。曹竹铭世伯言，冯伯岩归至洪江，舟泊河干，忽不知何往，其从者四出寻之，弗得。近有自洪江来者言之，亦异事也。又闻一叔病故，及家中近况甚悉。一死一生乃见交情，此老犹敦古道，可感可敬。晚间，致堂、葛巡捕二人开来应送联扇单，已五十馀人，再加同年、同乡之不在单者，约六十馀人，极力删减尚有五十馀人。余所备联扇共五十分，自用一扇，在京时友人用去一联，出京后沿路送人四联四扇，至是只有四十五分，不敷分送，因请致堂来商之。致堂言省城纸肆扇可用，联不可用。筱苏存有为庶常时拜客所剩已写未裱之八言橘红冷金联，出视致堂，问可用否？致堂言省城欲购此纸且不可得，何不可用之有？余等恐不及裱，致堂言明日召裱匠来商之，如不及裱，不裱而送亦可。于是筱苏给余一束，计十八联，余嫌其多。筱苏曰："恐有意外需用之处，不妨宽裕,此种字纸皆劣,可择无甚交情者送之,将佳者易出数分,以备不虞。”从之。天终日阴。

李明服昨方药,痢愈甚,日数十次。赵仲莹同年去岁丁内艰,近始扶柩归里,于初七日开吊,送余两人讣闻。筱苏与余商送奠敬,余拟送八金,筱苏亦如之。余以与仲莹同年,须较筱苏加厚方合。筱苏以为不必,余意终觉歉然。本日见客数处,虽言明不行礼,而升舆、降舆、升阶、降阶,较不出门时劳动多矣。乃晚间举步转觉轻松,可见勉强支持,于病体不为无益也。

初六日(10月17日)

辰刻起。安睡一夜,而两腿举动反不如昨晚之便。学使赵芝珊来答拜,谈许久。问仲莹送讣闻否?曰送。何以为礼?曰送幛。筱苏问送八金何如?曰甚厚。六金何如?曰已为不薄。贵州局面甚小,当道诸公尚未必多送,况我辈之客居者乎?邵实孚前辈、黄让卿年伯、蒋蓬史太世叔先后来答拜,均见之。黄年伯常阅医书,议论余病,甚有见地。以服过之方与看,皆以为不然。告以久未服药,如不闻者,书纸视之乃解,盖两耳重听也。闻其已逾八旬,而健步善饭,气足神完,惟不聪耳。同寅皆呼黄龙翁,所属皆呼黄龙宪,称谓之奇,令人喷饭。谓余疾宜服肉桂。候补道张翼卿胜严曾到安南,存有佳者,嘱向索之。曹竹铭世伯来,谈及余病,自云自己丑年患此疾,时发时愈。在云南时,疾发最重,遇一九十馀岁老民,善医此疾,云须令先痢后疟,然后疾愈。服其药果如所言,痢十馀日,疟百日乃起,宿疾尽除。此事未确。然而血气虚弱,至今未能服元,以从前服药多误也。切记此疾总宜温补,断断不可服凉药,鹿茸尤要。不敢服关东茸,可先服云茸,云南浪穹县产天生黄，不敢竟服，以之煮鸡豕而饮其汤最妙。监试赵秀升前辈为浪穹人，存有此物，可向索之。又详询京中诸熟识遭乱后景况，谈约时许而去。余在京见竹翁时，状貌魁梧之至，乃前月初六日在抚署中但见颓然一老，意揣而知为此公，若在他处，竟不识也。今日痛谈，始知因病而衰，病之损人如此，卫生之道可不急讲哉！余等之至臬署也，茶话之顷，以小食进。拜客得见者，多以茶点并进，不止臬署也，想贵州之风气如此。今竹翁来，爰命庖人备小食以报之。乃久坐寂然。问之，以未进供给对，如前日然。筱苏怒召差役责之，始草草而具，劣不可食，徒有其名而已。监试安顺府知府赵秀升前辈、电报局候选府潘企曾光照，江苏人同来，延见之，顷从秀翁索天生黄焉。解试卷委员通判锡丽堂明京，旗人、候补通判谈贵生仁熙、候补知县储荫谷世鑫，俱江苏人、荔波县知县汤啸庵柄机，安徽人同来，见之。时已未正，客来不绝，因命巡捕有续来者，概谢弗见。乃早饭，饭亦于是时始熟。饭毕，有门生彭书年来见，因有客在座，已待许久，见之。复出拜客二十馀处，惟见黄吉裳年伯，卓元，本地人。吉裳年伯乡居数载，精神较在京时加健貌，亦加丰。余到贵州则一病缠绵月馀不愈。甚矣，迁地之弗良也。蒋济川福珍，贵州人，带抚标右营、祁子修以德，江苏人，带贵阳营两营官，馀皆未见。学使赵芝珊来信言，闻得当道诸公送仲莹奠敬均不甚厚，自已于祭幛外送四金，君等所拟，实不为菲。于是筱苏定送六金，余仍送八金，较筱苏加厚而又不太多，适得其平。余等非不欲送幛，以送幛则必由供给所代办，供给所肯向余等索钱乎？是明明取巧而扰之也。制就联扇锦匣各四十五个，一并送来。由供给所发裱八言对十八副，代购折扇十八枋。供给所送来鹿鸣宴杯盘一副、红绸一端、金花一对。方杯双耳，承以方盘，皆银质,盘中嵌有“庚子辛丑恩正两科鹿鸣大宴”字;金花则铜质而镀金者;红绸薄如蝉翼,色尚鲜明。房吏请发三场各艺,刻入《乡试录》。头场皆用元作。二场《易》用第八名邹翼作;《书》《诗》《春秋》亦用元作;《礼记》用第九名朱焯作。三场五策皆用第十名于德坤作。余在北方,无论冬夏,床向无帐。今年南行,携来实甫真珠罗帐以避蚊。入闱后,供给例有绸帐,遂悬挂未去。久病畏寒,拟作洋布帐一具,为归途御风之用。商之筱苏,以为惟有令供给所代办而给其直。于是告之致堂,致堂命缝人购制焉。天终日阴。李明痢仍不减,来言病中习静,而诸仆以供给不备,终日促其催索,殊嫌聒耳,请另派人充其役,以便养病。乃使高福摄之。

初七日(10月18日)

辰刻起。疾如昨。门生来见者九人,丁乃昌、周鸿滨、丁乃昌之尊人名凤扬,丁卯举人,本人以增贡生报捐教职。周鸿滨,原名瑾年,三十馀,乡试已数次矣。颜照奎、张锦江、刘炽昌、杜沛霖、刘钟俊、何培瑛、张绍銮。午后,筱苏吊于赵仲莹。余以不能拜跪,未往,令高福送去奠敬八金,并持年愚侄素帖上号,说明不能亲到之故。蒋济川、祁子修同来答拜,见之。各房磨勘中卷有已毕者,并拟字正榜八字、副榜六字批语,每卷三条,送来。因筱苏出门,暂扃诸箱,存余室中。首县杨仲三来,持来初九日自中丞以下二十馀人公请之帖。谈许久,言来已数次,皆以有客在座,未获晤面。即用知县刘镜川增泰,陕西人来见,年已六十馀,景况甚苦,以同乡故,贵州有北五省会馆,奉直八旗、山东西、河南、陕甘、吉林、新疆皆论同乡焉,闻云南亦然。乞见上宪代为吹嘘。问其科,则乙亥、庚寅,有年谊焉,许之。伊今科派外帘差。昨日拜客,已到其门,不知有年谊，用乡愚弟帖，因而当面谢过。伊唯唯而已。人甚长厚，无官场习，无怪乎不得意也。黄吉裳年伯来言，适到首府处，以筱苏在座，谢未见。昨在吉翁处，谈及余病，似甚知医，天晚匆匆辞出，未得细询。今日谈及，果精于此，因请诊视，以为有寒，为书一方，并嘱勿服凉药。又详问一叔病故，京、津去岁遭乱一切情形。与曹竹翁同谈，良久始去。厘金局提调王少卓、继先，顺天人，入大兴籍而家在涿州。少卓年六十馀，与谈涿人，茫然不知，盖到省多年矣。善后局提调胡衢农汝霖，湖北人、保甲局提调李孟仁士麟，四川人，辛卯举人，戊戌进士三知府来答拜，见之。衢农为支继师庚午乡试房师胡朴庵太夫子有诚之子，称世叔焉，精岐黄术，李巡捕曾屡誉之。今晤面，请其诊视，据云诊脉以早起为准，时已向夕，不如明早便衣来诊为妙，从之。谈间，筱苏适归，又谈片刻。

衡鉴堂逼近庖室，煤气殊不可耐，送客亦嫌太远，榜后即欲移居监临堂。致堂以监临堂尚须收拾，请缓数日。至今日午后，始请移居。高福持来仲莹处谢帖，并彩绫一端。已而仲莹送余等席券各一，以报唁也。俱璧还之。乃一面会客，一面饬诸仆搬挪什物，至暮始就绪。监临堂中一间为内外帘出入之路，左三楹而右两楹，以左边近中一楹为会客之所，余等各据二楹而居，虽不如衡鉴堂之宽绰，而院宇闳敞，几净窗明则过之。前为至公堂，其左右夹室可以居从者，令高福、李明居之。

明日鹿鸣宴，中丞请帖一，提调、监试、司道四人请帖一，仍用销金龙凤大柬，与会同宴同。徐月亭统领印川，安徽人，现充练军统领来言，贵州、广西接壤之处瘴气极恶，自三月至九月，每雨后即有气自地中出，两色、三色以至五色不等，若虹霓然，人嗅之而香者，逾时即毙，十无一生，若作臭气，尚可治也。忆昨曹竹翁言云南瘴气亦如此,而泸江之水尤甚。泸江距永昌府仅一日程,五月渡泸,即此水也。江上有铁索桥,长半里许,其下水作黑绿色,浊如面浆,气甚毒恶,若非土人,行经此桥,往往有触其气而立毙者。水中鱼皮极坚,厚如牛皮,然非刀斧斫之不断也。竹翁曾守永昌,故知之甚详。罗斛同知继竹楼、文,满洲人。竹楼以教案撤任,故在省。候补知县古燮臣尚贤,四川人,癸酉举人同来,以为皆同乡也,延之室中。谈间始知古君非同乡,乃筱苏之同年,来见筱苏者,号房误以为欲见余也。承述之来答拜。李岑秋出闱来辞。余等因云贵总督兼辖两省,在应送联扇之列,寄时须有通候例信一函,因烦岑秋捉刀。各房陆续均将磨勘之卷及拟就批语送来,惟淮卿房周鸿滨一卷未动笔,另置之,以该生欲换卷也。约定镜湖、淮卿、岑秋三人于初十日来写中卷例批。晚间接麻哈州知州杨润泉绍宗,天津人,乙酉举人公文一角,拆视之,官衔手版一,履历一,四六禀一。已而又送来一信,言去岁选缺正值变乱,三月选缺,请假两月,假满到京,乱已作矣。故同乡均未晤面,仓皇领凭而去。川资未措,匆匆起行,沿途告贷始得到省,而家中田宅亦荡然矣。此缺瘠薄,不足以清宿累,特请其令叔筱元世叔持信来省见余,详谈一切,乞于见各上宪时极力吹嘘,求调优缺以调剂之云云。嫡亲同乡州县中只此一人,又为自己同年,即不来信,余肯置之不顾哉?天气阴晴不定。李明痢如故,今日照料移居颇觉不支。写扇四枋。

初八日(10月19日)

辰刻起。疾如故。候补同知潘樵孙家怿,企曾令郎来。伊本科充受卷兼誊录官,据言试卷犯规应贴者数百本,中丞以为数太多,仅将其不可救药者登诸紫榜,其馀悉从宽免。又言三场试毕,中丞急欲回署,乃添募誊录生三百名,至有考生改名应募者,殊失慎重关防之道。请胡衢农世叔便衣来诊视,据云疾系湿痰化热,凉药固不可服,热药亦先不宜服,立一方,令频服之,十剂后当有效验。且云,医者惟认疾不真,所以今日用此药,明日又用彼药,若认疾既真,则无须更改,即改亦不过一二味之间而已。余见其方用甘遂,以为太猛。则曰无虑,尽放心服之,非此不能愈君疾也。杨晓元世叔来,携来程仪百金,随仪四金,领之。谈许久。言润泉问归期,拟到清平与余晤面一谈,以麻哈州距清平甚近也。午正二刻,中丞等已送帖两次催请,亦与会同宴同。惟会同宴、鹿鸣宴两次前导有鼓乐,馀日则仪仗鸣锣而已。鹿鸣宴后便道拜客,亦无鼓乐。余等乃服朝衣、朝靴升舆,仪乐前导,至抚署。入仪门降舆。中丞等迎于大堂下。登堂,揖就坐。加朝冠披肩,然后步至庭中,东向谢恩,行三跪九叩首礼。余仍用高垫,仆人扶掖,如会同宴时。礼毕升堂,去朝服,余所服系少兰叔之全身朝衣,不易脱,遂仍服之,只去朝冠、披肩,乃就席。两司送余二人酒,两道送中丞、学使酒毕,然后以次就席坐定。赞礼生引新举人二十馀人升堂,北面行谒见礼,先拜余二人,中丞、学使次之,司、道又次之,府、县及内帘各官又次之,均行一跪四拜礼。礼毕乃退就席。于是庖人献肴,才进四碗,旁观者争来夺取,甚有负席而走者。一时人声鼎沸,器碎桌翻,羹汁淋漓遍地,不知凡几千百人也。是名"抢宴",各省皆然,向例不禁,亦不能禁。此等筵宴只取其名,若无人抢,转觉索然无收束处,似更不可禁也。余等欲观之,无如立足不定,乃退入二堂。中丞约余二人及学使至二堂西偏之梅园。艺珊学使言江西新举人赴鹿鸣宴,一人须费数十金,故每科到者不过二三人,今贵州竟到二十馀人,必所费无几耳。园中有厅五楹,曰五福堂。入而小坐,见门之上方悬一横额,曰“悠然见南山处”,未审何人所题,只加一字,无殊点金成铁,实堪捧腹。少食茶点遂辞出。便道往拜各房官及外帘执事各官、同乡同年之前所未能拜及者。归已申初矣。

委署龙里县令联星三魁京,旗人、抚署文案准补开泰县令王彩臣人文,云南人,壬午、癸未联捷,丙戌补行殿试先后来答拜,均见之。彩臣谈及余病,现服何药,出胡方视之。伊云甘遂不可多服,伊去年患病,曾服甘遂数剂,而后竟不进饮食。晚饭后,致堂来谈许久。臬署家人李升,高熙亭前辈所荐之旧仆也。去岁京师乱后,曹竹翁曾为熙亭寄银,伊亦附寄数十金,至今未得回信。因来见余问熙亭消息,告以现已回籍,请余为熙亭带一信,许之。署台拱营参将赵辅臣万忠,天津县,武进士遣其标下六品军功蓝德斌亦天津人持来一信,言自去岁天津乱后,至今未接家信,询问津中情形,并因台拱水土恶劣,眷口多病,乞见中丞说项,调署上游各缺。服胡衢翁药自本日始,二煎已好,张顺暂置火旁以待服,茶夫恐其干也,加之以水,张顺以为大忌,弃不复进,遂未服。天终日阴。李明痢如故,终日未起,令人焦灼。写扇五枋,作行草尚可,未能作楷。布帐作成送来,未索直。

初九日(10月20日)

辰刻起。疾如故。门生来见者一人,黄自明。王鹤亭云,黄自明本苗人,改归汉籍者。曹致堂已补瓮安县缺,杨仲三调署清镇。致堂昨言欲到清镇算交代,数日即归,每日供给已开条交仆从按日索取矣。今忽来言,昨到藩署禀辞,方伯大怒,谓主考未行，尔擅敢远离，足见不以公事为意。闻尔近日供给草率，得罪主考，吾将于大计时署尔下考，尔其慎之，不准赴清镇。盖初六日供给不至，廉访实亲见之，故方伯得知也。致堂惧方伯之终不令赴任，乞余等为之缓颊，许之。门生周鸿滨来，言卷不能换，请将原卷发出，伊携有笔墨，即在此将三场草稿改正，并磨勘加圈，允之。检卷发与伊，并约一友来，即在会客屋磨勘。因会客不便谢，未见者凡十人。饭后，因致堂事，特出门往见两司，言致堂若因公被处分，绝不敢干预，若为供给小事，则断断不可，余等不受其名也。实翁曰，我特以言恐之，欲其知警耳。竹翁言，致堂在清镇日，有遇盗者赴县报案，稍增失去银数，致堂以为诳报，笞而禁之，失主愤而自缢。未几，致堂以事到省，往谒首府，方入门，忽有人自后以粪汁灌顶而下，淋漓遍体，急不暇择，适傍有吏役濯足水盆，遂就洗之，群呼为屎大老爷，今年四月间事也。及调办供给，共领款二万六千金，而事事从刻，上下无不怨之者。方伯性极和缓，今忽大发雷霆，其深恶之可知，君等虽言之，不过暂宽一时，恐终不能免也。两处共谈时许而返。在藩署见行在电报，两宫初七日到陕州灵宝县，初八日驻跸一日，初九日启銮。到臬署，携胡衢翁药方质之竹翁，竹翁以为可服。早间代杨润泉、刘镜川各书一衔条，见藩台时均已面交，并为惇托，藩台许诺，且言杨绍宗作官甚好，吾稔知之。见臬台时，亦托为润泉说项。臬台亦深赞之，言其到任时，于途中即代邻封办一案，能手也。

抚、学、司、道、府、县及内帘各官外帘亦有列名者共二十馀人，公宴余等于新城之四川会馆。酒席价极昂，燕菜烧烤全席需十六金。申初始往。宾主共七席。以两宫在途，不忍演剧，清酒而已。陪余饮者曹竹翁、蒋蓬翁、李孟仁、喻济丞。蓬翁曾官河南，与辛蔗田太夫子有旧,询其家近况甚悉。竹翁又详问京城景象及同人之未曾问及者,且谈且饮,量似甚豪。问之,则曰余病半由于酒,近尚不敢饮也。戌初始散。门生颜照奎呈其尊甫望眉山人著作,凡数种。望梅名嗣微,字义宜,庚午乡试第一,现官广西归顺直隶州知州。又另纸录其自己《杂咏》诗十馀首呈政。于时尚有蝉吟。归途见市肆门前皆贴纸书神位,焚香烛,字小不能辨识,不知所祀何神,想重阳之所应祀也。省城别有新城,在旧城外门之外,与旧城相属。官廨皆在旧城,新城则绅商所居,有所谓南京街、广东街者,盖慕其繁盛而名之也。四川馆规模闳阔,为省城公所之冠,历科公宴皆假焉。思浏览之,而竟不得闲。惟厅上设席时,杨仲三引余等及中丞、学使于一小阁中坐待,隔窗遥见亭池一隅而已。学使言黔地寒燠不时,五月按试大定,一日五鼓点名,服重棉犹形瑟缩,加羊皮外褂,始免于寒。五月披裘,信非诬矣。中丞言,云南有烟瘴,居民不敢人启窗牖,辟小窗以透天光而已。有人晨起推窗,瞥见一物若狗头形者塞窗而入,以竿击之,旋击旋散,以至于灭,方知为瘴气也,较之所谓五色者奇而又奇矣。首府严绍光,精神有馀,余等有所不及,伊辄匡之服药。天终日阴。晚,微雨,入夜不息。李明仍未起。写扇四枋。述之断弦,请假。

初十日(10月21日)

辰刻起。疾如故。吴襄山同年开南,四川人,乙酉举人来谈许久,并见筱苏。持来其同乡候补佐杂郎遇盛名条一纸,请交藩台,言其人委差已有消息,乞君一言,庶可速发委札,留之。镜湖、淮卿来书中卷批语,即命在船厅设案,命分经房吏侍侧,每写一纸,随即贴于卷上。纸长阔与卷同,上方印主试爵姓及批取、批中字,先副而后正；下方书荐取中各批，先蓝而后墨，其同考官爵姓，荐卷时已于卷面印蓝戳，不再及。岑秋新得差使甚忙，未知能到否？门生何士瑗来见，其卷出淮卿房，即留之为淮卿帮忙焉。介亭、友琴、少卿、守之、济丞先后至，均到船厅。少卿房卷墨批均未揭去，特告之，令按名揭下。留镜湖、淮卿早饭，帮忙之门生与焉。午后，筱苏因余手尚未能作楷，代余题联款七分。巡捕与诸仆商议为李明请贵筑县学黄老师诊视老师名明，丙子举人，余以入家人室，未免亵渎，乃延之余室，令来就诊。余亦请其一视，皆谓无甚大病，各书一方。李明之方多补药，久痢而亏，尚为有理。余方则多凉药，似觉未合。门生徐天叙、靳光璠、张泰镛、于德坤、张希白、王宗彝、王怀彝、何福卿、刘元夔、张光辅、李启艺、廖福林、陈廷策、陈廷棻、熊朝滨，陆续来见，先后共十六人。王怀彝同母昆弟九人，均长大，无幼殇者，实为难得。何福卿为现署贵州提督何东山之孙，东山名雄辉，本江西人，寄籍广东，而奏请入籍贵州者也。福卿应试贵阳府，人阻挠之，严绍光太守力排众议，乃息。张泰镛即初一日友琴补荐之卷，备优贡也。见门生时问曾赴鹿鸣宴否，有去者，问需费几何，则曰一二百文。岑秋日夕来霎时。余拟请岑秋代写扇款，闻其来而出见之，则已去矣。李巡捕令叔，本任贵筑县，现署开泰县，坚山大令应华，壬戌举人，辛未进士，送余等程仪各二十两，以无渊源，未备联扇，尚须补之。此即筱苏所谓意外者也。善后局送来公费银二千两，随分百二十两。上灯时，镜湖、淮卿将批写毕，门生何士瑗已去，亲视将卷箱固扃加封，然后与镜湖、淮卿共晚饭。饭后，令巡捕率房吏持帖送卷箱于道署。已而持回，云道署书吏均已归家，无人收管，请俟明日再送。闱墨补刻已齐，详校讹误，令其改正，及印样本来，讹误多未改动者，筱苏大怒，痛谴之。晚，与致堂谈及写扇款事，致堂愿代余劳，期以明日。惟明早即须为各当道送礼，不能再迟，灯下勉强自写扇款七枋，尚可支持。惟许久始书一枋，而"澜"字右一直笔甚觉费力，往往一笔未能送到，手即欲战，须少停再接写之，亦云苦矣。服药。李明除视疾外，终日未起，服黄老师药。

十一日（10月22日）

辰刻起。步履微觉轻便，仍命巡捕率房吏持帖送卷箱于道署。未几来言，须先送抚署，由抚署送道，由道送司，乃易帖，命送抚署，考试事至此始毕。请致堂来书联款十馀副。送中丞以下各官礼物，凡七处，收送礼物另有簿详记，兹不复赘。致堂午间有事未来，余自书联款十馀副，系送房官、收掌诸君者，一概行书。写扇五枋，并填款。新添之十八扇均写毕。岑秋送来代拟致制军信稿。《闱墨》一律改好发印。贵州公事无一不疲玩，就《闱墨》一事而论，非筱苏怒谴之，恐尚未能刻竣也。门生来见者三人，何增仑、钱瑗、刘昭汉。李明仍请黄老师诊视。发裱之橘红八言联均裱好送来。藩台送余等烧猪二、一品锅二、酒八瓶，以一分公送两巡捕，其一分约致堂来共食。将岑秋所拟信稿交致堂，烦其代书。晚间，杨筱元世叔来谈，送余虎骨胶一包，因余疾或须用此，从夏殿撰同龢令叔处寻来，胶为夏所自熬，较购诸药肆者佳。去岁润泉出都，遇夏于途，结伴同行，患难相依，深相契合。夏，麻哈州人，适为润泉治下，其兄名同彝，乙酉拔贡，又有年谊。臬署家人送来上高熙亭前辈禀一件，送余方普洱茶四块，云从云南购来者，尚非赝鼎，留之。服药。天阴微雨。

十二日(10月23日)

辰刻起。步履如昨。书联款十八副,新裱者皆毕。大挑知县外帘受卷官苏晓泉桂芬,云南人来见,谈许久。致堂将魏制军信写好送来,又代书扇款二十馀分。门生来见者五人,黄宝森、何照贤、邢端、周沄、刘春沛。刘春沛年四十馀,乙卯科始乡试,今已十次矣。邢端之祖名士义,辛亥乡试第一。周沄之弟沅,甲午会试出少兰叔门下,今伊又余所取中,何与华氏之有缘也。其尊人,名锡晋,乙亥举人。送省城各官联扇十四分。致堂为藩台唤去,尚有未书扇款数分,余自书之,而手居然不战,若非作楷,尚不知疾之轻减也。赵秀升前辈来辞行,并送来程仪及天生黄、茯苓、鸡坳菌、野荸荠粉四种,云明日回任,延见之。谈许久,问明日果行否,答以未必然,至迟不过十五。索《闱墨》,尚未印得,许明日送行带去。首府严绍光来,谈良久。公宴日有菊花鱼羹,筱苏以为美,昨与致堂言之,致堂今晚特备以饷余等,并约济丞来同食。济丞言,张季端殿撰(建勋)视学云南,差竣归时,至镇远,买舟,将舟价及火食一切按站均分,每站该银若干,载之溜单,此外一无所取。船到,如数付银,银到,即行开船。既不耽延时日,仆辈亦不能藉端需索,沿途州县皆便之。可以照办。余等以济丞为本任镇远县,即烦其写信知照署令,待余等到时,如法办之。又言解元余沅芬,家极寒,以资斧告竭,不试而归。去省之夜,忽梦有人决其首,以为佳朕。称贷复回,解装逆旅。已而视其招牌,则第一店三字也。榜发,竟领解。然则功名前定之说,信有之欤?食毕,友琴适至,谈甚畅。出天生黄、茯苓请友琴视之,茯苓共四团,喻、赵两君揣测各团斤两,互相争论,命仆称之,各有得失。友琴亦浪穹人,因秀升前辈所赠之天生黄太少,又从友琴乞之。友琴云尚存署中,然相距不远,令人往取,两日可至也。友琴言浪穹有潜龙庵,为建文入滇所居,旁有二冢,乃从臣死而埋骨者。有人于庵中题一联云:“祖以僧为帝,孙以帝为僧,弹指迭兴亡,法席难追皇觉寺;君不死竟归,臣不归竟死,抚膺悲宇宙,梵钟莫认景阳宫。”谈至子初始散。服药。天终日阴。李明服药无少效,仍终日不起。张顺因日间赵秀升前辈言天生黄治久泻如神,请令服少许,余以其近日所服皆补剂,或者有效,乃倾二三厘与之,令以滚水送下。

十三日(10月24日)

辰刻起。疾见轻减。将外寄联扇检齐送府署,托为分寄。其中有十三分新裱之联,粗劣不堪,并托首府代函告歉焉。送省城各官联扇九分。送礼之事皆毕,共计省城所送三十分,外寄二十四分。致堂来言,有事须到清镇一行,午后起身,明日即回,各上宪处均未禀知,如见面,幸勿言,允之。取宣纸十张并裱好未书之联,共烦曹竹翁写对十二副、屏八幅。出京时少兰叔嘱代烦竹翁屏四幅、对一副,余自求屏四幅、对两副,馀为送戚友之用。写签贴齐,饬人送臬署,并将润泉联扇一分,送交筱元世叔带往。催取《闱墨》,送来四十本。午后,出为秀升前辈送行,未见,各送其《闱墨》十本而还。门生来见者三人,胡宗仑、周棫、周树杰。周棫,丁酉拔贡,与实甫同年。其尊人印文澜,乙酉拔贡,与余同年。周树杰亦丁酉拔贡。自到贵州以纸求书者络绎不绝,以病故未能握管,皆束置之。今病小愈,乃取出陆续书之。本日书纨扇八枋均毕。服药。李明服天生黄似有小效,仍令服少许。天阴,夜半雨作。

十四日（10月25日）

辰刻起。手足俱觉轻便，惟左手尚作楚。写折篚、便面等。调署首县本任龙里县陈杏圃价，云南人，壬午举人来见，谈许久。特补备联扇一分送之。昨锡丽堂明公送余等一品锅、蒸食四盘，未食，今早以其肉包为点心，饭时始食一品锅焉。余等各送黄吉裳年伯《闱墨》二本。李明病不见效，心中发热，又有藩署人荐一医来，所用仍多燥药。适岑秋来谈，令其来就诊视。数日未见，而面目枯黑，步履蹇涩，大不如前，甚为可虑。岑秋诊得脉已八至，恐难见效，勉立一方，皆滋阴之品，即令舍彼服此，冀侥幸于万一。述之来谈，问其夫人何疾，何时仙游，则病痢已久，八月初六日伊入闱后即已化去，家人以其在闱中，未报伊知，得便问之，则以见好对，出闱始知之。幸有多年如夫人足以部署各事，不然，女孱子幼，送死治生，谁其任之？他乡远宦，难可知矣。述之已报捐知府，惟无力引见，乞余等见各大宪为之说项，调一优缺，允之。至暮未见致堂，遣人视之，尚未归，以为竟不归矣。无何，致堂来谈，果不失信。烦供给所为李明制棉裤袄一身，以备不虞。写对联、屏幅十数事。服药。天阴，夜雨。李明服岑秋药尚安静。

十五日（10月26日）

辰刻起。送李巡捕礼八色，《搢绅》、对联、折篚、扇套、眼镜合、褡裢、刀箸、金顶。葛巡捕则仅送联扇而已。筱苏送葛八色，送李联扇。吴襄山同年送来程仪，补送联扇以报之。余等送联扇至知府而止，候补府之奉差于外者均未送，州县除收掌、八房、首县供给所外,惟有渊源之实缺者送之。轺路所经,镇远县与府镇同城,此送彼否,见面时似难为情,亦送之,馀则概不惊动。襄山虽同年而尚在候补,故先未送也。江南会馆,一名九华宫,在东门外里许,为上下两江宦游者之公所,中祀范文正及朱子。每年九月望日有朱子会,同乡于此演剧、饮酒。今日适值会期,于是江南同乡二十二人,已迁他省之原籍江南同乡十五人,公宴筱苏,并约及余,余逊谢之。共三十七人,官衔、名号另有单。严绍光曰,吾知尔原籍无锡,亦同乡也,何须谦让。因问作主人之原籍江南者,大约皆何时迁出。则远近不等,若戴镜湖、朱淮卿、陈杏圃、苏晓泉诸君之籍隶云南者,皆明初迁出。然则余家嘉靖年间始到天津,原籍本家至今往来不绝,谱系且刻自无锡,支派辈分历历可考,与论同乡诚不为牵强也。午后,筱苏有事先到府署,余亦同往。谈许久,约伊同行。既出,余等便道答拜陈杏圃,未见。及至会馆,绍光已前至矣。降舆先谒朱子,行二跪六叩礼。地铺寻常拜垫,仆从亦未扶掖,虽觉勉强,竟能成礼,疾之轻减,于此始知。至敬止堂,文官绍光为首,武官徐月亭为首,以次相见毕,乃坐而观剧。其调在秦、弋之间,科白关目,多不可解,衣冠帘幕之属,皆破敝不堪。闻贵州之剧只于如此,无更佳者。然价值甚廉,堂会名目最大,一日夜所费不过五六金,他可知矣。良久乃入席,筱苏以在伊馆,让余首席。酒初进,发加官,赏制钱一百。将终席,又赏伶人制钱四千,皆主人传语令自备者。更馀始散归。会馆基址闳拓,闻其中亭池台榭,结构极佳,惜为时太促,又为衣冠束缚,未能遍览其胜耳。敬止堂之侧有张公祠,所祀乃前云贵总督铜山张公亮基也。写联条十数事。服药。杨筱元世叔来辞行,灯下谈许久。天终日阴。李明今日服药,不如昨日,二煎下咽，全行吐出。每易一医，初剂见效，再服则否，为病家所最忌，疾其不可为矣。朱顺终夜未归，不知何故。

十六日（10月27日）

辰刻起。晴日满窗，雾消云敛，为移居监临堂来初见之景。写对联数副，八房所烦者皆毕。召朱顺来责之，伊口虽剖辩，而其气甚馁。张顺等又为李明请藩署所荐之医，病势至此，已无可如何，听伊等所为而已。未几医来，开方仍如前日，谓诸仆曰，服吾药后，可以瘦猪肉作糜食之，伊即思食，两三剂后，定必痊愈。张顺持方来告余，余冷笑置之，曰肉糜待上供耳。午后，张翼卿观察胜严来，言前因抱病，甚形疏慢。谈许久，从之乞肉桂焉。今日内收掌及八房公宴余等于翠微阁，并约致堂。早与诸君言明，大家便衣，预烦致堂代借三人肩舆二乘。至时，令仆从乘马先行刻许，余等始升舆，帘幕悉垂，屏仪仗，不声炮，不鼓乐，出南门折而东约半里许，过浮玉桥，穿涵碧亭而至万佛寺。万佛寺有佛一，上下左右皆有小佛拥之，不啻千百。入门，升阶十馀级，为观音阁。循阁东行，越门两重至翠微阁。翠微阁先只一间，狭曲不足布席，乙未年经嵩书农中丞重建，遂焕然改观。喆嗣庆博如（珍）书有联额，字甚瑰异。阁中悬范孙一长联，对之如见其人，心神俱适。馀联尚多，皆时人手笔。惟翠微阁三字额则阮文达公书也。中丞名嵩崑，满洲人，贵州巡抚，与丁卯年伯嵩祝三宫赞（峋）兄弟也。

茶罢而起，凭栏四顾，阁下有水曰南明河，弯环如带，水声琤玐，对岸三峰鼎峙，屹若屏风。河干居人数十家，临流结屋，高下参差，绿树阴浓，扶疏掩映，远望若画图然。久之，乃相与至翠微阁后及观音阁等处，浏览一周，联额甚多，不能悉记。是时致堂始至,乃同步出寺门,复过浮玉桥,至丞相祠堂,肃瞻诸葛武侯遗像。左右陪祀者九人,前明二人,国朝七人,皆督抚之卓著者。只立木主,无像。殿隅有一立像,短服蛮装,神采奕奕如生,则武侯南征时投诚之蛮酋济火也。祠与鄂文端公尔泰祠相接。出西角门即至鄂公祠,祠宇荒凉,染人于此染布。廊庑之间,悬布几满。庭中有碑亭,镌御赐祭文,字半模糊,不可尽识。既出,仍过浮玉桥,至甲秀楼前,观鄂文端及勒保征苗纪功铁柱。柱凡二,皆六棱,围三尺许,长约丈馀,铸有衔名铭词。楼下正中有额,书鄂公登楼七言二绝句。左右壁间题诗石刻约有十方,皆咏鄂公之功及和二绝句者。楼凡三楹,久未修葺,故未登眺而返。

设席畅饮,宾主十二人共两席。戌刻酒阑,撤席茶话。皓月东升,万籁俱寂,风景尤佳。筱苏昨翻阅门生手版,见邢端之帖并无黑皮,且另页有书“姻愚弟某顿首拜”者,有大书“邢端”二字者,以其少年得意,如此随便,实为骄盈之渐,特携来示其房师朱淮卿,令训导之。邢端见余之贴亦无黑皮,然尚非用过旧帖。更有刘春沛者,于手版“受业某人”之下注“字筱泉”三字。济丞言有同乡候补都司王鹤亭洪明,为前任巡抚王鲁香毓藻之族侄,现拟携眷回里,愿自备资斧,与余等结伴同行,未知可否。余等许诺。方守之为杨少泉、李柳溪二人门生,去年乱后曾为二人寄炭敬,未见回信,托余晤时一问。各房烦书之物均带来分缴之。来时逆知归必不早,令将小轿舁回,易大轿带灯来接。时已毕至,遂与致堂同归。致堂旋复来谈。李明气喘汗出,呼之不应,势已垂危。前日筱苏见其病剧,以所居为提调、监试之室,恐有禁忌,欲令移出。余谓移出必伤病者之心,且近处无可移,远处必须派人往伴,人既不敷分布,有所需用,亦觉呼应不灵,乃就致堂问之,果有禁忌,再为设法。致堂言提调、监试皆另有住所，此为闲屋，考试时，舆台辈居之，无所禁忌，遂不移。今筱苏又以“人死官地，魂不得出”为言，余虽不信幽冥之说，亦不矫同立异。惟为时已晚，仓卒间无可去处，只有明日再议。乃方交夜子时，已溘然逝矣。伊辛巳年才十七岁，自田间来即佣于余家。余家只用一仆，无事不责成之。伊勤慎耐劳，从无贻误。余通籍后，伊颇存奢望，暇则习字观书，求通文义。每届考差，盼望尤切于余。今年典试来黔，派为前站，时闻诸仆窃议其无能，且有波及于余，谓非此主不用此仆者，其未尝因财丧心，已可概见。不料年未四十，遽以微疾作鬼他乡。伊命固穷，而余以二十载相依得力之仆，一旦死别，亦足伤矣。筱苏为余筹画，谓携柩北去，诸多不便，所费亦不赀，不如葬之此地，厚恤其家。余则必欲携之归里，费用在所不计。筱苏又同致堂商酌，得一善策，由省城舁至镇远，由镇远自买一舟，遣人送至汉口，汉口已有轮船，如恐人地生疏，可托潘企曾为汉口招商局总办写一信持往，如秦王岛亦无轮船，则送柩之仆可在宁国府度岁，明春再行返津。皆筱苏云，其代余筹划，可谓周至矣。轮船向有包送灵柩之例，约须五六十金。今冬大沽封口，明春必能送到，大沽河冰后，由烟台至山海关外，去汤河火车站五里之秦皇岛，往往尚有轮船，然不能运送灵柩也。预付银两，立好凭据，将柩寄存趸船，则送柩之人即可由海道回津，如此较为简便。从之。月食不甚，亥刻初亏，子刻复圆。高福来言，学署家人鲍福者，直隶冀州人，以水土不服辞归，乞随余而行。商之筱苏，筱苏曰，芝珊有言则可，不然则否。如其言，令高福传知之。服药后眠，已丑正矣。

十七日（10月28日）

辰刻起。以银二十两交致堂，托为李明代购棺木。致堂带余仆一人往阅，视数处，论价良久，始以十八金购得一具，已漆过者，尚须漆里。致堂又言王鹤亭事，告以济丞已经言及。已而鹤亭来见，谈许久。鹤亭自本日见后，每日必来一二次，似欲效劳者，余等因托其购物一二种。去后，筱苏与余言，鹤亭家黄冈，归途必经汉口，柩船若托伊照料，则无须派人往送，省事多矣。伊地方熟悉，办理必能妥善，特未知其肯否，俟与济丞、致堂商之。门生邹翼来见。候补县马敬斋安礼，四川人，癸酉举人，筱苏之同年也，十馀年未得一差，光景甚窘，曾乞筱苏向两司为之吹嘘，今送筱苏礼四色，送余亦同。余欲却之，筱苏以为不可，因择其轻者受之，收竹参、香菇二色，府绸、普茶璧还。

余等本定二十日起身，以李明死须料理之，不及检理行装，乃改于二十二日。筱苏令余往见首府，言明起身改期之故，并请其为沿途州县自省城致镇远一路写信，令备舁送灵柩之夫。午后，到府署见绍光言之。绍光谓仆从之柩，不宜惊动地面，自雇夫役，一切在内，亦不过四五十金，伊曾办过数次，当为代办。某科贵州考官顾公（奎），卒于贵定，江苏人也。绍光以同乡故，由省城市棺往为收骨，送之还乡，所用舁夫，索之沿途州县，一路耽延逃遁，百弊滋生，绍光大受其窘，故谓余曰。主考且然，况他人乎。若不自雇，恐君到北京，柩尚未到镇远也。随即饬役呼夫行来告之。夫行索百二十金，绍光怒不允，请余先行，办有眉目即来告。遂辞出，便道到马敬斋处投刺，未见而还。高福言，镇远随来夫头愿送柩至镇远，共索四十三金，二十八日准到。余谓俟首府来信再定。向夕，首府遣人来告，已与夫行讲明，共需六十金。余以相差太多，呼来人入，告以此处有索四十三金者，归禀贵上人问之，彼行能如此价则用之，否则舍彼用此。唯唯而退。视其人非仆从，似隶役之供奔走者，恐其语焉不详，拟再遣高福前往，忽闻人语嘈杂。问之，则夫行也。盖两处所议，实一行，伊等预未关会，故索价参差，因而互相责让。然则趁此即可定归画一，不必再往府署矣。令高福与议，而镇远夫头定索四十五金，谓前索之价同人怨其折阅，特加二金，不能再减。遂令写收管来，准于二十八日送到，迟一日罚银十两，十九日清早首途先付银四十两，馀五两到镇远再付。赵友琴送来天生黄一小罐。张翼卿送来肉桂一段，重一两有馀，其薄不过分许。晡时，赵仲莹同年来，谈许久。伊近亦患病，消瘦之至。首府送来《先正读书诀》二百部，《书目答问》《輶轩语》一百部，言为日太促，《书目答问》《輶轩语》篇数甚多，未能如数印成，各得一半可也。晚，致堂备肴，约胡衢农、喻济丞、詹介亭来与余等共酌。余服衢翁药已九剂，因请再诊，改药两味而已。谓以后须常服丸药，待拟一方送来。济丞又烦书折箑一柄。与济丞、致堂商托鹤亭带柩到汉口之事，二人均以为可。

衢翁言，黎平府属有变苗者，亦苗之一种。凡妇之少艾，若尻际生尾，不出三日必死。死后葬山中，越三日必复苏，破棺而出，走归其家，操作如常，亦识家人，唯力大于昔，不言不食而已。若过七日则害人，故家人于其归也，辄讽之使去。不从，取鸡一头以示之。彼见鸡，思攫人，故持鸡而走，彼必随而逐之，诱入深山，然后放鸡使飞，彼逐鸡而往，遂不复知返。久之，变为彪，出食人矣。然惟少妇有之，老妇及男子则未闻也。有生尾而死者，家人虑其为害，以石棺敛，使不得出，其魂即至家为祟，不令少安。此真事理之不可解者。谈至二更始散。天气清朗,月光满庭。送客出,在至公堂前步月良久。李明仍未收敛,问之,则以今日犯重,不宜对。何禁忌之多也。仍服未改方之药,改方时,药已煎矣,至今日共十剂。

十八日(10月29日)

辰刻起。促将李明收敛,置之僻所。购府绸四匹、雄精器皿三斤馀。府绸之无花者,匹价银四两五钱,有花者倍之。以其值太昂,只购无花者。雄精斤四五钱不等,以工之精粗为差。赵友琴来辞行,言明日回任,见之。烦曹竹翁所书对联、屏幅均写就送来。学使遣人来,问何时得暇,拟来谈。答以请在署候,今日余等必到署辞行也。马敬斋便衣来谈,此时尚着大衫,自道困苦之状,至于流涕。宦海无边,前车可鉴,求官者勿徒作得意想也。

今日本拟到各处辞行,乃为汇兑事纠缠,竟未得出门。黔省汇号只两家,百川通,山西人;天顺祥,云南人。致堂先与百川通议,汇款汉口,每百金需费二两五钱,天津尚不能汇。一日,百川通同人郭姓者来拜余,言天津亦可设法汇兑,惟每百金需费六两,余令仍与致堂议之。致堂数日来屡到该号与议,今姑议定汇汉口费一两八钱,天津则必需六两不能减,且款项不能见信即行全缴,须分数次缴清。余以汇费太多,又不能克期到手,拟交筱苏汇至汉口。筱苏家有钱店,由汉口到上海一节,可由钱店拨帐,无所用费。到上海,则易为力矣。筱苏亦以为然。今日郭姓者来,将平银矣。致堂与言,此处乃库色足银,票中必须注明于汉口兑付估宝实纹,方足相抵。盖汉口估宝有升批之说,如五十两之锭,公估局批升三钱,则于原重外加二钱算。注明实纹,则就重论重，无论升批若干皆为我有，该号不得沾溉矣。郭姓谓黔汉汇票，向例无写估宝实纹者，但写估宝银，自无加算升批之事，致堂不许。郭姓请归商之，遂不复至。已而天顺祥同人陈大章者，从致堂请汇此项。致堂复以估宝实纹为言，对如郭姓。致堂不许，亦请归商之。未几复至，言改写汇票实难从命，无已，请减汇费为一两四钱可乎？致堂仍不许，遂去，亦不复至。而时已暮矣，致堂计无所出。筱苏曰，彼既减费四钱，即令升批加算，每百金所损不过二钱耳，不如遂许之。乃夜召陈大章来，定议焉。书联扇、屏幅数事。筱苏前交折簏二枋，令作楷书，亦一律书毕。于是净洗笔砚，不复书矣。服药。天气晴暖。夜梦初醒，室中忽然风起，器物震动有声，地铺竹席，似人行走其上。喝问，无应者。搴帷视之，残灯犹明，寂无所见。诸仆皆起烛之各室，门扃如故，毫无形迹。量非宵小，乃复眠。早起，筱苏问深夜尔室尚有人声，眠何迟也。具告之。故筱苏曰，其李明来辞行乎？

十九日（10月30日）

辰刻起。李明之柩启行，拆墙出之，令张顺送之城外。致堂患感冒，力疾往天顺祥监视平银。余等令范和、高福二人携银从往。筱苏汇三千金，余汇二千八百金。该号按善后局平，以制钱穿成五十两法马〔码〕一，此收彼付，俱以为准，用绢封固，交去人持回，带至汉口用之。票一纸，但注估宝银若干两，加算升批与否，听之而已。余将票与法码均交筱苏，清单一纸自存之。巡捕李范吾托寄信二件，土物三种，一交陈玉苍京兆，一交林廉孙农部。陈癸巳典试来黔，伊曾充巡捕，林则其表叔也。并交衔条一纸，云古州厘金现在出缺，乞向藩台说项，委伊接办。未初出门辞行,见抚、藩、臬、粮道黄、候补道张、首府严,馀均未见。见中丞时,交赵辅臣、承述之衔条各一纸。见方伯时,交李范吾及吴襄山同年转托之郎遇盛衔条各一纸。两处均代致堂求情。见学使时,谢昨日失信之过。电报局在抚署大门内东偏,为潘企曾辞行,未见。令跟役交其发津电报底一纸,计共二十字,曰:天津镇署西华叔,明二十二起身,李明十六夜病故。观。

到来鹤楼一视,楼在客厅之后,地势高敞,可以眺远,学使书房,即设于此。学使言及鲍福从行事,允之。谈间,偶及其视学陕西时事。据云,陕西学署,在三原县,距省九十里。国初本在省城,年羹尧督川陕时,以抚、学两院鸣炮与己同,禁之。而学使考试必有号炮,独不肯从其禁。年恶之,乃托词奏徙,至今因之。筱苏因言,各省学院,向惟知江苏、安徽不居省城,今知陕西亦然,可成鼎足矣。见张翼卿观察时,谢肉桂之赠。据云,安南桂有二种,清华桂为上品,猛桂次之。昨奉送者乃猛桂,清华桂不易得也。问何以分别,伊言清华桂皮肉之交必有丝纹一道,或紫或黑,其色不一,猛桂则无之。服肉桂之法,以滚水泡之,俟凉而服,畏凉则温服,断不可热服,热则作燥,凉则较热服见效加倍。收藏之法,须取食力人汗气污透之小衣裹之,取其汗气以养桂,不可嫌其垢而洗之也。昨闻臬署有紫泉,如廉访有喜庆事,水必预泛紫色,故名。心异之,今见竹翁请观焉。听事西偏有池,大可数亩,残荷在水,茎叶离披。近厅处有小桥,竹翁指桥左谓余等曰,此即所谓紫泉也。过桥有亭数所,多残破,惟梦草亭尚可观。亭凡三楹,回廊绕之。亭外一联云:“好邀佳客来题句,共趁春时一补花。”为林赞虞年伯绍年所题。“梦草亭”三字横额,则黄让翁手笔也。池荷犹赞翁所植,夏间花开并蒂者二,赞翁以为佳朕。未几，果开藩云南。然则只应其一，其一当为竹翁兆耳。见首府时，问印书需费若干，则曰奉送不取直，余等揖谢之。又言提督何东山之孙居然中举，伊家从来所未有，已为写信，令其多送程仪。制台处吾已去电报，问送几多，俟有回电，当即垫送。办事如此，可谓直爽之至。归后，胡衢农世叔送来丸药方一纸，致支继师信一件，炭敬三十金，托带交。晚间，鲍福来谒，年四十许，令明日来此帮忙。天晴而暖甚。出门时，在舆中扇不停挥，汗仍涔涔下焉。服药。

二十日（10 月 31 日）

辰刻起。鲍福来，令同诸仆检理行装。方伯，黄、张、蒋三观察同来。中丞来。廉访来。曹竹翁年未六旬，以久病，颇形龙钟，步履迟缓，今日送出升舆，舆已肩起，一足犹在舆外，几乎倾倒。潘企曾来。企曾言，昨接行在电，乘舆已入河南省城境。徐月亭来。榜后门生来见者三十九人，今公送余等土物各十色。来见而未列名者五人：周棫、刘春沛、靳光璠、张绍銮、刘昭汉。列名而未来见者一人，吕启瀛也。午后，陈杏圃来。门生刘炽昌、王怀彝便衣来，送余等石拓《经世学堂章程》各一份，寄范孙一函，内亦《学堂章程》，请余带交，缘范孙去时尚未刻成也。与怀彝谈及算学，伊已入门，但未深造耳。然非范公造就之力不至此。龙益三同年友松，江西人，乙酉举人，大挑知县送来程仪，先未送伊联扇，今已赶办不及，竟无以报之。天阴微雨。昨辞行未遍，拟今日复出，以送行者络绎不绝。天又阴。两巡捕云，亲到亦皆不见，无妨差帖。乃遣人持帖而往，然于心终歉然也。

李岑秋来。朱淮卿来,持来邢端手版,请将前帖换回。邢端榜年十六岁,实年十九岁,芝珊今年岁考取进之新生也。据云,昨遣人唤伊,伊今早来,已训饬之,伊深自引咎。盖伊初来见时,只备红折三个,到号房始知须用两份,仓卒间误信号房之言,遂以旧帖补数,以为衙署中人当知规矩,既曰可谅,无不可也。余等谓因其年少,诸事宜虚心,不可自作聪明,故介君惩戒之,庶此后免于获戾,师生谊重,本无所苛责,帖不必换,可将手版还之。此外送行来者尚多,均谢未见。赏贡院各项当差人役共十金,令巡捕葛分给之。惟王彩臣同年便衣复来见,余托带交刘荔孙一信,购皮果盘珠合等数事。致堂今日已愈,晚来谈,至丑初始去。服药。

二十一日(11月1日)

辰刻起。数日来疾大见减,惟左手尚微肿痛。学署送来小箱、竹篮各一,烦带河南省城,交准补杞县正堂蒯,蒯名钱,字希彭,浙江人,顺天籍。如銮舆回京,不到河南省城复命,则于到郑州时,托州尊转寄。已而芝珊来,又交信两件,一即蒯信,一带京交南丰馆赵,如赵不在京,即交朱艾卿同年收阅。与筱苏约榜后游览贡院一周,以疾未愈不果。今将去矣,此愿终未能偿。仅就所见者,录如左:衡鉴堂五楹,前后皆有廊,中为会客聚食之所,台座两旁皆为门,以通后院。西偏门内又有门,东向置楼梯,又隔以板壁,遂无后门。堂前中为孝廉船,左右为八房,为收掌、为房吏、为差纪所居。堂上楼四楹,曰玉尺楼。孝廉船前即内帘门,门外隙地弓许,上有覆宇。前则监临堂六楹,西偏少一楹,厨房在焉。再前则至公堂五楹,阶下有栅门,门外左为供给所,右为听差各房。再前又有栅阶十数级,左右皆号舍矣。号舍之前又有栅门,门外则明远楼,而龙门,而大门,大门外有照壁。院甚宽敞,设亭四,约是点名之处。辕门即

“明经取士”“为国求贤”两坊，与街等阔，行人往来，必行其中，无别径也。号舍西皆三十四间，东则多少不等，有十三四间者，以有监试、提调等居占之也。号舍直达内帘，两旁亦西偏多而东偏少，东偏房官室后尚有内监试堂也。衡鉴堂后院则厨、厕、茶室而已。

杨仲三、戴镜湖同来，延见之。顷前以世愚侄帖来拜之杨兆麟亦便衣来见，其人甚猥琐，不类世家子弟。前云二三日即赴云南，故榜后未曾往拜，何以至今未行？其官已保至道员，分发广东，且两次出洋，何以并衣冠而无之？不拘形迹，是必交谊甚厚也，而实毫无渊源，妄为大言，或者借以招摇也，而实无所请托。如此君者，真令人不可解矣。行装今日必须束齐，而供给所习于延玩，凡油纸、麻线之类，每索一种，必阅数时之久而后应付，又必不如数。《闱墨》《题名录》至暮亦未送齐。红白杠昨晚始动工。行舆自到省即开单发交收拾，至今亦未送来，明日大有不能首途之势。适承述之来送行，闻之，谓如明日不行，须早知照首县，令其通报各署，以免出城待送。余等将从之，致堂始急催赶办。已而喻济丞来送行，又代致堂指挥一切，告余等明日必可成行，万一不能行，明日清早再知照首县不迟。余等本不欲改期，闻其言遂止。致堂昨言今晚备肴为饯，仍约济丞，以忙故亦未践言。晚饭后，行舆始至，草草收拾而已。筱苏之舆顶上，曾被道旁树枝穿一孔，遇雨则漏，视之依然未补，致堂乃令人以布糊之。问何不照单收拾，则曰单于失火日不知所在，托词也。至三更后始稍稍就绪，而杠犹未齐，只装红杠十四，白杠二三而已。余等逆知杠较来时加多，预告致堂各加覆杠油布十张。乃今日午后，始加油，至夜未干。服药，前后两方共服十四剂，本日又取十剂，以备途中之用。沿途各处不皆有药店，即有之，亦不如省城之药良也。晚间,分经房吏送来写就《乡试录》请校,取而阅之,讹误甚多,亦并未写齐,仓卒间校对,不许,乃还之,令一律写毕后送六房、七房两位详校。于是房吏求赏,与筱苏共赏三金,乃知《乡试录》之送,为求赏计也。寅刻始眠。终日天阴寒甚。

二十二日(11月2日)

辰刻起。昨本定八点钟动身,今始起已七点馀矣。即催杠,良久始齐,计共红杠十四,四人者四,三人者十。白杠十五,四人者一,三人者二,二人者十二。杠齐而夫又不至。昨首县来问需夫几何,以杠未齐不能定数,故今日如额甚难也。致堂带其世兄来见,六七岁耳,见人打跧为礼,甚为聪达。时至巳正二刻,夫尚未集,余等殊深焦急。致堂乃请余等先行,渠代为催夫,必无贻误。盖致堂闻各大宪已出城候送,恐余等迟行,各宪将以供办行物未备归咎于渠也。余等不改行期即为此,今闻其言遂从之,乃留二仆待杠同行。行舆中痰合一只竟不见,筱苏谓下暖帘时此物必不可少,求之弗得。致堂许为饬人往轿店索取,追送至谷脚塘。筱苏曰,如赶不及,可送至龙里县。致堂曰,断不至若是之迟,君至谷脚塘时必送到也。已而寂然。余等升舆,出南门,至接官厅,中丞、学使、司、道、府、县俱集焉。入而少坐复行。不数武,杨兆麟又便衣来送。练军统领及三营官亦于武官厅候送。又入,一茶而别。既出,候补州县以下江南人居多。及房官六人友琴回任,介亭未至。皆立送于道左,降舆,答揖,谆托济丞、岑秋二人校对《乡试录》,立谈片刻复行。不半里,各营哨弁列队道旁,约长半里许,皆鹄立而送,但于舆中拱手而已。去省城十里至图云关。门生二十九人假关帝庙公设祖饯,入饮酒三巡,别而行。道遇卸篆下江通判杨霁初煦荣,湖南人,乙亥举人，与筱苏有世谊，昨以事干筱苏，故候见于此，余亦降舆揖之。去图云关五里至龙墩铺，马敬斋候送于此。节节周旋，直至申初三刻始抵谷脚塘饭尖。到谷脚塘，见范和手执水席票一束发与舁夫，问之，则差纪托为代发者。舁夫二百馀人，一一饭之，所费为不少矣。今日天晴寒减，而行馆已设烘炉，令撤去之。申正二刻复行。十五里天色已暝，戌正始抵龙里县。大令联星三魁沿途饬人备火炬相待，昨逆料及此，嘱首县函告之也。行杠仅到十馀抬，卧具未到。星三适在行馆，从之借衾枕焉。至丑刻馀杠不至，乃眠。

二十三日（11月3日）

辰刻起。杠犹未至，乃留居龙里一日以待之。未初始陆续毕至。问何迟也，则余等行后，致堂亦去，并未代为料理，家人自往县署催夫，下午始克成行。行三十里，天已昏暮，遂投旅店宿焉。仆从言诚不足信，然以痰合一事例之，非尽谰言。筱苏怒致堂行不逮言，作书讽之，余亦列名焉。晡时，答拜龙里文武官四处，唯入县署与星三谈许久。既而星三又来谢步，因言曹致堂于所领供给之款，私汇六千金回籍，而声言赔累数千，事事减刻，不循旧章，故上下无不怨之者。前科旧帐之开销多者，致堂竟撕去数页以灭迹，骑封印花不合弗顾也。亦星三云。有普安文生黄兴德、贵筑武生萧同春等公递一禀，条陈黔省事宜，大旨以练团兵、设文武学堂为主。据言，黔中烟户共有七百万家，每家日出钱三文，岁可得七百馀万串。余等以其所言团兵额饷、学堂膏奖之数计之，岁需钱五百万串，其馀以充团营及学堂公费，自无不足。乃见二人，叩以黔省烟户果否实有其数，二人皆隐约其词，盖皆好为大言者也。因将其条陈还之。晚间，星三送来家信一件，烦带京交其少君。天气阴晴不定，夜微雨。

二十四日（11月4日）

微雨，少时即止。辰正夫独未齐，余等乃先行。星三送于城外，并派兵丁四人随行。卯刻起。哨官杨通富亦来送，兵丁即所统抚标营兵也。二十里逾一岭，曰云顶关，上下约二里许，来时不知其名，故未详及。有细果红若珊瑚，鲜妍夺目，遍山皆是。令舆夫折一枝来，而尖叶，枝间多刺如棘果，状如柤而较樱桃尤小。询诸识者，盖禹馀粮也，凶荒之岁可茹以疗饥。午正尖新安塘，未初复行，汛官邓明仁送于道左。二十馀里至牟珠洞，来时未游，今入视之。洞前有庙，庙外有亭，为行人往来憩息之所。入亭降舆，拾石级数重而入庙门，又十馀级而至佛殿，殿后因山为院，又拾数级而入。右行数武，遂至洞口，广八九尺，高可丈馀，当门有石一茎，下柱于地，上镌观音小像，香火奉之。洞内石骨嵯峨，上竦下垂，其形不一。老僧指以相示，若者为悬灯，若者为倒瓜，若者龙矫首，若者象垂鼻，其名甚夥，不可悉记，然皆不过略具形似而已。再进则昏暗不能辨路，有人秉炬前导，复入数十武，以次而高。闻其深尚有一二里，必须猱升而上，余等畏其滑汰，且恐耽搁程途，乃废然返。老僧瀹茗相款，少坐而出。酉初三刻抵贵定县。大令石郑卿同年郊迎如初。抵行馆后复来谈，因行杠未到齐，请其派人持火炬迎之。晚饭约郑卿来同饮，饮毕谈良久。其侄孙年七八岁，亦来嬉戏，与之同归。更馀张全始至，言有十馀杠尚在二十里外。终日天阴，夜复雨，微寒。

二十五日(11月5日)

黎明杠始毕至,即起。拟早行而郑卿适至,言今日山程艰远,杠夫终夜未息,筋力已疲,请汰尽其孱弱者,更易壮夫,发杠先行,君等留此一日,则行杠自无后至之患。余等从之。乃发五十杠于今日先行,郑卿派役护送,余等亦各遣一仆随往。仍留载卧具及随手应用等物十六杠,明日同行。余等共六十杠,馀六杠乃王鹤亭物也。鹤亭与致堂同乡,故致堂代为办杠,杂入余等杠中,图省自省至镇远之费,至龙里时始知之,然木已成舟,未能烛照于先,何贵察察于既,且其人尚未来到,势不能委而去之,惟有含忍而已。若太激烈,无以对曹、喻二君,亦与许伊同行之初心相刺谬。城中有兰皋书院,郑卿约余等往观之。饭后往,郑卿先至,瀹茗以待,并召斋长喻善臣茂才相陪。书院为同治七年所建,中祀王阳明先生,地势甚高,当门一览,城内外历历在目。书院门傍有柿树一株,叶作红色,绚烂可观。城以石为之,随山高下,周可七八里。城中居民千馀家,较龙里几两倍之。惟城北居民差少,隙地尚多。由书院至县署答拜郑卿,郑卿具笔墨乞书楹联。俄而合署之人皆以纸来,并有代武营烦书者,余二人更代书之,至暮而止,犹未尽也。其侄孙亦以一扇一纸乞书,筱苏为书横幅,余为书扇,欢跃抱持而去。署之东偏有亭,曰环山亭,建于小阜之上,郑卿导余等登眺。其高与书院等,徙倚片刻而下。在署晚饭。郑卿言此为新城,因驿路所经,故移县治于此。旧城在新城南五十里,至今犹称旧县也。郑卿饮虎骨酒,余索饮数杯,陶然而醉。戌刻归,登床酣眠,阅时方起。鹤亭今日已到,来谈许久,竟不知也。天终日阴。

二十六日(11月6日)

卯刻起。郑卿来谈,与约在此揖别,切勿远送,我辈无庸虚文也。辰初行,郑卿仍送于郊。四十二里,午初三刻尖于黄丝塘。未初复行十里,过西阳驿,平越营哨官迎于道左。又十八里,申正二刻宿马肠坪,平越州牧瞿子濬以州考未至。在省闻曹致堂言,始知子濬之尊甫为辛亥举人,世兄弟也。因于联扇款加"世"字,乃来此竟未得见,恐彼尚未知称谓何从耳。昨日先行之杠宿黄丝塘,今午至此,以驿纪仓卒,雇夫不集,不克前进而止。盖在省城濒行时,造杠未成,不知需夫若干,首县预备长夫百七丨名,及杠成而夫不足,乃现雇短夫五十名,初日行杠起程所由甚晚也。短夫每站更替,而沿途又无夫行,须远募乡夫。年岁顺成,乡人不肯轻出,故一时难集,若杠早报齐,则尽用长夫,各县省事多矣,是皆曹致堂一人之过也。终日天晴而暖。

二十七日(11月7日)

黎明起,即令催夫。卯正三刻,杠发已毕乃行。晓雾未收,霏微如雨,咫尺而外,不可辨物。巳正尖于杨老塘,哨弁周文麟、陈文谟郊迎如初。到行馆后,周来见,并派练军四名护送。龙里之兵乃辞归,余等共赏洋二元。午初复行,天晴而暖。周又郊送。途遇云南迤东道联陔赴任,遣人持帖来请安,云未具衣冠,即不下舆矣。已而两舆相遇,拱手而过。申初一刻抵清平县,郊迎者四人,大令黄采九凤祥,候补州判、署典史周著原,外委谢仁厚,其一人则杨润泉也。到行馆后俱来见。延见黄、杨二人,谈许久。润泉少余一岁,竟已留须,然面目间绝无老气,望之三十许人耳。采九与润泉同岁，虽无须，而老苍多矣。薄暮复约二人同来晚饭。饭后，采九先去，润泉留谈，因取其履历、手版还之，良久辞去。二更后复来见，余延之卧室，告以已代写衔条，谆托方伯，方伯见衔条，深加奖许。又与臬宪谈及，臬宪尤为垂青等语。润泉亦问天津一切事，甚悉。问何时回署，答言来已三日，明日送君后即归矣。谈至子正乃去。采九来信，言夫马均已备齐，共银一百六两，惟尊纪范、高二人尚多方需索，碍难照办，请示定夺。时筱苏已寝，余乃唤二人归，问之，则曰并未格外需索，不过折席一切，欲照来时数耳，差总亦并未不允，只曰少待，故待至此时，此信不知因何而来，可请本县来质之。余固不信家丁之言，然知采九人甚仁柔，非敢作敢当者，虽有信来，如果面质，必至呐呐不出，不肯直言，徒多一番纷扰。惟诫二人无论给否多少，只可静以俟之，不许尔等再出行馆一步而已，迟明再请筱苏处分。已而他仆来禀，县署已送银来，且较来时多四金，来时八金，今十二金。因思有例在前，相差不能太多，此四金者，当即所谓多方需索者也。然既肯加银，又何必来信，或润泉从中调停之力与？范孙日记载，甲午科主考入境，玉屏差信底稿有前站明四金、暗四金云云。彼时范仆随吴棣轩前辈来黔，稔知之。今所多之数或即所谓暗四金者。来时已饱私囊，今为众目共睹，不能隐欤？然则固未多方需索也。总之，此种曲折繁多者不能察，况余乎？丑刻始眠。

二十八日（11月8日）

卯刻起。余出采九信，请筱苏观之。范和亦来禀明其主。筱苏以事属已往，亦未深究，惟责其不应在县署久待而已。辰初二刻升舆，答拜采九、润泉及周典史，俱以出城候送未见，乃就道。诸君送于郊，行过大风洞,忘未入视,心殊耿耿。午正一刻渡河,尖重安江,未初一刻复行。酉初二刻抵黄平州。刺史熊洁轩、吏目周筠、都司陈敬修郊迎。到行馆后又来见。饭后笼烛至三处答拜,惟见洁轩,谈及曹致堂。洁轩谓致堂之言而无信彼所深知,因历述其巧伪贪吝诸事,邵方伯最心恶之,恐终难逃白简也。谈约时许而返。终日天晴。

二十九日(11月9日)

卯刻起。辰初一刻行。尚未出城,行舆右窗之玻璃忽然堕地而碎,盖玻璃既小,木匡〔框〕又仄而薄,相入者止一线。去贵定日,途中舆踣,即震而出,幸倒向内,为绸幕兜住,仆辈照旧嵌之,益不固,今竟碎矣。不顾而行。熊、周、陈三人送于郊,十里过十里桥,桥长约三四十步。午初一刻尖蓝桥塘。午正二刻复行。去施秉六里许。筱苏之舆肩扛忽折,更易需时,余乃先趋,将至城下,停舆道左以待之。及筱苏至,则舆左窗之玻璃亦落,二人相视而笑,乃同行至西门。署令杨升舟、外委杨玉龙、练军哨官李中林迎于门首。至行馆,询知筱苏易扛之后舆又踣,故玻璃震落,然亦倒向内,未碎也。升舟来见,谈及余疾,伊精于医,谓余气色不佳,疾尚未去,急宜服药,不然一年之后恐成瘫痪。即请其诊视,为署一方。时已上灯,即留其共饭。饭间,谈及施秉与八属为邻,八属之中皆有施秉所辖之地,最远之处有行八日始至者,而出城不及半里,又有不隶施秉而转隶他属者。盖黔省州县皆插花地,岑襄勤公抚黔时欲改定疆界,未及行而迁去,后人皆畏其难,终不果行。百姓尤不愿改定,盖疆界混淆觉察难及,易于作奸也。升舟问余等共享夫役若干,告以共享夫二百四十名,马八匹，伊言溜单于夫役浮开百馀名，马则倍之。因问七月晋省时溜单所载夫数若干，伊言共二百馀名，核之实数，亦浮开七八十名。乃嘱升舟将前后溜单检齐，差信照录一通。送来溜单，果如所言。此次差信只云仆从凶横，十分难办。来时差信则有与范某商定云云。筱苏谓余曰，此行吾不敢断，来时纯是范和一人作怪，尔之李明，人甚老实，且初次出门，尚未染恶习，观其出言无大声，一路来从未瞋怒驿差，呵叱夫役，可见非擅作威福之流也。李明曾向余言，到保定时，范和以其诸多未谙，许为合办，指天誓日以示不欺，乃日来每觉其与差纪狼狈为奸，虽与同行，竟不能伺其隙，殊属狡猾云云。余未之信，因举托人莫疑之开导之。今见此信，乃知李明之言，为不诬矣。

昨熊洁轩言，施秉至镇远水路可通，余等畏山路之难，闻之甚快。今与升舟商，欲舟行，升舟因有恶滩，固谓不可。余等亦固言之，升舟乃命唤船四艘，一为坐船，一为轿船，余二船载仆从及二人杠二十八，其三人四人之杠仍由陆路而行，以船只只有四艘，不胜载也。无何，两巡捕又以水路险恶来谏止。闻巡捕每人每站由省领费二两四钱，而沿途又别索夫马之费，若由水路，夫马遂不可得，故不愿舟行，特来阻挠。余等曰船已唤定，不可改也，乃唯唯而退。夫头来诉县中发价太少，赔累不堪。差纪来告夫头索价无厌，请申饬之。余等以非分内应管之事，概置不理。县署即在行馆隔壁，有门可通。来时不知有门可通，知之，则必往慰伯岩矣。卧后闻升舟喝骂夫头良久。夫头由县署至行馆一路作怨声而去。终日天晴。护送兵丁共赏二元遣归，舟行无所用也。筱苏之陈仆坚不乘船，筱苏令其随杠陆行，与张全互易焉。

三十日（11月10日）

卯刻起。间道步至县署，答拜升舟，少坐而返。先发陆行之杠，仍派仆二人随往。沿途无人备饭，各与制钱二百文。后发船载之杠，船中不能造饭，饭而后行。升舟来共饭，云送余等至诸葛洞而后返，盖恶滩以此为最也。余表兄陈季昌在通州司鹾务，最畏舟行。癸巳秋余随少兰叔旋里，由张家湾登州舟，季昌与焉，危坐舟中，一言不发。入夜，不敢安眠，舟一摇动，辄目眙色变，口作伙颐声，蜷伏不少动，抵家登岸欢笑如庆更生，以之处此，不知又当如何？巳初登舟，舟长五丈，蓬顶亦高，可以起立。余等与两巡捕、升舟共一舟。巳正解缆，倒行十五里至诸葛洞。本拟至此登岸，步行过滩，舟子力言无事，乃已。但见滩有三层，层高尺许，水为两山所束，浪迭如雪，声沸如雷。舟子篙桨并施，从巨石纵横中悬流而下，稍一失手则舟碎矣。舟中人无不愕然变色者。既下滩，升舟乃别去。又十五里八角滩。又十五里马脚岩。此二滩亦奇险，然不如诸葛洞之甚。其馀数十滩，险夷不一，又不及此二滩之甚矣。一路皆从山狭中行，两岸高峰插天蔽日，路随山转，绝而复通，向日处煦若春和，驶入山阴则倏尔已暝，冷气袭裾。一时之间而气候不齐，真奇绝也。共行七十五里，申正抵镇远，于南岸舍舟而舆。自镇军、太守以下文武凡十一人，皆在接官厅候迎。过桥时望见仪仗，乃以无人侦伺，呼应不及，竟未见一人。到行馆后，岑润之镇军有富、区丽泉太守维瀚来见，大令谭伯闾希杜来见，即与商买舟包水脚事。问喻济丞曾来信否，答云已得其信，当即照办。撤省镇远府知府谢秀山世叔文翘，云南人，乙亥举人，庚辰进士，丙戌同年。谢履庄检讨（崇基）之胞叔。来谈许久。清江通判吕辅廷锦纶，文节公幼子，筱苏之族侄孙也，与筱苏久未见面，筱苏以清江距镇远只百六十里，预烦贵阳府严绍光寓书，召其来此相见。今日到行馆时，伊随班堂接，已复同众来见，年五十馀矣。晚饭后，又便衣来与筱苏谈，并请余相见，二更后始去。送余程仪，余拟以联扇报之，筱苏以为无庸，遂不送。王鹤亭本日亦到，晚间来见。问何以先迟后速，据云二十二日夫役尽为贵筑县募去送差，未曾雇得，次日始行。舆多二人者，眷口动身又不爽利，故三日始至。贵定今为预雇船只一人，驰行而先，故追及公等，馀人约须明晚始能到齐也。高福来禀，李明之柩已于二十八日舁至。天终日晴。晚间行馆后院蛩声、络纬声相答，有似初秋。

十　月

初一日（11月11日）

辰刻起。送柩之夫头索去未付银五两，并将所写收管索回。差纪来禀，船已雇妥，共六艘。吕辅廷来谈，留共早饭。伊已饭毕，又啜粥焉。饭后，筱苏烦辅廷携仆人往看船只，余令高福同往。王鹤亭来，少坐即去，言眷口已到，船亦雇有眉目。午正出门答拜各官，文官皆在河北，区、谢两太守，经历郭南澧，典史史云均未见，惟见谭伯闾一人。辅廷明知其未在寓，亦到其饭店投刺焉。辅廷为壬子翰林，吕昼〔寿〕堂年伯锦文介弟，用世愚侄帖。武官皆在河南，过板桥，入卫城，中军游击黄戴才、右营都司蒋甲荣、左营守备汤懋昭、管带练军张万名，均未见，惟见镇军岑润之。润之为岑云阶同年族兄，用年愚弟帖。见面时，因其曾在安南,从之索肉桂焉。未刻返行馆,辅廷已回,言船甚宽绰,坐船一十铺,一八铺,尚有会客之所。辅廷又送余等白面共四十斤,备舟中火食之用,又持来宣纸十馀张,请筱苏书屏对,为送人之用。余亦为书对联二副。辅廷言省城有《相台五经》,版甚精工,惜在省时不知,竟失之交臂,怏怏者久之。本日日食甚晚,时已薄暮,未之见也。留辅廷晚饭。赵辅臣又遣蓝德斌送信来,言本欲自来,为事所羁,其信托到津询问乃兄下落,如度日无资,乞为通融,伊当寄还。岑润之明晚在署招饮,已送帖来。更馀,区丽泉太守、谢秀山世叔均便衣来谈。秀山世叔初三日在青龙洞招饮,是日开船,谢之。辅廷二更后始去。为赵辅臣写回信,交蓝某。

初二日(11月12日)

辰刻起。差纪送来船票,坐船二,共价百三十四金;从船二,共价八十四金;舆船二,共价八十金。从喻济丞之言,嘱差纪开明溜单,举船价、席费及一切开销按站均分,由余等自行支发,饭食亦自备,不需州县供给。如此则家人无从需索,沿途亦不至稽留矣。及溜单开来,每站派四十四金,自镇远至常德共十六站,到常德即须下船住行馆,供应如常,无所折纳,除去不算,尚有十五站,共折六百六十金,嫌其太多。差纪曰,地有肥瘠,所辖之境驿站有多少,地瘠站多,各处必不能如数应付,所以稍有虚头,非敢方命也。辅廷亦以为言,乃从之。除船价、饭食、杂用之外,有馀当悉以分给家人,虽不能如数,亦不能较来时减少,独不利于蒙主作弊之人而已。余三船共价百四十九两,在此预支八十六两,即付之,至沅州再支三十八两,馀二十五两至常德付清。午后,伯闿便衣来谈,适船家来讲神福犒赏,经伯闿与之言明，沿途神福，六船共给制钱十二千犒赏，至常德酌给，不能预定也。辅廷自午前即来谈。两巡捕来辞行，明日回省。按例巡捕须送至省界，因余等舍舆而舟，即不复送。余等各赏其家人二金，饬诸仆发行李入船。船多馀地，李明之柩可以附载，未另雇，俟到常德府再雇，盖赴汉口亦必经过常德也。此处所用多担夫，令其抬原杠以往，必不肯，盖抬者与担者各自有行，不相假借也。戒诸仆听之。至酉，行李毕发，然后赴润之之约。辅廷亦在约中，先行片刻，余等随后即至。陪客尚有谢秀山世叔、谭伯闾大令，宾主共六人。饮甚畅。昨请润之派炮船相送，润之许诺，今又云船尚未备，势须少待，而秀山世叔遂乘间坚约赴青龙洞一游，其意甚殷，不肯再却矣。因而揣及，炮船有何不备，润之之言，秀山世叔为之也。戌刻饮毕登舟，辅廷随至。坐船名曰官艇，广八尺馀，长约七丈有奇，其高过人，可以随便行走，无妨帽碍眉之虞，与来时所乘形式相同，而大则过之，舟子名孙加铨，筱苏之舟子名舒自和，皆麻阳人。区太守来舟送行，辅廷誉其善画梅，因索画焉。县署送来鸡、鸭、肉、面四色，收之。又从索风灯、茗盏、红披垫等，为沿途会客之用。此站例不送船价，依然照旧办差也。秀山世叔又送帖来。

初三日（11月13日）

辰刻起。移船过石桥，泊于南岸。此处有马头，便于登也。已而镇军所派炮船亦至，足证昨言之诳。其哨官杨荣，字华亭，云南人。待辅廷早饭，久不至，遣人促之，方行而辅廷已到，因往各处辞行，故来迟也。辅廷赏余等家人制钱各四千，鲍福亦来，随众谢赏。爰命五人均分之，不必入账。岑润之送清华桂一节，肉薄皮细，而色微青，谓以沸水泡之，水仍白而不改色，此节可分八次服之。质之辅廷，以为乃肉桂中上品，不可得也。又虎骨胶一块，乃纯用虎骨自熬，不杂皮肉者。又五加皮一包，产自云南者。午后，伯阊来送行。秀山世叔来，谈至申刻，乃先往青龙洞以待。申正二刻，余等乃同辅廷前往，登岸，让辅廷先行，洞在南岸，舆夫竟肩舆过桥而北，知其误听，而告之复折而南。秀山世叔现寓考棚，考棚在河北。舆夫只知谢大人请酒，以为必在本寓，故过桥也。既至，拾石磴盘旋而上，凡历百数十级，始达听事，额曰"问渔船"。坐甫定，而遥闻呵殿声，镇军至矣。青龙洞尚在岩上，相与登而观之，又历百馀级始至其上。洞宽广仅亩许，其中构木为屋，以祀真武，额曰"通明宫"。又有一匾曰"泽被群生"，为同治十四年阳湖恽敬题，恽子居非同治间人，同治亦无十四年，甚可怪也。翠微阁联有署名桂馥者，与木谷先生同姓名而非同籍阳湖，一县竟有恽敬者二乎？然同治十四年则断乎未有也。张策辨古鼎铭以黄初元年无二月，知为伪作。此匾亦然。皆不善作伪者也。洞口西向，凭栏俯视，河水弯环，循岩东下，两岸城郭室庐，历历在目。王子安所谓层峦耸翠，上出重霄，飞阁流丹，下临无地，此境彷佛似之。瞻顾良久乃下。听事之北尚有佛舍数处，皆依岩石为之。其下为万寿宫，楼阁壮丽，环抱岩腰。万寿宫再北为中元洞，据云其中妙境与飞云洞等。惜此二所皆不相通，未获一览。时已薄暮，乃还听事入席，谈饮甚欢，余竟陶然而醉。区丽泉太守送余等茶食四合，牛油烛四包，墨画梅花各四幅。戌刻散归。登舟之后，辅廷、秀山又相随而至，谈极久。余勉强相陪，频入睡乡。秀山先去，辅廷继之。送辅廷出，退入舱，顿踣于地，幸未受伤，乃早眠。连日天晴，今忽阴。

初四日(11月14日)

天明即鸣钲开船。已而微雨,冒雨而行。五里山门滩。又十五里大王滩。河干有金龙四大王庙,舟子焚香楮以敬神,然后众人登岸,倒挽竹缅而徐放之。炮船自哨官以下,俱来助挽。前舟既下,后舟再行。乃筱苏之舟方入溜,缅忽中断,舟遂随溜疾下,势如奔马,礁石棱棱森立,水面众篙并举,左趋右避,幸而无事。又一里二王滩。又八里八路滩。又一里泊蕉溪,早饭。午正复行。五里叫化滩。又五里平马塘。又四里鲍母溪。又二里罗汉溪。余舟触于石,穿一孔,停舟戽水,以板塞之,良久然后得行,筱苏亦停舟以待。又三里金盆滩。又十里九脑水。又三里月子村。又二里,酉初泊浦田青溪县属。共行六十四里,早晚饭皆过筱苏舟食。灯后,杨华亭来见,谈片刻。王鹤亭登舟闲话,久之乃去。夜召舟子,访以所过滩名,舟子不识字,语又不甚可解,姑依其音记之,是否此字,无从辨证也。舟子所言,皆滩之有名者耳,其无名者尚多,不能强名也。自镇远至洪江,水程六百馀里,两岸高山,皆生寒树,水色缥碧,清澈见底,乱石纵横,激成湍濑,舟行其中,迅如发矢。时际冬初,水渐枯涸,其浅处则需人入水推之,其险处又需人登岸挽之,节节稽滞,故一日仅行数十里而止,不克兼程并进也。然较之陆行则安逸多矣。严记有周子瑜观察谓舟行较为安逸,余意不在安逸也云云。夫安逸,诚不可耽。若安逸而又省费,奚不可者?余等陆行用夫二百馀名,马八匹,加以上中席水、席油、烛茶纸、家人常例等项,每站所费较舟行折款不啻倍之。谁谓安逸之不可耽哉?自八月初七日起,以疾故未书日记。虽有可以勉强作字之时,而阅卷每至夜分,固已疲惫不堪,懒再握管。发榜后疾仍未愈,而酬应繁多,日不暇给。遇少差日,辄于晚间书联扇等件,然运笔迟缓,亦未能多书,更无暇计及于此。积日既多,更事又夥,欲补记之,非心静身闲,穷数日之力不可。舟行至常德,势须兼旬,终日危坐蓬窗,何所事事,乃自今伊始,追忆月馀所历而详书之。事虽如在目前,而某事在某日,则已强半遗忘,幸有筱苏日记为蓝本,其公共之事固不待思索,即余一人之事,筱苏亦多记及,其不及者,皆触类而得之。至于阅卷之多寡,则有卷册可稽。宾客之往来,则有门簿可考,间断数十日之久竟获一一补书,无所缺欠,亦快矣哉。夜雨又作。

初五日(11月15日)

天明解缆。五里塘防边。又二里牛板塘。又三里将军岩。又三里铜鼓浪。又三里上风梁。又五里下风梁。又一里,午初抵青溪县南门外,停船午饭。县备仪仗,列队伍迎于岸上。大令李谢廷、把总杨荫廷、练军哨长宋卫臣家宾,云南人,登舟来见。谢亭言,青溪乡试,脱科已历八十八年,某在此多方培植,今科竟获隽一人,五十四名李卓元,固足为某增光,亦足以励读书人之志气也。与谢廷言折纳船价席资之故,出镇远溜单与之,谢廷欣然持去。未几,如数交纳,毫无难色。余等向耻言折钱,恐为有司所鄙,今因家人需索太甚,防范难周,不得已而出此,乃有司竟以为甚便,则始念之所不及料也。然必核实之外,稍增其数,以为家人酬劳之地,但不宜过于浮冒也。范孙任满北旋,自开车马酒席单,不许家人收受分文,诚为可法。然学差则可,试差家人进款无多,沿途规费不能十分禁止,惟格外需索需鉴察耳。如真不受分文,须见地方官面言之,方可切实,不然徒饱差纪之橐而已。未初复行。二里桥埂滩。又一里剪刀滩。又二里雷打岩。又三里毛毛塘。又六里麋背滩。又八里响水滩。又五里杨坪。又五里一碗水。又三里，酉初泊河口。共行五十七里。河口属玉屏县辖。今日惟牛板塘、响水滩二处用竹缅倒挽而下，馀皆否。杨坪以上，灌田机轮甚多，来时已经详记。惟彼时在岸上行，设于对岸者始能望见，究辨识不真。今在水中央，两岸所设，均一目了然，乃知木板只用以转轮，别有竹筒数十，斜置轮边，近水则口向下，入水则横在水中，水为之满，满则口向上而行，至近沟处复横，则水注沟中，再转则口渐向下而水尽。如是周而复始，不费人力，不问天时，而田优渥矣。谁谓华人之无智哉？其障水之坝，水势激跃，与湍濑同，而无礁石之险，最利于下水船云。终日阴晴不定，写日记。

初六日（11月16日）

天明解缆。三里石灰滩。过此忽然大雾，舟人谓之罩子。不能辨途，停船数刻。又三里夹岩。又五里田家垞。又四里北门滩，即玉屏县北门外，时才巳初二刻。泊后，大令孔鲁峰、把总万炳南来见。玉屏新中第八十四名举人郑嘉复来见。在省时，门生来见者，门敬皆甚丰，往往门敬外又有所谓茶敬者，茶夫得之，颇疑伊等不免需索。今郑生来谒，余等观望，见之登舟即见，未尝留滞，而贽敬四金，门敬则二金，茶敬且八钱焉，乃知此处风俗固与京师不同也。余等各送其《闱墨》一本。此处箫笛有名，持以求售者甚众，而苦不精良。烦鹤亭入市购求。亦无佳者，乃以银四钱购箫三对、笛一对。最后有持郑芝山箫两对来者，云箫以郑姓者为优，而芝山所作尤良。然余不知音，不能辨也。取视之，刻工稍精，又以制钱六百购之。未初二刻，水脚银、溜单、印结始至。方欲解缆，舟子求余等向县官代索小费。不许,竟把持不肯起碇。怒召船主责之,然后开行。此中不免有唆使者。三里万卷书岩。又三里沟寨滩。又四里王垞。又二里挂榜滩。至此,筱苏之舟胶浅良久。又三里秋玉滩。又二里包东滩。又五里穹滩。又二里,酉初二刻泊马泥塘仍玉屏境。共行三十九里。今日天晴,见新月焉。在贵州境内,凡经过州县,皆送《闱墨》《题名录》。写日记。

初七日(11月17日)

天明解缆先君忌日。一里杨庄滩。又一里观音滩。又二里点鱼槽。又一里牯牛岩。又三里小姑汀。又三里大姑泷,过此即湖南晃州界。五里青菜塘。又三里钢板滩。又四里大鱼塘。又十里鸡爪岩。又四里倒水湾。又五里龙溪口。此处镇市颇盛,临河有镇江阁,凡三层,又有一楼,额书“虫二”两字,是风月无边之廋词也,然而拾人牙慧矣。一里冲天涌。又四里震滩,下滩即到晃州矣。龙溪口以下,临河有石山数笏,不生草木,其色如铁,山椒有庙,题曰“小南海”。午初二刻泊晃州。葛心南、徐晖廷来迎,只见心南。心南言瓜期已届,不日即须卸篆,意盖欲省船席之费也。既去,果使人来言,银一两折纳制钱八百,共负来钱三十五千二百。却之未受。已而又负来,增至四十千,极言艰苦之状。核以溜单所载,尚少十三千有奇。耻与较量,遂命留之。申初三刻复行。二里磨沟滩。徐晖廷列队于岸,鸣枪相送。又四里新桥边。又四里,酉初泊新店晃州境。共行五十七里。终日天阴。夜微雨,写日记。

初八日(11月18日)

天明解缆。三里山门滩。又十七里过曹家溪。自晃州沿流而下,独此处属贵州玉屏县辖,亦所谓插花地也。其地周回仅半里许,以外皆湖南地,并无居民,只有厘局一所,居者皆局中人役,不过二三十家耳。厘局岁入仅三万馀金,盖地落湘中,湘人性极刚悍,讥察不敢过严,严则激生事端,而纠众毁卡之变起矣。此处入口税多,出口税少,入口布为大宗,出口洋药为大宗。洋药至此,已遍历黔境,大率已完厘矣,验票而已。又三里薄洲。又七里白水滩。又三里铜槽铁涧。又三里次滩。又四里皇后滩。又三里满天星。此滩极险,长几半里,乱石错落,森列水面,左有石滩七行,每行相去约六七尺,编竹为梁,凡六分,置其间,水从梁上奔腾而下,涛头滚滚,声若雷鸣。舟人曰,此鱼梁也。右有水路一条,迫近山麓,而夹于礁石之间。官艇长大,碍石难行,每船用十馀人倒曳竹絙,徐放而下。又四里黄瓜溜。又三里晒谷坪,即便水驿也。毅字一旗哨官叶发清字焕廷,湖南人,列队于岸,鸣炮以迎,时才申初一刻。以风逆滩险,恐此去难寻宿处,遂泊焉。共行五十里。叶焕廷来见,言毅字凡三旗,旗四哨,哨七十五人,合之统领亲兵千馀人耳。本是毅安五营,经张香帅于每营裁去二百人,而改中营为一旗,驻沅州;前营为二旗,驻麻阳;左营为三旗,驻荆州,荆州当是靖州之误,语音未辨清也。均由制军发饷。其右、后二营,则由湘抚调驻省城矣。终日天阴。时有微雨。夜雨大作。写日记。

初九日(11月19日)

天明解缆,即过鱼落滩。又五里老鼠钻洞。又五里白马洞。又五里陡滩。又二里湾滩。又八里大卦滩。又二里王八滩。又一里乌龟滩。又二里大鹅滩。又二里小鹅滩。又八里大官洞。又二里小官洞。又五里石灰滩。又五里长滩。又三里马王滩。又五里螺蛳滩。又十二里北门滩,即沅州府北门外也。未初一刻行至西门,县差于此设马头,遂泊焉。共行七十二里。管带毅字二旗补用参将眭小春列队迎于岸,既而来见,谢之。太守朱莼卿前辈、大令杜蓉湖、典史张绍青同来见。莼卿言,合肥相国以九月二十七日薨于京师,赠太傅,晋侯爵,谥文忠,饰终之典,备极优渥。在合肥早岁通籍,册载宣劳,垂暮之年,犹复只手擎天,保全危局,功成身死,可谓遗憾毫无。惟当此乘舆未还,议款未结,外交内政,胥待经纶,一旦丧此元良,国是何所倚畀?而吾津之昔沾惠泽,今待来苏者,如婴儿之失父母,更不待言。大苏祭欧阳文谓"上为天下痛而下以哭其私",余今日有同情焉。又言,全权大臣已派王夔石,直隶总督北洋大臣已授袁慰亭。此二公者,未知能善其后否也?午后,从县署假肩舆登岸,过江西桥,先到眭小春营中答拜。往返约十里,然后入南门至府、县各署答拜,唯见莼卿、蓉湖二人。莼卿言,河南首府文仲恭太守悌上书,力阻回銮,且以身殉,法古人之尸谏也,惟系得之传闻,未知确否。此事未确,不知从何说起。又言,张香翁于五六月间与两江刘制军合词条陈变法事,共三折,约万馀言,俱已付梓。余等索观之,许为送至舟中。由府署出,又拜统领颜茂园,以来时未能答拜也。亦未见。酉初始归舟。蓉湖送酒肴来,却之。晚间,莼卿送来张、刘奏折两份，每份三本，与筱苏于灯下观之。第一折凡四条，设文武学堂，酌改文科，停止武科，奖劝游学。第二折凡十二条，崇节俭，破常格，停捐纳，课官重禄，去书吏，去差役，恤刑狱，改选法，筹八旗生计，裁屯卫，裁绿营，简文法。第三折凡十一条，广派游历，练外国操，广军实，修农政，劝工艺，定矿律、路律、商律、交涉刑律，用银元，行印花税，推行邮政，官收洋药，多译各国书。皆香翁手笔也。余等送朱、杜两君《闱墨》各二本。天阴，晚微晴。写日记。发船价三十八两。

初十日（11月20日）

早，颜茂园来谢步，余尚未起，未得见。起后问筱苏，亦谢未见也。芷江县自便水驿至怀化驿应交四站之费，昨蓉湖仅送八十馀金，余等却之。延及今晨，往返数次不决，筱苏开一清单示之，何者可省，何者不可省。待至午初，始送百三十金，仍减去四十六金，且言，湖南办差，不似贵州，向无公费可领，无论所费若干，仅依勘合详报，今镇远县〈取〉巧图脱，贻累邻封，乞致书戒之，令此后切不可如此。余等恐差纪之言不实，未之应，遂留其款亦不复与校也。午初开船，开船后，前站船又掉回。问故，则曰舟子有登岸未归者，语近含胡。闻范和送此处差纪礼甚丰，不知又弄何狡狯，然高福亦在舟中，恐未能出淤不染也。穿江西桥下而过，桥凡十五洞。既过桥，毅字二旗哨官蒋寿廷列队河干相送。蒋于黎明时即来此，余等以船价未送，恐其久候太劳，遣人谢之，蒋坚不肯去，心殊歉然。行二里炮台湾。又十里杨溪河。又二里七里桥。又四里虾蟆口。又六里火烧铺。又六里八洲。又二里沟阑岩。又十里罗旧驿。又三里富连塘。又十里张家湾。又一里道人潭。又九里公平驿。芷江至此为一站。又五里懒马头。又五里，酉初二刻泊贵筑滩下,共行七十五里。自晃州以下,河面渐广,流亦渐深,无复胶滞之患。惟晃州至沅州险滩极多,舟子时有戒心,沅州而下,滩溜渐平,无甚奇险之处,两岸之上亦渐远渐卑,而河又益广矣。终日天晴。写日记。

十一日(11月21日)

天明解缆。五里蓝溪。又三里鱼梁滩。又十里石灰窑。又五里榆树湾。又五里仙人桥。又五里湾滩。又八里枫木塘。又六里鸭子岩。又五里白岩塘。又十里中方,停舟午餐。十里周站。公平驿至此为一站。又五里七里长滩。又三里社鼓泷。又三里牌楼坳。又一里高丽洞。舟行至此,迫就右岸石壁而下。壁上有重楼,为杨四将军庙,俗号王爷庙。庙前水势如高屋建瓴,湍流甚箭,左右叠石磊砢,一线通舟。舟从石中盘绕而下,真险绝也。旁有上水船一,误触于石,在此下货,睹之尤为惴惴。舟子于此处领神福钱一次。又九里桐木窑。又一里桐木洞。又五里汪塘。又八里,酉初二刻泊红崖山。黔阳县境。共行一百七里。自镇远开船,船皆去舵倒行而下,上水者则否。须至黔阳,然后安舵掉头顺行,盖河流至此始盛也。又自镇远而下,不用帆樯,不论风之顺逆也。若过常德,则下水亦不眠桅,遇逆风但不张帆而已,与上水同。红崖山距黔阳仅十五里,故泊舟之后,舟人遂皆安舵,丁丁之声良久始息。晚,鹤亭过船谈至二更后。终日天晴。写日记。

十二日(11月22日)

卯正二刻开船。三里烟溪,大雾迷漫,停舟一小时许。辰正二刻复行。六里棺材岩。又六里黔阳县沅州府属。署令胡粤生日升，江苏阳湖人棹小舟来见。筱苏以地非驿站，河干未必设马头，舟亦不能久停，遂不待余而先见之。已而余亦见之。粤生言，湖南办差果无公费，惟本省学使过境所需夫马，有民雇者，有官雇者，有官民合雇者，各属情形不同，其馀各差则皆出于官而无从报销也。学使按临，民以为是专为我考试来也，故应差。粤生去后，船亦抵岸。马头灯彩预备整齐，乃知粤生之棹舟而来，取远迎之义也。少时，粤生送上中席各二，余等以黔阳例无供给，却之。伊执地主之谊，再三固请，辞不获已，受其半焉。停舟又一小时许。午初复行，仪、乐二船送如迎时。二里牛屎滩。又三里白庄。又二里分水滩。又十里白马阁。又十三里沟阑崖。又十里大鸬鹚滩。又十二里连洲滩。又八里，未正抵洪江泊焉。此处河有支流。自周站至黔阳为一站，黔阳至洪江为一站。自黔阳至此，两岸皆高山，滩流最险，近因水涨数尺，溜虽急而不觉其险，舟行亦较他处为速。共行七十五里。帮带湖南长胜水师补用副将曾镇卿友亮，长沙人来见，言已备炮船一艘，派哨官文茂贤号沧田护送至常德，替回镇远炮船。晡时，杨华亭来辞行，赠以礼扇、差联、小刀、荷包四色，又以八金犒其水手。筱苏亦如之。洪江为靖州府会同县地，上下皆属黔阳，惟此处属会同，为自镇远至常德水路间第一巨镇，辰、沅两府所不逮也。物产惟木器，他物皆自他处运来者。购木盆数个，以杉木尖为板，每片皆有正圆红心，攒聚成盆，红白相间，若有花然，北方所未有也。令仆人购扇，拟送杨华亭，以非其时，竟无售者。晚，邀鹤亭同饭，谈许久。天晴。写日记。

十三日（11月23日）

早，大雾漫空，咫尺若不相见。待至巳初二刻，雾消日出，然后开行。二里五瓜花。又一里鹭鸶崖。又七里滩头。河中木筏相属,绵亘里许,有炮船驻泊,厘卡在焉。炮船声炮迎送。哨弁李本标且掉舟来见,谢之。又二十五里沙湾。此处有滩曰倒挂金钩,过去停舟午餐。饭罢复行。二十里卜冲坳。又十里安江。洪江至此为一站,少泊复行。十里,酉初二刻泊官坪黔阳县境。共行七十五里。鹤亭言,此地向系荒村,居民稀少,近有油商张继昌捐赀建造廛舍一新,货别隧分,街道平整,遂成市镇焉。天晴。写日记。

十四日(11月24日)

早,依然大雾,不可以行,仍至巳初二刻开船。五里黄狮洞滩,凡三折,猛浪若奔。一轿船驰入浅处,良久乃移出。岸上有杨四将军庙。余舟下滩后,回视后来者,其疾如矢。又四里大碗盏。又一里小碗盏。又七里兔窝滩。又六里大旗滩。又二里小旗滩。又六里新路河。又二十里桐湾。安江至此为一站。又十里狮子崖。又十里,酉正一刻,泊龙头庵辰溪县境。舟行以来,无如今日泊船之晚者。共行七十一里。黄狮洞、新路河均有炮船驻泊。舟过之时,燃巨炮迎送如仪。龙头庵有居人三百馀户,其山沟之水凡九曲,流经镇市,而入于河,若游龙然。河干有庵,恰当龙头,故以龙头名庵,而地又以庵名名焉。舟泊庵前,岸高逾丈。仰视庵内有楼翼然,欲登之,一览水月之胜。乃与筱苏、鹤亭笼烛登岸。路极倾仄,扶掖而行。步入庵内,中为佛殿,左文昌阁,右南岳殿,皆有楼。筱苏、鹤亭登南岳殿之楼,余亦拾级从之。尚未上楼,已见顶低于艇,规模卑隘,又闻筱苏言,只有北窗,不能见月,遂不复上。已而筱苏、鹤亭亦下。庵内到处皆设神龛,甃然一短檠，满室光明而无可憩坐之处，遂出。以路险难行，唤一小舟渡归。与鹤亭闲话以破岑寂。洪江以来所见之山，或远或近，或高或卑，或险峭，或明秀，或青林红叶，错采斓斒，或道观僧寮，凭虚缥缈，一时之内，随地改观。尤奇者，每夕阳欲下，暮霭初生，斜映林峦，翻成紫翠，设色之妙，有非画工所能者。终日天晴，甚暖。写日记。

十五日（11月25日）

卯正开船。十里黄溪口。又五里小鸬鹚滩。又五里仙人湾。又三里辰州滩。又七里茶湾。又十里港口。桐湾至此为一站。管带毅字二旗哨官补用参将李亮功列队于岸，迎送如仪。又十里牛角坪。又五里沙堆。又五里西峰塘。又五里白面崖。此处有滩曰三沟滩。又十里牛舌崖。又五里，酉初一刻泊修溪口辰溪县境。共行八十里。仙人湾、西峰塘均有炮船停泊，其哨官熊大福、熊国昌皆请见，谢之。旋答以刺。写日记。天终日晴。

十六日（11月26日）

黎明开船。五里木洲。又十里大洑滩。又十里，辰正一刻抵辰溪县。河干有荷雉求售者，以百馀文购一头，食而甘之。往在京津食雉者数矣，皆味同嚼蜡，实不副名，今乃知其不然，盖向者我取其陈也。筱苏在吾津食蟹而恶与余品味，辄谓津蟹不可食，大约类此。大令陈诠敷往送柯凤孙学使劭忞，又未得见。辰溪水程虽过三站，而陆程仅占一站，故船席之价亦如之，以驰驿例不许舟行也。差纪于折价外更送一席，辞未受。午正二刻，溜单、印结毕至，乃复行。船甫离岸，遥见大令之舆，船渡而归，少迟一刻，必来见矣。三里塔湾。又十二里张家流。又十五里浦市。港口,至此为一大站。人家繁盛,亦乡镇之大者,有炮船驻此。哨官江仁山请见,谢之。又十里毛家滩。又二里鹿耳洞辰溪县境。时才酉初一刻,以微雨不复前进,遂泊于此。共行六十七里。贵州境内,沿途多卖柿者,状虽不一,而汁浓皮嫩,皆如北方之鸡心柿,而大则过之,且有大至数倍者。一入湘境遂少见,而卖柑、柚、橙、橘者甚众。今泊辰溪,柚直极廉,一枚仅索钱五文,柑、橘二三文耳,各购数枚。辰溪道中,削壁危岩,奇峰怪石,目不暇给,闻大酉、小酉二山均在辰溪境,惜不知其处,无由访之。又闻山洞中藏书甚夥,游人多往观之,后将洞门扃锢,遂湮没于榛莽中,不可复见矣。晚,与鹤亭闲话。连日晴明,月色甚佳。今又阴雨,甚为闷闷。写日记。四更大雨。

十七日(11月27日)

早,大雨未止,不可以行。巳初三刻,雨势渐杀,乃开船。八里铁水塘。又十里神仙峡,舟人呼为马嘴岩,岩石壁立如削,俯临河流。岩半一洞,有木箱一。横置洞口,上下俱非人力所及,不知何以置之。又有败舟一,亦在岩半,与箱相距不远,或云神仙所置,其说似诬。又有败篙数根,皮处亦当洞口。洞虽甚高,或下方另有来路,亦为可知。惜无暇于山之前后左右细寻之也。石壁横亘数里,有若刀斧乱斫者,有若书叶重叠者,有溢出数尺若檐之覆者。其石有若老树轮囷者,有若冰筋倒垂者,有上大下小若首戴物欹侧欲坠者。千奇百诡,不可名状。观之令人忘倦,又十里油坊湾,有炮船驻守。炮船巨炮为雨所淹,然之惟见门药发光而不作声,数次皆然。每一次则舟人大笑之,卒不然,乃放三眼枪以迎。哨官高紫阶来见,谢之。又十里过泸溪县辰州府属,非驿路所经,县令未出迎,遂未停舟。此处河有支流,绕城而西,问之舟人,则通乾州之路也。又五里任溪桥。浦市至此为一站。又二里,酉初一刻泊山洲脑沅陵县境。共行四十五里。今日无滩,河流平缓,又值东风料峭,故舟行颇迟云。鹤亭曾随王鲁香中丞宦游广东、四川,颇知两省风俗,言川南每于歧路立石柱,镌佛像于上,过者辄有所祈,应则以洋烟膏涂佛口而酬之,口为之满。又荣经县一土地祠,有求必应,酬神者亦以烟膏灌神口。酬者既多,神座下有微凹,膏从口流下,注于其中者几满。贫无烟赀者,往往求贷于神,及获馀赀,必速偿之,不然必病。人皆畏其神,无敢窃者。又广东顺德县嫁女,有吃烧猪之俗。女归夫家系处女,则婿家于三日后以鼓乐送烧猪于女家以荣之,多者至二十馀口。否则购一豕首,以沙缶之无当者笼之,系女舆后,退还其家,此女遂不为人所齿矣。又顺德有十姊妹之俗。十女为一盟,订盟后各不归家,别购一室群居之,织多罗麻以自给,馀赀储待嫁奁之用。一女有难,众争赴之,虽死不渝。及嫁,姊先妹后不稍紊。不如约,则绝之。有羞而自尽者,虽父母莫能禁止。若婿家必欲娶之,亦无不可,惟合卺之夕,必着裤十馀重,不与婿合,迫之则以死自誓,三日后仍赴姊妹之所不复归,必俟姊尽适人,然后成婚。婿家有因此构讼者,女宁出赀为夫置媵,终不肯夺志。有司曾悬示厉禁其俗,终莫能革也。弱女子能如此坚定,士大夫对之有愧色矣。终日阴雨。时大时小,入夜未止。写日记。

十八日(11月28日)

天明开船,尚有微雨。不半里即过山洲。又八里火烧湾。

又十里要溪塘。又十里南溪河。又十五里清平塘。又五里,午正一刻抵辰州府,泊南门外。共行四十八里。大令万伯任来见。太守吴春山、管带威字右旗候补副将周明标均差帖迎候。故余等亦以帖答之,未登岸。沅陵县自船溪驿至界亭驿应送四站之费,而伯任仅送三十馀金,余等却而未受。伯任言辰州府八月间已岁试,武生童应试如故,以奉旨停武科在辰州考试后。现学使由永顺赴沅州,不知如何办法矣。舟行时见山下有习马射者,兴致勃勃,遽停考试,恐激生事端,急筹变通之法,为是未知当轴者念及此否?辰州楠木器皿价甚廉,惟铜饰薄而不精,木亦无香味,北路车行尤不易带,仅购数事而已。天阴而寒。写日记。

十九日(11月29日)

早起。西南风劲,天气晴明,船行下水最为难得。乃县中船席之价过午不至,甚焦急。请伯任来船面商。伯任来言,差由水路来者,折价向无如此之多,溜单每由家人私属任意浮开,最不足凭,所以不信。因出船票及筱苏在芷江所开清单示之,曰此次溜单,余等自执之,皆系实数,并非经家人之手者。伯任视之曰,船价之大过乎寻常,此镇远县之过也。余等曰,事已至此,咎之无及,君将何以处之?伯任请酌减其数,乃减四站为三站,如芷江例。伯任怏怏而去,暮送百金至。余等谓差纪曰,减去一站,以沿途折价,截长补〔短〕计之,仅足敷用,断不能再减,且如此斤斤较量,是市侩也。差纪乃持去,将及三更,始如数折纳焉。因思溜单所载,以黔省州县所领公费计之,每站除应付外,尚有赢馀,固所甚愿。湘省向无公费,当一站者,尚可兼数站者,便以为苦矣。且船价诚大,闻舟子言,在镇领价时,六船共为差纪索去八十馀金。然则坐船价不过四十馀金，余船价二三十金耳。该县既不出费，复任差纪渔利浮冒，而不加察船价焉，得不大乎？范孙受代北旋，在镇远雇艇船八十四金、茅蓬〔篷〕船六十金，亦只到常德，较余等船价尤昂，恐亦不免中饱。然喻济丞官镇远久，与余等言亦未能抉其弊窦，是差纪之把持蒙蔽者有年，而前站家人之分利与否尚不可知，故奉使者更无从觉察也。济丞或因前站家人从中染指，不肯深言，亦未可知。欲去其弊，非该县熟悉地方情形，差纪不敢欺罔，按民雇实价开报不可。且非奉使者洞悉其故，少用船只，亦不可也。不然，虽力自贬损，明减或反暗增，仍不免于招怨，如余等此行是也。或谓船价虽大，较之陆行夫马一切所费尚少，何州县之无厌若此？曰陆行乃驰驿之例，多费无如之何。夫马过多，州县亦啧有烦言，甚不可也。况各处情形不同，贵州夫马一切，官雇贵于民雇，故以折价为便。他处夫马及食用各物，有官价甚廉者，有有人应付无庸官自倾囊者，一经折纳，则须自发实银，少且不愿，而竟加多，能无词乎？更有一种不知体面之人，性成贪吝，为仆从辈逼迫，一文不省，亦所甘心，若与之面谈，虽所费不多，彼仍多所借口，以图省之又省，以为使者必不至以钱财之细锱铢较量也。总之，驿站办差，变态百出，欲得其平，实无善法，宁人愚我，毋我扰人，庶几近是耳。鹤亭过船凡数次。日记补写已毕。购骨牌一副，为遣闷之具。舟子领第二次神福钱。

二十日（11月30日）

天明开船。十里清明庙。又五里柏叶滩。以雾不得进，停舟至巳初三刻复行。五里高丽浅。又十里九矶滩。又十里横石滩。又十里杨家塘。又十里白溶，辰州至此为一站。有炮船驻泊在此。停舟午饭。又十里马良滩。又十里橘红溪。又五里扳罾溪。又五里清明洞。又五里节滩。又五里鸦角峪,有炮船驻泊。又十里姚塘。又十里,酉正二刻泊滩口。白溶至此为一站。共行百二十里,仍在沅陵县境。舟子云,自橘红溪而下,即有神鸦,飞送客舟至缆子湾而止。以此去有清浪滩最为险恶,舟过时鸦送则吉,否则凶。鸦有二种,肉食者以肉掷空,则攫食之,素食者以豆腐,掷以肉弗顾也。行至节滩,推窗望之,果有群鸦绕船而飞,倏往倏来,络绎不绝。惟吉凶之说则未知信否?晚,鹤亭来谈。微雨。三更后,风起浪鼓船动,未几大雨。

二十一日(12月1日)

早,风雨未已。午刻雨止,仍有大风。舟人以过此即清浪滩,北风逆急,不敢开行,留泊一日。早饭后,约鹤亭来谈,留共晚饭,二更始去。节逾小雪,着一絮袍,犹有燥意,今日忽然寒极,乃加衣焉。

二十二日(12月2日)

早雾。辰正三刻始行。二十里洞庭溪。又二十里缆子湾。此四十里皆名清浪滩,一路礁石星罗,湍流震激,浤浤汩汩,动魄惊心。舟子言,此时水涨,中流而行尚不觉甚险,水浅时,须沿山麓而下,水为岩石所迫,涛头数尺,往往卷入舟中,舟为浪拥,时高时下,稍一失慎,即触石而毁,行者无不畏之。未至洞庭溪二里,所临河有庙,曰伏波宫,以祀鸦神,当门有额,曰“心平水平”,语最可味。群鸦绕舟索食,未备肉与豆腐,仅置饭于蓬背,亦下食焉。过缆子湾,遂不复见,谓之神鸦也亦宜。又十里马蚁洑,有炮船驻泊。又十里鱼子洞。又十里界首，滩口至此为一站。有炮船驻泊。又十里秣马口。又五里，酉正二刻泊兴隆街桃源县境。共行八十五里。今日北风犹劲，非滩溜之处，舟行不能速也。晚，鹤亭过谈。天晴而寒。

二十三日（12月3日）

天明开船。二十里宁津滩。又十里穿石。界首至此为一站。悬岩高耸，中有一孔，表里通明，可通往来，故名。又十里柏子铺，有炮船驻泊。又二十里展家溪。又三十里，申初一刻至桃源县。穿石至此为一站。大令胡玉山鉴莹，安徽六安州人，己卯举人，甲午贡士，乙未补殿，即用知县掉舟来迎，先登筱苏之舟。泊后，余就见之，谈许久。汤味梅大令请假回省，玉山言其因时事艰难，有归隐之志。自新店驿至府河驿凡三站，皆应桃源发水脚，而玉山云，陆路例办三站，水路则办一站，自本省巡抚、学政以及过境各差无不皆然。盖自桃源至沅陵，则洮〔桃〕源送至界亭而止，自沅陵至桃源，则沅陵须送至桃源，不得至界亭遂止也。余等取沅陵印结与观，只至界亭而止。玉山以为此乃万伯任蒙混取巧，当函责之，余等别无依据，不能与辨，听之而已。玉山口称如此，果否无从证也。玉山未改书生本色，与染官毒者不同，或非诳言。售桃源石者手提竹篮，往来舟次。令出视之，湿布包裹碎石，大小别置，五色陆离，亦有可观。因其索直昂而无用处，未购。托鹤亭代购石器物，携来数种，价昂而货劣，还之。绿布为此地土产，购七匹，并购元青布三匹，费十二金焉。玉山送来酒肴，辞之不可，以舟中陕隘无处可置为词，则约余等至署共饮。重违其意，从之。日暮往赴约。饮间，详询益斋近况，始知其为益斋门生，因详告之。戌刻归舟,报之以联扇。少时,玉山送来一切折费五十金。筱苏以其情文兼至,且有乡谊,不肯与争。余惟筱苏之言是听,更无异说。且统计所入,已经足用,有馀不过饱从者之橐,更不必为仆受恶也。竟受之。晚,与鹤亭谈至丑刻归舟。未眠,忽闻人语嘈杂,问之,将开船矣。

二十四日(12月4日)

寅正开船。十里铜瓜脑。又十里岩前塘。又十里舟溪。又十里河洑,有炮船驻泊。又十里沙木营。又十里大溪口。又十里娘娘滩。又十里草鞋滩。又十里,未初一刻抵常德,自镇远至常德,一路滩名、里数皆据舟子口报,与范孙日记多不符,孰是孰否,无从知也。其旁加圈志者多险滩。岸前预设一空舟为会客之所。武陵大令沈士登瀛江,苏吴县人来见,谈许久,言可以由水路到荆州。前摄篆傅雨香大令现移署沅江县事,曹致堂与有戚谊,托代致意,竟不可得。余闻之甚喜,拟不换舟,减去二舟,仍与筱苏同行。已而舟子来言,赴荆州须绕道太平口一路,水涸不能行,然则不经过澧州、公安,他处皆不当,驿站例不支应,且须耽延时日,诸多不便,余仍拟陆行,筱苏则欲由水路至汉口。嗣又闻必至岳州始有小轮船拖带,洞庭湖不易过,不能克期而至,亦拟陆行。余甚愿多聚数日,极力赞成,议乃定。而天晚不能登岸矣。请鹤亭代雇小舟以载柩,鹤亭愿共一舟,各出半价,伊既无所忌讳,余何不乐从。晚,鹤亭来言,舟已雇得,价二十千,稍谈而去。发船价二十五两,三次神福钱俱毕,又与筱苏共赏六船酒钱十千,清算火食一切开销俱毕,尚馀四十五金,大钱五千馀,赏诸仆以代折席等项。一路共收折价银四百四十四两四钱六分,制钱四十千。开除船价二百九十八两,短平二十二两二钱二分,火食用十七两,船饭犒赏用十六两,馀银九十一两二钱四分,各得四十五两六钱二分。在镇远易银十七两,短平加色去七钱三分(一千一百五十),合钱十八千八百八十文。在常德易银十六两,短平加色去六钱一分(一千四百),合钱二十一千五百四十六文。开除神福十一千;犒赏十千;船饭二十一日半,日十二人,人六十,共钱十五千四百八十;伙食钱三十二千四百四十六文,馀钱十千五百文,各得五千二百五十文。

二十五日(12月5日)

辰刻起。县署备舆来迎,乃登岸。先到府署答拜汤伯温太守,以患感冒未见,遂至县署。此地无行台,试院有省派朱君居之,余等遂仍住县署。见士登,谈许久。诸仆发行李,午后而毕。购扇一柄,写送炮船哨官文沧田,并犒水军八金与镇远炮船,同送士登联扇各一,饬仆装行杠。昳时,士登便衣来谈,约余等到后堂晚饭。鹤亭来辞行,交其贵阳府护票。伊欲士登加钤一印,并请船封一纸,照办付之,并问其住址,为有事通信之备。鹤亭住湖北黄冈县阳逻镇粉边铺红院子湾。上灯后,赴士登之约。酒肴均精美。肴有生熟虾二品,生者如吾津之青虾而小,熟者则纯白色。问之,并非二种,自今伊始屡食之,不复赘。谈及其令舅谢友梅司马桢,江苏人,浙江候补同知,现充沙市招商局总办,士登胞弟清如即在其账房。筱苏托士登为谢写信,到沙市登轮舟时请其照拂。余亦为李明枢事,托士登请谢君转致汉口招商局。士登许诺。饭罢,为鹤亭书对联一副,尚有馀纸三张,天晚墨不现成,恐城门禁夜不及送,乃平船价银十两,运枢费六十两,标枢封四纸,并筱苏日间所书对联,未书馀纸,统令高福为鹤亭送至舟中。又为鹤亭写说帖,告知已托谢君招呼,详注谢君名号官衔,以便到汉口时述及。县署诸仆日间曾乞筱苏书对联,今见余作书又竞相购纸磨墨来求。以无事,为书十馀事,犹未已也,张顺等恐余手疲,禁之,乃止。粮房书吏求赏《闱墨》,与之一本。自看欤?送人欤?吾津戚友士而吏者多矣,彼其之子将毋同?士登送程仪,却之,不可,终却之。盖多留一日,以联扇答其情,沿范孙例也。士登误会,而送程仪,受之是真无厌矣。行杠齐备,余凡红杠十二,皆四人舁之;白杠十九,皆二人舁之。筱苏红杠十一,亦皆四人;白杠二十,三人者二,二人者十八,合之轿夫三班,挑夫一名,夫头五六人,共夫二百有奇。马不足用,随杠之仆乘丁拐轿二,总二百十三人。差纪请于溜单虚报数名,为沿途亡去夫头赔雇之资,许之。单开二百二十名,伞夫则裁去不用,诸仆云伞夫到处有之,均不用,折钱一二百文而已。包马二,骑马八,不用引马,共十四,照数实报,差纪受命而去。士登送来致其令舅信,筱苏收之。少时又送来未署名一信,似由行在来者,首言回銮遇大雨雪,途中跋涉甚苦;又言御史黄曾源参福建学政檀玑试事不谨,且语涉许制军应骙,已令许覆奏;高楠亦劾檀,又参广西学政刘家模挟带私盐获利,已交漕督张人骏查办矣。高楠又参皖抚王之春娼优,并进刘、聂皆其同乡,不免袒护,特交漕督张查办。刘家模事并未令张查,误书也。阅竟还之。丑刻始眠。

二十六日(12月6日)

卯正起。饬仆发杠。打坐尖。辰正一刻,士登送升舆。出北门不二里,有关帝庙,士登间道先至,瀹茗以待。茶话片刻复行。道路平坦,舆行甚速,惟舆夫多不娴熟,时有倾跌之虞。三十里,午初至三十里铺,借饭店茶尖。店甚陋隘,少息而出。又行三十里至大龙驿武陵境行馆,才未初二刻耳。行馆甚闳敞,门三重，屋两进，皆五间。余等所居庭额曰“襜帷暂驻”，为光绪丙子重葺时胡启运姑孰所题，堂额曰“霎桂轩”，为嘉庆甲戌许绍宗关中所题分书，许之图章曰“辛酉翰林”，胡则不知何许人也。堂后小院桂树两株，高与檐齐，繁枝攒聚，有若丛生，轩之取名以此。一路未见一杠，到行馆，则杠已毕至。朱顺云，舁夫驯而速，为此行所仅见。途间时见独轮小车，似吾津西门内外之辇水者，又有前端多一小轮者，渐有北方气象。

二十七日（12月7日）

天未明，忽闻人声嘈杂，似夫役抢杠，诸仆呵禁者。及起问之，盖夫役于昨晚即潜入行馆，眠于杠侧，此时各欲择轻者舁之，故争吵。挥之使去，杠已舛午不齐，有已舁去者，物之失否尚未可知。辰初打坐尖。辰初三刻行，三十里至鳌山。此处例有茶尖，竟未预备，乃直行而前。又四十里至清化澧州境行馆宿焉。行馆不如大龙之宏敞，而堂悬保险洋灯，光明可爱。时才未正，巡检张飏荪传绪，四川华阳人来见，谈许久，索《闱墨》一本而去。问差纪鳌山茶尖应何处备办，则曰应武陵办，然地实属澧州，不知其言信否。鳌山地属安福县，行馆在焉。然安福例不应差，故武陵、澧州互相推诿。令仆人查点物件，幸未短少。本日晚食居然有蟹，据云由省城来售者，制钱八十文一只也，然尚无黄。

二十八日（12月8日）

卯刻起，打坐尖。辰正二刻行。十里林角桥。又十里李家铺。又十里桃花冈。又十里新渡河，河甚仄，顷刻而过。又十里黄沙河，既渡，沿河而行。又十里过多安桥，凡十一洞。至澧州，入东门,未正抵试院宿焉。强字旗兵在城内列队而迎,湖南练军分发、强、刚、毅四旗,凡岳常澧道属下所驻皆强字旗也。并以管带刺来。到馆后,刺史毛旭卿隆章,江西丰城人、管带强字二旗提督贺西江长发,湘潭人来见。旭卿言粤督陶次方年伯(模)薨于位,国家又失一良臣矣。既而学正麻笠亭焯,凤凰厅人,癸酉举人、署训导刘保龄钟源,善化人,己丑举人,大挑同来见,均谈许久。州吏目陶树滋号小田,大兴人来见,谢之。申刻出门答拜诸君,并拜前任刺史郭子钧前辈赓平,江西人,庚辰庶常,皆未见。子钧前辈月之初八日交卸,以交代未清,未还省,尚住州署。前由水路来,以去城远未得见,故今往拜之。归后,子钧前辈来谢步,谈许久。试院头门榜曰“行台”,堂下无号舍,始谓非试院也,大堂屏风之右有小板屋,为九澧神君行宫,善以方药活人,祈报者无虚日,大堂上下匾为之满,闻学使按临,必拜之,余等则自居强项矣。惟东辕门外又有门一重,额书“文运天开”四字,似为试院而言。询诸差纪,始知号舍皆在东偏,果试院也。

二十九日(12月9日)

卯刻起,打坐尖。辰正二刻,旭卿来送,旭卿与杨穗生同年祖兰为谱婚姻,嘱晤时代候。升舆。未行而肩杠忽折,己所存者已随行杠先行,乃借旭卿者用之行。出东门折而北,强字旗列队送于郊。三十里渡一小河,至张公垱。又二十三里渡涔河至北王垸,田地皆没水中,但见一片茫茫而已。又七里至顺林驿乃澧州境,分司巡检李金谷镳,湖北光化人来迎。未初二刻至分司署,宿于堂东偏之书斋。金谷来见,谈许久。据云八月间水大至,至今未能涸尽也。为金谷书对联二。

三十日(12月10日)

卯刻起,打坐尖。辰初二刻行。二十里渡一小河。又五里至界溪桥。强字中旗哨官游击夏荣廷列队郊迎。界溪桥为湖南北分界之处,一河横贯街市中,南属澧州,北属公安,名为桥而实无桥,但于河中筑土坝,以通往来,水涨时仍须舟渡也。又十二里黄土铺,渡河。又十三里,巳正三刻至章村铺。公安县借张氏宗祠备茶尖,祠甚敝隘,小坐复行。老屋将倾,扶以壤木;短垣半圮,补以蓬〔篷〕茅。而当门有寒梅两株,蓓蕾满枝,行将怒放,颇觉可人。十五里蔡家洲,渡河。又十里李家洲,渡河。又五里抵公安县。大令王苇航同年光棣,四川人,乙酉拔贡,戊子举人,壬辰进士,即用遣人持刺、备仪仗来迎。入西门。未正一刻至试院宿焉。苇航同年来见,谈许久。知两宫十一月初四日由河南省城启銮回京;大阿哥废,赏八分公衔俸,不准当差;明年顺天乡试借河南试院,河南乡试改于十月举行,癸卯补行会试亦在河南试院。前闻湖北学政蒋亦璞前辈自请开缺,代之者为彭向青同年(述),今见苇航,始知彭非向青,乃少湘前辈(清藜)也。尚未到任。安徽巡抚王爵棠中丞(之春)开缺,另候简用。王胜之同年同愈以编修发往湖北,交张香师差遣委用。丁酉苇航曾一摄斯篆,以云贵会试火牌甚多,请代以避之。今竟向余等直言不讳,是尚未染宦毒者,惟局量微小耳。

十一月

初一日(12月11日)

卯刻起。夫不齐。饭罢,待至巳刻,仍缺数十名。呼差纪,已不知何往。乃升舆答拜苇航同年,藉以催促。始辞不见,固请乃见。据云,地方瘠苦,城内居民仅二百馀家,署中吏役几居其半,凡遇差过,须下乡征夫,故一时未能毕至,请余等先行,随后当送杠至。察其意诚,乃饬仆将未行之杠一一点交差纪,巳正二刻乃行。三里至港关,渡河,对岸即夏间来时泊舟处。此地河分三岔。又五里至沱孔,渡河。又三十里至黄金口,借广升棉花行茶尖,时已未正。此地市肆繁盛,街道逼仄。茶尖时门外观者如堵。行有去棉花子机器一具,两足承一盘,左右各两轮,联以皮条,右两轮之右一大轮曲轴通之于轴之凹,联以铁条,下缀木板,足踏木板,则大轮动而小轮亦动。前两小轮之间又有双凹曲轴,上擎利铁如刀,紧逼盘底。盘之前端有隙,下有圆轴进退板各一,置子棉于板,板近轴时,利铁起而逼之,轴卷净棉片出而子留。板远轴时,利铁亦下而子落矣。其大轮则加重力者也。自常德来,一路时闻轧轧之声,舆行甚速,顾盼间但见轮转如飞,知为机器而已,今得详视,忆而志之,究未能曲尽形容也。略坐复行。二十里至李家口孱陵驿,渡河仍公安境,借郭永顺店为宿所。时逾申正,室暗如漆,然双烛尚不辨物,盖室与两厢相连,板壁隔之,无容光处也。中为堂,两楹之间树若屏者,倚以高棖以祀神,左右即为出入之所,不设门焉。左右壁各有两门。室中以芦席别为四室,余等据其前后,两室另有居人。灯光相射,鼻息相闻,殊嫌不便。堂后壁有门临旷野,有赛神演剧者,遥望见之。近门数武间,豚栅、鸡栖、纺车、糠盎,布列几满。仆从所居,则前檐皆敞悬芦帘,蔽风而已。闻门以内六家居之,以余等至,移出三家。余等所居,凡三室,然则一家只一室矣。乃竟有招牌而谓之店,不知为何店,而郭永顺之郭,又于六家谁属也。张福云,郭永顺系织布店主人，居前院，馀皆僦屋者也。行杠皆置之街，差纪派人看守。陆行所经，以此处为下下。晚饭后，贾成、张顺以一言不合互相口角，几至用武。贾成来讦，筱苏呵之，余亦申饬张顺，乃已。

初二日（12月12日）

未曙即起。拟早行，乃饭罢待至巳刻，舆夫犹未齐。严催数四，巳正始克成行。而行杠十馀尚无人舁，留二仆待之。三十里，未初至弥陀寺。地属江陵县，应有茶尖，而竟未备。舆夫中饭，置舆路旁，少时复行。此处市肆较黄金口尤胜，转折良久始尽。又十五里，未正一刻至杨家尖子江口登舟，舆马另载。鲍福之马不肯登舟，跃入于水。马夫从而拯之，几溺。坐船为鸭梢船。船名"鸭梢"，舟子云然，实与夏间筱苏所乘之鸭梢船不同。证以范孙日记，此船当是沙窝之大者，盖亦中低而前后高，前横一榻，直接门舱也。舟子张，河南南阳人，以茶进，甚殷勤，言待此已四日矣。顺流而东，二十馀里至北岸之烧酒洼，登岸缘堤行。夏间登舟之玉路口尚在，下游距城较远，且水落沙湮，舟不能近岸而泊，故移码头于烧酒洼。七里入荆州府南门。申正二刻至试院宿焉。此处虽府城，而不备仪仗。大令先以帖来，以为不来见矣，乃唤待诏来薙发。既闻差纪云，大令将来谒，止之，期以明日。盖筱苏由此赴沙市登轮舟，须取护照，且欲到其令亲范赞臣处，余亦应到道、府、县各处答拜，均须留一日也。行杠到四十六馀，十六杠及二仆均不至。荆门州探马已到。

初三日（12月13日）

辰刻起。购绒棉鞋一双。杨葆初大令来，谈许久。葆初年五十馀,而须长过胸,颇有老态。答拜道台濮紫诠前辈,适值出门,见余等至,即回署以待,晤谈良久,年五十许,快人也。言同治初年曾在吾津作寓公数载,僦屋城内板桥胡同、袜子胡同等处,人地相习,至今恋恋不忘。因问天津乱后情形甚悉,盖其尊人直隶候补知府也。又问王晋贤世叔近况。均详告之。约明日便饭,以行辞,则改于本日晚间。且曰,非敢云宴,见我辈人不忍遽别,借饮酒以畅谈也。到舒畅亭太守、杨葆初明府处,均不见。筱苏往拜其戚范赞臣水部,余先归。紫诠前辈已来,不值而去。舒太守以刺来。筱苏信来,已在范处早饭,余乃饭。饭后,购风帽一。杠已到齐,而二仆尚未至。小憩片刻。晡时,筱苏归,拟遣二仆附余北去,为之分帐,核算良久。因送范君土物,并有交余带京之物,开箱寻觅又良久。礼备而带京之物竟未能检齐,贮之何箱,盖未详也。傍晚,范和、朱顺始至,言今早夫尚不齐,止赛神之剧,以其人充之始成行,伊等在后,故到迟也。道署来速,笼烛往。佳肴旨酒,谈饮极畅。出近日谕旨观之,和议将成,赏赉有加,张幼樵师以四五品京堂候补焉。饮微醉而止。紫诠前辈召其公子出见,年十五矣,美秀而文,论笔已有可观。紫诠前辈拟佽助王晋翁,故旧不遗,令人感佩。谈至亥刻始归。筱苏又写京信,交余带往,至子而毕。与筱苏共事半载,相视莫逆,形迹胥忘,诘朝分袂,依依不忍言别。筱苏嘱到津后将火车情形价值详细函知,并问余住址以便明看到津后见过。谈至丑刻,然后归寝。风起天阴,少时而晴。筱苏之仆贾成交余家信一件、银一锭、洋六元,请寄阜城,交其妻赵。

初四日(12月14日)

卯刻起。范赞臣来拜筱苏,投余一刺,亦以刺报之。行装束齐,红杠仍十二,白杠则加七,为二十六,筱苏之陈、徐二仆随行也。陈仆令随舆行,徐仆令同朱顺监管行李。陈仆购物甚多,并未向公帐支钱,畏筱苏之知其多物也。问其杠数,则曰不过两抬。及核总数,乃增七抬。问之高福,据云陈、徐二人只五杠,差纪以此处有应差夫头八家,向例用夫足百名,则伊等有津贴,不及百则否,怂恿多装二杠,故从之以告。筱苏曰:岂有此说!陈仆谗高福言之耳。伊等每以微隙相口角,甚则反眼若不相识,至主人有所稽察,又扶同蒙蔽,甘心分过而不辞,小人直难养哉!抑亦藐躬凉德不足以默化之也。然李明而在,必不出此。鸣呼,所以死欤!紫诠前辈来,送余等明《张文忠公居正全集》各一部,新刊印者。交余致王晋翁信一件、银三十两,谈及鹿乔笙在河南病故,为之黯然。乔笙与余乡会同谱,深相契合,丁酉秋以保送知府赴豫,道出津门,余适归里,鞠人亦至自新农镇,小聚一日,置酒言欢,不谓竟成永诀。闻其在河南办硝磺局事,署陕州,洁己奉公,宦囊无几,妻妾子女何以为生,结局如斯,亦可悲矣。巳初一刻饭罢,辞筱苏而行。盖鉴于来时四方铺之未备尖站,恐沿以为例,无所得食也。出北门,五十里至四方铺,时未初三刻。荆门州居然备有尖站,仍夏间余等所投逆旅,彼时后院中门未启,不知中何所有,今入视之,正室三楹,较向所栖止胜且十倍,似专为办差设者。少坐而饭。饭罢,未正二刻复行。三十五里,酉初二刻抵建阳驿之龙蟠书院宿焉。巡检张暻以帖来。闻未到尖站时,舁夫遁去二人,未尝补募,止将四人之杠改为三人,亦一时同至,足见行李之斤两尚轻也。杠之轻重不一,每行则争取其轻者,恒先白而后红。若不极力呵禁,必遍试之。自武陵以来,每夫给百二十文,而红杠则以四人而给六人之价。于是又争舁红杠而置白杠于不顾,往往攫夺挤踏,杠碎物倾。差纪鞭扑从事,若驭牛马,喧呶聒耳,厌不欲闻。盖民雇有定例,二人舁至百斤而止,三人可百二三十斤,四人可百五六十斤,装载时夫头权之,罔有差忒价,亦始终一律,故无争。一经官办,则役人者有懈心,役于人者有冀心,虽重不如程,犹苦力不能胜,又到处价目不一,欲弥其争,难矣!甚矣!官事之敝也。差纪颇殷勤,诸仆无呼哗者,缘直牧李绍远已交卸,代者为陈少石前辈,夔麟,贵州,癸酉举人,庚辰庶常。乙酉拔贡同年幼石夔麒、丙戌同年小石夔龙之胞兄,本任江夏县。故另是一番气象也。余性喜聚而恶散,今日乍离伴侣,独对孤灯,岑寂无聊,不可言喻,翻阅《张文忠公全集》以遣闷,夜梦仍与筱苏同行。

初五日(12月15日)

辰初起。差纪关舁夫于门外,门启则十人入,舁杠出则再入之,顷刻而杠毕发,无呵詈,无喧哗事,有纪律,易集如此,人多好为,其难何哉?巡检张君以刺来送。辰正一刻行。五十里,午正一刻抵团林铺尖。未初复行,天气极暖,脱帽去马褂焉。舆中阅《望眉山人文集》。四十里抵荆门州。民壮四名,皂役六名来迎,入南门。申正一刻至试院宿焉。刺史陈少石前辈来,谈许久。高福昨言江陵溜单,夫马、酒席皆溢额,今面语少石改正之。自此以后,每易溜单,余必过目。少石索《题名录》,言至今尚未知获隽者为何许人,家中虽无人应试,而戚友之关切者甚多,急欲一视。乃《闱墨》箱尚未至,许与《闱墨》一并送去。晚饭绍酒甚佳,问之,果自省城带来者。独酌数杯,不觉陶然已醉。红杠一、白杠二晚尚未至,遣人持炬迎之,二更毕始至。即取《闱墨》《题名》

为少石前辈送去。

初六日（12月16日）

辰初起。发行杠不如昨日之得法，然尚不甚喧哗，人少于同行时也。辰正一刻升舆，先到州署答拜少石前辈，辞不见，乃行。出北门。北风大起，天气极寒，轿帘吹落者数次。黄沙白草，一望无垠，无复湘、黔红树青山景象矣。间有麦陇菜畦，依然青翠满地，而老松、丛竹则作深绿色，如北方，无复葱蒨之致矣。风大如此，江轮亦未敢畅行，不知筱苏已否登舟，或登舟而阻风何处，颇萦怀之。王鹤亭之过洞庭湖否，更不能逆料也。谚云“百里不同风”，或江湖中风平浪静，亦未可知。三十五里，午正一刻抵南桥，仍尖于天顺饭店。酒肴毕具，非复来时粗具茶点之草草也。而诸仆畏寒缩瑟，略一举箸即辍。节逾大雪，浅水未冰，较之北方虽寒犹暖，诸仆皆北人，何畏寒若此。疏纵之馀，苦于约束，一说也；蒙恩之久，易于畏威，又一说也。夏间深夜过此，灯昏烛烬，暗无所见。今环顾之，楹间题字甚多，有“连仲珊自南郡至鹿门六月六日阻雨宿此”云云，旁注“己亥”二字。仲珊，汉军旗人，姓侯氏，名连捷，为余丙戌同年，官编修时，颇以书法文章自负，而十年未得一差，愤嫉不平，出为湖北保送知府，卒以浮躁为大府所劾，降补同知。呜呼，浮躁二字，以余所见，奇才异能之士，用此败者，不知凡几。其人类多不知自反，且有激而愈甚者，所以不可救药也。戒之哉！未初复行，风稍杀。二十五里，申初一刻抵石桥驿，借旧典铺宿焉。室中设烘炉，暖气融融，无复来时驻此之苦。薄暮又大风，晚息。五更又风。

初七日(12月17日)

辰初起。发行杠。行杠、马匹皆另置一处,有窃马夫屦者,马夫诛之急,则出之,伪为代求而得者,向马夫索酬钱百,马夫不与,来愬之仆从,仆从廉知其情,叱去之。辰正二刻行,微风而寒。二十里,巳初三刻至乐乡关茶尖。共行一小时许,绝无馁意。差纪以小食进,稍尝即辍。巳正二刻复行。在舆中阅张江陵书牍。四十里,未初不及一刻,抵钟祥县之丽阳驿行馆宿焉。差纪仍陈姓者,告余主人已为京城寄信寄银,接济向辰大老爷眷口。晚饭酒甚佳,饮数杯。饭后,呼陈纪来询,知性臣世叔本欲来此与余晤谈,以正县试未果;叔雨世叔以暴疾故于江西;鞠人现随扈北去;友梅调署济南府,有实授信息;少笙现已回署。陈又云,河南一路甚不安静。吴渔川观察永家眷行经裕州,伏盗突出,劫掠一空,幸未伤人。缘过荆州时,购缎匹等物,直数千金,备观察贡献之用。盗侦知之,一路随行,至裕州乃乘间而发也。现在各处均设防兵,前途可令其护送。又云,余尧衢同年肇康现署襄阳道,可以晤面。良久乃去。张顺来禀,适见差信,有仆从凶横字样,仍自贵州传来者,奴等未敢逾闲,此信不销,恶名难受。已而朱顺持其信来,共二件,其一与杨升舟,录与筱苏者,大同小异,下款则署贵筑县差房;其一则余等舟行之信,内载船价火食费甚悉,并有奉主考面谕,一切均照溜单实发,并无折扣云云,下款署晃州。呼高福来问,向来差信密秘,尔辈何由得见?据云陈纪以此二信一不实一无用,不复递向下站,故出视也。余等之至贵州也,首县只供下马一饭,以外皆例归供给所支应。至蒇事起程,首县乃备夫马。所发溜单,沿途则之,如出都之良乡然。有浮冒，彼无所费，尽可作人情。仆辈凶横，独于贵筑县技无所施，谓之不实，似为有理。至晃州一信，其无用更不待言，至武陵日即应销去，乃竟传递至此，不遇陈纪将胡底耶。朱顺以口腹之欲，动辄曰不尔，将鞭汝。诫之屡矣，罔有悛心，虽未果鞭，而凶横之名由此起。差纪通病，每以莫须有之词惑其主听，因以为利。欲加之罪，方患无由；授人以柄，又何怨乎！小人无知，不遵教训，实堪痛恨。办公事者不求甚解，亦可笑矣。然弃物也，正可借以品人。记舟至沅陵，万伯任大令以折费太多，执溜单不实之说，与余等强辩。余问其差信云何，曰差信并未言照溜单实发，言之吾何敢不从。夫晃州差信，首至沅陵，伯任以为民父母之身，而竟肆口诳言，毫无审顾，直视孔方兄外，举在无足轻重之数矣。范仆曾随吴棣轩前辈使黔，闱中一切入款成竹在胸，往往执例与致堂争，致堂深衔之。此信或致堂所为，亦未可知。遇吾辈若此，凡所遇者可知。吾辈所遇者若此，其未遇者尚不知凡几。直道尚可行哉？人心尚可问哉？天下事尚可为哉？呜呼，噫嘻！

初八日（12 月 18 日）

卯刻烛而起。辰初三刻行。濒行，交陈纪一刺，致候少笙。五十里渡一小河，严《记》云小河名蛮河。河只一舟，登岸即新店。午正尖于客店，地属宜城县。知薛次云世兄，已受代去，新令为江苏阳湖谢叔词绍佐。店壁书有“许幹臣送吴渔川观察之眷自鄂之豫，八月十九日经此，遂宿焉”云云。然则吴眷被盗，八九月间事耳。高福云，有道员亦尖于此，旗人也。遣人来问，而无下文，置未顾。午正三刻复行。风大起。四十里至宜城。大令率民壮、仪仗、鼓乐迎于城外，入南门。申初二刻至书院宿焉。书院名“紫峰”,额字小而黯,来时未曾详视。依差纪语音书作“志峰”,索解不得,今乃知其误也。大令好驰马,郊迎后,先鞭而至,执主人礼甚恭。年四十馀,颀而麻,面色黝然无须,伟丈夫也。谈许久。知其曾在山东河工效力,识大哥及友梅、峻丞诸人。又询知午间所遇为前任荆宜施道奭观察良,其令弟崇良、尹良,皆乙酉同年。若早知之,当通候焉。大令去后即答拜,未见。街头有山陕庙一所,庙名甚奇,约是两省公地,如会馆者。呼待诏来梳发,即在县署执役者。王其姓,沔阳州人,言其主上有太夫人,七十八岁矣,夫人,如夫人,公子三,长者十八岁。此地城为圆形,周七里馀,凡门六,东西南北外,有小南门、小东门焉。书院旁之门即小东门。严记谓书院在北门内,误。书院无月课,为行馆,为官绅议事处,另有课士之所在县署旁。晚饭绍酒甚佳,亦从省城带来者,叔词故善饮也。饮数杯微醺。二更如厕,见前院老柏两株,人可合抱,直丁丁云,淡月疏星,辉光掩映,徘徊者久之。

初九日(12月19日)

寅正二刻醒。寂无声息,静卧许久。闻从人有起者乃起,才卯初耳。即催夫发杠,良久不齐。差纪昨晚皆归眠,至此竟无至者。遣人到县署催问,回云,夫役甚多,皆以署中所发净钱为人从中易去,以多小钱者发价,每百只有大钱二十馀文,不受顾。不惟未发之杠无人来舁,即已发之杠均委之道旁,竟无法可施。久之,乃稍稍将杠舁去。闻系帐房作弊,叔词知觉,仍令以原钱发价,夫乃集也。辰正二刻行。叔词郊送如仪。出大东门,三十里,午初二刻至小河。宜城于此借市肆备茶尖,腹正馁,食不饦数枚。午正复行。张顺、张福、鲍福三人之马寻觅不得,余乃先行。十里渡一小河，来时忘，未记。三仆仍不至。又五里，未初二刻至欧家庙，严记作欧家塘。仍饭于泰丰当。饭罢，张福、鲍福来，言所乘之马皆雇来者，有马者恐至樊城，仍令其送至下站，故乘间弃鞍而逸，因以驴来。问张顺，则曰其马并鞍鞊、被套皆不见，尚待追究。已而张顺亦来，言其马实号马，圉人因有逸马，骑而逐之，不及而返，先不知也。时已未正二刻，三仆尚未饭，余仍先行。酉正抵襄阳。入南门，市肆均已上灯。遇缨冠项垂卷袋者数人，约是考试之士。出北门，门皆有题，夜去暮来，竟不可见。渡汉江，阔较来时仅半之，须臾即达彼岸，登岸踏沙行者许久，始拾级而上至樊城之西门，有持炬来迎者。自宣城至樊城，号称九十里，以时考之，实不止。严记亦云。尖后共行四十五里，戌初抵行馆宿焉。询之差纪，时正府试。高福云，遣持炬者迎至江干，不料其半途而止，积习可恶。迟之又久，行杠仆从始毕至。晚饭酒亦佳，未敢多饮。与鲍福夜话甚久。

初十日（12 月 20 日）

辰刻起。商议车两，每骡一头，每站索银八钱，从前只需五钱，自转运向西安车不足用，车局昂其值以招徕之故，增至八钱。且蓬〔篷〕车多河南者，不愿北往，执不折阅。车行每车索银七钱为津贴，驿站之用，所有短车，襄阳县即不发价矣。故车契书每两二十五两七钱。幸有通州两骡轿车，直可稍减，许载四百斤。乃雇其三，每两至保定二十五金。夹板多损坏者，呼木工来整之。购《净发须知》一部，备送益府叔祖。购黄杨梳。午后，周熙台大令继昌来见，谈许久。渡河，入小北门。拜余尧衢同年，谈许久。知宋芸子同年育仁以道员分发来鄂才月馀，已委办宜昌土药局优差也。

湖北学政初放彭向青同年述,闻命之次日,伊即丁外艰,乃改放彭少湘前辈,姓同省同,故传闻异辞。答拜熙台,未见。出北门渡河而返。北门上有“北门锁钥”四字。出北门数武有榭一,德政碑林立,额曰“鹿门风月”。登北岸有门,榜曰“汉沔津梁”,昨即由此入。其门斜向,既入又有门一重,以为樊城西门也,到行馆询诸司茶者,乃知樊城无西门,所谓城门者皆有主名,其馀无名之门,如余所入者尚多,皆巷门也。尧衢约明日在署便酌,辞之不获。到行馆后即送单来书知。陈仆检点行李,忽见其箱不类,审视之,乃范仆之箱,在常德登岸时即已互易,未能觉察,今始知之,已无及矣。其箱有烟土、银两,皆待用之物,非俟明春范仆赴京不能到手。而范之赴京与否,尚不可知。书之以为不细心者戒。天终日阴,夜晴。

十一日(12月21日)

辰刻起。督仆装车,长车三,短车六。朱顺以空杠向差纪易钱,差纪不应,遂至口角。余嫌其多,则曰物件实多,且有一人乘坐,所载过重,则行走必迟,北去站路甚长,日行百馀里,恐不能依时而至也。尧衢同年来,谈许久。午后,有淮盐局委员江苏候补县金琢斋其相,浙江人来拜,因尧衢招饮及伊,故先来一晤也。延见之。申刻,答拜琢斋,未见。即渡襄水赴尧衢之约。襄水或谓之汉江,或谓之襄河,名称不一。严记谓之汉水,最为典雅切当。同饮者琢斋、熙台、截取知府郭少兰发源,浙江人,又号祥生、候补同知何名正祥江西人,张家湾厘金局差,与吴子修表兄弟、中衡杨名龙章湖南人。酒肴精美,谈饮甚畅。知两宫将入直隶境,因驻跸一日,特兼程而进,大约已示火车定期不欲更改也。尧衢托带京信,约明早送来。戌刻散归。已而尧衢送信来，世兄华堪信一件，华堪，为席卿师幼子。银三十两；秦袖蘅同年信一件，洋四十元；鹿乔笙奠分三十金；外送余程仪二十金。余因自京至黔，一路往返，未遇一故人，石郑卿虽乡会同年，在京并未见过。尧衢在京时尝相宴会，今适相值，而余又有馀闲，特往访以叙离情，乃既领盛筵，又蒙厚贶，受之实愧，却之又嫌不恭，踌躇再四，惟有受之，再图答礼而已。有诸葛祠道士持来《南阳草庐图》一纸、庙碑两种求售，其碑一明万历，一本朝也。未购。溜单送来，仍有虚浮，减去之。终日薄阴，晡时微雨数点。

十二日（12 月 22 日）

辰初起，打坐尖。轿夫柴姓者，来时由此舁余到荆州，以舟行无所用伊，遣去之。今又来求附行回京，言如不见怜，将为异乡饿殍。谓之曰：尔甘心舁轿，则吾到处饬差纪少募轿夫一名，以尔补数，既可回京，又得夫价，吾亦无挟带外人之嫌，即如所请，若于况外有所觊觎，虽少至一文，当即逐去，决不姑容。伊唯唯因许之。并谕诸仆随时监察。自此以后，每到易夫之处，即呼差纪来告之故，且曰如伊不遵行，其来告吾，吾立逐之，伊本非吾所应带之人也。如此，庶可无弊。辰正二刻，熙台大令以刺来送，升舆行。过一桥，见碑碣甚多，立者、仆者，举不可辨识。渡清河，河水浅涸，置小舟于中，两旁铺木板，即成一桥，其广真有不容刀之势。三十里，午初二刻至叶店茶尖。双弓米极佳，啜少许。长车尚未至，稍待之。午正复行。三十里，未正二刻抵吕堰，仍宿于兀家。晚饭酒席，与欧家庙同，盖差纪仍欧家庙之人也。天薄阴，午间见日光，夜月朦胧。卧后闻室中有猫声，未之异也。无何，梦中惊觉，闻啮木声甚厉,残灯犹明。审视之,案头置糕点合一,彼欲得而甘心也。听之将不胜其扰,遂起驱猫于外,而合上覆《望眉山人文集》数本,已被撕破,理许久,时已寅正,遂和衣复眠。

十三日(12月23日)

辰初起。辰正行。二十五里,至黄泥河,入河南境。又十五里,午正一刻至新店铺。街上售物者甚多,拥挤难行,此地已多车两,而竹筐、瓦缶、肩担、手篮仍复随意横陈,占地至街心,车马一过,即须移避,何纷纷然不惮烦也。仍尖于高氏之花圃,室中供木瓜多而且巨,浓香扑鼻。花圃主人向高福言,欲留余住一日,高福已代余辞谢。有此雅意而不来见面谈,何也?差纪言,其主钱小修大令以迎驾赴省未归,闻两宫并未启銮,以洋人请废大阿哥故耽延云云。昨在襄阳,尧衢、琢斋诸君言两宫某日至某处,某日召见陈小石同年,于某某日并站至磁州,凿凿可据,岂尽子虚耶?大约此地电报所不及,邑侯又不在署,不得确信,得之传闻者,皆陈言耳。午正三刻复行。若由大路至新野县城,则三十里,由小路则二十五里。来时系由大路,于到此时渡白河。今舁夫贪近,捷径而趍数里,先渡一小河,又将十里甫渡白河。申初二刻抵新野。仪仗来迎,至行馆宿焉。张顺购来柿饼,斤十五文。天阴而寒,暮微雨,入夜淅沥有声,不久即止。堂悬保险灯甚巨,差纪云,中有损缺不能然,令人不快。或伊为省油故为此说,亦未可知。此处无车,短车皆不易,惟每骡给制钱五百,仍令送往下站,长车价亦如之。范孙日记有因安阳、淇县两处长车谐价后遂决意裁去云云。余意此例由来已久,我虽裁,仆辈必收以肥己,不如收之,切嘱仆辈任多任少勿与争。仆辈此次恪遵余言,盖此款不归伊等，遂不觉秦越视之也。短车御者，欲犹未厌，与差纪争，差纪浼诸仆调停之，举长车以为例，乃各无言而去。

十四日（12月24日）

卯初醒，以时尚早，未即起。无何，闻高福呼余声，已辰初二刻矣。急起盥漱。辰正一刻行。入新野南门，出北门，两门相距不足一里，城小可知。北门外不数里，有庙，庙前有石，曰“汉关神武演水军处”。来时途中遇雨，以油布幕舆，故未见也。三十里，午初一刻尖于骆庄之行馆。午正一刻复行。二十里，过界墩，界墩，据高福所云。差纪言地名介中，距瓦店十五里。寨门额曰“寓传越乡”，不知何解。又十里，抵林水驿，寨门额曰“瓦店寨”，盖俗名也。申初二刻，至泰丰店宿。店上房四间，而中分为二，与来时所宿之店同，而宽敞则过之。天仍阴。午后，又起大风，诸仆无不号寒者。到店后，风亦寻息。店壁留题甚夥，端居无事，浏览一周，纸糊泥盖，莫窥全豹者不计外，择其可存者录数首于左。

号“琴志”者诗云：“雕鞍吹满战场沙，莽荡中原此驻车。书剑随身携一卫，关河极目见三鸦。南天归梦云俱远，北阙愁心日尚遮。忆得故人肠断句，清霜冷拂剑头花。”

号“枣民”者，本年立冬前一日和之云：“恒河莽莽劫馀沙，北去琴书共一车。万里云随瑶圃骏，十年霜重玉堂鸦。神灵汉代人何在，要害雄关势易遮。且喜客中天气好，故园珍重早梅花。”有车夫自北来者，言京津又有战事，两宫现驻卫辉府以观动静，真无稽之谈也。然而足惑愚人，可畏之至。

又黔南痴云子董次屏诗云：“朝朝暮暮走风尘，容易消磨客里春。晓枕听筹寒破梦,夜灯挥酒剑亲人。掬怀肝胆谁知己,入世功名太累身。翘指帝乡何日到,计程已觉近花晨。”

又号“瘦筠”者《过光武故里》诗云:“金吾不作作天子,卓哉文叔竟如此。乃知帝王自有真,窃据纷纷井蛙耳。汉家灵气孕南阳,故宅凭临落日荒。终始君臣两人杰,行人还指卧龙冈。”

又锦江周伯显句云:“断绝家书鸿雁阔,零星乡梦鹧鸪鸣。”惜全首模糊,不可辨识。

又有极可笑之七绝一首云:“落榜童生离南阳,思亲思妻思故乡。他日若展龙凤翅,状元榜眼探花郎。”下署“兄弟三人宿此有感”。此三人者,可谓难兄难弟,无怪乎一同落榜也。录之以供一噱。到行馆后,未进小食,腹适不馁,亦未索。薄暮乃以汤饼进,余所嗜也。食之而饱,晚饭遂不思食。小米粥甚佳,啜两碗焉。晚,雨雪。鲍福购来鸡心柿三枚,朱顺购来梨二枚,梨嫩而甘,虽不及吾乡,然远胜湘、黔矣。其价甚廉,斤才十文耳。

十五日(12月25日)

卯初起。檐瓦间微有积雪,路亦不滑,盖昨晚之雪花大而稀,为时亦不久也。此地无马,前站家人及两包均载以车,省去三马,马折制钱三百。余谓车亦须发价,舍马而车,马又折价,殊非情理之平。且此端一开,将来必有争车之患。问之,则只就原车匀载,并未增车也。然则樊城之车,其未装满可知矣。迟明而行。三十里,巳初二刻抵三十里屯,仍尖于阎学之家。南阳县派勇四名,荷枪来迎,时庖人尚未举炊,坐以待之,闷闷无聊,散步于庭。见其听事悬额曰“司马储才”,款署“啸台仁兄大人令弟仁庵游泮志喜”。登其堂,堂有匾三,中为罗前辈绕典“祝啸台之太夫人七旬寿”者，楹联亦然，余所止室中有吴棣轩前辈为啸台书一联，当亦使黔经此时事。棣轩使黔为甲午科时，啸台尚在，故亦不久也。左右两匾与门外额同，记其一署廖仲山夫子款，皆壬午年贺仁庵掇芹者也。啸台官至总戎，已故。今所谓学之者，即仁庵欤？另一人欤？不得而知也。张顺来禀，主人索闱墨，即与之。然则主人或即茂才公也。饭罢，已午初，复行。三十里至白河，河水浅涸，筑有圯桥，无须舟楫。过桥即南阳府郭外。大令潘洁泉同年来迎。太守傅竹农有疾，以刺来。镇军蓝朗亭方由省归，征尘未息，亦以刺来。游击马凤全、都司朱庚明、守备马青云各以刺来。朱庚明，字长亭。马青云，字仙渠。入郭门入城。南门榜曰“淯阳门”，内层额曰“车定指南”。未正至试院宿焉。宿站向在去城八里之栗河店，来时，筱苏以须留一日，特嘱在城内预备，今遂仍之。洁泉来见，询知朗舅刻仍在省，未曾委署。钱小修以卓异就近到省城引见，并非迎驾，昨已回署矣。小修与王夔翁同乡，且有戚谊，故就近引见，甚为易易，他人恐未能也。洁泉留余住一日，为元妙观之游，观在城西北数里，即诸葛丞相祠堂也。辞之。闻元妙观景物甚佳，来时留一日，竟交臂失之，今无及矣。送洁泉《闱墨》一本。闷坐无聊，录对联以消日。乐育堂何铁生前辈联云：“看万间广厦宏开，前召堰，后赵渠，大庇又传贤太守；愿诸生芳型式仰，汉武乡，宋文正，此邦代有古名儒。”跋曰：“任乐如太守以试院落成，寓书索联额，撰成却寄。”又傅竹农联云：“星使再传轺，景鹿洞谈经，龙冈驻节；风檐重校艺，媿文翁兴学，召父居官。”上联盖为督学朱桂清前辈福诜发也。阆风堂前楹，邵伯英前辈联云：“八十年荫庇犹叨，愧衡校滥司，薄植何堪绳祖武；万千士因缘重证，愿廉隅益励，清芳常不负先人。”跋曰：“嘉庆十八年，先大父光禄公以南阳经历升淮宁县知县去任,越八十年,光绪辛卯,松年奉命按试来宛,自顾疏庸,文衡忝掌,荷天恩之高厚,念祖德之深长,敬制斯联以志感仰。”居室为学使按临下榻之所,来时筱苏居之时正苦热,二人恒在堂上坐谈,未尝审顾。今独居一室,忆及十五年前,吾十一叔视学此邦,曾两度入此室处焉。室则犹是,人竟永无相见之期!家庭多故,旅榇未归,回首临歧,泪盈襟袖矣!又乐育堂后文昌祠一联云:“聪明正直而壹者;斋戒沐浴以事之。”可为神祠通用之联。购彩色腿带三十副,南阳绸一端,烙花冬青木箸四分,素而粗者二十对,丝线一两。晚饭后,为差纪题画,日间来求者。画牡丹一株,猫一,蝶三,而未署款,为题“富贵耄耋”四字,后书年月姓名。题画款惟善画者能之,余等所题总不入格,若在吾侪则却之矣。天气早阴,午后,畅晴而暖,晚,月明如昼,而风又起,云亦稍稍来集矣。

十六日(12月26日)

辰初起。滕六税驾,丰隆肆威。洁泉遣人来留住,待晴而行,谢之。已而洁泉来送行。茶话之顷,有民马夫来叩首求释,言已送数站矣。洁泉命释之,另易他马,旋即为差纪拥出。其果释与否则不得知矣。洁泉因言,自两宫还京,各站马匹多调往应用,马遂不足,往往雇民马代之。然则黔、湘各省亦用民马,又有何说?总之,驿马均不足额而已。有马而不肯用,皆取之民间,虽发价亦不足。此种弊政未易除也,是所望于爱人之良有司。辰正二刻行。嘱洁泉勿远送,即在试院作别,便道答拜镇军、游都、太守三君及大令,均未见。太守有恙,昨已差帖请安道谢,今即不复惊动矣。出北门,额曰“源溯紫灵”。各官均以刺来送。昨日并无仪仗,今早则有日罩前导，以为为拜客也，乃至东郭外犹不去，遣之，欣谢而去。民壮四人衣屦单敝，瑟缩可怜，亦遣之。练勇四名，昨日迎于尖所，拟犒而后遣。乃伊等见民壮之去也亦求去，遂并遣之，而舆中无钱，竟未能犒，殊觉歉然。二十五里渡河，河有杷桥，与昨同。又五里至新店，额曰"屏翰南都"。午正尖于客店。一路朔风吹雪，屑玉盈舆，寒气砭肌，两足僵木，而亭皋千亩，雪泥斑驳，未尝一白如银，盖雪之虐，皆风之饕也。降舆后，向火良久，寒犹未减。门虽有帘，而长于门者几半，垂钩于檐，从中搴起而悬之，与无帘等。下之则拖曳于地，不便出入，惟有忍冻而已。到处皆然，不知创自何人。人可冻，例不可改，殊为可笑。饭罢，未初复行。雪止，风仍未定，时透日光。有马队四人来，言是镇军派来护送者。以其迟至，疑之，然着有军衣，当非假托，即假亦无可如何，惟有听之。三十里至博望，额曰"星邮传命"，西寨门也。门外立石，大书曰"汉张骞封博望侯处"。申初二刻宿于行馆。薄暮天晴。问诸仆早间民马果释否，佥云未释。询知此处有马号，呼差纪来，告之故，嘱其易马，务将民马释回。差纪唯唯而退，未知能遵命否也。自樊城以来，日见牛车轮辐舆轿，均与京津之敞车同。惟前只一辕，辕端横木，轭两牛而驱之，颇存古意，特以大车仿小车之制，前无式，軥不梁耳。晚，微阴，旋晴，风姨返辔，雪月交辉。

十七日（12 月 27 日）

辰初起。高福以两包马及所乘马易一车以行，诸仆皆怨之。盖短车尽可装载，如不加车，则马可折价也。辰初三刻行。三十里，午初至赵河，尖于旅店。问差纪此是旅店否，曰然，店何名，则曰不知,亦不复问。后极宽敞,屋亦雅洁,来时以为行馆也。壁有词一阕,题曰《虞美人》,盖词目也。叙曰:“辛丑九月,薄游山西,遵乎裕州,宿乎赵河。溯自发澧江,涉襄水,访新野之庾庙,式南阳之葛庐,兼旬不休,前路未半,百感交集,绮怀逾纷。秋之为气,昔人所悲,况复村店晚月,古原斜阳,黄尘扑衣,北风嘶马,凡我身独茫茫生愁,有心人同历历来梦,华年锦瑟十五旅夜玉漏三商,托虞姬之歌,写情人之怨云尔。”词曰:“裕州西畔茫茫路,有个征鸿驻。算来负了语丁宁,只有凄凉珍重竟何曾。霜林露驿西风紧,不似江南景。江南江北一般愁,且自温存莫去倚高楼。”款署“小朱龙馆在东民”,不知何许人也。饭罢,午正复行。出门即渡赵河。河水干涸,多见底处,就其干处筑小桥,数步即过,有水处冰棱棱焉。十八里至廓封,额曰“荆襄重关”。又八里至十里铺。又七里至三里河,裕州舆夫来迎。又三里至裕州,刺史王肖谷迎于西门外。西门外墙嵌“晚照”二篆字,内门额曰“望成”,不知何解。入西门,出东门。东门内额曰“瞻云就日”。又四里渡潘河,以木石平铺为桥而过。申初三刻至新街之联陞店宿焉。刺史随来见,谈许久。知两宫十三日已至磁州,河南巡抚松中丞寿随扈北上,河督锡良署豫抚。余欲答拜肖谷,肖谷以距城太远谆辞。余亦辞肖谷明早远送,肖谷允诺。余遂不往,以帖答拜而已。店壁诗甚夥,无非放狗屁、狗放屁、放屁狗之类。惟有七律一首可取,诗曰:“万里彤云冻不销,连番风雪太飘摇。马蹄尚隔蓝关道,驴背翻疑灞水桥。高卧袁安叹此日,成功李愬忆前朝。冰霜阅历男儿事,莫计迢迢去路遥。”后署“庚子腊月十二日赴陕,阻雪宿此。古洪都我我居士疥壁。”此君非赴行在引见者,即京官也。马队四人送至此,与钱人一百,不受,意似嫌少,倍之乃受，晚饭时来辞谢焉。问昨日之民马释去否，则今早即释，本日所乘皆号马也。问高福何为多索一车，则以昨日雨雪，诸仆之物皆欲置之车中，不尔则勃然不悦，以致车中无坐地，不得不尔也。他仆来，问之，则以高福昨因有雪，自置马鞍于车内，而置他人卧具于外，皆不直之。盖其龃龉者有由也。爰诫诸仆和衷共济，毋许各存意见，皆受命而退。此地大落花生极贱，每斤十六文。侵早，大雾，午后，晴暖。

十八日（12月28日）

卯正二刻起。天阴有风而寒。未加车。辰初二刻行。渡脱脚河，经平原寨，亦名招抚镇。售梳篦者甚多。张顺购篦数事。下七里冈，又渡河，河水皆涸，不用舟。共三十里，巳正至柳林镇，即扳倒井也。仍尖于光武庙之玉照堂。道士李元忠出迎。来时联额有遗忘者，补录之。玉照堂中悬额曰“八千为春”，是寿老道士者。严记作“八千为秋”，误。上款“振声炼师六十三岁”，下款“洛阳张䌌”，并详列官衔，时在道光戊申年。盖嘉、道时翰林，曾典试湖北，视学贵州，而又官天津府知府，署天津河间兵备道、长芦盐运使者也。又裕州刺史王肖谷联云：“井养得灵源，传闻倒水翻澜，实扶明圣；宦游逢胜赏，相对幽花翠竹，畅涤尘氛。”又有张暄者联云：“尘马此偷闲，红药宜人，绿杨小憩；雪鸿聊寄迹，宦游南苑，梦绕西湖。”严寒未能遍览各处，院中池已结冰，群芳尽谢，惟翠竹摇风，柯叶不改，时穷节见，宜乎有君子之称也。李道士赠娑罗果二枚，大如荔枝，云焙干为末，以酒下之，可医胃痛，亦治产难，索一差联而去。午初二刻，饭罢复行。经龙泉镇，至独树，过河。共三十里，抵保安驿，有碑曰“叶县裕州分界处”。

未正一刻入行馆宿焉。于路频见有罗列研池、墨海、五色石球出售者,及至宿所,竟觅不得。此地麦面甚贱,十六文一斤,较大落花生尤便宜,盖落花生非日用所必需,且须弃皮也。差纪云县城亦十六文一斤,而面则较此尤细。白菜之重五六斤一颗者,三四文耳。较之津京相去何啻倍蓰,信乎,通都大邑之不易居也。晚饭高福、朱顺均未食,问之,则以一路被风,不思食对。彼二人者,皆乘车行,而犹畏风如此,骑者当如何哉?舁者又当如何哉?人之不可一概而论如此。天终日阴,至晚风仍未息。

十九日(12月29日)

卯正二刻起。天晴风定。辰初二刻行。三十里渡河者二,皆有圯桥。巳正一刻至叶县旧城,入南门,尖于行馆。鲜果中有榴子,作淡红色,甚甘美。差纪云,此处榴甚贱,斤五六文。饭罢,午止复行。出北门,于城内左右瞻瞩,碑碣甚多,皆作细字,丁伯厚日记所谓城内一坊一碑皆刻“止子路宿处”者竟不可得,惟见有一石刻“蒙以养正”四字,当是为义学言之也。北门外有土郭,近郭门处老树数株,树下碑一,隶书“叶公问政处”。二十里渡河,经尤潦村寨。北门外西偏有墓,甚大,据云是丈人坟。其东偏有碑二,一大一小,皆隶书“止子路宿处”,其一字已漫漶,当是有人恐日久不可辨识,特又树一石,故二也。丁记所云或即此,而误其地欤?又十里抵叶县。民壮四名仪仗来迎,大令余竹生以刺来。去郭门不远,道旁有庙,庙前有碑,曰“汉逸民某故里”,隶书也。详细辨视,未能得其姓名,而舆已过矣。郭门额字亦未能详。入城南门,额曰“叶公旧治”。城内道左店门灯彩高悬,旁插黄旗,大书“吴”字,不知为谁。申初仍宿于昆阳书院。询知吴渔川观察携眷赴广东雷琼道任经此，竹生大令以为吴先而余后也，先往迎吴，不意余竟先至。少时大令来见，谈许久。问汉逸民为谁，大令亦未留心，鲍福令役出而询之，亦无回信，令人闷闷。若在旷野，不难驻舆出视，今至县城，仪仗前导，观者塞途，似未便停驻。虚文之牵制，无味已极，无怪古之高人恶此而逃也。书院大门榜"试院"二字，堂下两旁皆号舍，住室在大堂东偏，额曰"明体达用"，道光年间所悬。桌皆以石为之，桌前短石栉比，则坐位也。与城隍庙间壁。严记云，庙有额三，中曰"显道明威"，左曰"鉴观有赫"，右曰"烛照无遗"。到时谛视之，庙之大门三楹，垣间另有二角门。左右两额即在角门上方，"显道明威"一额在大门之右一楹，不居中也。居中另有题字，其左一楹亦似有额，均未看真，明日当审顾之。此处铜器甚佳，欲购合子灯，竟无现成者。水烟筒价甚昂，未知适用与否，未购。

二十日（12月30日）

卯正二刻起。辰初三刻行。出书院门，审顾城隍庙额，居中者即刻石嵌之门上，曰"捍卫皂地"，余恍惚看似"池"字，鲍福以为确是"地"字，"皂池""皂地"均不知所出，俟考。与左右两角门额同，其左一楹中所悬蓝匾金字，曰"灵佑昆阳"，与"显道明威"额同，皆木质，当是报赛者所悬也。答拜竹生大令，未见。出北门，及郭门外有庙，庙前碑曰"汉光武大破莽军处"。大令亲送于庙前，仪仗皆退，而伞仍前导，亦命去之。十里过十里铺，于来时所见"孔子使子路问津处"竖碣之外，又见有横石，大书曰"沮溺耦耕处"。不一里，道傍有墓，墓前碑二，一立一仆，皆曰"周隐者长沮桀溺墓"。二人者，生而耦耕，死竟合葬欤？抑傅会之说欤？又碑曰“孔子自楚过来处”。行近卧羊山,遥见檐脊参差,树株蒙密者,黄文节公祠也。迨至其前,则见所谓山者,土坡上乱石数堆而已,名之卧羊,其形宛肖,初平再来,当叱而起也。祠东向。民壮云,祠无足观,其西偏亭池殊胜,皆累次增葺者,去大道不半里,尽可停舆一观。惟余乐与人同,胜地独游转增惆怅,遂过之。数里又有横石,曰“子路问津处”。一事而遗迹两存,何去何从,必有能辨之者。又二里许,共行二十里,过一河。巳初二刻尖于汝坟桥。饭罢,巳正二刻复行。据鲍福云,于路见“文王化行南国”碑一。过问道桥,桥有“轩辕问道处”碑一。余在舆中均未见。四十里过首山,至襄城县。大令孔玉如、少尉孟博泉躬率仪乐来迎。未正抵汝水西岸之旅店宿焉。玉如、博泉随来见,谈许久。知玉如十月间曾赴省城,就近引见,阆舅、何秋浦世叔均未晤面,二公郁郁不得志,故于酬酢多疏。玉如云十月杪黄河水涸,渡船不得近岸;十一月初三日,天阴微雪,及初四日辰刻启銮,天气晴和,河水陡涨,千帆拥渡,顷刻而直达彼岸,足见昊苍眷顾,川渎效灵,中国圣人自有真也。又云,徐友梅已实补济南府,王用霖以丁忧人员来此充缉私委员,盖襄城食盐由山西转运也。与伊朝夕谋面,相得甚欢,闻余将至,拟把晤痛谈。余于他乡遇故知,而又得之意外,其喜更不可言喻。玉如、博泉去后即更衣升舆,时汝水已涸,过石桥入县南门,先答拜郊迎二君,以为或不见,或见而谈不多时,然后再访用霖,可以畅所欲言,且拟携之来共晚饭,作终夜之聚。乃到县署,先谢不见,随云王大老爷恰在此,似示意可以入见者,余遂命舆直入,升堂闻弦歌声,降舆入视,则氍毹贴地,粉黛登场,方演剧也。玉如出迎,用霖继见,礼毕,至二堂后余来时所居之室茶话。用霖今年五十四岁,而齿牙脱落，仅存其一，然精神固自完足也。始知用霖去岁七月丁内艰，张仁府现署河东道，实督鹾务，委以斯差，秋间来此，家眷、灵柩均在陵川署任所。因与玉如留余晚饭。问今日之局为何，则前两日为玉如五十初度公祝，今相酬也。两君情意甚殷，重拂其意，爰命将仪仗遣去，只留舁夫。易冠至二堂观剧，藉以畅谈。玉如又请本城都戎龚仲约来陪，年五十馀，江苏人，胸多积卷，长于诗古文辞，儒将也。坐定，伶人进剧目请命，辞不获已，令演《二进宫》焉。饮间，用霖询津人事甚悉，均详告之。丧乱之馀，问讯故乡，心重语长，亲切有味。余亦详问晋省同人，寯峰之邀荐固不待言，少乾亦膺密保，现署解州，振钧署祁县，艺林署太谷，惟苑介卿世叔以病痹废，赖乡人佽助以糊口。少乾去岁赠之三百金，然后难为继，嗷嗷众口，终属不了之局，不如归去，诸少君尚可设法谋生，株守他乡，何见之左也。诏衔署潞安，府属有教案，洋人来首县请见之，卒不见，无以谢首县也，伪为失足伤股也者。于首县来时，令人负出见之，旋即以病股请代，闲居陵川者数月，现在并未销假，又委署归化城同知，宪眷可谓隆矣。惟此数月中，出直隶州缺者四，竟以假中未得与补，近于自误，然其人别有见解，不可以恒情测也。仲约在豫多年，谈河南古迹如数家珍。据云，叶县郭外汉逸民某故里碑，其人为高文通。伶人多自京来者，声调关目皆与京同，胜贵州百倍。自去岁乱后至今，久矣不闻此调，音尊一聚，彷佛都门团拜时也。拟赏伶人，用霖已代余备，不安之至，思有以报之，而天晚卸车解箱，诸多不便，且所携各物举不足登大雅之堂，不如已而。亥正酒阑烛跋，诸君犹坚留。以明日须早起，乃兴辞，与用霖、仲约言，明日路长，启行甚早，此地为别，即不往拜。两君亦一揖送行。辞玉如明早远送，玉如亦诺，乃归。玉如又云火车路已修至正定,尚未卖票。洋人特备黄车二以迎驾,必待两宫车行后方许他人行走。惟以未曾答拜博泉为歉。张顺来禀,在县署时已以刺往矣。然观剧时博泉当在他席,未与周旋,终属疏失,戒之。呼差纪来问龚仲约何名,伊竟不知,此人之疏,竟与余同。高福言大车须易,适才驱来,朱顺言驱来之车甚羸敝,恐不能任重致远,迟至此时始来者,为混目也。来时泛驾即在此站,不可不慎,拟与差纪议,令其发价仍用原车,谕以通融办理,不可执一,均诺而退。天晴而暖,室设烘炉,颇有燥意。

二十一日(12月31日)

卯初二刻起。闻朱顺詈人声,问之,则大车仆夫争价也。昨行六十里,叶县发价八百五十,今日九十里,发价千五百,虽有短陌,较之昨日足增三之一,而犹以为未足,故呵斥之。卯正三刻行。差纪云已得差信,吴肃堂月之十五日由樊城起程,何其神速乃尔,殊不可解。过桥入城南门,出北门。玉如、博泉均以刺送。四十里,巳正二刻尖于颍桥襄城属。饭罢,午初二刻复行,过颍河。今日舆夫多门外汉,步武未能整齐,行则舆窗玻璃震震作响,前者詈而后者怨,不数武辄停舆,而互易之,失足而踣者盖两次焉。尖后益形疲惫,遁去者四,道长而行缓,殊为不适。幸去宿所五里所,长葛县舁夫来迎,真力弥满,其行若飞,为之一快。五十里,经数寨过桥。申正至石固驿之旅店宿焉。严记云石固为尖站。夫石固去襄城九十里,岂有如此之大站乎?然则当宿颍桥,而襄城又为尖站矣,恐未必然。自襄城至石固,严记作百里,以时考之,诚不止九十里也。天晚微阴,风而不寒。鲍福云,于路见大书"吴季札挂剑处"碑一,余未之见。店室前无檐,门帘未能高悬,实为破格。惟帘板溢出帘外者左右各尺，搴帘出入，殊多不便，不知何所取义。内室者亦然，命撤去之。

二十二日（1902年1月1日）

卯正二刻起。辰初二刻行。仄径一条，左右土山高耸，蔽无所见，或一二里，或四三里，断而复续，时而缘坡上行，则豁然开朗。三十里，巳正二刻至会河镇。此处例应长葛县设茶尖，来时即未备，今仍之。拟直行而过，舆夫馁而求食，遂至西街之德隆盛旅店小憩，购薄饼食之，甚佳，又啜小米粥一碗。德隆盛主人云，叶县至襄城，六十里为一小站；襄城至石固，九十里为一大站；石固至新郑，六十里又一小站；新郑至郑州，九十里又一大站。一大一小相间。然则石固非尖站矣。午初复行。北风横吹，黄尘滚滚，余在舆中衣冠且为之变色，仆从可知矣。然吹面不寒，与杨柳风相似。三十里，渡溱洧，至新郑县。仪仗来迎。大令王溥以刺来。来时入东门，出南门，今则绕城而行。至东门外大街，遥见一坊，榜曰“东里众母之称”，舆人之诵，至今犹未忘也，为民上者可以兴矣。未正宿于东门外之逆旅。以帖答拜大令。鲍福云，去城不远尚有子产祠一所。又闻西门外有伍子胥祠，其中碑碣甚多，惜未能到。向夕风息。赵芝珊学使托余为其戚蒯带物二种，云如不到河南省城，即交郑州寄往。今鲍福来言，伊愿为其主赍送省城，就便谋事，即不复北行，允之。其人本附余而行，去留可任其自便也。来时直豫境内皆有班车，以资舆夫休息，冬令道易天寒，舆夫未索，鉴于昨日之困惫，今特索之。闻自南阳即有班车溜单，虽不载亦照例预备，因舆夫未索，高福均折钱入己，未知确否。自此将班车加入溜单。

二十三日（1月2日）

卯初二刻起。卯正三刻行。过子产祠，不半里有碑一，大书“宋太师欧阳文忠公墓”。四十里至郭店寨，门旁一碑，曰“宋吕正献公墓”，碑已断而接续之，依墙而立，恐其仆也。断处正当正字，断纹与字画相混，审顾始识。据云，墓去寨门尚有里许。辰正一刻尖于旅店。来时此处未曾供亿，今则灯彩高悬，鼓吹声炮焉。差纪年五十馀，杨姓，祥符人，一叔视学时，伊曾伺候，言之历历。饭罢，午初一刻复行。径仄沙深，舆夫往往插脚尘中，行未能速。五十里，申初二刻至郑州城下，无来迎者，竟不知宿所。舁夫谓客馆多在西关，遂向西行，入关寂无所见，入城亦如之。城门额曰“西祝华峰”。至十字街，折而北，将近州署，刺史李子明元桢，江苏吴县人，己卯举人，大挑班来迎，言得信甚晚，仓卒未备，仍请至试院宿。试院在州署之东。若早知在试院宿，自南门来可省三里路。在河南境内，凡两宿试院，南阳而后，遂及郑州。枨触于怀，不能自已。于路见负卓几携茵罽者，纷纷藉藉，惟恐后时。既至，呼高福问之，则伊至时，亦从西关绕过，无所归休，直至州署请命，始知余之今日至也。部署粗定，时已加酉。刺史来见，呼茶未烹，代以温水。榻设矮几，足溢于外，周旋间，触之而倾，水迸溅衣，瓷瓯几碎。坐定，谈及乘舆九月间经此，驻跸二日，以州署为行宫，从者甚众，用车二千数百两，计费六万馀金。昨得省电，十八日抵柏乡，再两日可至正定乘火车，大约此时已驻跸保定矣。问少兰叔安否何如，盖丁酉科，子明分房旧相识也。又云，路访严观察现在河南候补，嘱索《闱墨》《题名录》。观察，毕节人，家有应试者，又关切故乡戚友，故以一睹为快，中式之路朝銮，即其兄弟行也。手下无存者,许于车到后送去。鲍福赴省城否尚未定,因面托为蒯希彭寄物,子明许诺,谈许久而去。上灯后,行李车始至。命取《闱墨》,则曰,明早易车时顺便取之为妙,此时天晚,人多而杂,照顾不及,恐有疏失。来时范和等曾失去制钱四串,不可不慎。余虽知为诸仆偷懒,姑听之,盖欺以其方也。强之,而万一有失,彼有词矣。好在明日路近,起程无妨。稍晚鲍福来禀,决意赴省,请向州署为索一车。伊昨言余所用大车,仆夫皆省城人,立志不渡黄河,到此即行回省,附载而去,所费无几。不意此处尚有饷差,用车甚多,不肯放行。若自雇车,费无所出,故乞余索之。实亦差纪所教也。令高福与差纪商之。据云刺史将遣人赴省,如伊能待一日,即可附便而行,不待即为命车。余本不欲为之索车,既有此便,遂命待之。州署家丁有与之相识者,留居一日,固不虑无着落也。天气甚暖。从刺史借得电报、《京报》,枕上观之,知益斋已转礼科给事中;子丹,御史已传到;陈小石实授漕督;冯梦华升山西河东道;杨少泉升庶子;裕筱鹏同年厚放凤阳府,皆同乡同年之好消息也,故详之,馀不赘。夜梦到京。

二十四日(1月3日)

辰初起。易车,开箱出《闱墨》,送子明一本,并托寄路访严前辈一本,各附以《题名录》。芝珊学使寄省信件,均交鲍福,并赏其制钱两千。此处车马均不齐备,诸仆怨高福之不善办理,迟之又久。刺史候送于外,寒不可忍,遣人来问,差纪始着力催齐。巳初后行。刺史送于西郊,途间时见小车前树高竿,张布帆顺风而行,以省人力,轿也而纤,车也而帆,皆变格也。又见四轮大车,形似巨箱,无辕,前后各有铁环,钩绳以驭马,二马、三马以至多马,皆骖也。欲倒行,则解钩而挂于车后,车无转折之劳,是又在古今车制之外者。后屡详视,环不在车也。轸长于舆两端各数寸,以铁束横木于所长,环在木上。车去地咫尺,两较下垂,夹轮于中,无通轴、无辖轮、无辐、无毂。四十里至荥泽,入自东门。未初仍宿于人龙书院。大令陈皃卿来见,谈许久,知省城黄河已冻,不得过,饷差系绕道至此,此处水涸,河极仄,惟两岸近处皆有冰耳。食不饦、汤饼以代早饭。小憩时许。晚,为阆舅写信。天早晴,午微阴,晚晴暖甚。明日路长,又须渡黄河,而车竟至晚未齐,不睡以待。严催数四,至丑初始齐。

二十五日(1月4日)

卯初二刻起,今日仍用包马。大令以刺来,言昨晚偶感风寒,不克亲送。卯正三刻行。先答拜大令,未见。然后出北门。十五里,辰正一刻至黄河岸。解饷者先已到,正在渡河,待渡之顷,降舆出视,遇锡丽堂。伊解卷箱,于九月二十九日起身,行至常德时,闻吴肃堂有十月十五到镇远之说,以时计之,十一月十五尚未能到樊城,襄城差纪所云,尚非确信。或者舟行,遇顺风较陆行较速,亦未可知。在芦棚坐谈许久。登舟开行,顷刻而达彼岸。两岸并无多冰,舟直傍岸而泊,惟河中有冰片顺流下驶而已。复行三十里,午正抵王禄镇。此处未设尖站,入逆旅购饼饵、鸡卵食之。逆旅榜曰"义合",甚湫隘。油果甚佳,大有吾乡风味,四文一枚。留一刻许复行。二十五里,至获嘉县属之亢城驿,寨门额曰"连嵩"。申初宿于旅店。大令邵翊君以去城远,例不来迎,以刺来。差纪二人,一叶姓,安徽人;一孙姓,山东人。言其主由延津归来不久,盖往助贡珊办回銮差也。伊二人亦曾随往,据云，绍文颇能事，子化好作威福，贡珊知之，已不令管事，驻跸一日，诸凡均无贻误。问其署中尚有何人，曰有叔太爷者，颀而髯，知鉴泉姑丈已经来此矣。问解卷解饷者到否，曰均到，惟解饷委员二人意见不合，分住两处，共事之难如此，愈见余与筱苏之畛域胥融为难得也。因两委员偶忆及一故事，戊子科四川赵寅臣工部亮熙、副蒯礼卿前辈光典，典试贵州，以意见不合，竟彼此大骂，几至互劾。其年赵仲莹同年亦典蜀试，寅臣出对云："黔赵使蜀，蜀赵使黔，均是六品官，一部员，一殿撰。"有人即蒯、赵二君之事对云："正考骂副，副考骂正，同行万里路，两伙伴，两冤家。"共事不合，贻人话柄，可以鉴矣！彼两委员殆未尝闻知耳。晚，补写阆舅信之未完者，并为贡珊写信。贡珊现已孔雀其翎矣。天晴而暖，夜有风。

二十六日（1月5日）

卯初二刻起。高福以瓦缶炽炭，置烘炉旁，已而恶气棘鼻，刻不能忍，急呼从人视之，盛火者盖溺器也。令倾火于炉而出之，良久，尚犹有臭，携有大枣投之始已。屡次易车，行床已毁，弃之。卯正三刻行。风已息。直行六十里，至新乡。大令张学愚率仪乐迎于郊，既为同乡，又与少兰叔同年，颇觉亲近。一见即问曰，尔伙计胡不来？则应之曰，回家去矣。相与大笑。入南门。未初宿于古墉书院。本日适值课期，散卷甫毕，若扃门而试，则不得入矣。大令随来谈许久，知两宫过延津时，于润五、侯博斋俱来为贡珊帮忙，赖内侍多同乡，宫门费才三千馀金，他处不能也。酒席共四千馀卓，兵丁群起而抢之，殴打差纪，哄至牙门之二堂，恃势聚众，可恶已极，主之者亦太无纪律矣。又言孟鬯宸、赵星楼均已晤面，东麟堂由京来，沿途包办酒席，有白云观道士沿途关说宫门费,方外人而通苞苴之门,真元之又元,或此门亦为众妙之一耶?以汤饼代早餐,食毕更衣。以“年愚侄”柬答拜大令,未见,送其《闹墨》一本。县署前有两坊,曰“河朔名区”“鄘南古治”,即两辕门也。一路所经衙署、辕门,似此者甚多,未能悉记,亦有各题二字,似吾津之道署者。到铁大舅母处,益斋表弟回津,蕴斋在卫辉府,有任邱刘馥卿蓺枌前在新乡盐店,多受铁舅教益,与表弟辈结盟,今赋闲居此,出而相迎。登堂展拜,泫然以戚,欲哭诸吾舅之灵,而无人共往,礼神主而已。详话两地近况,知此地僦屋直甚廉,北房五楹,东西房各三楹,岁取二十千耳。舅母以烹鱼熨饼相饷,此处麦面三十馀文一斤,较叶县以南且倍之矣。遣舆从回,更衣大嚼,果然而饱。留银十两,为吾舅楮帛之资。大表侄由塾归,年十四矣,温文知礼,甚为可喜。馥卿烦书名片四、祠额一。适朗舅寄来家信,内有与余一信,阅竟怀之。又四表妹由鄂寄汴转递之信,是其亲笔,初未尝读书,而竟能作字,文义亦粗通,聪明女子也。虽然其如命薄何哉?表妹,舅之季女,孟筱帆先生子妇,嫁不二年而寡,今才二十五岁。信书双亲大人,吾舅之逝,伊尚未知,不敢使知也。表侄又代人乞书楹联一副。戌刻肩舆来迓,遂归。又为朗舅书数语,附前信中,并呈《闹墨》《题名录》《先正读书诀》《輶轩语》《书目答问》。又贡珊信及《闹墨》均送县署托寄。表侄来,并馈豆粥、酱菜,持楹联来盖图章。送其《读书诀》等共四册,勉励数语,唯唯听受,代其师傅茂才乞《闹墨》一本而去。早眠,梦还家。锡丽堂未宿此,行而前矣。

二十七日(1月6日)

寅正起。仆从犹眠,唤之始应。濒行,大令又来,谈许久,视升舆。卯初三刻出东门,约里许,行行且止。问之,则前有贡物为阻,良久,至空阔处,急趋而前。天已曙,从舆中窥之,木箱数十,大小不一,或八人或四人舁之,蹒跚而行,偶有花木露枝柯于外,馀皆不知为何,约皆西安宫中所陈也。后询知贡物从河南省来,非西安者。舁者皆营兵,有吹洋号者前导,行止准焉。五十里至卫辉府。不知所适,询问良久,始知仍在城外之合顺店。过桥入寨门,已正尖焉。高福至时,误入城至试院,见灯彩高悬,以为即尖所也,解鞍而入,乃为解贡物道员韩君所备者,复骑而出,物色至此。后至之车仍有驱入城中者,遣人唤之。时厨役尚未至,待良久始食。食毕车又不齐,令之发价不肯,必待易车。迟至午正,车始至。太尊于海帆年伯沧澜,乙亥举人,丁丑进士,即用知县,山东人适来,谈许久,索《闱墨》一本。据云,两宫二十四日由正定乘火车到保定,驻跸三日,明日还京。并问及一叔、十五叔。坐待送余行,辞以尚须答拜,则曰,我辈世交,可以略分言情,故敢如此,若然,是责我之迎送于郊也。言语爽直,似因有年谊而来者。年谊之重如此,然亦有我认年谊而彼茫然,询而告之,仍复漠然,适形我之多事者。分际殊难恰合,要亦视乎其人。即如汲县大令谢芗初,与余同年,来时尚以刺迎,并为其令弟乞书,今竟杳如黄鹤,其不重年谊可知。数载后,吾家人若来以年谊相认,有不茫然而漠然者哉?总之,宁可我认而彼不知,不可彼知而我不认,知而不认则彼有辞,而我过重矣。然亦有我并不知者,则无如何耳。海翁之来也,用手版,屈膝不揖,自称卑府,执礼甚恭。及余辞行,亦屈膝迎之,彼又似欲答揖,几至两歧。既在舆中思之,余误矣。不往拜,则辞行应跪拜以答之,称年伯则应与揖;其手版,则应辞不敢当,请易名片。乃以一时仓卒,诸多舛误,余之不善肆应,而贻后悔,往往如此。书以志过,且戒将来。午正一刻，遵海翁命，就近辞行。

出寨门，额曰“南通十省”。不数里，道旁有碑，篆书某故里，故字上是异字，再上则不能辨识，约是大树将军也。天薄阴，风而不寒。銮舆甫过，周道如砥，桥梁亭堠焕然一新。五十里抵淇县。南门外有庙，庙前碑，曰“殷六七作圣君故里”。殷字、里字未看清楚，大意如此。君也，而曰故里，似未妥，若专指开创之君则可。入南门，额曰“朝阳门”。其不知所适，与日间到汲县同。询知行馆所在，至则无人门焉。既入，始知不误。车尚未至，命遣役往迎，则漫应之。据高福云，伊到时尚未预备，赴署呼人来，部署粗定，即遣人迎余。余并未见有迎者，其漫应不待言矣。时逾酉初，室中已暗，尚无灯烛，良久始具。车亦随后毕至。差纪张，大兴人，言大令张次常翊辰在府城未归。问是何出身，曰拔贡，科分则不知，湖北人也。晚饭后，堂上烛灭，出入皆暗中摸索。夜梦还家，梦中又梦。

二十八日（1月7日）

卯正醒，寂无声息。今日道里甚近，且车尚未易，余蚤起何为，乃复眠。已而人喧于庭，炭炽于室，已辰初矣。起问车齐否，则尚缺其二，连促之，互相推诿，意似欲省二车，遣高福赴署索之乃齐。张纪本非次常之仆，因办两宫差，人不足用，从他处借来者。昨晚闻其与诸仆谈，自云两宫过境后，次常曾遣人搜括其家，大骂次常不止。次常办两宫差时，彼随行兵丁闯入署中，掠去库存制钱若干，且至内室，开箱将衣饰各物席卷一空。次常逃出，不知去向，数日后寻得之，其夫人大受鞭扑。似此形同强盗，不惩何以儆将来。主之者何聋聩乃尔，抑有所利而故纵之欤？松中丞竟不参奏，何也？余不欲闻，呼诸仆来斥之去，非良民也。巳初后始行。大风吹垢，尘土蔽空，逆风而行，足冷欲冰。幸入闱时之虎皮现置舆中为坐具，取以蔽膝，乃不畏寒。北门外有寨门，额曰“九省通衢”。二十五里至淇河，寨门榜曰“淇水关”。由寨中行，既出，道旁立石，大书“淇水”二字，已到桥头矣。桥下流泉喷薄，一如往日，求如范孙日记所谓千态而万状者则不可得。过桥，并河而行数里，乃趋大路。又三十五里，经浚县界，未正一刻至宜沟汤阴县属宿焉。地似逆旅，而额曰“皇华馆”。尘满征衫，扑去之。差纪云，大令褚君现丁内艰，明日即交卸。供张颇草草，然不能怪也。室中无火，时风虽未息，而日光甚浓，坐定并不觉寒。以汤饼代早餐，似未足，不欲再索，令仆购油果食之。油果臃肿不脆，且有生面，不如王禄镇远甚。小憩片刻，闻诸仆在院中易车，乃起。晚饭中席不能下咽，诸仆皆馂余之馀焉。饭又不足，命自购馍食之勿哗。已而见案头有饭一簋，不知谁所匿者。晚，风定。

二十九日（1月8日）

卯正起，辰初一刻行。途遇大车甚多，又有荷大旗而徒行者，约是营兵，不知从何而来。二十五里，巳初三刻尖于汤阴县之南门外逆旅。壁间题咏甚夥，惟有七绝两首尚可取。一首云：“三月杨花绊马蹄，芦芽初长稻秧齐。东风不为行人住，莫怪春闺望眼迷。”未署名。又一首云：“滚滚漳河流向东，高家父子漫英雄。小怜一去无消息，冷落西山避暑宫。”下署无名氏。有人书云，题壁诗皆不佳，惟北小屋短古一章，差强人意。寻至其处视之，满墙埃墨，并无一诗。大令尚未交卸，新任到尚需时，早餐只供饼饵，无粥饭，菜则名为一品锅，实残羹冷炙加菘叶耳，然味较全席为美，食甚饱。大令方丁艰,今日所食或祭馀乎?是重于车马者也,本非齐人之乞,当下圣人之拜矣。巳正二刻复行。入南门,额曰“瞻淇门”。出北门里许,经一庙,庙旁碑二,一曰“古河阳寺”,一曰“岳武穆王先茔”。庙后有围墙,当即坟园也。又四里许,有台置碑,曰“周文王羑里城”。又三里许,有坊曰“十里铺”。又二里,有坊曰“汤阴安阳分界处”。又短石二对,立道之左右,一曰“汤阴北界”,一曰“安阳南界”。又三里,有坊曰“三十里铺”,则就安阳言矣。经一浩刹,榜曰“宝莲禅寺”。又十里,有坊曰“二十里铺”。过石桥、圯桥各一。又二十里,抵安阳郭外。郭外尚有一碑,上手镌“节井”二字,径三寸许,馀字甚小,视若无睹,不知何所取义。大令周应麟以刺来迎。道旁有碑,曰“宋韩魏公故里”。郭门额曰“古相州城”。南门额曰“镇远门”。南城楼上有额亦曰“南通十省”,数见不鲜矣。既入城,行经鼓楼、钟楼。鼓楼亦有额,模糊不可辨识。钟楼额曰“声彻天中”,即“瞻天尺五”之南面也。未正一刻宿于钟楼北之行馆。太守善守斋以与松中丞婚姻回避,解任赴省。大令辞以疾,以刺答拜。惟辛蔚如世叔侨寓于此,须亲到,更衣往谒。请见太师母,则辞。间谈,知解梅访老伯、高杏斋世兄在此司鹾,亦宜一往。莲如世叔因侄女与郑献廷公子结亲,现往湖北遣嫁。适有客至,遂辞出。自辛宅出,忽有张盖前导者,想差纪所遣也。到解、高两君处,杏斋出门,只见梅翁。梅翁留晚饭,谢之归。蔚如、梅翁先后来,留蔚如晚饭。饭间,杏斋来,略谈而去。与蔚如畅谈,知其八月间曾赴京验放,现已到省;沈星垣已捐学正录;高泽畬加捐同知,分发湖北;王晋贤世叔果然作古。前王用霖言晋翁已归道山,余以其得之传闻,未敢深信。余告其蒋蓬史现在贵州,曾询近况。蔚如云,凌叔、莹弟在省城,思我甚,竟未致彼一字,殊觉歉然。谈至二更,索

《闱墨》一本而去。行馆堂额篆书"蒋径"二字，跋语多而字小，蒋蓬翁手笔也。来时宿此，未尝留意，今与蓬翁为旧雨，拟备录之，而日间未暇，灯下则目力不及矣。

三十日(1月9日)

卯正二刻起。迟迟吾行，因录堂额跋语，曰："昔蒋诩开三径之竹以延客，而羊求独与之游，高致绝人，余何敢方。顾余自甲子岁权守斯郡，凡往来赋高轩过者悉传食于此。余为东道主人，爪印时留。今年春，随节北征，师干驻邺，余转而为客，亦馆于此。遥忆旧游，恍如俄顷，嫌其庭院清旷，而舍后一无点缀，乃为之拓明窗，莳花种竹。晴日婀娜之影，潇湘风雨之声，从此无寂寞景象矣。虽然，逆旅光阴，何必曲名希杜，然天必以此待旧太守者，当有兰因絮果在焉。额曰'蒋径'，非欲蹈王谢争墩之习，聊记此重来一至缘耳。同治戊辰三月全州蒋珣识。"辰初一刻行。出北门，四十五里，经如昨日之坊者三。巳正一刻至丰乐镇，尖于行宫之偏院，仍来时驻足之地，而缺者以补，旧者以新，门朱窗漆，顶席而壁纸焉。差纪张，山东人，曾伺候一叔。据云，此处本备两宫宿所，乃仅茶尖而去。浏览一周，然后早饭。负暄而坐，体躁汗津，揭冠解带而食。午初复行。漳河新作圯桥三，中为御道，左右朱栏，长约五十馀丈。过桥入直隶境。长征万里，病后还乡，目见耳闻，我心则喜。二十五里，未初抵磁州，无来迎者。入南门，至行馆，则鼓吹升炮焉。来时行馆另有人居，此处亦极宽阔。刺史许仰坡以疾辞，未来见。今知其为恭慎师之犹子也，以治年世愚弟柬报之。小憩时许。晚饭后，刺史遣人索去《题名录》一，署多津人，有来就诸仆谈者，乡音入耳，弥觉畅然。

十二月

初一日(1月10日)

卯正二刻起,辰初二刻行。鼓楼北道左巷口有坊,曰“崔府君庙”。府君名珏,字子玉,唐人也。前行数武,见有仪仗排列,睨之。行馆内有肩舆,似将启行者,不知何许也。出北门,门皆三重。直行七十里,至邯郸县之南关,额曰“极会天衢”。入关,未初一刻宿于城南门外之逆旅,鼓吹声炮如昨。明府廖紫垣已去任,代之者龚厚庵名彦师以刺来,报如之。差纪二,皆津人,以小食进。莲子蛋糕不足代早餐也,命仆购稷饼食之。小憩时许。薄暮,车声辚辚,将及寝门,有人呼余而入,则杨述斋也。鹾馆在苏曹,去此八里。余之至也,有为其送信者,是以来。遂共晚饭,并留为长夜之谈。伊闻明日仍无尖所,要余便道过其馆食,乃为留诺之。谈至乙夜。知讱斋已司鹾安州;少兰叔之新城引岸归裕源钱店代办,举家可资以糊口;天津百物昂贵,钱法甚坏,且时有盗案,甚为可虑。述斋云邯郸亦有光武扳倒井,与“子路问津”皆一事而两存遗迹者,但不知邯郸之扳倒井亦有光武庙否?和衣抵足而眠。述斋忽于梦中大声疾呼,唤醒问之,竟不自知。

初二日(1月11日)

红日满窗始起,将辰正矣。辰正三刻,命车两先行,余与述斋由南门外折而东北,行经丛台。台在城东门北,下址与城毗连,台高则倍之,形微圆,上周亦具垣堞,堑堵周回,为陟降所由,台上前门而后室。门榜曰“武灵丛台”。室左碑一,以砖砌之,皆新加修葺，备两宫之登览也。巳初二刻至苏曹鹾馆。主者为王秋浦，卫瞻哥之从舅也，亦舅之夙识者，郭裕如琴舫先生子、孟嗣宗筱帆先生子外，若曹、若张，皆吾津人也。谈良久。秋浦舅云，沈竹青在磁州，昨竟不知，知当访及，盖祖父而身三世交也。裕如视余《天津绅商士庶吁请袁慰亭制军从速移节驻津禀稿》，俪词斐恻，娓娓动人，不知何人手笔。闻已批准此禀，焉有不准者，惟如愿而偿，未卜何时耳。语嗣宗为新乡寄信，伊唯唯。早饭旨酒嘉殽，终以不饪，罔非乡味，陶然醉而果然饱。饭罢，又谈许久，午正二刻揖别复行。十五里，经黄粱梦。又五里，入永年县境，有两界石对峙。又二十里，至临洺关。关亦三重，惜多残破。关内三层高楼，一绿瓦重檐，模规闳丽，行过其下，审顾未有题额。申正至行馆宿焉。来时亦宿此，到晚而行早，故一无所见。行馆大门左右砖砌小室二，高广仅足容人，鼓吹者居其中，亦一格也。邯郸城至临洺关本四十五里，今由南关逆旅起算，而绕越苏曹，又稍东偏，故多三里。大令仍方君汝霖。差纪崔，自云曾为书贾，在琉璃厂与邓峻山旧识。邓几经失足，今则依然贾也，崔则不知何故而已辱为奴矣。有心人处此，必讳莫如深，彼且津津乐道，绝无不堪回首之情，是别有肺肠者，奴其宜耳。虽然，升沈无定，不可因彼而存自满之思也。归当举此以视峻山。三更将眠，忽接黔藩邵实孚前辈咨送《乡试录》公文一角，并《乡试录》二十本，收付回片，又筱苏一分，代为收存，文系十月二十七日所发。

初三日（1月12日）

辰初三刻起，辰正二刻行。出北关，关亦三重，其中间者，仅存基址矣。及河，河亦设桥。过桥三十五里，至沙河县，于南门外逆旅稍歇。交差纪名片,嘱候许仪廷。舁夫晨餐,余亦购粉糍之类食之。闻角声,有兵队过,停二刻许,午正复行。入沙河县南门,城下有碑,曰"吕忠烈公神道碑"。城中售物者甚众,皆日用所需之属。街心泥深没踝,似曾雨雪者。墙阴尚有积雪。出北门,途遇车两甚多。三十五里抵顺德府,城南面有土郭,如京师之外城然。入郭门,向来行馆在郭门内,今有兵差居之,遂入城南门,门额曰"来熏"。循南街北行,迎面巨坊一,曰"畿辅雄藩"。坊北三重楼,一最下层门上大书"顺德府"三字,盖府署之外门也;中层榜曰"清风楼";上层额曰"天尺五楼",凡七楹,当涂而高,气象峥嵘。由坊前折而东行,未正三刻至逆旅宿焉。邢台令仍王君锡光,以事公出。其幕宾李敬珍,山东人,蒙一叔取高等食饩,遣人以刺来候,以现在制中,不肯亲来,故未知其字,随即以刺报之。壁题五古一首,颇有寄托,录之。诗曰:"扶桑日初上,倒景凌朝霞。耀彩出沧海,宇内生光华。南荣负暄景,阴壑结冰花。寒燠任所处,临被无私加。但有葵藿诚,何论迩与遐。持此谢浮云,一叶庸足遮。"后书"辛丑十月十日邯郸早行初日有作",属籍仪仲,不知为何人。逆旅甚湫隘,当门而立,直见街市。频见营兵往来,据张福云,其军衣书诚信几旗、步队第几棚字样。购鸡心柿数枚,枚二文。朱顺以制钱四十购茶一两,并不见佳。

初四日(1月13日)

辰初二刻起。连日晴暖,今阴而风,颇有寒意。辰初二刻行。出北门,北门内二书院,来时未悉其名,今过而详视之,其一为"育英书院",其一额为檐蔽,仍未得见。三里许,经一石桥,旁有碑,曰"响水河大石桥"。碑已中断,响字已缺一角,上有何字不可知矣。数十武,又一圯桥,旁有碑,曰“豫让桥”。往得诏衔侄信,伊由晋解饷赴甘肃,曾经豫让桥,此处又有之,不知何故。共行三十里,至良缘店。舁夫投逆旅早餐,余在舆中俟之,约一刻许复行。三十里,抵内邱县,过曩所宿店。入城南门,折而西而北,未初二刻至盐店宿焉。盐店极宽敞,入门一院,长阔各八九丈,西北隅有室数楹,南偏另院室二所,后仍有隙地,与前院毗连,作曲尺形。余所止院,东西室各五楹,南北室各三楹,窗壁皆新纸,满室白生,而各室门上皆有大令封条,室中一无陈设,似久无人居之虚室者。既曰盐店,何冷落若此?询之差纪,始知此地久已无商,盖官运也。尚未早餐,拟以小食代之,乃庖人尚未至,命仆购油果、枣糕食之。晚饭肴核中皆有泥污。余食后,米饭无多,仆从竟无所得食,索诸厨,庖人竟逃去不知何往。大令仍李君运昌,而较之来时,居处为优,饮食则劣,皆差纪所为,主人不知也。一路供应,虽劣优不等,然皆所需必具,其容心草率,无如来时之荆门州牧李绍远,归途之内邱县令李运昌者,此二李者,诚苦李也。堂上只悬对联一副而中空,联为惠师桥荣所书,上款崧甫,不知为盐店之故物欤?大令之所藏欤?大令似不能仅出一联以饰壁也。孟丹林云,内邱商人为高崧甫,吾津之钱贾也。去岁乱后积盐尚夥,同人竟委而去之,官乃扃其店而售其盐,并非久已无商而官运者。差纪新来执役,故不知也。然则堂悬之联,信盐店之故物矣。晚,晴,见新月。夜梦在京。

初五日(1月14日)

辰初二刻起,辰正二刻行。出北门,经七里桥,陟马峰冈,渡南沙河,河有圯桥。二十七里至尹村。河南冈北有村落曰张村,去尹村不及十里有行宫,当是尖所。舆夫投旅店早餐,余亦降舆小坐,刻许复行。途遇车两甚多,与余车错杂而行,询知为袁慰廷制军之家眷。三十三里抵柏乡。大令戚位三朝卿以刺来迎。南门外有阁一,覆以黄瓦,有额已模糊,只辨清“槐阳”二字。入南门,未正二刻假锦源泰布店为行馆宿焉。店极闳敞,大门内一院,室数楹,二门内西上房三楹,南北室各三楹,上房为过堂,堂后又门,门内西南北室各三楹,皆有楼。回銮时醇王居此,故帐房货物皆移至偏院,至今未复其旧。余适至,仍居之。晚饭后,店人以纸来乞索书,为书联二,堂幅一,询知店为山西吕姓所开,专贩中国粗细各布,司事者三十馀人,皆山西人,其磨墨者年才十六,离家已三年矣。吾家子弟,在家学贾,恒以为苦,视此又当何如?店房岁租制钱三百千。大令,贵州贵阳府修文县人,己卯举人,癸未进士,国子监学正戚彦成朝勋之兄,遣人来索《题名录》,以其为黔人也,并《闱墨》赠之。杨述斋与之相识,昨曾嘱余晤面代候,今未来见。余亦不往,惟有令差纪转达而已。终日天晴。午后,有风而不寒。到宿所后风息,室设烘炉,有躁意。

初六日(1月15日)

烛而起视时辰表,已指辰初,盖昨晚表针忽停,随意移指,故不准也。与他表对之,正速四刻,才卯正耳。辰初二刻行。出北门,二十二里半,至王莽城。舁夫早餐,置舆路旁,刻许复行。又十里,至柏乡赵州交界处,有新立木坊一,大书“南至柏乡县城三十三里半,北至赵州城二十七里半”。乃行不半里,又有立石,大书“柏乡县北界”字。一界也,而有坊有石,且相距甚远,究竟以何为凭?木坊因跸路所经而设,不能耐久,仍当以石为凭耳。又行里许,见赵州第六铺,又书“南至柏乡城三十里,北至州城三十里”，里数反加二者，必有一误也。前行又经数铺，皆相距五里，及过大石桥，去城不远，见第一铺仍书“北至州城五里”，实不过二里耳。据云，大石桥距城五里。前两日所见更铺里数，有似此者以为偶然误记，今详记亦复如是，是里数亦不准矣。官事之不求甚解大率类此。赵州南门，额曰“临洨门”。入门行许久，折而东又北，借张姓家为行馆尖焉。时才未初，询知黄仲篪未在此，于八月间回津未归。昨此处探马到柏乡，本可告伊尖赵州，宿栾城，因来时仲篪有归当留住之言，恐有留滞，未敢预定。仲篪今不在此，则一定宿栾城矣。饭间，孟丹林来谈，片刻既去。又馈茶点四事，请到盐店宿，谢之。未正复行，答拜丹林，并见内席钱佑民。知冯俊甫由陕随扈北上，刻当在涿。略谈复行。张福马鞍破裂，借陈仆者用之，陈乘车行，溜单又减马一匹。出西门，四十里经贾店至栾城县。酉初二刻入南门。门凡三重，宿于行宫之西偏院。行宫因龙冈书院改为之，规模阔大。中为书院旧室，讲堂五楹，堂下左右皆号舍，前为门。堂后听事五楹，东西厢各三楹，重新之东西偏新作三楹者各四进，周以回廊。差纪导余浏览一过。各院皆设水缸，冰结满中，缸为之裂。用时置水，竟不复倾。公中之物任其毁坏，无过问者，可发一叹。大令黄介臣以刺来。忽闻人语嘈杂，则袁制军之眷口至也。此处先未得信，未备宿所，仓卒间设宿于此间之东院，需用一切皆咄嗟而办，差纪大有应接不暇之势，大令亦来周旋，因又以刺投余，未云请见。余适晚饭，遂谢之。不然，伊虽不请见，余必与晤面一谈也。闻袁眷有幕宾同行，因忆阮斗瞻弟，不知现在何处，想先随制军北上矣。若在此行，未有不余见者，固不待今日之同居也。

初七日(1月16日)

卯正二刻起,此处不供小食,据云,大令并不吝啬,皆司帐者为之也。辰初二刻行。出门先拜大令,未见。至北门外,人烟阗溢,百物杂陈,约是趁墟之期,不然不能如此麕集也。十里过十里铺。又十里经一小村,至冶河镇。又数里至分界处,一坊一石,相距甚远,与赵州同。逾界为获鹿县境,其更铺书曰“北至正定县三十五里”。行过获鹿四铺,始至真定县界,其更铺则书“北至县城三十里”。此六十里佥云有八十里,盖获鹿县城,不当驿站,因将其境中道路亦除去不算也。舁夫则谓足有七十五里,伊等换班,皆有定则,言当不诬。午初二刻抵正定之二十里铺,投万泰饭店,食饼饵肉醢。店主人张姓,言广宗有民变事,不知确否。午正复行。十里至滹沱河,河水浅涸而冰,中露一洲。由南北岸至洲,各筑圯桥,桥有栏,栏有柱,柱相去寻丈不一,南桥四十四柱,北桥二十九柱,加以洲,约计河广近百丈焉。过河又十里,至正定府南门外,见有缨冠持柬而立者,方谓有人来迎,乃张顺略与数语,竟趋而过之,始知别有所伺,非为余也。他处或亲迓,或遣人来迓,张顺必下马持刺,至舆前禀知。及舆至其处,则有房一区若庙者,灯彩悬焉。入南门,门外有阁,缭以短垣,与城毗连。行过朝阳楼,楼在庙后。庙之基址甚高,直抵楼下而正居中。楼七楹,与街等广,于庙之左右各有一门以通往来。过楼折而西又北,至街西之逆旅宿焉。问差纪何不宿龙藏寺,则曰湖北学政彭本日亦到,其人较多,居之。差纪云此处火车尚未售票。太守仍江君槐序,大令则张君祖咏,均以刺来,报如之。闻戴令则以避回銮差,请代而去,亦巧矣。壁诗甚夥,同治癸亥年者尚存,然漫漶不可卒读。后壁七律四章可取，录之。诗曰："都门一片战云青，金谷铜驼不忍听。五道将军争出入，万家儿女太飘零。钱飞蚨影虚中禁，车掩鸾声出内庭。莫更居庸回首望，海风吹满凤城腥。""保阳西下拥联军，恩怨由来到此分。未必无才虚将帅，可怜薄命是钗裙。百年冠履随流水，一颗头颅报圣君。最是薇垣明月满，一轮永夜照孤坟。""风声鹤唳日相惊，畿辅东西数十城。白日无端沈碧血，黄金终不误苍生。化凫飞去多仙宰，策马归来有败兵。写尽旅愁流尽泪，常山笳鼓断肠声。""嗟余二十二年中，湖海浮沈事不同。客里愁将双鬓白，天涯人倚一灯红。地经燕赵怀应壮，月冷邯郸梦亦空。洗却思亲无限泪，铜琶铁板大江东。"后书云："余皖桐人也，去岁拳匪肇衅，开罪友邦，各国联军深入，避居汴省。今春大局粗定，买车入都，遄行至此，传闻德、法之兵刻又西进保阳，道路梗绝不通，进退维谷，五内如焚，夜不成寐。因忆去年景况，率成四律，聊自遣怀，更冀我梓里同人见之，知余转徙流离之苦也。龙眠后学并志。"从县署借来《京报》阅之，起首先书值日各衙门如旧，一年有半所未见者也，不觉欣然起舞。晚餐稻饭臭恶不可食，若一指摘，仆辈将借以为词，殆又甚焉。因强忍下咽，尽一碗而止，诸仆亦遂终食无异言。午前天薄阴，已而畅晴，暖甚。自入直隶境来，到处皆有积雪，丰年之兆也。陈仆患感冒，呻吟彻夜。

初八日（1月17日）

卯正起，小食以腊八粥进。客子光阴，都忘节序，对之不胜日月其除之感。辰初行。出北门。同行车两甚多，皆不知为谁何。四十五里，巳正一刻至伏城驿正定属，尖于万源客店。店主人李姓,堂悬额曰“仗义可风”,有注语,盖辛卯年有贾人于此店病故,李为之殡,而封识其银货,丝毫不苟,贾人戚友制此以报者也。饭罢,午初二刻复行。十五里渡河,河有圯桥。又三十里至新乐县经行临城县境,又有河,河甚广,长桥在北,舁夫择近而行,行处只于中流作桥,其波及者水浅而冰,则覆以土为蜿蜒小径。天暖冰释,颇苦滑汰,良久始达彼岸。未正二刻宿于城外之逆旅。大令恒阶平已去,代之者为谢方塘同年,鉴礼,乙酉拔贡,贵州遵义县人。现赴保定,以刺来。壁间新题七律一首,未署姓名,诗颇可取,录之。诗曰:“幺么小丑太猖狂,那有皇都作战场。城阙尘生天暗黑,衣冠星散日苍黄。棘门霸上真儿戏,渭水函关又帝乡。寄语公卿休再睡,恐无好梦续黄粱。”差纪云,此处虽跸路未经,而迎驾来者络绎不绝,皆须供亿,所费亦不赀云。又云,由此乘火车赴省,二等客位每人需洋二元。

初九日(1月18日)

寅初一刻起。差纪云,昨署中得《京报》,湖北学政彭革职,不胜诧异,彭在京向无劣声,何以被谴,不知何人所劾,欲借报一观,而去署甚远,不及待。寅正一刻行,由城外绕越,三十馀里天始曙,寒气逼人,甚于夜间。又二十馀里,共五十馀里至定州。辰正一刻尖于城外之魁元店。思购眼药,已而来售者,同仁堂、张齐珠、马应龙凡三家,各购数种。此处去州署亦远,未能借报一观。刺史仍王荩承,以刺来。壁间七律二首,颇不恶,录之。《感事》云:“谁夸矍铄据征鞍,鹤唳风声竟退难。邦彦和戎金累万,汾阳见虏骑凭单。苍生痛哭南天远,壮士悲歌易水寒。夜听鼓鼙思将帅,河山共整一枰残。”《吊荆轲》云:“雄心空自策雕鞍，欲扼强秦势已难。太子有恩宁命惜，舞阳无胆恨身单。燕山易水舆图远，落日长虹剑气寒。击筑高歌思往事，萧萧故垒荻芦残。”后书“右和适适室道人福星店题壁原韵。仪卿”。巳正一刻，饭罢复行，易车之顷，御者因一言不合，竟大挥其拳，众仆呵骂之乃已。亦由城外绕越。十里渡河，河水浅而无桥，仆人驱马而过，唤人来肩舆徒涉，舁夫亦有解袜助之者。虽不过数武，然严冬徒涉，其胫必异寻常，遇商王受，当斫视之矣。风起而不寒。又五十里又渡河。河有圯桥，水已尽冰，的是北地冬日气象。至望都县城南门外，值趁墟之期，人物充溢，摩肩而过。由南门而东二里许，申初抵东关长盛店宿焉。大令仍张君锦绂，以刺来。差纪杨，吾津人；王，顺德人，而久居天津者，言天津较春间为安谧。从大令借邸钞阅之，彭少湘前辈果革职，且永不叙用。尚有何乃莹、连文冲、王龙文、曾廉，仍为去岁信服拳匪事，非有人劾也。去年未闻少湘有何举动，何亦入此狱中，诬枉与否不可知也。然其甘贫守分，余则稔知，乃甫一展舒，遽遭沦落，命亦穷矣。此店壁非新饰，而竟无一题句，亦自难得。

初十日（1月19日）

卯初三刻起，卯正三刻行。三十里至方顺桥。范孙日记云，桥下有碑，言河源发于完县之白岈、马耳两山，至此方顺流而东，故名。范孙其时尖于此，尹澄甫兄同行，得暇详视，故知之甚详。余来往皆匆匆一过，故未能见也。又有郭隗故里碑，靳文襄神道碑。又十五里至满城县之泾阳驿。满城县仍郭文翥大令。巳初三刻尖于逆旅。逆旅轩敞华丽，似新葺而尚未居人者。饭罢，巳正二刻复行。四十五里经大吉店，至保定府。省城探马来时，言设宿皇华馆。比至，向皇华馆而行，遇来迓者，又言不在皇华馆。折回宿于西门外之逆旅，巳未正矣。询火车情形，其说不一。孙麟伯已赴京，严觐侍同年已补缺赴任，郑景溪亦未在此。火车站长夙不相识。大令仍吴云墀国栋，亦有事公出，只以刺来。安肃县探马又到，如何行法竟无所适从。制军袁慰亭、清河道袁行南大化、太守陈立斋本均未在省，皆以刺来。城守尉同乐亭和、副将张西园士翰、参将韩锡三延贵亦以刺来。藩台周玉山师虽以刺来，仍须往谒，馀则皆以刺答之。日夕，待马不至，令仆步行以从，谒玉山师，并呈《闱墨》《题名录》。玉山师以乘火车为是，呼一差官来差官姓史，字文卿，令持刺往托站长，并谆留余住一日，明日招饮于署。余以县署供应不安辞，则饬纪告知县署，此吾故交，特留之。其情甚殷，遂不复却，谈许久归。臬台周瀚如名浩又以刺来。藩署差官来言，已托站长，惟由此至津，须两次易车，不能直达。盖在藩署，闻有自明日为始，津保火车，联为一气，可由此直至天津之说。余拟令一二仆人，随笨重各物先回津也，轿价则减，与四马价同，然京津皆无所用之，朱顺言可以寄之盐店。晚饭间，问差纪，何不宿皇华馆，则已为洋兵折毁矣。晚，与诸仆商订行计，除张顺外，皆云乘火车便，议乃定。火车既速，又省骚扰，余本愿之。张顺为余惜费，并无他意，不可谓非愚忠。写家信、弼叔信各一，明日令高福先行。制军又以刺来送行，署中人循例为之也。问斗瞻竟无知者。